南昌统计年鉴

NANCHANG STATISTICAL YEARBOOK

2008

（总第14期）

南 昌 市 统 计 局
国家统计局南昌调查队 编

中国统计出版社
China Statistics Press

（京）新登字 041 号

图书在版编目（CIP）数据

南昌统计年鉴. 2008/南昌市统计局编.
—北京：中国统计出版社，2008.7
ISBN 978-7-5037-5446-3

Ⅰ. 南…
Ⅱ. 南…
Ⅲ. 统计资料—南昌市—2008—年鉴
Ⅳ. C832. 561—54

中国版本图书馆 CIP 数据核字（2008）第 066274 号

南昌统计年鉴—2008
作　者/南昌市统计局　国家统计局南昌调查队
责任编辑/郑淼淼
E-mail/yearbook@stats. gov. cn
责任校对/熊慧平　熊泽荣　吴　蕊
出版发行/中国统计出版社
通信地址/北京市西城区三里河月坛南街 57 号　中国统计出版社
邮　编/100826
电　话/（010）63376907
印　刷/江西宜春资料印务有限公司
经　销/新华书店
开　本/880×1230 毫米　1/16
字　数/101 千字
印　张/31
印　数/1000 册
版　别/2008 年 7 月第 1 版
版　次/2008 年 7 月第 1 次印刷
书　号/ISBN 978-7-5037-5446-3/F·2687
定　价/220.00 元

《南昌统计年鉴－2008》
编辑委员会

《南昌统计年鉴－2008》
编　辑　部

主　　编：熊慧平

副 主 编：熊泽荣　吴　蕊

编　　审：（以姓氏笔划为序）

邬海文　许卫群　刘跃青　吕惠珍　余学军　张志萍
罗小云　罗耀明　胡惠珠　程白晞　焦　安　谢晓灿
熊晓洪

编　　辑：（以姓氏笔划为序）

万明刚　王　娟　邓　超　邓萍萍　刘　健　刘　斌
李　月　吴婉芸　陈　锋　姜同文　胡位强　胡素强
胡　强　钟晓强　袁　方　袁　媛　黄　菲　黄　赟
喻　建　彭艳红　褚艳红　熊全琳　熊子文　黎友娟
潘奇灵

统计图制作：袁　媛　潘奇灵

编　者　说　明

一、《南昌统计年鉴—2008》是一部按年连续出版的大型统计资料书。真实记录了2007年南昌的经济和社会各方面的发展变化，以及历史重要年份和改革开放以来的主要统计数据。

二、全书内容分为17个篇目：1. 综合；2. 人口、劳动力；3. 人民生活；4. 物价；5. 固定资产投资；6. 城市公用事业；7. 外贸和旅游；8. 财政、金融；9. 农业；10. 工业；11. 建筑业；12. 运输和邮电；13. 国内贸易；14. 科技、教育、文化；15. 卫生、体育、其他；16. 企业调查；17. 附录，在附录部分收集了2007年国家和江西省统计公报，全国各省（市）和省会城市及江西省各设区市主要经济指标。为便于读者正确使用资料，每个篇章后面附有主要统计指标解释。

三、本年鉴总量指标计算所采用的价格除注明外均为当年价格。

四、本年鉴资料主要来自年度统计报表，一部分来自抽样调查。

五、本年鉴部分数据合计数或相对数由于单位取舍不同产生的计算误差均未作机械调整。

六、本年鉴表中的符号使用说明：“空格”表示该项统计数据不详或无该项数据；“#”表示其中项。

七、读者在使用历史资料时，凡与本年鉴有出入的，均以本年鉴为准。本年鉴1991—2004年地区生产总值，1990—2004年社会消费品零售总额数据均为第一次经济普查后的修正数据。

八、《年鉴》公开出版以来，受到了广大读者的关心和支持，对此我们深表谢意。欢迎读者对年鉴内容、编排等方面提出宝贵意见，帮助我们进一步提高编辑水平，更好地为读者服务。

篇目索引

篇　　目　　　　　　　　　　　　　　　　起始页码

目　录

一、综　　合

二、人口·劳动力

目　录

三、人民生活

四、物　　价

五、固定资产投资

六、城市公用事业

七、外贸和旅游

八、财政·金融

九、农　　业

十、工　　业

目　录

十一、建　筑　业

十二、运输和邮电

十三、国 内 贸 易

十四、科技·教育·文化

十五、卫生·体育·其他

十六、企业调查

附　录

一、综　　合

GENERAL SURVEY

本篇内容包括：

1. 2007年南昌市国民经济和社会发展统计公报
2. 自然概况　　行政区划
3. 主要年份国民经济指标及发展

资料整理	微机处理
陈　锋	陈　锋
姜同文	姜同文
钟晓强	

全市生产总值

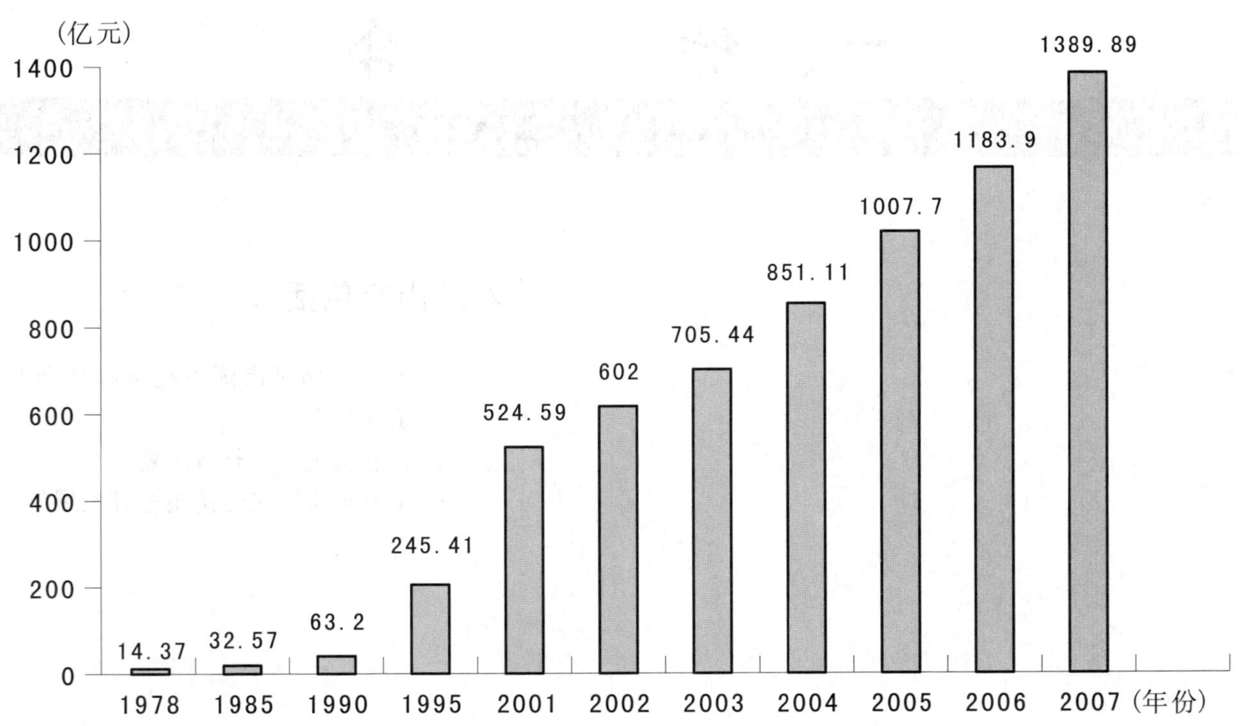

全市生产总值构成（%）

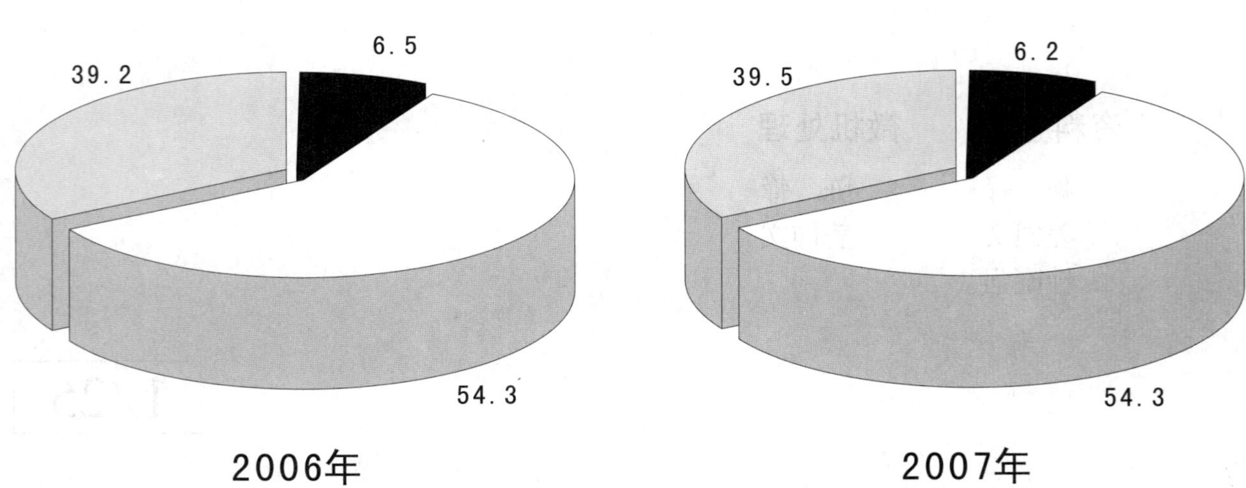

南昌市2007年国民经济和社会发展统计公报

南昌市统计局
国家统计局南昌调查队
2008年3月26日

2007年，全市人民在市委、市政府的正确领导下，以邓小平理论和“三个代表”重要思想为指导，深入学习贯彻党的十七大精神，全面落实科学发展观，努力构建社会主义和谐社会，积极推进市第九次党代会提出的各项任务，以结构调整、节能降耗为着力点，创新发展观念，转变发展方式，提高发展质量，改善人民生活，国民经济和各项社会事业取得新的重要进展。

一、综　　合

经济总量：全市经济较快增长。据初步核算，全年实现地区生产总值1390.09亿元，按可比价格计算，比上年增长15.5%，增速比上年提高0.4个百分点。其中，第一产业增加值83.40亿元，增长5.7%；第二产业增加值749.80亿元，增长16.6%；第三产业增加值556.89亿元，增长15.5%。三次产业结构由2006年的6.5：54.3：39.2调整为2007年的6.0：53.9：40.1。人均生产总值30464元，增长14.6%。

财政收支：全年完成财政总收入190.63亿元，比上年增长26.6%。其中，地方财政一般预算收入87.22亿元，比上年增长28.1%。从收入完成情况看，增值税8.81亿元，增长21.2%；营业税33.13亿元，增长34.8%；企业所得税9.06亿元，增长38.1%。

全年地方财政一般预算支出116.86亿元，比上年增长25.2%。其中，社会保障补助支出19.44亿元，比上年增长31.4%；教育支出16.87亿元，增长47.1%；科学技术支出2.02亿元，增长56.0%；农林水事务支出9.58亿元，增长57.9%。

物价水平：全年居民消费价格总水平比上年上涨4.3%（见表1），其中：消费品价格上涨5.1%；服务价格上涨2.1%。商品零售价格上涨3.5%，工业品出厂价格上涨3.4%，原材料、燃料及动力购进价格上涨5.3%。

表1：2007年南昌市居民消费价格比上年上涨情况

指　　标	增幅（%）
居民消费价格总水平	**4.3**
#食　　品	11.3
烟酒及用品	1.5
衣　　着	-3.6
家庭设备用品及服务	3.6
医疗保健及个人用品	3.3
交通和通信	-2.6
娱乐教育文化用品及服务	-1.1
居　　住	4.4

二、主要产业

（一）农　　业

农牧产品产量：全年粮食总产量216.00万吨，比上年增长5.0%；油料总产量8.47万吨，增长4.1%；肉类总产量28.06万吨，增长13.0%；生猪出栏279.3万头，增长14.9%；家禽出笼3 564万羽，增长4.8%；禽蛋产量12.99万吨，增长5.5%；蔬菜产量91.88万吨，增长1.9%；水果产量1.75万吨，增长13.0%。

渔业：全年水产品产量31.31万吨，比上年增长4.8%。

林业：全年造林3 867公顷，零星植树556万株，全市森林覆盖率达到16.1%。

生产条件：年末农业机械总动力280.24万千瓦，比上年末增长15.0%。年内完成机耕面积22.4万公顷，机播面积0.78万公顷。

（二）工　业

工业生产：全年完成全部工业增加值528.28亿元，按可比价格计算，比上年增长17.8%，占GDP的比重为38.0%。其中，规模以上工业实现增加值387.68亿元，增长20.5%。在规模以上工业增加值中，轻工业增加值206.91亿元，增长22.4%；重工业增加值180.77亿元，增长18.4%。（见表2）

表2：2007年规模以上工业增加值主要分类情况

指　　标	绝对数（亿元）	比上年增长（%）
工业增加值	**387.68**	**20.5**
# 轻工业	206.91	22.4
重工业	180.77	18.4
按注册登记类型分		
# 外商及港澳台投资企业	100.17	18.7
国有企业	62.12	12.9
集体企业	5.65	20.2
股份制	146.10	18.3
股份合作	10.09	32.3
私　营	63.55	38.0

工业产品：主要工业产品保持增长。（见表3）

表3　主要工业产品产量

产品名称	单　位	绝对量	比上年增长（%）
发电量	亿千瓦时	42.23	-6.6
卷烟	亿支	270.19	12.4
纱	万吨	3.32	1.6
布	万米	9 645	1.2
服装	万件	40 792	29.3
水泥	万吨	343.73	13.3
大中型拖拉机	台	2 556	48.5
小型拖拉机	台	10 028	35.4
钢材	万吨	319.30	10.7
汽车	万辆	10.87	12.5
家用电冰箱	万台	20.67	96.4
交流电动机	万千瓦	101.32	41.2
房间空调器	万台	136.27	31.0
饮料酒	万升	33 758	25.0
化学纤维	万吨	15.25	33.2
化学药品原料	吨	8 504	46.3
混配合饲料	万吨	177.23	37.5
农用化肥	万吨	7.78	1.2
轮胎外胎	万条	492.30	21.0

制造业基地建设：十大产品制造基地集聚效应进一步增强。汽车基地、空调基地、医药和医疗器械基地等十大重点发展产品制造基地共完成增加值308.81亿元，增长19.6%，总量占全市规模以上工业的79.7%。其中，空调基地、纺织服装基地、光电和电子基地、医药和医疗器械基地、机电产品基地分别增长51.0%、30.2%、21.8%、20.5%和25.6%。

工业经济效益：1－11月，全市规模以上工业实现主营业务收入1 132.52亿元，比上年同期增长31.0%；实现利税116.02亿元，增长22.8%；实现利润45.08亿元，增长26.0%；工业经济效益综合指数214.28，比上年同期提高29.9个百分点；产品销售率为98.1%。

（三）建　筑　业

2007年末，全市资质等级以上建筑企业412家，比上年末增加26家。完成施工产值372.1亿元，比上年增长29.2%；房屋建筑施工面积3 509.7万平方米，增长9.9%；房屋竣工面积1 228.9万平方米，增长10.3%；以建筑业总产值计算的全员劳动生产率150 820元/人，增长24.9%。

（四）交通运输、仓储和邮政业

交通运输：交通基础设施建设和运输生产实现较快增长。2007年我市各种运输方式完成货物运输周转量228.63亿吨公里，比上年增长19.0%。其中，公路22.43亿吨公里，增长3.3%；铁路193.61亿吨公里，增长19.7%；水运12.37亿吨公里，增长47.6%；航空0.22亿吨公里，增长14.1%。实现旅客周转量92.51亿人公里，比上年增长4.7%。其中，公路24.66亿人公里，增长2.3%；铁路51.3亿人公里，增长4.5%；水运0.01亿人公里，下降13.7%；航空16.54亿人公里，增长9.3%。

邮电通信：邮电通信能力和服务功能继续增强。全年完成邮电业务总量43.72亿元，比上年增长17.1%。其中，发送特快专递194万件，增长17.4%；发送包裹66万件，增长7.7%；函件3 683万件，增长14.8%。城乡固定电话用户达177万户，增长6.0%；无线市话（小灵通）用户50万户，增长2.8%；移动电话用户328万户，增长

28.6%；国内互联网用户75万户，增长8.8%；年末全市电话交换机总容量达211万门，新增10万门；移动电话交换机容量达413万户，新增72万户。

（五）金融业

银行：2007年末，金融机构各项存款余额为2 037.34亿元，比年初增长12.8%。其中，企业存款804.50亿元，增长20.9%；居民储蓄存款744.57亿元，增长1.5%。金融机构各项贷款余额1 823.91亿元，比年初增长20.0%。其中，短期贷款650.24亿元，增长25.2%；中长期贷款1 080.45亿元，增长19.4%。从投放行业来看，增长较快的有私营企业及个体贷款、工业贷款、农业贷款和商业贷款，分别比年初增长53.6%、27.4%、24.5%和21.3%。2007年，金融机构累计现金收入5 799.25亿元，现金支出5 638.16亿元，收支相抵后回笼现金161.09亿元。

保险业：截止2007年末，全市共有保险公司19家，比上年增加5家；保险中介机构39家，增加9家。全年实现保费收入24.97亿元，比上年增长25.8%。其中，产险公司保费收入7.66亿元，增长36.3%；寿险公司保费收入17.31亿元，增长21.7%。全年赔款及给付合计8.02亿元，增长72.9%。其中产险公司3.17亿元，增长22.4%；寿险公司4.85亿元，增长1.4倍。

证券业：全市证券业法人公司2家，证券营业部29家，证券机构股民累计开户数68.14万户，增长39.4%。年内客户交易额结算资金69.63亿元，增长1.2倍；A股交易额7 243.79亿元，增长3.9倍；B股交易额36.48亿元，增长7.9倍。

农村合作金融机构：年末全市共有195家农村合作金融机构，累计发放各项贷款62.54亿元，其中农业贷款39.27亿元，比上年增长1.4%。

（六）房地产业

全年完成房地产开发投资125.60亿元，比上年增长13.4%。其中，住宅投资107.88亿元，增长20.2%。商品房施工面积1 525.59万平方米，增长13.8%；竣工面积371.01万平方米，下降13.2%。2007年全市经济适用住房投资6.69亿元，增长1.8倍；施工面积达134.98万平方米，增长1.3倍。其中，新开工面积90.83万平方米，增长2.0倍。

2007年，全市商品房销售面积478.99万平方米，比上年增长24.9%。其中，住宅销售面积460.34万平方米，增长27.9%；商品房销售额170.43亿元，比上年增长42.2%。其中，住宅销售额161.52亿元，增长47.0%。（见图1）

图1 房地产开发施工、竣工及销售面积

单位：万平方米

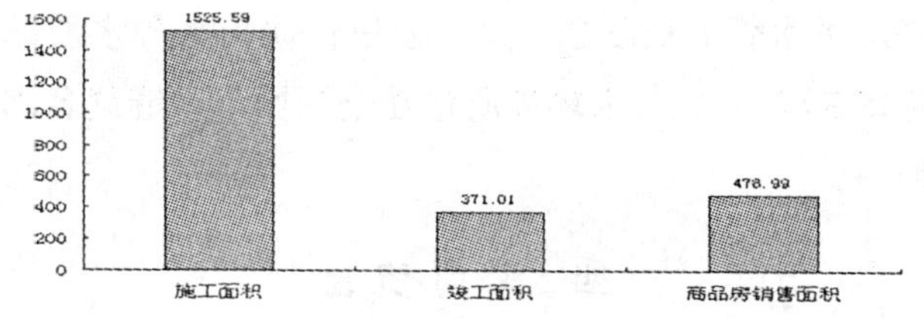

三、固定资产投资

投资总量：2007年，全市50万元以上项目共完成投资额809.92亿元，比上年增长28.0%，其中城镇以上固定资产投资773.69亿元，增长30.0%，房地产投资125.60亿元，增长13.4%。全年全市投资项目2 239个，增长25.4%。其中，新开工项目1238个，增长23.7%；全年投产项目1 577个，增长33.4%。

投资结构：2007年，全市第一产业完成投资1.07亿元，比上年增长1.5倍；第二产业完成投资306.6亿元，增长44.7%；第三产业完成投资466.02亿元，增长21.8%。三次产业投资比例由上年的0.1：35.6：64.3调整为0.2：39.6：60.2。（见图2）

图2 三次产业投资比例

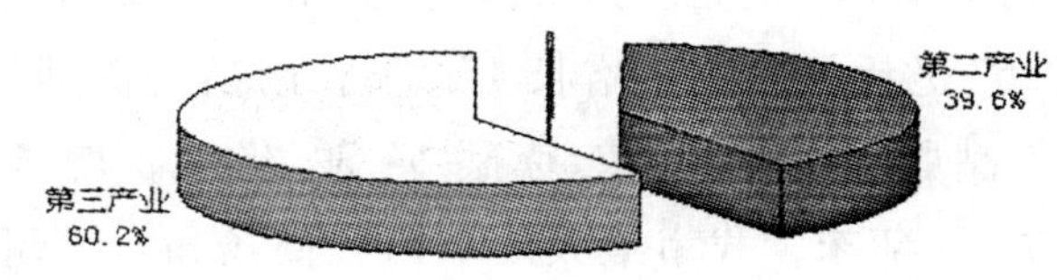

从投资主体看，2007年全市非国有经济投资498.4亿元，增长36.8%，增幅高于国有投资17.4个百分点，占全市城镇以上投资比重达64.4%，比上年提高3.2个百分点。其中，私营个体、港澳台外商投资分别完成99.97亿元、117.74亿元，比上

年增长34.0%、52.3%。

城市建设：2007年，全市共完成城市基础设施投资106.81亿元。完成了红谷滩秋水广场至八一大桥段景观工程，赣江市民公园二期工程——渔舟湾湿地公园建设；阳明路下穿青山湖隧道、昌九城际铁路、向莆铁路开工建设；新建扩建及改造电网工程12项；新开通公交线路6条；城市道路总长度917公里；城市道路总面积1 696万平方米；自来水供水管道长度达2 207公里；饮用水源水质达标率99%以上，水环境质量在全国城市中继续名列前茅。

四、国内贸易

消费品市场：2007年，全市实现社会消费品零售总额426.69亿元，比上年增长19.1%。分销售地域看，城市实现消费品零售额344.46亿元，增长20.0%；农村实现零售额82.23亿元，增长15.4%。分销售行业看，批发和零售业实现零售额388.93亿元，比上年增长19.5%；住宿和餐饮业实现零售额36.97亿元，增长15.0%。

居民消费结构：随着城乡居民收入增加和商品供应不断丰富，我市城乡居民消费领域不断扩展，消费观念不断提升，加速了以汽车为主要热点的消费升级进程。全年汽车消费实现零售额51.27亿元，比上年增长26.3%；金银珠宝类实现零售额3.64亿元，增长32.5%；石油及制品类实现零售额15.79亿元，增长50.2%；日用品和家俱实现零售额7.4亿元，增长31.2%。

商品交易市场：城市商贸功能日益完善，已有20条特色街，共有各类商品交易市场35个，全年成交额在亿元以上的商品交易市场有32个，成交总额达376.14亿元。其中，洪城大市场年交易额150.67亿元，比上年增长15.7%；南昌（深圳）农产品批发市场年交易额54.32亿元，增长26.7%。年末，我市最大的“八大商场和六大超市”共实现零售额57.58亿元，其中百货大楼销售额21.4亿元，增长13.2%，居全国第42位。

五、外经外贸　旅游

对外贸易：据海关统计，2007年，南昌地区内企业（含中央、省属公司）实现进出口总额31.95亿美元，比上年增长28.3%。其中，出口总额23.36亿美元，增长35.5%；进口总额8.59亿美元，增长12.2%。

利用外资：2007年，全市实际利用外资12.31亿美元，比上年增长17.1%。其中，第二产业7.17亿美元，第三产业4.71亿美元，所占份额分别为58.2%和38.3%。全年利用外资新签合同155个；合同外资金额14.90亿美元，增长23.2%。截止2007年底，全市注册登记外商投资企业累计达到2 557家。其中，中外合资企业占52.8%，外商独资企业43.4%。全年实际利用内资347.19亿元，比上年增长12.0%。其中省外内资323.39亿元，增长14.7%；5 000万元以上工业项目135.61亿元，增长17.6%。

旅游：全年共接待国内游客936.59万人次，比上年增长13%；接待入境游客8.91万人次，增长18.6%。实现国内旅游收入64.78亿元，增长21.1%；旅游创汇0.26亿美元，增长10.3%。截止2007年末，全市拥有星级宾馆（饭店）47家；拥有旅行社53家，其中从事国际旅游业务的旅行社15家；旅行社组团国内游47.55万人次，增长10.2%。

六、社会事业

教育：教育事业进一步发展。2007年，全市拥有各级各类学校1518所，教职工9.36万人，其中，专任教师8.38万人。2007年末，全年全市招收研究生3 991人，在校研究生11 878人，毕业研究生2 861人。全市共有普通高校46所，招生12.84万人，在校生43.11万人，毕业生13.27万人。中等专业学校28所，招生3.67万人，在校生9.98万人，毕业生3.68万人。普通中学264所，全市普通高中招生2.06万人，在校生8.31万人，毕业生3.09万人。职业中学25所，招生0.61万人，在校生2.12万人，毕业生0.58万人。全市普通初中招生6.93万人，初中阶段适龄儿童入学率99.3%，在校生8.46万人，毕业生3.61万人。小学校1 111所，普通小学招生7.98万人，小学适龄儿童入学率100%，在校生44.65万人，毕业生6.79万人。特殊学校8所，特殊教育招生208人，在校生1 658人。幼儿园445所，幼儿园在园幼儿

8.04万人。

科学技术：科学研究和技术开发取得新成就。全年共获得市级科技进步奖46项，共受理专利申请1 201件，授权专利777件。技术市场更加活跃。全年认定技术合同1 924项，成交金额7.8亿元，比上年增长7%。

文化：全市拥有艺术表演团体13个，公共图书馆11个，文化馆11个，博物馆8个。全市继续加强广播电视基础设施建设，不断扩大广播电视覆盖率，广播电视“村村通”工程进展顺利。2007年末，广播综合人口覆盖率97.4%；电视综合人口覆盖率98.8%；有线广播电视用户达59.83万户。全年全市地方出版报纸36种，出版量为49 987万份；出版杂志136种，出版量为5 630万册；出版图书3 078种，出版量为15 748万册。

卫生：2007年底，全市拥有卫生机构860个，床位1.6万张；卫生人员2.97万人。其中，卫生技术人员2.35万人，执业医师0.83万人，执业助理医师0.08万人。

医学科研：2007年全市市直医疗卫生单位列入省科技厅、省卫生厅和市科技局立项的课题共85项。其中：重大卫生技术攻关项目1项；有56项通过省科技厅、省卫生厅和市科技局科技成果鉴定，达到国内先进水平；有39项通过省市级新技术引进项目验收，填补省内空白。全年发表国家级学术论文128篇，省部级学术论文316篇。

体育：体育事业蓬勃发展，随着社会经济的不断发展，人民生活水平的不断提高，全民健身运动不断推向深入。截至2007年底，全市共举办综合运动会2次，举办单项比赛7次，举办全民健身活动7次，其中1 000人以上的活动2次，参加活动的人数总计240万人。全市完成全民健身路径工程57个，总投资达50万元。

我市运动员参加比赛人数2 000人次，共获得奖牌数443枚。其中，金牌232枚，银牌147枚，铜牌64枚。

七、环境保护

环境质量：环境质量总体状况良好。全年空气质量优良率达到95.3%；工业废水排放达标率达94.5%以上；集中式饮用水源水质达标率达到99.8%；区域环境噪声均值控制在56.1分贝以下；交通干线噪声均值控制在69.9分贝以下；工业固废综合利用率达到87.6%以上；年征收市本级排污费3 477万元。

环境管理与防治：制定和印发了《南昌市“十一五”期间主要污染物排放总量控制计划》、《南昌市2007年创建国家环境保护模范城市工作实施方案》；启动“绿色生态南昌建设”六大专项整治行动，实施了赣江、抚河南昌段干流污染防治暨饮用水源一、二级保护区内污水零排放专项行动，取缔了生活饮用水地表水源一、二级保护区内所有排污口；落实《南昌市2007年度污染源限期治理项目计划》，实施重点企业污染物排放在线监控工程，全面推行排污许可证制度，督促3家企业开展清洁生产审核工作，在全市开展全国第一次污染源普查和持久性有机污染物普查，继续开展违法排污企业查处工作。

城市园林绿化：2007年城市园林绿地面积6 840公顷，绿化覆盖面积7 272公顷，公园面积736公顷，城市绿化覆盖率达到40.4%，人均公共绿地面积达到8.08平方米。

八、人口与就业

人口：据公安户籍统计，全市年末户籍总人口为491.31万人，比上年末净增7.35万人。其中非农业人口232.76万人，增长2.2%。据2007年全市人口变动抽样调查结果显示，2007年全市年末常住人口458.06万人，人口出生率为13.63‰，死亡率为5.79‰，自然增长率为7.84‰。

从业人员：全市年末社会从业人员271.99万人，比上年末增加4.22万人，增长4.6%。其中，第一产业77.42万人，第二产业60.44万人，第三产业134.13万人。年末在岗职工59.04万人，增长5.3%。其中国有单位在岗职工为38.55万人，比上年年末增加1.84万人。

城镇再就业：我市全年城镇新增就业人员8.6万人；安置“4050”等困难群体1.3万人；城镇就业培训5.4万人；新增转移农村劳动力3.9万人；跨省劳务输出24.5万人。

九、人民生活和社会保障

人民生活：城镇居民收入稳步增加，生活水平进一步提高。2007 年，全市在岗职工工资总额 140.1 亿元，比上年增长 25.3%；在岗职工平均工资 23 960 元，增长 18.1%。城镇居民人均可支配收入 13 076 元，增长 16.3%。人均消费性支出 10 064元，增长 33.3%。其中，支出增幅较大的是：衣着类、家庭设备用品及服务类、居住类、杂项商品和服务类，分别增长 53.3%、47.3%、33.5%、40.4%。城镇居民家庭恩格尔系数为 39.9%，比上年下降 4.1 个百分点。

2007 年全市农民人均纯收入 5 034 元，增长 14.6%。农民人均生活消费支出 2 972 元，增长 10.0%。

社会治安：全年我市没有发生大规模群体事件、严重暴力性事件、重大治安事件、重特大安全事故。全年破获各类刑事案件 1.19 万起，刑事犯罪上升势头得到有效遏制。破获经济案件 301 起，挽回经济损失 1 041 万元，有效地维护了经济秩序的正常运转；安全生产形势平稳，事故呈下降态势。2007 年全市共发生各类安全事故 28 起，死亡 28 人。

住房公积金：2007 年，全市归集公积金（未含本年利息）20.33 亿元，比上年增长 33%；发放住房公积金贷款 25.27 亿元，增长 52%，发放户数 12 820 户；提取住房公积金 8.32 亿元，增长 51%。

社会保障：年末，全市参加基本医疗保险人数 51.34 万人，比上年增加 13.49 万人，增长 35.7%；参加失业保险人数 51.56 万人，比上年增加 1.44 万人，增长 2.9%；城镇参加基本养老保险人数为 89.5 万人，其中参保职工 66.3 万人，参保离退休人员 23.2 万人；企业养老金社会化发放率达到 100%；全市 22.45 万人享受居民最低生活保障，其中，农村 11.39 万人。

社会福利事业健康发展。年末，全市拥有各类社会福利单位 6 个，各类收养性社会福利单位床位数 1 501 张，收养各类人员 1 385 人。城镇社区便民、利民、为民服务网点 883 个，其中综合性社区服务中心 594 个。

注：

1、本公报中统计数据为初步统计数，正式数据以《南昌统计年鉴－2008》为准。

2、地区生产总值及各产业增加值绝对数按现价计算，增长速度按可比价格计算。

自然、地理、资源

位　　置

南昌市位于东经115°27′～116°35′，北纬28°09′～29°11′。地处江西省中部偏北，赣江、抚河下游，东北方滨临我国最大的淡水湖鄱阳湖。

地势、面积

全市以平原为主，东南地势平坦，西北丘陵起伏。全市总面积7 402.36平方公里，其中：平原面积2 649.72平方公里，岗地低丘面积2 548.27平方公里，水域面积2 204.37平方公里。南北长约112.1公里，东西宽为107.6公里。

山脉、河流、湖泊

位于西北部的西山山脉，呈东北向逶迤绵延，山脉中段的梅岭为市区最高点，其主峰洗药峰海拔841.4米。

全市境内江河纵横，湖泊池塘星罗棋布。主要河流有赣江、抚河、锦江和潦河等。湖泊主要有军山湖、青岚湖、金溪湖、瑶湖等，市区有青山湖、贤士湖，市中心错落着东湖、西湖、南湖、北湖等四个人工湖。

气　　候

南昌气候湿润温和，属亚热带季风区，雨量充沛，四季分明，春秋季短，冬夏季长。年平均气温19.0℃，极端最高气温38.9℃，极端最低气温－3.7℃。年降水量1 198.8毫米，降水日为127天，年平均暴雨日2.3天，年平均相对湿度为71.8%。年日照时间1 839小时，日照率为41.8%。年平均风速1.8米/秒。年无霜期306天。冬季多偏北风，夏季多偏南风。适合植物、花卉生长，是营造“花园城市”的理想地区。

土地资源

全市土地面积7 402.36平方公里，其中耕地面积21.38万公顷。在耕地面积中，有效灌溉面积19.14万公顷，占89.5%。

水力资源

全市水力资源蕴藏量为7.18万千瓦，可开发的资源3.42万千瓦，占蕴藏量的47.6%。

森林资源

全市林地面积13.2万公顷，森林覆盖率16.1%；活立木蓄积量310万立方米。野生动、植物资源品种繁多。

矿产资源

以非金属建材矿为主，兼有燃料、矿泉水等各类矿产28余种。已发现矿点、矿化点100处，尤其以建筑用砂、砖瓦粘土、饰面石材、石英石、石灰石和矿泉水等具有较好的开发前景。花岗石、砂卵石、砖瓦粘土储量巨大，开采历史悠久。

1-1 行　政　区　划

(2007 年)　　单位：个

地区	街道办事处	居委会	镇	乡	村委会
全　市	**29**	**487**	**47**	**33**	**1 151**
区	29	400	12	2	231
东湖区	9	106			6
西湖区	10	131	1		13
青云谱区	5	48	1		12
湾里区	2	10	3	1	35
青山湖区	2	78	4	1	75
经济开发区		5	1		19
高新开发区		4	2		48
红谷滩新区	1	18			11
桑海开发区					3
英雄开发区					9
县		87	35	31	920
南昌县		36	9	7	255
新建县		12	10	9	286
安义县		30	7	3	109
进贤县		9	9	12	270

1－2 土地面积

单位：平方公里

地区	总面积	平原	岗地低丘	水域
全市	**7 402.36**	**2 649.72**	**2 548.27**	**2 204.37**
市区	617.07	283.72	249.81	83.54
南昌县	1 839.4	1 071.47	20.7	747.23
新建县	2 337.84	847.33	592.51	898
安义县	656.19	290.9	320.38	44.91
进贤县	1 951.86	156.3	1 364.87	430.69

1－3 水文、气象

项目	2006	2007
最高水位（八一桥水面，米）	21.68	20.23（6月14日）
最低水位（八一桥水面，米）	14.58	13.61（12月16日）
全年平均水位（八一桥水面，米）	16.73	16.19
全年降雨天数（天）	142	127
全年降雪天数（天）	10	1
全年降水量（毫米）	1 478	1 198.8
全年无霜期总天数（天）	281	306
全年日照时数（小时）	1 669.8	1839
全年蒸发量（毫米）	1 211.5	1 295.1
全年平均气温（度）	18.5	19
极端最高气温（度）	38.1（8月5日）	38.9（7月21日、8月2日）
极端最低气温（度）	零下5.5（1月8日）	零下3.7（1月10日）
全年相对湿度（%）	74.3	71.8
全年平均风速（米/秒）	1.9	1.8

1-4 主要年份国民经济主要指标

项　　目	1978	1980	1985	1990	1995	2000	2005	2006	2007
一、年末总人口（户籍，万人）	**306.82**	**317.23**	**335.31**	**372.59**	**395.16**	**432.55**	**475.17**	**483.96**	**491.31**
二、年末社会从业人数（万人）	**131.13**	**136.03**	**165.46**	**199.00**	**211.79**	**214.96**	**244.28**	**267.78**	**271.99**
#职工人数	53.14	58.51	72.22	82.04	89.04	58.77	53.56	56.06	59.04
三、地区生产总值（亿元）	**14.37**	**16.95**	**32.57**	**63.20**	**245.41**	**465.14**	**1 007.70**	**1 183.90**	**1 389.89**
四、农业									
农业总产值（亿元）	4.50	5.56	10.77	23.65	58.50	69.44	115.76	124.58	142.84
主要农产品产量									
粮食（万吨）	117.43	120.16	160.11	170.81	153.79	156.12	195.16	205.74	216.00
棉花（万吨）	0.22	0.29	0.16	0.11	0.33	0.33	0.07	0.10	0.10
油料（折油，万吨）	0.43	0.48	0.95	1.31	3.23	2.95	2.38	2.39	2.49
水果（万吨）			0.71	0.94	0.50	0.92	1.23	1.55	1.75
水产品（万吨）	0.83	1.16	2.22	5.52	13.74	22.00	28.40	29.88	31.31
肉类总产量（万吨）			5.34	9.07	16.52	20.80	24.20	24.83	28.06
猪年末存栏（万头）	78.45	77.43	99.80	121.32	162.10	166.13	170.53	169.84	182.85
当年出栏肉猪（万头）			68.44	140.98	188.17	208.18	238.29	242.97	279.28
五、工业									
规模以上工业增加值（亿元）						88.77	231.19	307.16	403.14
轻工业						49.03	132.26	168.75	218.75
重工业						39.74	98.92	138.41	184.39
主要工业产品产量									
纱（万吨）			2.18	2.33	2.42	2.61	2.98	3.27	3.32
布（万米）	7 976	12 294	9 174	9 923	13 565	13 285	10 920	9 353	9 645

1-4 续表1

项　　目	1978	1980	1985	1990	1995	2000	2005	2006	2007
机制纸及纸板（万吨）	2.85	4.35	5.90	6.03	8.30	8.16	20.08	35.03	34.31
发电量（亿千瓦/小时）	7.54	7.91	7.88	15.46	17.69	31.13	37.78	45.23	42.23
烧碱（万吨）	0.18	0.45	1.13	1.51	2.09	1.56	2.95	2.74	2.91
水泥（万吨）	6.65	8.64	13.77	20.85	35.31	33.00	288.34	300.99	343.73
效益指标									
年末固定资产原值（亿元）	13.71	15.32	23.15	42.81	119.09	218.93	381.14	435.18	540.02
年末固定资产净值（亿元）	8.63	9.42	14.16	27.47	86.78	152.21	305.84	310.06	398.37
流动资产全年平均余额（亿元）	7.06	7.10	10.43	39.46	89.72	188.55	349.98	395.88	447.27
利润和税金总额（亿元）	2.07	3.25	6.14	6.12	9.73	32.93	82.53	96.85	127.69
六、邮电、运输									
货物运输量（万吨）			606	2 820	3 074	3 171	4 552	4 793	5 229
民　　航			0.07	0.07	0.74	0.95	1.57	1.80	2.00
铁　　路			235	221	201	224	392	412	425
公　　路	261	257	262	2 298	2 541	2 784	3 890	3 989	4 364
水　　运	150	77	109	301	331	163	269	390	438
旅客运输量（万人）			1 733	3 297	3 101	3 983	5 187	5 161	5 531
民　　航			4	8	75	78	136	151	166
铁　　路			680	517	625	906	1 346	1 278	1 573
公　　路	352	634	955	2 720	2 357	2 978	3 687	3 725	3 787
水　　运	87	96	94	52	44	20	18	6	5
邮电业务总量（万元）	469	596	3 262	8 252	42 100	218 524	334 822	373 327	437 184
七、固定资产投资									
全社会固定资产投资（万元）	12 209	21 075	46 575	103 225	542 553	798 684	5 255 946	6 430 198	8 198 948

1－4　续表2

项　　　目	1978	1980	1985	1990	1995	2000	2005	2006	2007
八、贸易									
社会消费品零售总额（亿元）	5.26	7.49	15.29	29.49	82.41	161.65	307.49	358.40	426.69
实际利用外资额（万美元）			155	1 129	12 537	3 288	90 865	105 084	123 068
九、财政									
财政总收入（亿元）	2.55	3.42	5.57	10.19	22.04	44.59	126.10	150.56	190.61
地方财政一般预算收入（亿元）					10.14	18.30	58.28	68.11	87.22
财政支出（亿元）	0.90	1.14	2.44	5.51	10.21	23.79	75.79	93.37	116.86
十、物价指数（以上年价格为100）									
商品零售价格指数	99.7	107.4	110.5	101.8	114.4	97.8	100.00	101.90	103.5
居民消费价格指数	99.7	106.6	111.0	103.3	116.2	102.6	101.00	101.90	104.3
十一、教育、文化、卫生									
高等学校在校学生数（人）	11 989	18 359	25 809	30 939	45 934	78 252	394 717	505 595	481 107
中等专业学校在校学生数（人）	7 841	11 970	13 724	20 437	45 453	80 622	141 355	105 027	99 819
普通中学在校学生数（万人）	18.90	17.17	18.44	20.97	20.15	26.15	25.22	25.02	26.77
小学在校学生数（万人）	42.25	47.12	49.30	37.86	39.10	40.94	43.26	43.60	44.65
图书馆藏书量（万册）	208	228	314	338	366	332	365	377	390
卫生机构数（个）	918	923	818	832	790	932	883	869	860
卫生技术人员数（人）	13 470	14 830	19 267	21 658	22 259	22 477	21 921	22 523	23 511
#医生	5 582	6 304	8 048	9 473	9 701	9 527	8 862	9 258	9 042
医疗卫生机构病床数（张）	13 149	14 005	15 000	16 205	16 345	15 130	15 644	15 659	16 016
十二、人民生活									
在岗职工平均工资（元）	577	732	1 038	1 798	4 931	8 756	18 045	20 286	23 960
城镇居民人均可支配收入（元）		339	639	1 349	3 591	5 734	10 301	11 243	13 076
农民人均纯收入（元）	121	184	412	721	1 626	2 390	3 879	4 392	5 034
城乡居民储蓄存款余额（亿元）	0.89	2.02	7.06	32.15	138.25	276.89	643.75	733.85	744.57

1－5 国民经济主要指标发展速度

项目	2007年为下列各年%					平均每年增长%		
	1978	1980	1985	1990	2006	1979—2007	1986—2007	1991—2007
一、年末总人口	160.0	154.9	146.5	131.5	101.5	1.6	1.7	1.6
二、年末社会从业人数	201.3	194.6	160.1	126.8	101.6	2.4	2.2	1.4
#职工	111.1	100.9	81.8	72.0	105.3	0.4	-0.9	-1.9
三、国内生产总值	3 045.0	2 498.9	1 408.6	940.2	115.4	12.5	12.8	14.1
第一产业	515.3	512.2	328.1	206.1	105.9	5.8	5.5	4.3
第二产业	3 816.4	3 238.2	1 591.4	1 431.9	116.7	13.4	13.4	16.9
第三产业	5 659.0	3 786.8	2 248.1	995.7	115.1	14.9	15.2	14.5
四、农业总产值	596.6	571.8	351.8	279.7	106.7	6.4	5.9	6.2
五、运输、邮电								
货物运输量			862.6	185.3	109.1		10.3	3.7
旅客运输量			319.0	167.9	107.2		5.4	3.1
邮电业务总量	333 172.8	241 344.0	44 064.6	8 277.1	117.1	32.3	31.9	29.7
六、全社会固定资产投资	65 764.4	38 098.2	17 239.2	7 778.3	127.5	25.1	26.4	29.2
七、贸易								
社会消费品零售总额	7 251.6	5 092.4	2 495.0	1 446.9	119.1	15.9	15.7	17.0
实际利用外资			79 383.8	10 897.1	117.1		35.5	31.8
八、财政								
财政总收入	7 327.9	5 463.8	3 355.2	1 833.4	126.6	16.0	17.3	18.7
财政支出	13 152.5	10 383.7	4 850.7	2 148.1	125.2	18.3	19.3	19.8
九、教育、文化、卫生								
高等学校在校学生数	4 012.1	2 620.6	1 864.1	1 154.8	95.2	13.6	14.2	15.5
中等专业学校在校学生数	1 288.2	843.9	723.8	632.1	95.0	9.2	9.4	11.5
普通中学在校学生数	142.2	156.5	145.7	138.0	107.0	1.2	1.7	1.9
小学在校学生数	105.6	94.6	90.6	119.8	102.4	0.2	-0.4	1.1
图书馆藏书量	187.2	171.0	124.1	115.5	103.4	2.2	1.0	0.9
卫生机构数（不含个体）	93.7	93.2	105.1	103.4	99.0	-0.2	0.2	0.2
卫生技术人员	174.4	158.5	122.0	110.2	104.4	1.9	0.9	0.6
#医生	162.0	143.2	112.2	89.2	97.7	1.7	0.5	-0.7
病床数	121.8	114.1	109.9	100.9	102.3	0.7	0.4	0.1
十、人民生活								
在岗职工平均工资	4 152.5	3 273.2	2 308.3	1 332.6	118.1	13.7	15.3	16.5
农民人均年纯收入	4 159.7	2 735.6	1 221.7	706.8	114.6	13.7	12.0	12.2

1－6 主要年份国民经济主要比例关系

单位:%

项　　目	1978	1980	1985	1990	1995	2000	2005	2006	2007
地区生产总值三次产业比例	**100.0**	**100.0**	**100.0**	**100.0**	**100.0**	**100.0**	**100.0**	**100.0**	**100.0**
第一产业	29.3	26.8	24.2	21.9	16.2	10.9	7.2	6.5	6.2
第二产业	49.2	48.4	52.6	39.7	45.4	45.8	52.8	54.3	54.3
第三产业	21.5	24.8	23.2	38.4	38.4	43.3	40.0	39.2	39.5
农业中农林牧副渔及服务业比例	**100.0**	**100.0**	**100.0**	**100.0**	**100.0**	**100.0**	**100.0**	**100.0**	**100.0**
农　　业	85.4	84.1	65.2	55.6	51.2	41.9	40.0	41.0	39.9
林　　业	0.9	0.9	1.5	1.1	1.7	1.5	1.2	1.2	1.1
牧　　业	11.8	12.6	22.4	31.2	35.2	35.2	33.0	31.5	33.7
渔　　业	1.4	1.3	4.6	6.4	11.9	21.4	23.6	24.1	23.2
农林牧渔服务业	0.5	1.1	6.3	5.7			2.2	2.2	2.1
规模以上工业中轻重工业增加值比例						**100.0**	**100.0**	**100.0**	**100.0**
轻工业						55.2	57.2	54.9	54.3
重工业						44.8	42.8	45.1	45.7
财政收入占地区生产总值的比例	**17.7**	**20.2**	**17.1**	**16.1**	**9.0**	**9.6**	**12.5**	**12.7**	**13.7**
科教文卫事业费占财政支出的比例	**29.9**	**31.2**	**29.1**	**24.6**	**29.6**	**22.8**	**17.2**	**17.2**	**23.5**

1－7 主要年份主要指标每人年平均水平

项　　目	1978	1980	1985	1990	1995	2000	2005	2006	2007
一、地区生产总值（元）	474	539	977	1 718	6 074	10 774	22 390	26 131	30 460
二、农业总产值（元）	148	176	295	648	1 492	1 609	2 474	2 750	3 130
三、规模以上工业增加值（元）						2 056	5 137	6 779	8 835
四、财政总收入（元）	84	109	167	277	562	1 033	2 802	3 323	4 177
五、主要农产品产量									
粮食（千克）	386.96	381.91	481.14	464.44	392.35	361.62	433.62	454.10	473.37
棉花（千克）	0.73	0.91	0.47	0.30	0.84	0.76	0.16	0.22	0.22
油料（折油）（千克）	1.41	1.53	2.84	3.57	8.24	6.83	5.29	5.28	5.46
水果（千克）			2.13	2.54	1.28	2.12	2.73	3.43	3.84
水产品（千克）	2.74	3.68	6.65	15.00	35.05	50.96	63.10	65.95	68.62
肉类总产量（千克）			16.03	24.67	42.15	48.18	53.77	54.80	61.49
六、主要工业产品产量									
纱（千克）			6.54	6.33	6.17	6.04	6.62	7.21	7.28
布（米）	26.28	29.07	27.52	26.98	34.61	30.77	24.26	20.64	21.14
发电量（千瓦小时）	248.42	251.39	236.26	417.08	451.35	721.06	839.42	998.28	925.49
钢材（千克）	25.53	65.69	76.17	60.63	106.87	187.27	584.45	636.54	699.77
烧碱（千克）			3.39	4.08	5.33	3.61	6.56	6.04	6.38
水泥（千克）			41.29	54.46	90.08	76.44	640.66	664.32	753.30
七、人民生活									
在岗职工平均工资（元）	577	732	1 038	1 798	4 931	6 954	14 290	16 377	23 960
城镇居民人均可支配收入（元）		339	639	1 349	3 591	5 734	10 301	11 243	13 076
农民人均纯收入（元）	121	184	412	721	1 626	2 390	3 879	4 392	5 034
城乡居民储蓄存款余额（元）	29	64	210	863	3 404	6 382	14 254	16 145	16 255

1－8　主要年份平均每天主要社会经济活动

项　　目	1978	1980	1985	1990	1995	2000	2005	2006	2007
一、地区生产总值（万元）	394	464	892	1 731	6 723	12 744	27 608	32 436	38 079
二、农业总产值（万元）	123	152	385	648	1 603	1 903	3 172	3 413	3 913
三、规模以上工业增加值（万元）						2 432	6 334	6 415	11 045
四、财政总收入（万元）	70	94	153	279	604	1 222	3 455	4 125	5 222
五、主要工业产品产量									
纱（吨）			59.7	63.8	66.3	71.5	81.6	89.5	91.0
布（万米）	21.9	33.7	25.1	27.4	37.2	36.4	29.9	25.6	26.4
发电量（万千瓦小时）	207.0	217.0	216.0	424.0	485.0	852.9	1 035.1	1 239.2	1 157.0
烧碱（吨）	4.9	12.3	31.0	41.4	57.3	42.7	80.8	75.0	79.7
水泥（吨）	182.2	236.7	377.3	571.2	967.4	904.1	7 899.7	8 246.3	9 417.3
六、社会消费品零售总额（万元）	144	205	418	720	2 284	4 478	8 424	9 819	11 690
七、其他经济活动									
货物运输量（万吨）			1.66	7.73	8.42	8.69	12.47	13.13	14.33
旅客运输量（万人次）			4.75	9.03	8.50	10.91	14.21	14.14	15.15
全社会固定资产投资总额（万元）	33	58	128	283	1 486	2 188	14 400	17 617	22 463
函件（万件）	3.65	4.77	14.26	13.10	15.46	8.26	10.21	8.79	10.09

1－9　国民经济主要指标占全省比重

（2007 年）

项　　　　　　　　目	江　　西	南　　昌	南昌所占比重（%）
一、土地面积（平方公里）	166 942	7 402.36	4.4
二、年末总人口（抽样调查数，万人）	4 368.41	458.06	10.5
三、年末在岗职工人数（万人）	274.95	59.04	21.5
四、地区生产总值（亿元）	5 469.25	1 389.89	25.4
五、农业总产值（亿元）	1 426.93	142.84	10.0
六、规模以上工业增加值（亿元）	1 761.67	403.14	22.9
七、主要工业产品产量			
发电量（亿千瓦小时）	464.98	42.23	9.1
成品钢材（万吨）	1 349.50	319.30	23.7
化肥（折纯量，万吨）	53.83	7.78	14.5
汽车（万辆）	22.18	10.87	49.0
水泥（万吨）	4 956.97	343.73	6.9
布（万米）	46 424	9 645	20.8
卷烟（亿支）	478.99	270.19	56.4
八、主要农产品产量			
粮食（万吨）	1 904.21	216.00	11.3
棉花（万吨）	11.76	0.10	0.9
油料（折油，万吨）	28.11	2.49	8.9
水产品（万吨）	196.06	31.31	16.0
肉类总产量（万吨）	247.38	28.06	11.3
九、全社会固定资产投资（亿元）	3 300.09	819.89	24.8
十、社会消费品零售总额（亿元）	1 683.09	426.69	25.4
十一、接待海外旅游者人数（万人次）	66.47	8.91	13.4
十二、旅游收汇（万美元）	20 411	2 555	12.5
十三、财政总收入（亿元）	664.62	190.61	28.7
十四、金融机构现金收入（亿元）	16 571.63	5 799.25	35.0
十五、普通高等学校在校学生（万人）	78.17	48.11	61.5
中等专业学校在校学生（万人）	23.40	9.98	42.7
普通中学在校学生（万人）	255.17	26.77	10.5
职业中学在校学生（万人）	35.96	2.12	5.9
小学在校学生（万人）	417.56	44.65	10.7
十六、卫生技术人员（万人）	12.65	2.35	18.6
#医生（人）	51 838	9 042	17.4
十七、卫生机构病床数（万张）	9.48	1.60	16.9
#医院病床数（万张）	6.32	1.30	20.6
十八、在岗职工工资总额（亿元）	499.42	140.07	28.0

1－10 主要年份地区生产总值

年　　份	地区生产总值（万元）	第一产业	第二产业	第三产业	人均地区生产总值（元）
1949	14 278	8 803	1 152	4 322	107
1952	21 667	13 045	2 943	5 679	154
1957	37 287	18 053	10 601	8 633	223
1962	42 877	12 109	15 716	15 052	222
1965	65 435	21 413	28 837	15 185	315
1970	93 305	22 785	51 086	19 434	389
1975	107 291	34 267	47 251	25 773	382
1978	143 727	42 065	70 744	30 918	474
1979	158 303	42 494	74 784	41 025	511
1980	169 513	45 361	82 026	42 126	538
1981	189 093	53 874	91 014	44 205	593
1982	204 423	61 052	97 054	46 317	632
1983	212 229	62 386	100 002	49 841	649
1984	257 925	79 281	116 105	62 539	781
1985	325 718	78 735	171 408	75 575	977
1986	369 492	82 109	185 935	101 448	1 093
1987	435 864	90 367	193 554	151 943	1 266
1988	518 161	96 081	231 734	190 346	1 474
1989	591 567	120 079	252 286	219 202	1 647
1990	632 034	138 479	250 705	242 850	1 719
1991	728 886	143 295	285 370	300 221	1 904
1992	946 665	178 041	395 972	372 652	2 429
1993	1 293 955	225 343	584 546	484 066	3 279
1994	1 818 436	334 901	801 503	682 032	4 550
1995	2 454 072	398 415	1 115 241	940 416	6 074
1996	3 105 911	496 539	1 394 535	1 214 837	7 610
1997	3 752 067	536 822	1 702 856	1 512 389	9 100
1998	3 992 606	440 170	1 853 634	1 698 802	9 584
1999	4 237 630	500 233	1 940 558	1 796 839	10 074
2000	4 651 411	506 973	2 128 661	2 015 777	10 774
2001	5 245 868	535 141	2 406 607	2 304 120	12 033
2002	6 019 950	571 461	2 831 427	2 617 062	13 680
2003	7 054 437	604 223	3 415 536	3 034 678	15 898
2004	8 511 066	687 834	4 293 532	3 529 700	19 042
2005	10 077 025	725 990	5 321 257	4 029 778	22 390
2006	11 838 973	772 964	6 424 463	4 641 546	26 131
2007	13 898 920	867 328	7 542 682	5 488 910	30 460

1－11 1978—2007 年地区生产总值指数

（按可比价计算） 单位:%

年份	地区生产总值（以1978年为100）	第一产业	第二产业	第三产业	地区生产总值（以上年为100）	第一产业	第二产业	第三产业
1978	100.0	100.0	100.0	100.0	114.2	101.3	116.4	128.3
1979	115.5	101.0	105.7	148.4	115.5	101.0	105.7	148.4
1980	121.9	100.6	117.9	149.4	105.5	99.6	111.5	100.7
1981	130.4	107.0	135.9	141.1	107.0	106.4	115.3	94.4
1982	142.2	122.6	140.8	162.1	109.1	114.5	103.6	114.9
1983	154.8	135.3	162.3	174.4	108.8	110.4	115.3	107.6
1984	185.7	147.1	196.2	222.4	120.0	108.7	120.9	127.5
1985	216.2	157.1	239.8	251.7	116.4	106.8	122.2	113.2
1986	241.5	164.5	254.4	326.5	111.7	104.7	106.1	129.7
1987	256.9	185.5	233.8	416.6	106.4	112.8	91.9	127.6
1988	288.8	186.4	264.7	493.7	112.4	100.5	113.2	118.5
1989	306.7	216.8	268.1	529.2	106.2	116.3	101.3	107.2
1990	323.9	250.0	266.5	568.4	105.6	115.3	99.4	107.4
1991	366.6	260.0	315.3	647.9	113.2	104.0	118.3	114.0
1992	425.6	268.6	379.9	773.6	116.1	103.3	120.5	119.4
1993	497.1	281.2	470.7	902.8	116.8	104.7	123.9	116.7
1994	588.1	304.0	588.0	1 051.8	118.3	108.1	124.9	116.5
1995	682.8	316.1	699.1	1 251.7	116.1	104.0	118.9	119.0
1996	788.0	347.4	799.7	1 490.7	115.4	109.9	114.4	119.1
1997	891.2	371.1	901.3	1 732.2	113.1	106.8	112.7	116.2
1998	960.7	320.6	1 008.6	1 929.7	107.8	86.4	111.9	111.4
1999	1 046.2	353.3	1 094.3	2 105.3	108.9	110.2	108.5	109.1
2000	1 142.4	363.9	1 195.0	2 336.9	109.2	103.0	109.2	111.0
2001	1 280.7	378.8	1 349.1	2 652.4	112.1	104.1	112.9	113.5
2002	1 457.4	395.1	1 586.6	2 970.6	113.8	104.3	117.6	112.0
2003	1 683.3	412.5	1 886.4	3 389.5	115.5	104.4	118.9	114.1
2004	1 961.0	441.8	2 273.2	3 850.5	116.5	107.1	120.5	113.6
2005	2 290.5	463.9	2 755.1	4 366.4	116.8	105.0	121.2	113.4
2006	2 636.4	486.6	3 259.2	4 921.0	115.1	104.9	118.3	112.7
2007	3 042.4	515.3	3 803.5	5 664.0	115.4	105.9	116.7	115.1

1－12 1978—2007年地区生产总值构成

（以地区生产总值为100）

单位:%

年份	第一产业	第二产业	工业	建筑业	第三产业	#交通运输仓储邮电业	#批发零售住宿餐饮业	#金融保险业
1978	29.3	49.2			21.5			
1979	26.8	47.2			26.0			
1980	26.8	48.4			24.8			
1981	28.5	48.1			23.4			
1982	29.9	47.5			22.6			
1983	29.4	47.1			23.5			
1984	30.7	45.0			24.3			
1985	24.2	52.6			23.2			
1986	22.2	50.3			27.5			
1987	20.7	44.4			34.9			
1988	18.5	44.7			36.8			
1989	20.3	42.6	40.7	1.9	37.1	6.6	11.7	10.5
1990	21.9	39.7	37.7	2.0	38.4	5.0	10.8	10.7
1991	19.6	39.2	35.1	4.1	41.2	4.0	10.6	10.4
1992	18.8	41.8	37.7	4.1	39.4	3.5	10.3	10.3
1993	17.4	45.2	41.0	4.2	37.4	5.0	7.9	5.3
1994	18.4	44.1	39.8	4.3	37.5	5.0	10.3	5.1
1995	16.2	45.4	39.0	6.4	38.4	5.4	11.9	5.1
1996	16.0	44.9	37.0	7.9	39.1	5.8	11.3	5.0
1997	14.3	45.4	34.8	10.6	40.3	6.1	11.5	4.9
1998	11.0	46.4	35.7	10.7	42.6	6.6	11.9	5.0
1999	11.8	45.8	35.1	10.7	42.4	6.7	11.7	4.8
2000	10.9	45.8	34.9	10.9	43.3	7.1	12.0	4.6
2001	10.2	45.9	35.0	10.9	43.9	7.5	11.5	4.3
2002	9.5	47.0	35.2	11.8	43.5	7.5	10.7	4.3
2003	8.6	48.4	35.9	12.5	43.0	7.8	9.7	4.0
2004	8.1	50.4	36.3	14.1	41.5	7.9	9.3	4.6
2005	7.2	52.8	37.2	15.6	40.0	7.3	9.2	4.5
2006	6.5	54.3	37.9	16.4	39.2	7.2	9.0	4.5
2007	6.2	54.3	38.4	15.9	39.5	6.5	8.9	5.4

1－13　地区生产总值增长

单位：万元

项　　　　目	2006	2007	2007年比上年增长%
地区生产总值	**11 838 973**	**13 898 920**	**15.4**
第一产业	772 964	867 328	5.9
第二产业	6 424 463	7 542 682	16.7
工　业	4 481 541	5 327 520	17.9
建筑业	1 942 922	2 215 162	14.0
第三产业	4 641 546	5 488 910	15.1

注：绝对数为当年价，增长速度按可比价计算。

1－14　地区生产总值及其使用

单位：万元

项　　　　目	2007	项　　　　目	2007
一、总产出	37 861 569	一、总支出	37 861 569
		二、中间使用支出	23 962 649
二、中间投入	23 962 649	三、地区生产总值	13 898 920
三、地区生产总值	13 898 920	最终消费	7 742 698
		居民消费	6 775 329
固定资产折旧	2 300 606	政府消费	967 369
劳动者报酬	6 433 516	资本形成总额	6 225 716
		固定资本形成总额	4 526 191
生产税净额	1 818 623	存货增加	1 699 525
营业盈余	3 346 175	货物和服务净出口	－69 494

主要统计指标解释

地区生产总值 即GDP，是一个国家（地区）所有常住单位在一定时间内按市场价格计算的生产活动的最终成果。国内生产总值有三种表现形态，即价值形态、收入形态和产品形态。从价值形态看，它是所有常住单位在一定时间内所生产的全部货物和服务价值超过同期投入的全部非固定资产货物和服务的差额，即所有常住单位的增加值之和；从收入形态看，它是所有常住单位在一定时间内所创造并分配给常住单位和非常住单位的初次分配收入之和；从产品形态看，它是最终使用的货物和服务减去进口货物和服务。在实际核算中，生产总值的三种表现形态为三种计算方法，即生产法、收入法和支出法。三种方法分别从不同的方面反映生产总值及其构成。这项指标名称全国为国内生产总值，各省、市、县都称地区生产总值。

增加值 指各部门（单位）在一定时期内从事经济、社会活动获得最终成果的货币表现。反映生产单位和部门对国内生产总值的贡献。增加值包括固定资产折旧、劳动者报酬、生产税净额、营业盈余。

三次产业 根据社会生产活动历史发展的顺序对产业结构的划分，产品直接取自自然界的部门称为第一产业，对初级产品进行再加工的部门称为第二产业，为生产和消费提供各种服务的部门称为第三产业。它是世界上通用的产业结构分类，但各国的划分不尽一致。我国的三次产业划分是：

第一产业：农业（包括种植业、林业、牧业、渔业等）。

第二产业：工业（包括采掘工业、制造业、自来水、电力、蒸汽、热水、煤气）和建筑业。

第三产业：除第一、第二产业以外的其他各业。由于第三产业包括的行业多、范围广，根据我国的实际情况，第三产业可分为两大部门：一是流通部门，二是服务部门。具体又可分为四个层次。

第一层次：流通部门，包括交通运输业、邮电通讯业、商业饮食业、物资供销和仓储业。

第二层次：为生活服务的部门，包括金融、保险业、房地产业、公用事业、居民服务、旅游业、咨询信息和各类技术服务业等。

第三层次：为提高科学文化和居民素质服务的部门，包括教育、文化、广播电视事业、科研、卫生、体育和社会福利。

第四层次：为社会公共需要服务的部门，包括国家机关、政党、社团以及军队、警察等。

总消费 是常住单位在一定时期内对于物质产品和服务的最终消费支出的合计。总消费分为居民消费和社会消费。

（1）居民消费 是常住居民在核算期内为个人最终消费需求而购买的物质产品和服务的全部支出。一是居民以货币直接购买的用于生活消费的各种物质产品。包括各种耐用消费品和非耐用消费品支出，不包括居民购买的房屋和用于生产目的的支出；二是居民直接购买的用于生活消费的各种支出，包括交通费、房租、洗理、日用品修理、医疗保健、教育、文化、家庭保姆等支出；三是居民以实物工资获得的各种生活消费，包括居民得到的免费和低于市场价格获得的各种物质产品和服务；四是居民自产自用的计入核算期社会产品中的物质产品、自有住房的虚拟房租消费等。

（2）社会消费 包括政府消费和集体消费两部分。政府消费，是财政支出中用于最终消费的部分，即政府部门总产出减去其销售收入后的余额；集体消费，是各种生产单位和团体支付与本身生产活动无关的仅供集体最终消费的物质产品和服务的支出。

总投资 是常住单位在核算期内对固定资产和库存的投资支出合计，分为固定资产形成和库存增加。

（1）固定资产形成 是常住单位在核算期内建造和购置的固定资产的全部投资。包括各类房屋、建筑物、机器设备、役畜种畜、多年经济林木和在建工程等，不包括居民拥有的耐用消费品和作为纯军事目的而使用的耐用品。具体固定资产形成包括四个部分，一是由基本建设投资所形成的固定资产价值；二是由更新改造投资增加的固定资产价值；三是通过大修理增加的固定资产价值；四是由其他资金支出形成的固定资产价值。

（2）库存增加　常住单位在核算期内库存实物量变动的市场价值。期初与期末差额为正值表示库存增加，负值表示库存减少。具体包括生产单位从其他单位购买的原材料、燃料和各种储备物资等。二是生产单位生产的各种产成品、在制品、半成品等。

当年价格　指报告期的实际价格，如工厂的出厂价格，农产品的收购价格，商业的零售价格等。按当年价格计算，是指一些以货币表现的物量指标如工农业总产值、国内生产总值等，按照当年的实际价格来计算总量。使用当年价格计算的数字，是为了使国民经济各项指标相互衔接，便于考察当年经济效益，便于对生产和流通、生产和分配、生产和消费进行经济核算的综合平衡。

按当年价格计算的价值指标，在不同年份之间进行对比时，因为包含有各年间价格变动因素，不能确切反映实物量的增减变动。必须消除价格变动因素后，才能真实反映经济发展动态。因此，在计算增长速度时都使用按可比价格计算的数字。

可比价格　指在不同时期的价值指标对比时，扣除了价格变动的因素，以确切表示物量的变化。按可比价格计算有两种方法：一种是直接按产品产量乘其不变价格计算；一种是用物价指数换算。

不变价格　指用同类产品的年平均价格作为固定价格，来计算各年产品价值。按不变价格计算的产品价值除了价格变动因素，不同时期对比可以反映生产的发展速度。新中国成立后，随着工农业产品价格水平的变化，国家统计局先后五次制定了全国统一的工业产品不变价格和农业产品不变价格。从1949年到1957年使用1952年工（农）业产品不变价格，从1957年到1971年使用1957年不变价格，从1971年到1981年使用1970年不变价格，从1981年到1990年使用1980年不变价格，从1990年开始使用1990年不变价格。

平均每年增长速度　在我国计算平均增长速度有两种方法，一种是习惯上经常使用的“水平法”又称几何平均法，是以间隔期最后一年的水平同基期水平对比来计算平均每年增长（或下降）速度。

另一种是“累计法”，又称代数平均法或方程法，是以间隔期内各年水平的总和同基期水平对比来计算平均每年增长（或下降）速度。

在一般情况下，两种方法计算的平均每年增长速度比较接近，但在经济发展不平衡，出现大起大落时，两种方法计算的结果差别较大。

本《年鉴》内所列的从某年到某年平均增长速度的年份，均不包括基期年在内。如改革开放以来20年的平均增长速度是以1978年为基期计算的，则写为1979－1998年平均增长速度，其余类推。

大中城市划分　是根据管理工作的需要，按市区（不包括市辖县）的非农业人口总数多少对城市规模进行划分。目前我国统计工作中将城市分以下几组：

（1）100万人口以上为特大城市；

（2）50—100万人口为大城市；

（3）20—50万人口为中等城市；

（4）20万人口以下为小城市。

上述分组，随着我国的政治经济和改革的深入发展，将会调整。

国民经济行业分类　在统计工作中为取得分行业的数据资料并统一分类和编码，正确反映国民经济各行业的结构和发展状况，便于研究国民经济的各项比例关系，而制定的国民经济行业划分标准。按现行统计制度规定，我国行业划分为20大类，排列顺序如下：

（1）农、林、牧、渔业（2）采矿业（3）制造业（4）电力、燃气及水的生产和供应业（5）建筑业（6）交通运输、仓储和邮政业（7）信息传输、计算机服务和软件业（8）批发和零售业（9）住宿和餐饮业（10）金融业（11）房地产业（12）租赁和商务服务业（13）科学研究、技术服务和地质勘查业（14）水利、环境和公共设施管理业（15）居民服务和其他服务业（16）教育（17）卫生、社会保障和社会福利业（18）文化、体育和娱乐业（19）公共管理和社会组织（20）国际组织。

二、人口·劳动力

POPULATION AND LABOUR FORCE

本篇内容包括：

1. 主要年份户数和人口
2. 人口构成情况
3. 人口变动情况
4. 劳动力资源
5. 从业人员的社会分布状况

资料整理　　微机处理

刘　斌　　熊子文

姜同文

年末总人口

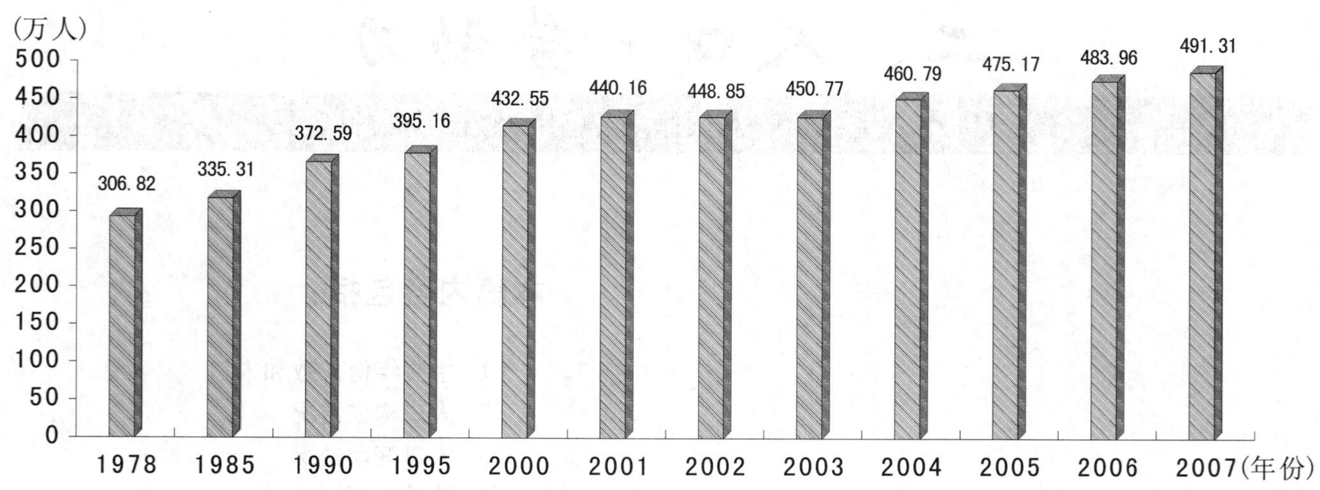

人口自然增长率

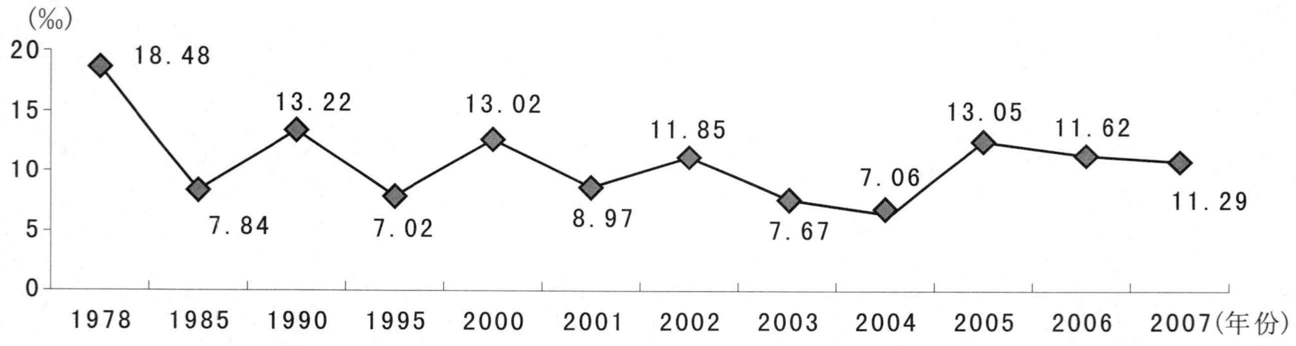

社会从业人员

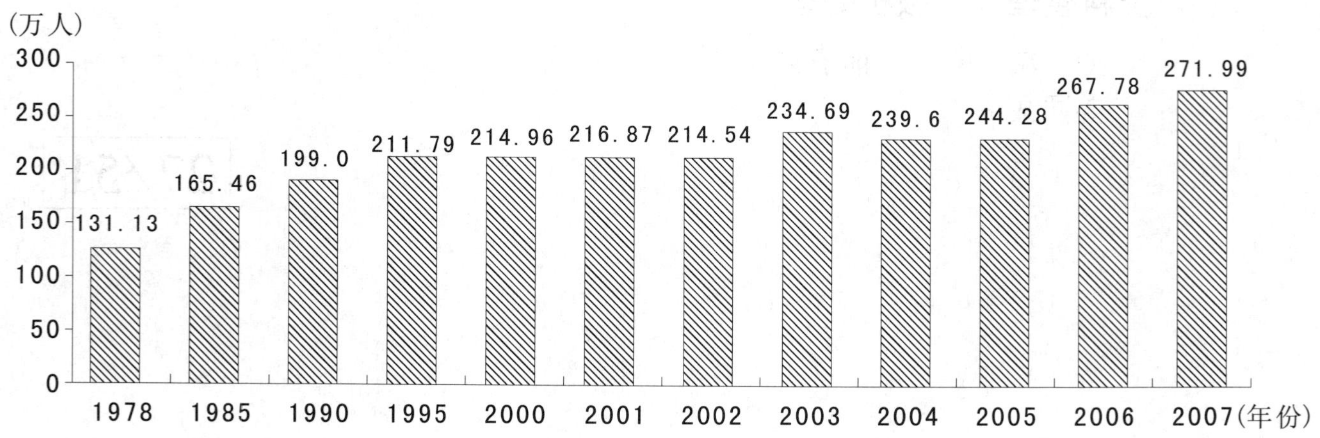

2-1 主要年份户数和人口数

年　　份	总户数（万户）	总人口（万人）	按性别分	
			男	女
1949	32.34	136.47	71.74	64.73
1952	34.05	143.17	74.53	68.64
1957	39.22	169.78	88.87	80.91
1962	43.16	193.77	102.59	91.18
1965	43.84	210.68	110.42	100.26
1970	50.23	243.88	127.22	116.66
1975	55.87	285.00	148.19	136.81
1978	57.32	306.82	159.69	147.13
1980	64.41	317.23	165.43	151.80
1985	71.14	335.31	174.34	160.97
1986	73.13	340.94	177.49	163.45
1987	76.21	347.76	180.93	166.83
1988	78.93	355.28	184.88	170.40
1989	82.03	362.97	188.52	174.45
1990	86.70	372.59	193.70	178.89
1991	88.34	375.42	195.33	180.09
1992	90.06	378.88	197.15	181.73
1993	91.73	382.76	199.21	183.55
1994	93.42	388.77	202.91	185.86
1995	96.25	395.16	206.43	188.73
1996	98.54	401.72	209.50	192.22
1997	100.72	407.89	212.12	195.77
1998	101.53	415.84	216.19	199.65
1999	105.50	424.23	220.92	203.31
2000	111.85	432.55	225.42	207.13
2001	114.35	440.16	231.46	208.70
2002	119.26	448.85	235.45	213.40
2003	123.57	450.77	236.77	214.00
2004	125.65	460.79	241.91	218.88
2005	127.62	475.17	250.57	224.60
2006	130.80	483.96	254.79	229.17
2007	134.87	491.31	258.07	233.24

2-2 主要年份农业、非农业和城镇、乡村人口数

单位：万人

年　　份	按农业、非农业人口分		按城镇、乡村分	
	农业人口	非农业人口	城镇人口	乡村人口
1949	101.37	35.10	37.30	99.17
1952	108.03	35.14	37.50	105.67
1957	115.17	54.61	56.07	113.71
1962	126.18	67.59	72.19	121.58
1965	137.32	73.36	81.23	129.45
1970	174.75	69.13	77.73	166.15
1975	200.09	84.91	92.13	192.87
1978	215.06	91.76	110.40	196.42
1980	216.49	100.74	116.99	200.24
1985	215.88	119.43	135.82	199.49
1986	219.34	121.60	145.81	195.13
1987	221.49	126.27	155.89	191.87
1988	225.78	129.50	157.61	197.67
1989	229.21	133.76	159.77	203.20
1990	235.79	136.80	167.14	205.45
1991	235.43	139.99	175.36	200.06
1992	237.37	141.51	180.78	198.10
1993	238.81	143.95	187.03	195.73
1994	240.08	148.69	218.42	170.35
1995	241.87	153.29	221.92	173.24
1996	244.45	157.27	264.60	137.12
1997	246.31	161.58	286.48	121.41
1998	250.86	164.98	299.44	116.40
1999	255.07	169.16	307.18	117.05
2000	256.66	175.89	311.60	120.95
2001	257.71	182.45	322.98	117.18
2002	260.93	187.92	335.40	113.45
2003	255.31	195.46	348.84	101.93
2004	255.88	204.91	365.11	95.68
2005	255.23	219.94	378.73	96.44
2006	256.25	227.71	389.18	94.78
2007	258.55	232.76	393.71	97.60

2-3 主要年份人口构成

（以年末总人口为100）　　单位：%

年份	男	女	农业人口	非农业人口	城镇人口	乡村人口
1949	52.6	47.4	74.3	25.7	27.3	72.7
1952	52.1	47.9	75.5	24.5	26.7	73.3
1957	52.3	47.7	67.8	32.2	33.0	67.0
1962	52.9	47.1	65.1	34.9	37.3	62.7
1965	52.4	47.6	65.2	34.8	38.6	61.4
1970	52.2	47.8	71.7	28.3	31.9	68.1
1975	52.0	48.0	70.2	29.8	32.3	67.7
1978	52.0	48.0	70.1	29.9	36.0	64.0
1980	52.1	47.9	68.2	31.8	36.9	63.1
1985	52.0	48.0	64.4	35.6	40.5	59.5
1986	52.1	47.9	64.3	35.7	42.8	57.2
1987	52.0	48.0	63.7	36.3	44.8	55.2
1988	52.0	48.0	63.5	36.5	44.4	55.6
1989	51.9	48.1	63.1	36.9	44.0	56.0
1990	52.0	48.0	63.3	36.7	44.9	55.1
1991	52.0	48.0	62.7	37.3	46.7	53.3
1992	52.0	48.0	62.7	37.3	47.7	53.3
1993	52.0	48.0	62.4	37.6	48.9	51.1
1994	52.2	47.8	61.7	38.3	56.2	43.8
1995	52.2	47.8	61.8	38.2	56.2	43.8
1996	52.2	47.8	60.9	39.1	65.9	34.1
1997	52.0	48.0	60.4	39.6	70.2	29.8
1998	52.0	48.0	60.3	39.7	72.0	28.0
1999	52.1	47.9	60.1	39.9	72.4	27.6
2000	52.1	47.9	59.3	40.7	72.0	28.0
2001	52.6	47.4	58.5	41.5	73.4	26.6
2002	52.5	47.5	58.1	41.9	74.7	25.3
2003	52.5	47.5	56.6	43.4	77.4	22.6
2004	52.5	47.5	55.4	44.5	79.2	20.8
2005	52.7	47.3	53.7	46.3	79.7	20.3
2006	52.6	47.4	52.9	47.1	80.4	19.6
2007	52.5	47.5	52.6	47.4	80.1	19.9

2-4 主要年份人口自然变动

年份	年平均人口（万人）	人口出生率（‰）	人口死亡率（‰）	人口自然增长率（‰）	人口密度（人/平方公里）
1949	134.00	31.34	21.64	9.70	184
1952	141.00	39.72	15.67	24.05	193
1957	167.51	41.35	7.97	33.38	229
1962	192.81	33.54	8.60	24.94	262
1965	207.91	33.87	7.07	26.80	285
1970	239.73	33.11	6.62	26.49	330
1975	281.10	30.81	5.89	24.92	385
1978	303.45	24.23	5.75	18.48	415
1980	315.10	12.54	5.32	7.22	429
1985	333.48	12.62	4.78	7.84	453
1986	338.12	13.85	4.79	9.06	461
1987	344.35	11.97	4.66	7.31	470
1988	351.52	14.48	4.73	9.75	480
1989	359.12	14.10	5.00	9.10	490
1990	367.78	18.24	5.02	13.22	503
1991	374.00	13.64	4.62	9.02	507
1992	377.15	11.85	4.42	7.43	512
1993	380.82	10.75	4.21	6.54	517
1994	385.76	10.95	4.09	6.86	525
1995	391.97	11.37	4.35	7.02	534
1996	398.44	13.74	3.89	9.85	543
1997	404.81	14.05	3.91	10.14	551
1998	411.86	12.57	3.83	8.74	562
1999	420.03	12.63	3.59	9.04	573
2000	428.39	18.75	5.73	13.02	584
2001	436.35	12.41	3.44	8.97	595
2002	444.51	14.58	2.73	11.85	606
2003	449.81	10.42	2.75	7.67	609
2004	455.78	12.11	5.05	7.06	616
2005	467.98	16.13	2.63	13.50	632
2006	479.56	14.28	2.66	11.62	648
2007	487.63	14.23	2.94	11.29	664

2-5 县区户数和人口数

(2007 年)

地区	户数(户)	总人口(人)				
		合计	男	女	农业人口	非农业人口
总计	**1 348 687**	**4 913 082**	**2 580 684**	**2 332 398**	**2 585 450**	**2 327 632**
东湖区	125 912	453 076	228 005	225 071	7 897	445 179
西湖区	131 613	427 869	214 954	212 915	20 602	407 267
青云谱区	76 179	263 486	138 403	125 083	21 747	241 739
湾里区	29 845	86 003	45 979	40 024	47 850	38 153
青山湖区	120 462	431 775	227 193	204 582	149 479	282 296
南昌县	267 480	940 294	495 894	444 400	767 205	173 089
新建县	173 245	674 131	355 037	319 094	524 642	149 489
安义县	88 396	268 045	142 728	125 317	198 280	69 765
进贤县	233 262	788 154	409 264	378 890	618 785	169 369
经济开发区	28 176	199 760	116 017	83 743	36 769	162 991
高新开发区	44 284	237 221	127 852	109 369	162 841	74 380
红谷滩新区	19 292	116 073	65 290	50 783	19 665	96 408
桑海开发区	10 541	27 195	14 068	13 127	9 688	17 507

2-6 县区人口变动

(2007 年)

地区	年平均人口(人)	机械变动(人)		自然变动(人)		人口出生率(‰)	人口死亡率(‰)	人口自然增长率(‰)	人口机械增长率(‰)
		迁入	迁出	出生	死亡				
总计	**4 876 331**	**141 675**	**161 599**	**69 402**	**14 331**	**14.23**	**2.94**	**11.29**	**-4.09**
东湖区	451 653	8 599	9 370	3 849	1 776	8.52	3.93	4.59	-1.71
西湖区	424 402	9 360	4 128	3 522	1 860	8.30	4.38	3.92	12.33
青云谱区	263 791	9 343	8 140	2 138	1 001	8.10	3.79	4.31	4.56
湾里区	85 101	4 267	3 420	1 239	173	14.56	2.03	12.53	9.95
青山湖区	430 838	12 429	13 647	3 870	1 070	8.98	2.48	6.50	-2.83
南昌县	933 712	22 277	16 968	15 052	3 196	16.12	3.42	12.70	5.69
新建县	671 586	7 676	44 602	13 427	1 202	19.99	1.79	18.20	-54.98
安义县	264 391	1 405	1 985	6 243	548	23.61	2.07	21.54	-2.19
进贤县	778 825	8 825	8 390	15 954	2 649	20.48	3.40	17.08	0.56
经济开发区	202 519	27 708	28 710	884	298	4.37	1.47	2.90	-4.95
高新开发区	234 508	15 204	13 445	2 132	340	9.09	1.45	4.64	7.50
红谷滩新区	107 742	14 401	8 366	817	149	7.58	1.38	6.20	56.01
桑海开发区	27 266	181	388	275	69	10.09	2.53	7.56	-7.59

补充资料：1、据2007年人口抽样调查资料推算，2007年末全市常住总人口为458.06万人，出生率为13.63‰，死亡率为5.79‰，自然增长率为7.86‰，年平均人口为456.30万人。

2、剔除四县因区划调整的户籍人口和因历年学生毕业应迁而未迁出的户籍人口后，市区户籍人口合计1843058（人），495919（户）。

2-7 县辖镇户数和人口数

（2007年）

地区	户数（户）	总人口（人）				
		合计	男	女	农业人口	非农业人口
合计	**497 265**	**1 694 659**	**888 632**	**806 028**	**1 220 791**	**473 868**
南昌县	173 609	607 079	319 823	287 256	464 401	142 678
莲塘镇	30 270	96 911	50 976	45 935	28 723	68 188
向塘镇	39 798	118 921	61 455	57 466	72 684	46 237
冈上镇	11 964	44 696	23 448	21 248	41 226	3 470
幽兰镇	21 357	73 465	39 315	34 150	67 260	6 205
武阳镇	14 214	50 301	26 857	23 444	46 854	3 447
三江镇	8 265	30 255	16 014	14 241	26 483	3 772
塘南镇	15 820	67 749	36 013	31 736	64 144	3 605
蒋巷镇	21 828	87 108	46 244	40 864	81 853	5 255
广福镇	10 093	37 673	19 501	18 172	35 174	2 499
新建县	100 310	398 818	210 636	188 182	284 892	113 926
长堎镇	25 591	96 285	51 411	44 874	16 304	79 981
望城镇	4 802	17 335	9 070	8 265	14 611	2 724
西山镇	8 830	40 173	20 878	19 295	37 398	2 775
石岗镇	12 040	49 846	27 057	22 789	44 196	5 650
松湖镇	8 041	34 440	18 300	16 140	31 593	2 847
生米镇	9 064	36 789	19 617	17 172	32 392	4 397
乐化镇	8 541	29 225	15 292	13 933	22 459	6 766
樵舍镇	10 462	38 599	20 079	18 520	33 102	5 497
溪霞镇	6 043	27 652	14 290	13 362	26 184	1 468
象山镇	6 896	28 474	14 642	13 832	26 653	1 821
安义县	74 990	222 902	118 641	104 261	157 638	65 264
龙津镇	27 287	66 129	35 175	30 954	13 901	5 228
鼎湖镇	10 224	33 340	17 670	15 670	30 058	3 282
东阳镇	5 928	20 171	10 675	9 496	18 688	1 483
长埠镇	5 676	19 754	10 478	9 276	18 711	1 043
万埠镇	8 433	27 683	14 696	12 987	23 588	4 095
石鼻镇	12 842	38 853	20 845	18 008	36 422	2 431
黄洲镇	4 600	16 972	9 102	7 870	16 270	702
进贤县	148 356	465 860	239 531	226 329	313 860	152 000
民和镇	57 470	167 089	86 627	80 462	56 987	110 102
梅庄镇	9 415	35 122	17 681	17 441	33 203	1 919
前坊镇	9 732	32 558	13 760	18 798	29 930	2 628
温圳镇	12 913	46 085	24 516	21 569	33 787	12 298
李渡镇	17 154	41 746	21 500	20 246	30 127	11 619
文港镇	15 174	46 926	25 104	21 822	38 873	8 053
架桥镇	7 810	31 379	16 260	15 119	29 993	1 386
罗溪镇	9 021	30 152	15 653	14 499	28 647	1 505
张公镇	9 667	34 803	18 430	16 373	32 313	2 490

2-8 人口和计划生育

（2006年10月-2007年9月）　　单位：人

项目	合计	东湖区	西湖区	青云谱区	湾里区	青山湖区	南昌县
一、期末已婚育龄妇女	**963 745**	**104 825**	**104 987**	**53 121**	**16 749**	**102 107**	**179 372**
无孩	48 084	6 616	6 774	4 708	375	7 629	7 487
一孩	465 147	86 323	78 386	40 918	8 068	59 241	56 850
二孩	370 482	10 996	17 720	6 724	5 910	31 258	100 124
多孩	80 032	890	2 107	771	2 396	3 979	14 911
二、期末落实节育措施	**897 938**	**96 581**	**95 829**	**47 212**	**16 201**	**93 328**	**168 895**
结扎	415 537	6 094	11 388	5 120	7 809	31 441	110 966
上环	368 598	62 073	55 620	30 860	7 880	44 834	49 842
皮埋	798	100	238	20	57	103	107
药具	110 836	28 295	28 504	11 159	434	15 775	7 903
其他	2 169	19	79	53	21	1 175	77
三、期末领取独生子女证	**255 651**	**64 624**	**59 879**	**36 035**	**3 763**	**36 114**	**10 546**
四、期内出生人数	**49 288**	**3 493**	**3 804**	**1 968**	**878**	**3 367**	**11 397**
一孩	36 974	3 204	3 526	1 854	745	2 981	8 277
二孩	11 546	280	271	114	123	373	2 870
多孩	768	9	7		10	13	250
五、计划生育率（%）	**81.06**	**97.05**	**97.34**	**98.07**	**88.84**	**93.79**	**75.49**

2-8 续表　　(2006年10月-2007年9月)　　单位：人

项　　目	新建县	安义县	进贤县	经济开发区	高新开发区	红谷滩新区	桑海开发区	英雄开发区
一、期末已婚育龄妇女	**126 435**	**52 153**	**163 397**	**10 766**	**32 655**	**8 575**	**5 078**	**3 525**
无　孩	5 639	2 151	4 530	418	1 068	315	240	134
一　孩	42 802	15 211	55 865	5 406	8 358	3 390	2 937	1 392
二　孩	59 101	25 122	84 141	3 751	19 334	3 149	1 469	1 683
多　孩	18 893	9 669	18 861	1 191	3 895	1 721	432	316
二、期末落实节育措施	**118 370**	**49 276**	**154 918**	**10 140**	**31 164**	**8 129**	**4 598**	**3 297**
结　扎	76 074	30 535	100 889	4 301	23 211	4 432	1 410	1 867
上　环	36 853	16 256	48 464	2 572	6 786	2 669	2 780	1 109
皮　埋	12	62	42	31	4	14	7	1
药　具	5 360	2 416	5 492	2 791	1 163	1 014	235	295
其　他	71	7	31	445			166	25
三、期末领取独生子女证	**9 633**	**6 661**	**19 391**	**2 670**	**1 970**	**1 825**	**1 703**	**837**
四、期内出生人数	**8 187**	**3 491**	**9 607**	**503**	**1 674**	**541**	**144**	**234**
一　孩	5 811	2 249	5 799	414	1 338	471	120	185
二　孩	2 249	1 129	3 593	74	331	67	23	49
多　孩	127	113	215	15	5	3	1	
五、计划生育率（%）	**74.59**	**72.5**	**72.49**	**89.86**	**90.68**	**90.2**	**86.81**	**86.32**

2-9 主要年份劳动力资源

年份	劳动力资源（万人）	社会从业人员（万人）	劳动力资源占人口比重（%）*	劳动力资源利用率（%）
1952	78.78	60.50	55.0	76.8
1957	82.38	65.27	48.5	79.2
1962	86.05	70.09	44.4	81.5
1965	91.88	76.02	43.6	82.7
1970	110.86	98.11	45.5	88.5
1975	126.41	111.49	44.4	88.2
1978	149.69	131.13	48.8	87.6
1980	152.67	136.03	48.1	89.1
1985	193.75	165.46	57.8	85.4
1986	195.01	166.54	57.2	85.4
1987	199.16	172.28	57.3	86.5
1988	211.77	182.55	59.6	86.2
1989	218.33	186.67	60.0	85.5
1990	233.57	199.00	62.7	85.2
1991	239.51	204.30	63.8	85.3
1992	241.51	205.96	63.7	85.3
1993	246.17	195.87	64.3	79.6
1994	251.42	205.28	64.7	81.6
1995	258.86	211.79	65.5	81.8
1996	261.08	210.96	65.0	80.8
1997	263.43	215.45	64.6	81.8
1998	277.94	215.39	66.8	77.5
1999	286.93	218.15	67.6	76.0
2000	296.74	214.96	68.6	72.4
2001	299.59	216.87	68.1	72.4
2002	300.42	214.54	66.9	71.4
2003	311.49	234.69	69.1	75.3
2004	319.09	239.60	69.2	75.1
2005	338.38	244.28	71.2	72.2
2006	345.22	267.78	71.3	77.6
2007	342.51	271.99	69.7	79.4

2-10 主要年份社会从业人员

（按产业结构分）

年份	年末从业人员（万人）			构成（%）		
	第一产业	第二产业	第三产业	第一产业	第二产业	第三产业
1952	51.66	3.64	5.20	85.4	6.0	8.6
1957	49.11	8.62	7.54	75.2	13.2	11.6
1962	44.87	14.18	11.04	64.0	20.2	15.8
1965	47.67	15.97	12.38	62.7	21.1	16.2
1970	62.56	23.66	11.89	63.8	24.1	12.1
1975	67.91	28.11	15.47	61.0	25.2	13.8
1978	76.89	35.33	18.91	58.6	26.9	14.5
1980	75.84	39.60	20.59	55.8	29.1	15.1
1985	72.58	54.88	38.00	43.9	33.2	22.9
1986	72.23	56.13	38.18	43.4	33.7	22.9
1987	72.68	60.89	38.71	42.2	35.3	22.5
1988	80.65	62.38	39.52	44.2	34.2	21.6
1989	86.74	59.04	40.89	46.5	31.6	21.9
1990	94.57	60.98	43.45	47.5	30.7	21.8
1991	92.53	67.03	44.74	45.3	32.8	21.9
1992	90.08	67.45	48.43	43.7	32.8	23.5
1993	82.47	61.96	51.44	42.1	31.6	26.3
1994	86.27	63.87	55.14	42.0	31.1	26.9
1995	89.65	66.55	55.59	42.3	31.4	26.3
1996	86.24	61.77	62.95	40.9	29.3	29.8
1997	89.12	63.50	62.83	41.4	29.5	29.1
1998	88.88	59.46	67.05	41.3	27.6	31.1
1999	87.84	59.07	71.24	40.3	27.1	32.6
2000	84.84	56.34	73.78	39.5	26.2	34.3
2001	84.52	56.49	75.86	39.0	26.0	35.0
2002	84.71	57.43	72.40	39.5	26.8	33.7
2003	82.73	66.61	85.35	35.2	28.4	36.4
2004	81.49	64.43	93.68	34.0	26.9	39.1
2005	80.00	63.29	100.99	32.7	25.9	41.4
2006	80.04	56.75	130.99	29.9	21.2	48.9
2007	77.42	60.44	134.13	28.5	22.2	49.3

2-11 城乡劳动力资源配置

（2007年） 单位：万人

	合计	城镇	乡村
一、年末劳动力资源总数	**342.51**	**208.57**	**133.94**
#当年新增劳动力资源	8.41	3.19	5.22
1. 年末16岁以上全部人数	429.45	260.75	168.7
#不计人劳动力资源的人数	84.95	53.5	31.45
2. 机械变动差额跨地区调整数	-1.99	1.32	-3.31
二、经济活动人口	**276.14**	**153.39**	**122.75**
从业人员	271.99	149.24	122.75
按就业者身份分			
单位就业人员	77.43	77.43	
私营业主	7.37	7.15	0.22
个体户主	11.06	9.54	1.52
私营企业和个体从业人员	42.94	39.41	3.53
乡镇企业从业人员	46.98		46.98
农村从业人员	70.5		70.5
其他	15.71	15.71	
按经济类型分			
国有	51.79	51.79	
集体	126.08	8.6	117.48
股份合作	0.47	0.47	
联营	0.36	0.36	
有限责任公司	7.75	7.75	
股份有限公司	4.3	4.3	
港澳台投资	1.36	1.36	

	合计	城镇	乡村
外商投资	1.18	1.18	
私营	35.35	33.7	1.65
个体	26.02	22.4	3.62
其他	17.33	17.33	
按国民经济行业分			
1. 农、林、牧、渔业	77.42	4.48	72.94
2. 采矿业	0.04	0.04	
3. 制造业	41.13	27.82	13.31
4. 电力、燃气及水的生产和供应业	1.45	1.45	
5. 建筑业	17.82	13.61	4.21
6. 交通运输、仓储和邮政业	14.46	9.98	4.48
7. 信息传输、计算机服务和软件业	2.52	2	0.52
8. 批发和零售业	46.31	39.88	6.43
9. 住宿和餐饮业	6.77	3.66	3.11
10. 金融业	1.75	1.75	
11. 房地产业	1.47	1.47	
12. 租赁和商务服务业	2.64	2.64	
13. 科学研究、技术服务和地质勘查业	2.05	2.05	
14. 水利、环境和公共设施管理业	1.52	1.52	
15. 居民服务和其他服务业	3.64	3.64	
16. 教育	7.35	7.35	
17. 卫生、社会保障和社会福利业	2.83	2.83	
18. 文化、体育和娱乐业	1.63	1.63	
19. 公共管理和社会组织	4.81	4.81	
20. 其他	34.38	16.63	17.75
失业人员	4.15	4.15	
三、非经济活动人口	**66.37**	**55.18**	**11.19**
#16岁以上在校学生	40.06	38.62	1.44
家务劳动者	15.49	7.27	8.22

2－12 社 会 从 业 人 员

（2007年） 单位：人

	合 计	城 镇	乡 村
总　　计	**2 719 931**	**1 492 413**	**1 227 518**
一、按县区分			
南 昌 县	430 298	100 754	329 544
新 建 县	338 707	62 372	276 335
安 义 县	115 162	37 341	77 821
进 贤 县	387 042	47 507	339 535
市　　区	1 448 722	1 244 439	204 283
# 东 湖 区	89 342	86 257	3 085
西 湖 区	69 156	58 353	10 803
青云谱区	46 178	35 441	10 737
湾 里 区	43 252	22 217	21 035
青山湖区	99 701	30 310	69 391
经济开发区	33 133	16 422	16 711
高新开发区	131 334	45 647	85 687
红谷滩新区	16 581	3 663	12 918
二、按产业结构分			
第一产业	774 201	44 762	729 439
第二产业	604 404	429 237	175 167
第三产业	1 341 326	1 018 414	322 912
三、按国民经济行业分			
1. 农、林、牧、渔业	774 201	44 762	729 439
2. 采 掘 业	412	412	
3. 制 造 业	411 326	278 256	133 070
4. 电力、燃气及水的生产和供应业	14 476	14 476	
5. 建 筑 业	178 190	136 093	42 097
6. 交通运输、仓储和邮政业	144 604	99 786	44 818
7. 信息传输、计算机服务和软件业	25 259	20 054	5 205
8. 批发和零售业	463 094	398 753	64 341
9. 住宿和餐饮业	67 690	36 585	31 105
10. 金 融 业	17 527	17 527	
11. 房 地 产 业	14 659	14 659	
12. 租赁和商务服务业	26 425	26 425	
13. 科学研究、技术服务和地质勘查业	20 519	20 519	
14. 水利、环境和公共设施管理业	15 246	15 246	
15. 居民服务和其他服务业	36 417	36 417	
16. 教　　育	73 503	73 503	
17. 卫生、社会保障和社会福利业	28 261	28 261	
18. 文化、体育和娱乐业	16 311	16 311	
19. 公共管理和社会组织	48 145	48 145	
20. 其　　他	343 666	166 223	177 443

2-13 主要年份职工人数

单位：人

年份	合计	国有单位	城镇集体单位	其他单位
1949	30 779	30 779		
1952	68 566	65 450	3 116	
1957	145 268	101 290	43 978	
1962	234 795	173 496	61 299	
1965	262 312	196 869	65 443	
1970	351 006	279 861	71 145	
1975	422 107	345 882	76 225	
1978	531 389	414 425	116 964	
1980	585 109	437 294	147 815	
1985	722 222	513 214	208 508	500
1986	739 198	528 794	209 648	756
1987	771 570	555 269	215 522	779
1988	812 780	587 106	224 765	909
1989	811 301	596 412	213 405	1 484
1990	820 382	605 161	213 470	1 751
1991	848 671	623 840	220 073	4 758
1992	867 877	642 302	218 708	6 867
1993	871 113	643 491	205 513	22 109
1994	880 313	645 110	205 874	29 329
1995	890 419	658 012	203 712	28 695
1996	810 448	618 264	161 788	30 396
1997	733 424	557 432	142 030	33 962
1998	668 806	465 179	113 001	90 626
1999	635 834	444 293	101 863	89 678
2000	587 729	382 326	80 817	87 877
2001	546 589	381 939	67 443	97 207
2002	512 654	355 989	57 248	99 417
2003	499 008	339 517	51 466	108 025
2004	513 419	338 954	48 877	125 588
2005	535 623	349 060	49 745	136 818
2006	560 564	367 100	45 740	147 724
2007	590 394	385 500	55 284	149 610

注：国家已对职工统计口径和范围进行了调整，现年鉴上公布的主要年份职工人数是指在岗职工的范畴。

2－14 单 位 从 业 人 员 数

（2007 年）

单位：人

	合　计	#女　性	在岗职工	国　有	城镇集体	其　他	在岗专业技术人员	#女　性
总　　计	**626 086**	**206 866**	**590 394**	**385 500**	**55 284**	**149 610**	**166 066**	**69 757**
一、按隶属关系分								
中　　央	123 706	37 452	114 369	91 855	3 981	18 533	28 913	10 827
省　　属	173 344	51 947	166 922	141 134	2 060	23 728	52 300	23 060
市　　属	329 036	117 467	309 103	152 511	49 243	107 349	84 853	35 870
#东 湖 区	11 370	7 262	10 889	6 497	1 207	3 185	2 202	833
西 湖 区	9 284	5 103	6 743	4 510	1 743	490	2 504	1 740
青云谱区	12 362	5 593	11 375	4 185		7 190	3 278	1 632
湾 里 区	5 243	1 938	5 111	2 812	1 457	842	1 417	577
青山湖区	12 676	5 113	12 290	5 331	1 142	5 817	3 616	2 132
南 昌 县	62 309	15 196	61 831	16 110	34 300	11 421	13 011	4 403
新 建 县	35 802	13 419	34 256	15 642	311	19 303	9 053	3 053
安 义 县	16 968	6 089	16 889	6 702	805	9 382	4 734	1 776
进 贤 县	21 986	8 474	21 241	17 700	3 062	479	9 396	3 887
经济开发区	6 955	2 637	6 727	1 254		5 473	1 743	731
高新开发区	26 506	9 877	25 909	1 732	90	24 087	6 495	2 242
红谷滩新区	1 580	669	1 570	1 289		281	415	192
二、按企业、事业、机关分								
企　　业	406 855	118 591	383 329	181 402	52 390	149 537	63 801	21 957
事　　业	178 554	77 491	168 670	165 703	2 894	73	99 509	46 715
机　　关	40 677	10 784	38 395	38 395			2 756	1 085
三、按产业结构分								
第一产业	23 254	7 325	23 152	22 226	231	695	2 105	806
第二产业	281 214	73 911	271 421	113 461	44 549	113 411	38 789	12 484
第三产业	321 618	125 630	295 821	249 813	10 504	35 504	125 172	56 467

2－15 各行业单位从业人员数

(2007年)　　　　单位：人

	合　　计	国有单位	城镇集体单位	其他单位
总　　计	**626 086**	**412 980**	**56 576**	**156 530**
1. 农、林、牧、渔业	23 254	22 322	231	701
2. 采　矿　业	31	6	25	
3. 制　造　业	153 930	44 796	5 568	103 566
# 纺　织　业	7 801	11	168	7 622
医药制造业	16 371	5 000	14	11 357
黑色金属冶炼及压延加工业	12 848	2 667		10 181
通用设备制造业	14 982	10 824	144	4 014
交通运输设备制造业	20 719	3 739	2 181	14 799
4. 电力、燃气及水的生产和供应业	13 042	8 556		4 486
5. 建　筑　业	114 211	62 422	40 053	11 736
6. 交通运输、仓储和邮政业	68 269	62 425	2 418	3 426
# 铁路运输业	44 729	43 006	1 723	
邮　政　业	3 781	3 781		
7. 信息传输、计算机服务和软件业	7 657	563		7 094
8. 批发和零售业	16 046	9 182	1 434	5 430
9. 住宿和餐饮业	4 335	2 770		1 565
10. 金　融　业	15 472	789	1 774	12 909
11. 房 地 产 业	7 267	3 309	72	3 886
12. 租赁和商务服务业	6 887	3 449	2 685	753
13. 科学研究、技术服务和地质勘查业	19 407	18 550		857
14. 水利、环境和公共设施管理业	14 742	13 490	1 222	30
15. 居民服务和其他服务业	1 369	1 363	6	
16. 教　　育	72 124	72 089		35
# 高 等 教 育	26 987	26 987		
17. 卫生、社会保障和社会福利业	27 620	26 542	1 078	
# 卫　　生	25 573	24 495	1 078	
18. 文化、体育和娱乐业	13 301	13 235	10	56
19. 公共管理和社会组织	47 122	47 122		
# 国 家 机 构	36 997	36 997		

2-16 各行业女性从业人数

（2007年）　　　　单位：人

	合　　计	国有单位	城镇集体单位	其他单位
总　　计	**206 866**	**135 183**	**13 049**	**58 634**
1. 农、林、牧、渔业	7 325	6 894	94	337
2. 采　矿　业	4	1	3	
3. 制　造　业	57 648	16 588	2 383	38 677
# 纺　织　业	5 783	2	57	5 724
医药制造业	7 711	2 141		5 570
黑色金属冶炼及压延加工业	3 534	681		2 853
通用设备制造业	4 543	3 728	66	749
交通运输设备制造业	5 566	1 096	714	3 756
4. 电力、燃气及水的生产和供应业	3 970	2 688		1 282
5. 建　筑　业	12 289	5 812	5 475	1 002
6. 交通运输、仓储和邮政业	18 328	15 621	1 210	1 497
# 铁路运输业	10 779	9 806	973	
邮　政　业	837	837		
7. 信息传输、计算机服务和软件业	3 402	163		3 239
8. 批发和零售业	7 521	3 519	629	3 373
9. 住宿和餐饮业	2 538	1 511		1 027
10. 金　融　业	7 948	470	1 034	6 444
11. 房 地 产 业	2 345	1 161	30	1 154
12. 租赁和商务服务业	2 186	974	931	281
13. 科学研究、技术服务和地质勘查业	5 549	5 279		270
14. 水利、环境和公共设施管理业	7 058	6 400	649	9
15. 居民服务和其他服务业	496	492	4	
16. 教　　育	33 959	33 944		15
# 高 等 教 育	11 924	11 924		
17. 卫生、社会保障和社会福利业	16 361	15 764	597	
# 卫　　生	15 307	14 710	597	
18. 文化、体育和娱乐业	4 742	4 705	10	27
19. 公共管理和社会组织	13 197	13 197		
# 国 家 机 构	9 819	9 819		

2－17 各行业在岗职工人数

（2007 年）

单位：人

	合　计	国有单位	城镇集体单位	其他单位
总　　计	**590 394**	**385 500**	**55 284**	**149 610**
1. 农、林、牧、渔业	23 152	22 226	231	695
2. 采　矿　业	31	6	25	
3. 制　造　业	146 573	43 107	4 671	98 795
# 纺　织　业	7 782	11	168	7 603
医药制造业	16 283	4 978	13	11 292
黑色金属冶炼及压延加工业	12 842	2 661		10 181
通用设备制造业	14 549	10 697	128	3 724
交通运输设备制造业	15 401	3 255	1 423	10 723
4. 电力、燃气及水的生产和供应业	12 775	8 294		4 481
5. 建筑业	112 042	62 054	39 853	10 135
6. 交通运输、仓储和邮政业	57 956	52 255	2 412	3 289
# 铁路运输业	39 285	37 563	1 722	
邮　政　业	2 134	2 134		
7. 信息传输、计算机服务和软件业	7 594	550		7 044
8. 批发和零售业	14 483	7 668	1 399	5 416
9. 住宿和餐饮业	4 283	2 718		1 565
10. 金　融　业	15 122	789	1 710	12 623
11. 房 地 产 业	7 197	3 240	72	3 885
12. 租赁和商务服务业	6 682	3 247	2 682	753
13. 科学研究、技术服务和地质勘查业	18 604	17 796		808
14. 水利、环境和公共设施管理业	11 943	10 691	1 222	30
15. 居民服务和其他服务业	1 307	1 301	6	
16. 教　　育	68 059	68 024		35
# 高 等 教 育	25 292	25 292		
17. 卫生、社会保障和社会福利业	26 450	25 459	991	
# 卫　　生	24 666	23 675	991	
18. 文化、体育和娱乐业	11 651	11 585	10	56
19. 公共管理和社会组织	44 490	44 490		
# 国 家 机 构	35 672	35 672		

2－18　各行业在岗专业技术人员数

（2007 年）

单位：人

	合　　计	国有单位	城镇集体单位	其他单位
总　　计	**166 066**	**130 430**	**5 851**	**29 785**
1. 农、林、牧、渔业	2 105	1 917	53	135
2. 采　矿　业	2	1	1	
3. 制　造　业	25 481	9 596	1 034	14 851
# 纺　织　业	647	5	34	608
医药制造业	2 997	1 214	1	1 782
黑色金属冶炼及压延加工业	2 372	306		2 066
通用设备制造业	4 405	3 420	5	980
交通运输设备制造业	3 462	543	477	2 442
4. 电力、燃气及水的生产和供应业	2 572	1 946		626
5. 建　筑　业	10 734	6 421	2 664	1 649
6. 交通运输、仓储和邮政业	8 393	7 291	180	922
# 铁路运输业	4 954	4 848	106	
邮　政　业	450	450		
7. 信息传输、计算机服务和软件业	3 896	300		3 596
8. 批发和零售业	2 335	1 845	162	328
9. 住宿和餐饮业	551	405		146
10. 金　融　业	7 753	23	985	6 745
11. 房 地 产 业	850	552	17	281
12. 租赁和商务服务业	1 357	1 149	40	168
13. 科学研究、技术服务和地质勘查业	10 832	10 527		305
14. 水利、环境和公共设施管理业	1 998	1 927	58	13
15. 居民服务和其他服务业	154	154		
16. 教　　育	57 329	57 309		20
# 高 等 教 育	18 494	18 494		
17. 卫生、社会保障和社会福利业	20 633	19 976	657	
# 卫　　生	20 150	19 493	657	
18. 文化、体育和娱乐业	5 131	5 131		
19. 公共管理和社会组织	3 960	3 960		
# 国 家 机 构	3 339	3 339		

2－19 在岗职工年平均人数

单位：人

	合计		国有单位		城镇集体单位		其他单位	
	2006	2007	2006	2007	2006	2007	2006	2007
总　　计	**551 190**	**584 604**	**363 547**	**381 630**	**45 367**	**55 162**	**142 276**	**147 812**
一、按隶属关系分								
中　　央	116 202	114 911	89 269	92 690	4 401	3 927	22 532	18 294
省　　属	145 381	167 911	124 186	140 935	1 921	2 312	19 274	24 664
市　　属	289 607	301 782	150 092	148 005	39 045	48 923	100 470	104 854
#东 湖 区	10 557	10 654	6 366	6 488	1 267	1 184	2 924	2 982
西 湖 区	6 390	6 722	4 318	4 494	2 072	1 768		460
青云谱区	10 341	11 452	3 781	4 153			6 560	7 299
湾 里 区	4 870	5 117	2 702	2 812	1 352	1 456	816	849
青山湖区	11 642	12 298	4 803	5 332	1 142	1 142	5 697	5 824
南 昌 县	52 423	60 612	16 080	15 969	25 232	33 202	11 111	11 441
新 建 县	27 733	32 489	15 438	14 797	345	320	11 950	17 372
安 义 县	12 204	16 522	7 598	6 633	701	741	3 905	9 148
进 贤 县	20 058	21 145	17 234	17 615	918	3 061	1 906	469
经济开发区	5 785	6 638	860	1 243			4 925	5 395
高新开发区	24 153	25 115	1 704	1 720	170	90	22 279	23 305
红谷滩新区	1 152	1 501	1 152	1 211				290
二、按企业、事业、机关分								
企　　业	346 716	379 461	162 045	179 444	42 395	52 278	142 276	147 739
事　　业	160 678	167 547	157 719	164 590	2 959	2 884		73
机　　关	43 796	37 596	43 783	37 596	13			
三、按产业结构分								
第一产业	20 326	23 168	19 583	22 237	241	236	502	695
第二产业	227 969	268 089	82 555	111 181	37 772	44 465	107 642	112 443
第三产业	302 895	293 347	261 409	248 212	7 354	10 461	34 132	34 674

2-20 各行业在岗职工平均人数

(2007年)

单位：人

	合计	国有单位	城镇集体单位	其他单位
总　　计	**584 604**	**381 630**	**55 162**	**147 812**
1. 农、林、牧、渔业	23 168	22 237	236	695
2. 采　矿　业	212	6	206	
3. 制　造　业	144 713	42 987	4 746	96 980
#纺　织　业	7 883	11	176	7 696
医药制造业	16 278	5 047	13	11 218
黑色金属冶炼及压延加工业	12 801	2 778		10 023
通用设备制造业	14 628	10 791	128	3 709
交通运输设备制造业	14 230	2 245	1 459	10 526
4. 电力、燃气及水的生产和供应业	12 696	8 311		4 385
5. 建　筑　业	110 468	59 877	39 513	11 078
6. 交通运输、仓储和邮政业	58 288	52 619	2 380	3 289
#铁路运输业	39 489	37 819	1 670	
邮　政　业	2 135	2 135		
7. 信息传输、计算机服务和软件业	7 812	557		7 255
8. 批发和零售业	14 153	7 694	1 407	5 052
9. 住宿和餐饮业	4 296	2 721		1 575
10. 金　融　业	14 746	786	1 699	12 261
11. 房地产业	7 063	3 231	74	3 758
12. 租赁和商务服务业	6 548	3 113	2 682	753
13. 科学研究、技术服务和地质勘查业	18 381	17 772		609
14. 水利、环境和公共设施管理业	11 698	10 448	1 219	31
15. 居民服务和其他服务业	1 141	1 135	6	
16. 教　　育	67 543	67 508		35
#高等教育	25 009	25 009		
17. 卫生、社会保障和社会福利业	26 350	25 366	984	
#卫　　生	24 563	23 579	984	
18. 文化、体育和娱乐业	11 574	11 508	10	56
19. 公共管理和社会组织	43 754	43 754		
#国家机构	35 295	35 295		

2－21 单位从业人员增加情况

（2007 年）

单位：人

	合 计	从农村招 收	从城镇招 收	录用的退伍军人	录用的大、中专、技工学校毕业生	调 入	#外省、自治区、直辖区调入	其 他
总 计	**74 599**	**28 479**	**6 154**	**916**	**7 527**	**2 405**	**123**	**29 118**
一、按登记注册类型分								
1. 国有单位	52 463	16 717	1 620	495	4 646	1 920	83	27 065
2. 城镇集体单位	11 086	9 475	242	5	90	28		1 246
3. 其他单位	11 050	2 287	4 292	416	2 791	457	40	807
二、按国民经济行业分								
1. 农、林、牧、渔业	4 528	3	2	19	74	29		4 401
2. 采 矿 业	227		1	4	183	39		
3. 制 造 业	20 078	5 159	3 602	250	2 969	148	28	7 950
4. 电力、燃气及水的生产和供应业	2 659		7	49	57	54		2 492
5. 建 筑 业	30 067	22 994	281	32	361	170		6 229
6. 交通运输、仓储和邮政业	914		32	54	36	142	3	650
7. 信息传输、计算机服务和软件业	952		599	4	147	180	5	22
8. 批发和零售业	1 807	103	428	90	708	45	2	433
9. 住宿和餐饮业	466	53	31	25	248	39		70
10. 金 融 业	1 406	20	488	62	524	212	9	100
11. 房地产业	78	26	18	4	3	27		
12. 租赁和商务服务业	2 858	26	58	25	119	83	1	2 547
13. 科学研究、技术服务和地质勘查业	968	2	23	20	268	156	14	499
14. 水利、环境和公共设施管理业	392	28	92	21	33	64		154
15. 居民服务和其他服务业	138		76	4	5	21		32
16. 教 育	1 212	17	273	18	781	123	53	
17. 卫生、社会保障和社会福利业	2 226	26	6	18	443	44	4	1 689
18. 文化、体育和娱乐业	1 719	4	106	12	134	49	1	1 414
19. 公共管理和社会组织	1 904	18	31	205	434	780	3	436

2－22　单位从业人员减少情况

（2007 年）　　　　单位：人

	合计	离休、退休、退职	开除、除名、辞退	终止、解除合同	离开本单位仍保留劳动关系的职工	死亡	调出	#调到外省、自治区、直辖市	其他
总　　计	**41 082**	**9 911**	**3 269**	**8 337**	**2 406**	**464**	**2 445**	**297**	**14 250**
一、按登记注册类型分									
1. 国有单位	27 687	7 047	1 248	2 752	1 375	374	2 018	168	12 873
2. 城镇集体单位	1 868	1 000	24	142	572	50	25	1	55
3. 其他单位	11 527	1 864	1 997	5 443	459	40	402	128	1 322
二、按国民经济行业分									
1. 农、林、牧、渔业	1 696	844	9	2	442	42	36	1	321
2. 采　矿　业	274	43		223			7		1
3. 制　造　业	12 273	2 473	2 414	4 406	1 280	107	355	112	1 238
4. 电力、燃气及水的生产和供应业	278	169	17	15	1	20	44	1	12
5. 建　筑　业	2 742	917	97	662	233	59	155	17	619
6. 交通运输、仓储和邮政业	1 825	778	55	283	18	44	52	2	595
7. 信息传输、计算机服务和软件业	2 814	34	9	1 193	9	2	128	4	1 439
8. 批发和零售业	4 533	635	79	1 025	55	17	45	1	2 677
9. 住宿和餐饮业	1 699	74	2	17		6	12	1	1 588
10. 金　融　业	2 693	578	26	303	143	10	159	32	1 474
11. 房地产业	83	30	11	6	2		18		16
12. 租赁和商务服务业	691	122	330	32	116	5	57	1	29
13. 科学研究、技术服务和地质勘查业	2 601	293	23	33	15	37	124	23	2 076
14. 水利、环境和公共设施管理业	1 154	115			5	9	44		981
15. 居民服务和其他服务业	784	20		12		1	5		746
16. 教　　育	2 667	1 838	32	14	13	47	483	79	240
17. 卫生、社会保障和社会福利业	498	281	14	48		18	113	16	24
18. 文化、体育和娱乐业	284	92	2	23	37	8	90		32
19. 公共管理和社会组织	1 493	575	149	40	37	32	518	7	142

主 要 统 计 指 标 解 释

人口数 指在一定时点、一定地区范围内的有生命的个人的总和。

市镇人口 指市、镇区内的全部常住人口。包括市(镇)区与郊区、农业与非农业人口,但不包括市辖县人口。

乡村人口 指县(不含镇)的全部常住人口。

市 是指经国家批准成立“市”建制的城市。

镇 是指经省正式批准行政建制的镇。1963 年以前为常住人口在 2 000 人以上,非农业人口占 50% 以上的。1964 年改为常住人口在 3 000 人以上,非农业人口占 70% 以上,或常住人口在 2 500 人以上,不满 3 000 人,非农业人口占 85% 以上的。1984 年后又调整为,凡县级地方国家机关所在地;或总人口在 20 000人以下的乡,乡政府驻地非农业人口超过 2 000 人的;或总人口在 20 000 人以上的乡,乡政府驻地非农业人口占全乡人口 10% 以上;或少数民族地区、人口稀少的边远地区、山区和小型工矿区、小港口、风景旅游、边境口岸等地,非农业人口虽不足 2 000 人,都可建镇。

人口密度 指一定时点一定地区的人口数与该地区的面积数之比,即一定时点的单位土地面积上的人口数,通常以每平方公里的居住人数来表示:

$$人口密度=\frac{该地区的人口数}{该地区的土地面积}$$

出生率 (又称粗出生率)指在一定时期内(通常为一年)一定地区平均每千人口所出生的人数的比率. 它反映人口的出生水平,一般以千分率表示。计算公式:

$$出生率=\frac{年出生人数}{年平均人数}\times 1\ 000‰$$

死亡率 (又称粗死亡率)指在一定时期内(通常为一年)一定地区的死亡人数与同期平均人数(或期中人数)之比,一般以千分率表示。计算公式:

$$死亡率=\frac{年死亡人数}{年平均人数}\times 1\ 000‰$$

人口自然增长率 指在一定时期内(通常为一年)一定地区人口自然增加数(即出生人数减死亡人数)与该时期平均人数(或期中人数)之比,一般以千分率表示。计算公式:

$$人口自然增长率=\frac{本年出生人数-本年死亡人数}{年平均人数}\times 1\ 000‰$$

人口自然增长率 = 人口出生率 - 人口死亡率

社会从业人员 指在劳动年龄内,有劳动能力,参加社会劳动取得劳动报酬或经营收入的人口。包括:(1)单位从业人员;(2)私营企业和个体从业人员;(3)乡镇企业从业人员;(4)农村从业人员;(5)其他共五个部份。这一指标反映了一定时期内全部劳动力资源的实际利用情况,是研究我国基本国情国力的重要指标。

单位从业人员 指在各级国家机关、政党机关、社会团体及企业、事业单位中工作,取得工资或其他形式的劳动报酬的全部人员。包括:在岗职工、再就业的离退休人员、民办教师以及在各单位中工作的外方人员和港澳台方人员、兼职人员、借用的外单位人员和第二职业者。不包括离开本单位仍保留劳动关系的职工。

在岗职工 指在本单位工作并由单位支付工资的人员。以及有工作岗位,但由于学习、病伤产假等原因暂未工作,仍由单位支付工资的人员。

离开本单位仍保留劳动关系的职工 指由于各种原因已经离开本人的生产或工作岗位,并已不在本单位从事其他工作,但仍与用人单位保留劳动关系的职工。包括停薪留职、挂编、放长假、内部退养、下岗等。

城镇个体和私营劳动者城镇私营劳动者 指在工商管理部门注册登记,其经营地址设有县城关镇及以上的私营企业的劳动者。包括私营企业投资者和雇工。城镇个体劳动者指在工商管理部门注册登记，并持有城镇户口或在城镇长期居住，经批准从事个体工商经营的劳动者。包括：个体经营者和个体工商户劳动的家庭帮工和雇工。

农村从业人员 指农村人口中经常参加社会劳动并取得劳动报酬的整半劳动力。包括在乡镇企业及其他集体经济组织和农户中参加各项生产的劳动者及外出从事个体经营的劳动者。从事家庭副业，其收入相当于当地一个社会劳动者最低收入水平或参加社会劳动累计在三个月以上的劳动者，也包括在内。

三、人民生活

PEOPLE'S LIVELIHOOD

本篇内容包括：

1. 单位从业人员劳动报酬
2. 在岗职工工资总额和平均工资
3. 居民家庭基本情况
4. 居民生活收支情况
5. 居民拥有耐用消费品数量

资料整理

刘　斌
邬海文
熊晓洪
喻　建

微机处理

熊子文
熊全琳
喻　建

职工平均工资

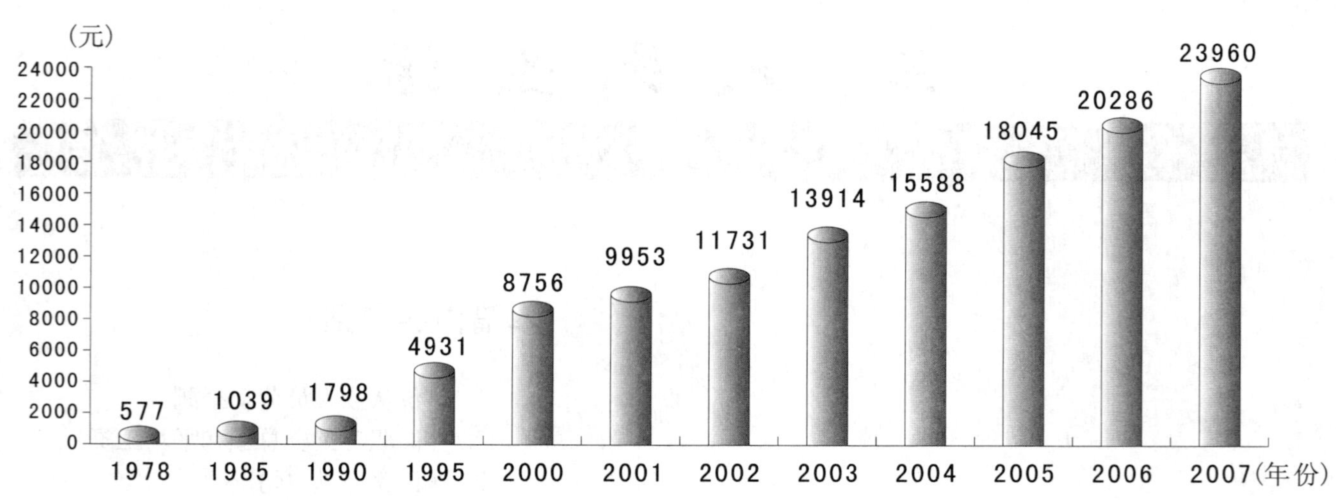

城乡居民收入水平

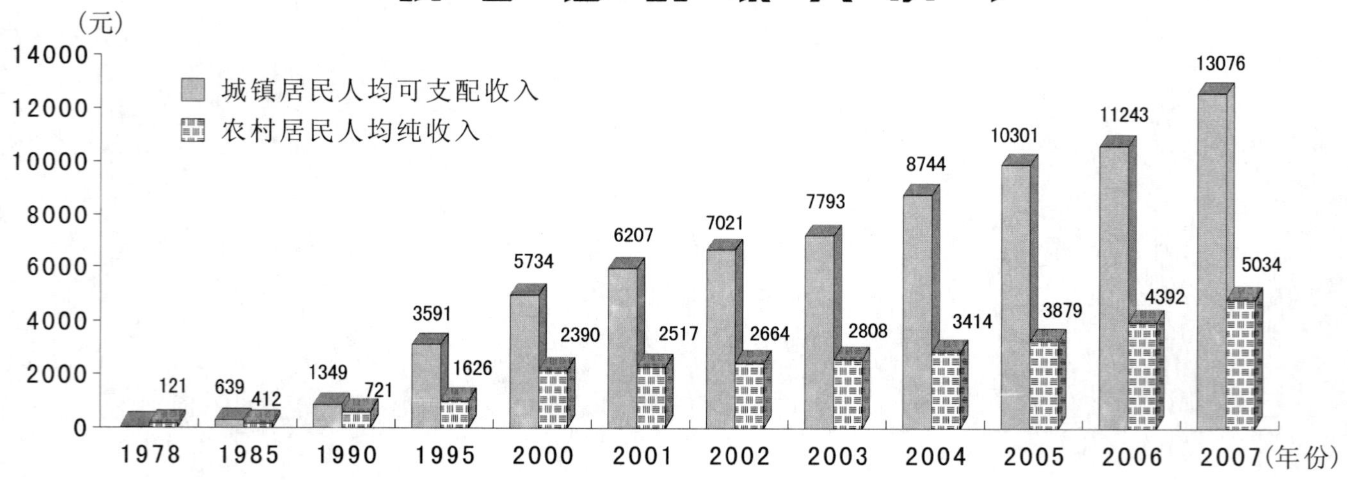

平均每百户家庭耐用消费品拥有量

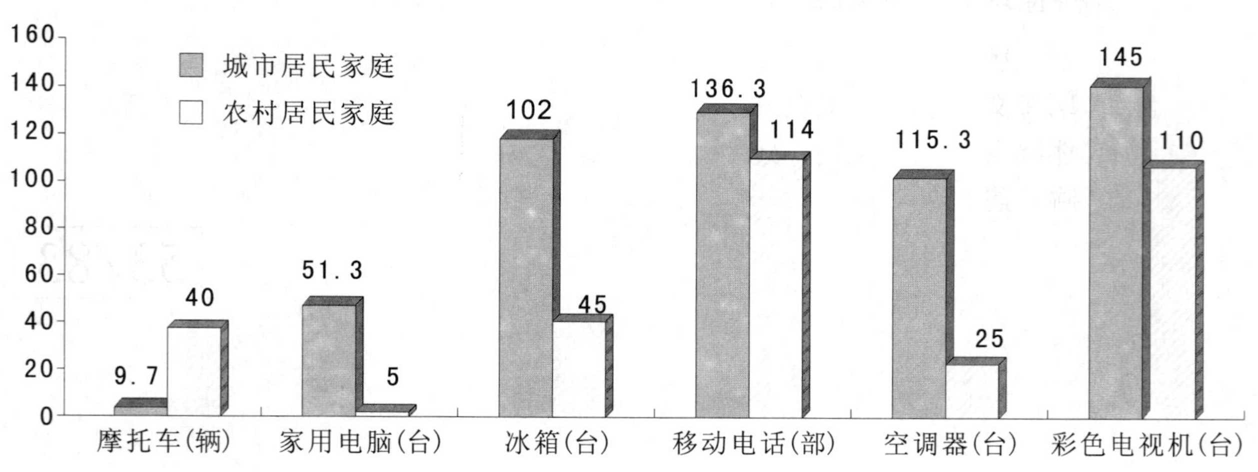

3－1 主要年份职工工资总额

单位：万元

年份	合计	国有单位	城镇集体单位	其他单位
1949	720	720		
1952	2 560	2 445	115	
1957	8 409	6 446	1 963	
1962	12 785	9 655	3 130	
1965	15 216	11 717	3 499	
1970	17 198	14 156	3 042	
1975	23 144	19 483	3 661	
1978	29 834	24 349	5 485	
1980	42 024	33 304	8 720	
1985	72 545	55 804	16 695	46
1986	84 421	65 501	18 838	82
1987	93 974	73 353	20 514	107
1988	116 949	93 072	23 737	140
1989	128 072	103 076	24 805	191
1990	145 581	117 900	27 319	362
1991	162 940	128 643	33 478	819
1992	194 962	157 180	36 184	1 598
1993	233 979	188 235	37 701	8 043
1994	330 451	267 497	47 655	15 299
1995	401 177	329 578	54 930	16 669
1996	451 032	372 044	57 761	21 227
1997	435 815	354 519	56 817	24 479
1998	430 587	310 412	49 919	70 256
1999	479 555	357 827	47 728	74 000
2000	511 784	375 482	45 363	90 939
2001	550 181	412 258	37 553	100 370
2002	600 154	442 437	37 213	120 504
2003	692 717	497 742	39 940	155 035
2004	793 173	552 485	42 712	197 976
2005	949 918	652 909	53 854	243 155
2006	1 118 148	795 918	52 840	269 390
2007	1 400 706	995 231	80 673	324 802

注：国家已对职工统计口径和范围进行了调整，现年鉴上公布的主要年份工资总额是指在岗职工的范畴。

3-2 主要年份职工平均工资

单位：元

年份	合计	国有单位	城镇集体单位	其他单位
1949	255	255		
1952	412	413	400	
1957	595	555	455	
1962	553	564	520	
1965	602	625	534	
1970	521	541	445	
1975	552	568	480	
1978	577	596	504	
1980	732	779	597	
1985	1 039	1 127	823	1 002
1986	1 167	1 256	938	1 174
1987	1 247	1 350	980	1 285
1988	1 481	1 621	1 104	1 665
1989	1 610	1 751	1 206	1 733
1990	1 798	1 972	1 300	2 122
1991	1 962	2 100	1 561	2 287
1992	2 303	2 505	1 698	2 697
1993	2 724	2 956	1 869	3 960
1994	3 790	4 167	2 365	5 356
1995	4 931	5 307	3 301	6 364
1996	5 890	6 187	4 215	7 745
1997	6 340	6 405	4 765	8 391
1998	6 599	6 831	4 598	7 852
1999	7 724	8 259	4 823	8 348
2000	8 756	9 335	5 123	9 708
2001	9 953	10 650	5 637	10 129
2002	11 731	12 416	6 619	12 169
2003	13 914	14 624	7 855	14 537
2004	15 588	16 370	9 270	15 806
2005	18 045	18 794	10 784	18 840
2006	20 286	21 893	11 647	18 934
2007	23 960	26 078	14 625	21 974

注：国家已对职工统计口径和范围进行了调整，现年鉴上公布的主要年份平均工资是指在岗职工的范畴。

3－3 单位从业人员劳动报酬

（2007 年）

单位：万元

	合　计	在岗职工工资总额	国　有	城镇集体	其　他	其　他从业人员劳动报酬
总　　计	**1 454 731**	**1 400 706**	**995 231**	**80 673**	**324 802**	**54 025**
一、按隶属关系分						
中　　央	427 942	413 486	324 388	8 580	80 518	14 456
省　　属	424 265	410 777	352 503	2 769	55 505	13 488
市　　属	602 524	576 443	318 340	69 324	188 779	26 081
#东 湖 区	19 456	19 018	13 874	1 767	3 377	438
西 湖 区	13 593	11 848	9 255	1 475	1 118	1 745
青云谱区	21 345	20 153	8 478		11 675	1 193
湾 里 区	9 728	9 576	6 466	1 844	1 266	152
青山湖区	23 086	22 653	12 696	2 458	7 499	433
南 昌 县	102 677	101 679	28 745	54 982	17 952	998
新 建 县	56 487	54 187	30 363	246	23 578	2 300
安 义 县	23 762	23 642	11 216	825	11 601	120
进 贤 县	32 641	32 129	29 549	2 193	387	512
经济开发区	15 783	15 267	2 999		12 268	516
高新开发区	46 228	44 791	3 061	88	41 642	1 437
红谷滩新区	3 640	3 441	3 091		350	19
二、按企业、事业、机关分						
企　　业	896 157	857 940	455 669	77 600	324 671	38 217
事　　业	440 282	427 004	423 800	3 073	131	13 278
机　　关	118 292	115 762	115 762			2 530
三、按产业结构分						
第一产业	25 881	25 858	24 829	151	878	23
第二产业	538 233	521 545	245 746	66 360	209 439	16 688
第三产业	890 617	853 303	724 656	14 162	114 485	37 314

3－4 各行业单位从业人员劳动报酬

（2007年） 单位：万元

	合计	国有单位	城镇集体单位	其他单位
总计	**1 454 731**	**1 036 625**	**82 633**	**335 473**
1. 农、林、牧、渔业	25 881	24 843	151	887
2. 采矿业	27	12	15	
3. 制造业	288 766	97 474	6 372	184 920
#纺织业	10 172	12	148	10 012
医药制造业	27 386	6 632	11	20 743
黑色金属冶炼及压延加工业	35 249	7 360		27 889
通用设备制造业	32 737	26 302	159	6 276
交通运输设备制造业	45 841	5 517	3 201	37 123
4. 电力、燃气及水的生产和供应业	45 394	35 122		10 272
5. 建筑业	204 046	118 468	61 741	23 837
6. 交通运输、仓储和邮政业	206 344	190 114	2 469	13 761
#铁路运输业	152 131	150 274	1 857	
邮政业	8 029	8 029		
7. 信息传输、计算机服务和软件业	24 107	1 797		22 310
8. 批发和零售业	30 924	22 216	870	7 838
9. 住宿和餐饮业	5 749	3 739		2 010
10. 金融业	69 096	2 207	6 332	60 557
11. 房地产业	11 565	6 442	121	5 002
12. 租赁和商务服务业	15 570	11 190	1 732	2 648
13. 科学研究、技术服务和地质勘查业	55 502	54 248		1 254
14. 水利、环境和公共设施管理业	22 834	21 832	951	51
15. 居民服务和其他服务业	2 680	2 678	2	
16. 教育	185 589	185 523		66
#高等教育	89 078	89 078		
17. 卫生、社会保障和社会福利业	93 503	91 631	1 872	
#卫生	88 772	86 900	1 872	
18. 文化、体育和娱乐业	34 588	34 523	5	60
19. 公共管理和社会组织	132 566	132 566		
#国家机构	108 811	108 811		

3－5 各行业在岗职工工资总额

（2007年） 单位：万元

	合　计	国有单位	城镇集体单位	其他单位
总　计	**1 400 706**	**995 231**	**80 673**	**324 802**
1. 农、林、牧、渔业	25 858	24 829	151	878
2. 采　矿　业	27	12	15	
3. 制　造　业	278 987	94 674	5 212	179 101
#纺　织　业	10 139	12	148	9 979
医药制造业	27 175	6 619	11	20 545
黑色金属冶炼及压延加工业	35 230	7 342		27 888
通用设备制造业	32 127	26 221	147	5 759
交通运输设备制造业	40 059	4 545	2 135	33 379
4. 电力、燃气及水的生产和供应业	44 492	34 239		10 253
5. 建　筑　业	198 039	116 821	61 132	20 086
6. 交通运输、仓储和邮政业	189 784	173 815	2 454	13 515
#铁路运输业	144 143	142 286	1 857	
邮　政　业	5 895	5 895		
7. 信息传输、计算机服务和软件业	24 071	1 778		22 293
8. 批发和零售业	29 054	20 392	863	7 799
9. 住宿和餐饮业	5 712	3 702		2 010
10. 金　融　业	68 318	2 207	6 290	59 821
11. 房地产业	11 489	6 367	121	5 001
12. 租赁和商务服务业	15 198	10 820	1 730	2 648
13. 科学研究、技术服务和地质勘查业	53 801	52 581		1 220
14. 水利、环境和公共设施管理业	20 765	19 763	951	51
15. 居民服务和其他服务业	2 428	2 426	2	
16. 教　　育	180 579	180 513		66
#高等教育	86 380	86 380		
17. 卫生、社会保障和社会福利业	90 658	88 911	1 747	
#卫　　生	86 168	84 421	1 747	
18. 文化、体育和娱乐业	31 740	31 675	5	60
19. 公共管理和社会组织	129 706	129 706		
#国家机构	107 605	107 605		

3-6 在岗职工年工资总额

单位：万元

	合计		国有单位		城镇集体单位		其他单位	
	2007	2006	2007	2006	2007	2006	2007	2006
总计	**1 400 706**	**1 118 148**	**995 231**	**795 918**	**80 673**	**52 840**	**324 802**	**269 390**
一、按隶属关系分								
中央	413 486	355 186	324 388	269 119	8 580	7 399	80 518	78 668
省属	410 777	333 600	352 503	287 405	2 769	2 367	55 505	43 828
市属	576 443	429 362	318 340	239 394	69 324	43 074	188 779	146 894
#东湖区	19 018	15 746	13 874	10 632	1 767	1 239	3 377	3 875
西湖区	11 848	9 332	9 255	7 481	1 475	1 851	1 118	
青云谱区	20 153	13 935	8 478	6 198			11 675	7 737
湾里区	9 576	6 853	6 466	4 326	1 844	1 469	1 266	1 058
青山湖区	22 653	17 879	12 696	9 474	2 458	1 658	7 499	6 747
南昌县	101 679	67 230	28 745	24 412	54 982	28 486	17 952	14 332
新建县	54 187	34 762	30 363	21 096	246	251	23 578	13 415
安义县	23 642	13 552	11 216	8 766	825	729	11 601	4 057
进贤县	32 129	24 955	29 549	23 030	2 193	906	387	1 019
经济开发区	15 267	9 792	2 999	1 646			12 268	8 146
高新开发区	44 791	34 810	3 061	2 471	88	89	41 642	32 250
红谷滩新区	3 441	1 538	3 091	1 538			350	
二、按企业、事业、机关分								
企业	857 940	714 525	455 669	370 834	77 600	49 729	324 671	269 390
事业	427 004	344 543	423 800	329 400	3 073	3 089	131	
机关	115 762	97 324	115 762	95 684		22		
三、按产业结构分								
第一产业	25 858	17 880	24 829	17 278	151	155	878	447
第二产业	521 545	387 156	245 746	164 820	66 360	42 519	209 439	179 817
第三产业	853 303	713 112	724 656	613 820	14 162	10 166	114 485	89 126

3-7 在岗职工年平均工资

单位：元

	合计		国有单位		城镇集体单位		其他单位	
	2007	2006	2007	2006	2007	2006	2007	2006
总计	**23 960**	**20 286**	**26 078**	**21 893**	**14 625**	**11 647**	**21 974**	**18 934**
一、按隶属关系分								
中央	35 983	30 566	34 997	30 147	21 849	16 812	44 013	34 914
省属	24 464	22 947	25 012	23 143	11 977	12 321	22 504	22 739
市属	19 101	14 826	21 509	15 950	14 170	11 032	18 004	14 621
#东湖区	17 851	14 915	21 384	16 701	14 927	9 779	11 324	13 252
西湖区	17 626	14 604	20 594	17 325	8 342	8 933	24 309	
青云谱区	17 598	13 475	20 414	16 392			15 995	11 794
湾里区	18 715	14 072	22 996	16 010	12 663	10 865	14 914	12 966
青山湖区	18 420	15 357	23 811	19 725	21 523	14 518	12 877	11 843
南昌县	16 775	12 825	18 000	15 182	16 560	11 290	15 691	12 899
新建县	16 679	12 535	20 520	13 665	7 691	7 275	13 572	11 226
安义县	14 310	11 105	16 909	11 537	11 138	10 399	12 681	10 389
进贤县	15 195	12 441	16 775	13 363	7 165	9 869	8 237	5 346
经济开发区	23 000	16 927	24 130	19 140			22 736	16 540
高新开发区	17 834	14 412	17 798	14 501	9 833	5 232	17 868	14 476
红谷滩新区	22 924	13 351	25 524	13 351			12 069	
二、按企业、事业、机关分								
企业	22 609	20 608	25 393	22 885	14 844	11 730	21 976	18 934
事业	25 486	21 443	25 749	20 885	10 656	10 439	17 973	
机关	30 791	22 222	30 791	21 854		16 923		
三、按产业结构分								
第一产业	11 161	8 797	11 166	8 823	6 390	6 432	12 630	8 904
第二产业	19 454	16 983	22 103	19 965	14 924	11 257	18 626	16 705
第三产业	29 089	23 543	29 195	23 481	13 538	13 824	33 018	26 112

3-8 各行业在岗职工平均工资

(2007年)

单位：元

	合　　计	国有单位	城镇集体单位	其他单位
总　　计	**23 960**	**26 078**	**14 625**	**21 974**
1. 农、林、牧、渔业	11 161	11 166	6 390	12 630
2. 采　矿　业	1 274	20 000	728	
3. 制　造　业	19 279	22 024	10 983	18 468
#纺　织　业	12 862	11 364	8 409	12 966
医药制造业	16 695	13 115	8 231	18 315
黑色金属冶炼及压延加工业	27 522	26 429		27 825
通用设备制造业	21 963	24 299	11 492	15 527
交通运输设备制造业	28 151	20 247	14 633	31 711
4. 电力、燃气及水的生产和供应业	35 044	41 198		23 382
5. 建　筑　业	17 927	19 510	15 471	18 131
6. 交通运输、仓储和邮政业	32 560	33 033	10 310	41 091
#铁路运输业	36 502	37 623	11 123	
邮　政　业	27 612	27 612		
7. 信息传输、计算机服务和软件业	30 813	31 925		30 727
8. 批发和零售业	20 528	26 504	6 134	15 437
9. 住宿和餐饮业	13 296	13 604		12 764
10. 金　融　业	46 330	28 083	37 023	48 789
11. 房 地 产 业	16 267	19 705	16 351	13 309
12. 租赁和商务服务业	23 210	34 756	6 450	35 171
13. 科学研究、技术服务和地质勘查业	29 270	29 586		20 039
14. 水利、环境和公共设施管理业	17 751	18 916	7 800	16 452
15. 居民服务和其他服务业	21 280	21 374	3 667	
16. 教　　育	26 735	26 740		18 914
#高 等 教 育	34 540	34 540		
17. 卫生、社会保障和社会福利业	34 405	35 051	17 752	
#卫　　生	35 080	35 803	17 752	
18. 文化、体育和娱乐业	27 424	27 524	4 800	10 804
19. 公共管理和社会组织	29 644	29 644		
#国 家 机 构	30 487	30 487		

3－9　1980—2007 年城市住户基本情况

年　份	调查户数（户）	平均每户家庭人口（人）	平均每户就业人口（人）	负担人口（人）	平均每人每月实际收入（元）	平均每人每月可支配收入（元）	平均每人每月生活费支出（元）
1980	120	4.28	2.16	1.98		28.26	
1981	120	4.21	2.15	1.96	33.91	33.91	30.83
1982	120	4.21	2.17	1.94	35.83	35.88	31.38
1983	120	4.23	2.19	1.93	36.63	36.31	32.25
1984	120	4.09	2.18	1.88	43.78	43.46	38.82
1985	150	3.64	2.06	1.77	54.14	53.28	46.61
1986	150	3.66	2.05	1.79	64.29	63.99	53.46
1987	150	3.64	2.01	1.81	71.48	70.45	62.5
1988	200	3.54	1.94	1.82	83.68	83.22	75.55
1989	200	3.48	1.98	1.76	95.54	110.35	84.34
1990	200	3.34	1.88	1.77	112.92	112.39	90.45
1991	200	3.41	1.85	1.85	113.71	113.19	93.84
1992	200	3.35	1.81	1.85	129.23	128.39	110.56
1993	200	3.16	1.74	1.81	172.93	172.08	153.86
1994	200	3.11	1.74	1.79	255.84	255.36	215.54
1995	200	3.07	1.76	1.75	299.94	299.22	247.89
1996	200	3.03	1.67	1.82	333.98	333.5	267.59
1997	200	3.03	1.68	1.81	376.2	375.11	311.9
1998	200	3.09	1.76	1.75	407.7	405.89	319.98
1999	334	3.05	1.68	1.82	515.28	440.63	339.78
2000	300	3.21	1.67	1.92	481.72	477.8	327.07
2001	300	3.12	1.62	1.93	525.03	517.21	357.8
2002	300	2.99	1.55	1.93	602.63	585.05	399.1
2003	300	2.93	1.48	1.98	674.43	649.43	423.24
2004	300	2.78	1.53	1.82	761.59	728.65	488.68
2005	300	2.59	1.37	1.89	907.64	858.44	588.68
2006	300	2.61	1.43	1.83	992.08	936.9	628.98
2007	300	2.66	1.62	1.64	1 144.3	1 089.7	838.69

注：“负担人口”指平均每个就业者所负担的人口，含就业者本人。

3－10 城市居民家庭生活基本情况

项　目	2006	2007
家庭户数（户）	300	300
家庭人口（人）	783	798
就业人口（人）	429	486
平均每户家庭人口（人）	2.61	2.66
平均每户就业人口（人）	1.43	1.62
平均每户就业面（%）	54.79	60.9
平均每一就业者负担人数（含就业者本人）（人）	1.83	1.64
平均每人实际收入（元）	11 904.96	13 731.62
平均每人可支配收入（元）	11 242.85	13 076.4
平均每人生活费支出（元）	7 547.77	10 064.24
家庭常住人口（人）	783	798
建筑面积（平方米）	21 210	21 761
平均每人建筑面积（平方米）	27.09	27.27
平均每户建筑面积（平方米）	70.7	72.54

3－11 城市住户基本情况

（按收入分组，2007 年）

项　目	总平均	最低收入户	低收入户	中等偏下户	中等收入户	中等偏上户	高收入户	最高收入户
调查户数（户）	300	30	30	60	60	60	30	30
家庭人口（人）	798	91	94	174	163	151	62	63
就业人口（人）	486	53	56	112	101	84	35	45
平均每户家庭人口（人）	2.66	3.03	3.13	2.9	2.72	2.52	2.07	2.13
平均每户就业人口（人）	1.62	1.77	1.87	1.87	1.68	1.4	1.17	1.47
平均每户就业面（%）	60.9	58.42	59.74	64.48	61.76	55.56	56.52	69.01
就业者负担人口（人）	1.64	1.71	1.67	1.55	1.62	1.8	1.77	1.45
平均每人实际收入（元）	13 731.62	7 045.31	8 509.58	10 590.21	13 085.48	16 031.44	19 662.9	29 781.14
平均每人消费性支出（元）	10 064.24	6 318.81	7 683.23	8 561.38	10 242.95	11 696.4	12 814.57	15 969.47
离退人数（人）	165	3	12	28	35	48	21	18

3－12　城市住户平均每百户主要消费品年末拥有量

品　　名	2006	2007
摩托车（辆）	8.67	9.67
助力车（辆）	9.67	19.67
家用汽车（辆）	1	1.33
洗衣机（台）	96	99.67
电冰箱（台）	98.33	102
彩色电视（台）	145	145
淋浴热水器（架）	83.33	95.33
照相机（架）	42.33	44.67
中高档乐器（件）	6	6
空调器（台）	107.67	115.33
组合音响（台）	20.67	22.33
微波炉（台）	62.33	72.67
电话（台）	94.33	87
移动电话（台）	113.67	136.33
家用电脑（台）	39	51.33
摄像机（台）	3	4.67
消毒碗柜（台）	13.67	11.67

3－13　城市居民平均每人现金收支

单位：元

项　　目	2006	2007
一、期初手存现金	1 477.41	2 029.97
二、实际收入	11 904.96	13 731.62
工资及补贴收入	8 031.48	9 718.93
个体经营劳动者收入	323.81	508.07
其他劳动收入	124.03	50.18
财产性收入	36.01	2.05
转移性收入	3 389.62	3 452.4
#赡养收入	112.5	71.13
离退休金	2 713.63	2 851.38
赠送收入	334.96	254.87
记帐补贴	44.91	45.78
出售财物收入	4.92	487.99
三、储蓄借贷收入	689.14	1 192.38
#提取储蓄存款	683.06	1 150.37
借　入　款	6	
四、实际支出	8 987.98	11 858.57
#赡 养 支 出	133.2	176.1
赠 送 支 出	628.44	646.95
五、储蓄借贷支出	2 398.82	2 755.31
#存入储蓄款	2 207.31	2 404.89
归 还 借 款	28.58	35.72
借　出　款	1.97	
六、期末手存现金	1 578.42	2 130.36

3－14　城市居民平均每人现金收支

（按收入分组，2007 年）　　　　单位：元

项　　　　目	总平均	最低收入户	低收入户	中等偏下户	中等收入户	中等偏上户	高收入户	最高收入户
一、期初手存现金	2 029.97	1 222.51	1 307.87	1 618.79	1 654.75	2 237.35	2 781.29	5 095.11
二、实际收入	13 731.62	7 045.31	8 509.58	10 590.21	13 085.48	16 031.44	19 662.9	29 781.14
可支配收入	13 076.4	6 698.26	8 062.92	10 025.88	12 378.04	15 158.29	19 248.89	28 541.4
工资及补贴收入	9 718.93	6 395.98	7 293.87	8 398.39	9 273.38	9 613.33	12 193.08	20 469.08
个体经营劳动者收入	508.07	33.27	31.91	246.18	645.49	953.66	5.69	1 692.53
其他劳动收入	50.18	28.91	35.64	7.44	38.33	81.21	223.87	4.95
财产性收入	2.05	3.93		2.43	2.33		0.48	6.91
转移性收入	3 452.4	583.23	1 148.16	1 935.76	3 125.95	5 383.24	7 239.78	7 607.67
#离退休金	2 851.38	360.25	1 091.19	1 717.24	2 818.78	4 587.4	5 912.09	5 068.48
赡养收入	71.13			11.45	89.02	62.57	161.26	323.2
赠送收入	254.87	44.95	6.38	76.49	122.45	250.67	514.78	1 484.69
记帐补贴	45.78	39.27	37.71	41.82	44.14	49.29	61.03	58.53
出售财物收入	487.99			0.5	2 392.9	1.5	7.11	2.38
三、储蓄借贷收入	1 192.38	569.45	611.7	598.85	2 335.34	1 091.94	534.39	2 518.08
提取储蓄存款	1 150.37	569.45	611.7	598.85	2 329.2	1 091.94	534.39	2 013.04
借入款								
四、实际支出	11 858.57	7 027.25	8 515.36	9 674.75	13 206.69	13 521.49	14 342.62	19 782.56
消费性支出	10 064.24	6 318.81	7 683.23	8 561.38	10 242.95	11 696.4	12 814.57	15 969.47
服务性消费支出	2 189.43	1 300.37	1 664.94	1 841.49	2 093.80	2 628.89	2 742.36	3 833.32
赡养支出	176.1	29.71	72.77	113.82	66.87	81.78	330.43	1 045.05
赠送支出	646.95	308.2	319.21	428.45	703.94	848.05	766.38	1 466.97
五、储蓄借贷支出	2 755.31	636.52	870.48	1 100.72	3 607.08	2 450.3	4 175.45	10 138.8
存入储蓄款	2 404.89	515.29	755.32	1 029.66	2 562.13	2 366.02	4 109.09	9 222.76
归还借款	35.72	87.27			39.95			218.1
借出款								
六、期末手存现金	2 130.36	1 169.45	1 178.79	1 688.78	1 922.77	2 512.67	2 895.85	4 979.97

3－15　城市住户平均每人生活费支出及构成

项目	金额（元）		构成（%）	
	2006	2007	2006	2007
生活费支出	**7 547.77**	**10 064.24**	**100**	**100**
1. 食品	3 320.98	4 017.5	44	39.9
#粮食	264.48	262.29	7.96	6.53
油脂	142.18	177.42	4.28	4.42
肉禽及其制品	630.17	875.03	18.98	21.78
蛋类	68.51	82.9	2.06	2.06
水产类	209.09	283.63	6.3	7.06
菜类	447.79	529.37	13.48	13.18
烟类	201.63	378.22	6.07	9.41
酒和饮料	112.05	125.2	3.37	3.12
干鲜瓜果	255.39	335.16	7.69	8.34
奶及奶制品	156.32	227.5	4.71	5.66
2. 衣着	759.37	1 164.14	10.06	11.57
#服装	553.99	917.45	72.95	78.81
衣着材料	7.98	12.62	1.05	1.08
3. 家庭设备用品及服务	551.27	811.78	7.3	8.07
#耐用消费品	238.52	355.22	43.27	43.76
4. 医疗保健	414.65	582.64	5.49	5.79
5. 交通与通讯	608.54	1 049.08	8.06	10.42
6. 教育文化娱乐服务	942.86	1 150.42	12.49	11.43
文化娱乐用品	279	259.22	29.59	22.53
教育	428.28	604.5	45.42	52.55
文化服务	235.58	286.7	24.99	24.92
7. 居住	654.93	874.11	8.68	8.69
8. 杂项商品与服务	295.18	414.58	3.91	4.12

3－16 城市住户平均每人购买消费品数量

品　　　　名	2006	2007
粮　　食（千克）	85.61	62.58
食用植物油（千克）	15.18	15.21
鲜　　菜（千克）	136.98	134.31
猪　　肉（千克）	29.51	30.46
牛 羊 肉（千克）	1.97	1.94
家　　禽（千克）	9.29	8.04
鲜　　蛋（千克）	8.41	8.34
鱼（不包括虾）（千克）	15.31	20.65
白　　酒（千克）	1.38	0.69
啤　　酒（千克）	5.12	7.93
鲜　　瓜（千克）	13.89	12.47
鲜　　果（千克）	41.05	51.77
糕　　点（千克）	4.74	3.79
鲜　　奶（千克）	26.81	30.51
服　　装（件）	6.33	10.24
鞋（双）	2.67	2.2
煤　　炭（千克）	0.19	
液化石油气（千克）	24.96	29.09
管道煤气（立方米）	37.26	56.13

3－17 城市居民居住情况

单位：户

类　　别	2006	2007
调查户数	**300**	**300**
一、按住宅建筑式样		
单栋住宅	4	2
四居室	6	2
三居室	55	51
二居室	190	211
一居室	31	30
普通楼房	11	3
平房及其他	3	1
二、按房屋产权		
租赁公房	19	5
租赁私房	7	1
原有私房	14	8
房改私房	248	273
商品房	8	12
其　　他	4	1
三、按自来水使用情况		
独用来水	290	300
公用自来水	10	
四、按卫生设备拥有情况		
无卫生设备	3	1
有浴室、厕所	253	286
有厕所无浴室	43	13
公用卫生设备	1	

3－18 城市居民家庭收入结构类型

（2007 年）

项　　目	总平均数	最　低 收入户	低收入户	中等偏下	中　等 收入户	中等偏上	高　收 收入户	最　高 收入户
一、占总调查户数的比重（%）								
2006 年	100	10	10	20	20	20	10	10
2007 年	100	10	10	20	20	20	10	10
二、平均人口（人）								
2006 年	2.61	3.07	3.25	2.7	2.57	2.48	2.1	2.18
2007 年	2.66	3.03	3.13	2.9	2.72	2.52	2.07	2.13
比重（%）								
2006 年	100	117.62	124.52	103.44	98.47	95.02	80.46	83.52
2007 年	100	113.91	117.67	109.02	102.26	94.74	77.82	80.08
三、人均可支配性收入（元）								
2006 年	11 242.85	5 585.69	6 960.87	7 932.92	9 795.97	12 386.85	15 469.53	30 573.17
2007 年	13 076.4	6 698.26	8 062.92	10 025.88	12 378.04	15 158.29	19 248.89	28 541.4
比重（%）								
2006 年	100	49.68	61.91	70.56	87.13	110.18	137.59	271.93
2007 年	100	51.22	61.66	76.67	94.66	115.92	147.2	218.27
2007 年比上年收入增长（%）	16.3	19.9	15.8	26.4	26.4	22.4	24.4	－6.6
四、全年人均消费性支出（元）								
2006 年	7 547.77	4 450.39	4 866.21	6 008.57	6 948.78	8 722.46	9 924.55	16 190.64
2007 年	10 064.24	6 318.81	7 683.23	8 561.38	10 242.95	11 696.40	12 814.57	15 969.47
2007 年比上年增长（%）	33.3	42	57.9	42.5	47.4	34.1	29.1	－1.4

3－19 1985－2007年农村居民家庭基本情况

年份	调查县区（个）	调查数（户）	平均每户常住人口（人）	平均每户整半劳动力（人）	平均每个劳动力负担人口（人）	纯收入（元/人）	生活用房面积（平方米/人）
1985	6	380	5.64	3.04	1.85	412.43	15.98
1986	6	380	5.61	3.02	1.86	452.07	16.77
1987	6	390	5.41	2.82	1.91	501.34	18.36
1988	6	410	5.41	2.96	1.83	586.46	19.52
1989	6	410	5.36	3.52	1.52	660.04	20.69
1990	6	410	5.25	2.95	1.78	721.21	19.50
1991	6	410	5.02	2.79	1.80	768.19	19.78
1992	6	410	4.99	2.81	1.76	854.74	21.30
1993	6	410	4.91	2.86	1.72	968.60	19.69
1994	6	410	4.79	2.89	1.66	1 310.75	22.53
1995	6	410	4.75	2.91	1.63	1 626.36	23.71
1996	6	410	4.67	2.91	1.61	2 031.20	23.44
1997	6	410	4.55	2.84	1.60	2 358.57	25.12
1998	6	400	4.46	2.80	1.59	2 164.26	26.26
1999	6	400	4.30	2.89	1.49	2 306.86	26.77
2000	6	400	4.29	2.96	1.45	2 390.10	26.10
2001	6	400	4.28	2.93	1.46	2 517.04	27.92
2002	6	400	4.21	2.93	1.44	2 663.68	28.21
2003	6	400	4.16	2.92	1.42	2 808.10	29.46
2004	6	400	4.13	2.90	1.42	3 414.46	35.48
2005	7	400	4.14	2.92	1.42	3 878.77	38.66
2006	7	400	4.12	2.92	1.41	4 392.36	41.03
2007	7	400	4.10	2.92	1.40	5 034.49	42.32

3－20 农村居民家庭基本情况

（分县区，2007年）

地区	调查数（户）	平均每户常住人口（人）	平均每户劳动力（人）	7－15岁人口入学率（%）	人均经营耕地（亩）	人均经营山地（亩）	平均每人年末住房（平方米）	人均纯收入（元）
南昌市	400	4.10	2.92	98.33	1.48	0.47	42.32	5 034.49
西湖区	20	3.95	2.85	100.00	0.12		89.11	7 741.60
湾里区	50	3.90	2.76	100.00	0.80	3.21	24.43	4 295.80
青山湖区	50	4.18	2.92	96.55	0.32		63.81	6 097.77
南昌县	70	3.93	2.50	100.00	1.55		34.76	5 225.26
新建县	70	4.39	3.19	96.00	1.94	0.01	40.53	4 797.60
安义县	70	3.97	2.90	97.96	1.94	0.19	32.75	4 341.97
进贤县	70	4.23	3.21	100.00	2.42	0.28	44.32	4 813.35

3－21 农村家庭房屋使用情况

项　　　　　　　　目	2006	2007	2007年比上年增长%
一、新建房户数（户）	8	9	12.50
二、平均每户年内新建房屋面积（平方米）	2.81	4.33	54.09
新建房屋价值（元）	1 082.5	1670	54.27
三、平均每户年末使用房屋面积（平方米）	168.83	173.42	2.72
生活用房面积	168.83	173.42	2.72
#砖木结构	36.72	37.68	2.61
钢筋混凝土结构	130.95	135.25	3.28
四、平均每人年末使用房屋面积（平方米）	41.03	42.32	3.14
#砖木结构	8.92	9.20	3.14
钢筋混凝土结构	31.82	33.01	3.74

3－22　农村居民家庭总收入和构成

项　　　　目	平均每人（元）		构　　成（%）	
	2006	2007	2006	2007
总　收　入	**6 345.86**	**7 342.97**	**100.00**	**100.00**
一、工资性收入	1 630.53	1 944.87	25.69	26.49
1. 在非企业组织中劳动得到的收入	176.21	202.05	2.78	2.75
2. 在本乡地域内劳动得到的收入	495.53	699.58	7.81	9.53
#在本地乡镇企业	100.68	111.66	1.59	1.52
3. 常住人口外出从业得到的收入	958.79	1 043.24	15.11	14.21
4. 其　　他				
二、家庭经营收入	4 196.86	4 763.80	66.14	64.88
1. 农 业 收 入	2 132.26	2 347.07	33.60	31.96
#种植业收入	2 081.81	2 321.01	32.81	31.61
2. 林 业 收 入	17.37	19.24	0.27	0.26
3. 牧 业 收 入	1 223.02	1 452.43	19.27	19.78
4. 渔 业 收 入	167.5	195.04	2.64	2.66
5. 工 业 收 入	44.24	73.36	0.70	1.00
6. 建筑业收入	58.23	71.75	0.92	0.98
7. 交通、运输和邮电业收入	262.33	271.98	4.13	3.70
8. 批发和零售贸易、餐饮业收入	147.8	193.29	2.33	2.63
9. 社会服务业收入	30.01	47.23	0.47	0.64
10. 文教卫生业收入	15.52	16.07	0.24	0.22
11. 其他家庭经营收入	98.58	76.35	1.55	1.04
三、财产性收入	282.1	346.68	4.45	4.72
四、转移性收入	236.37	287.62	3.72	3.92
#家庭非常住人口寄回收入	27.48	4.05	0.43	0.06
亲 人 赠 送	72.29	79.15	1.14	1.08
#农村外部亲友赠送	7.38	11.22	0.12	0.15

3－23 农村居民家庭总支出和构成

项目	平均每人（元）		构成（%）	
	2006	2007	2006	2007
总支出	**4 711.41**	**5 448.64**	**100.00**	**100.00**
一、家庭生产经营支出	1 778.6	2 131.23	37.75	39.11
农业	556.01	528.05	11.80	9.69
#种植业	457.12	428.12	9.70	7.86
林业	0.13	0.30	0.00	0.01
牧业	973.04	1 209.10	20.65	22.19
渔业	84.63	93.73	1.80	1.72
工业	12.18	23.25	0.26	0.43
建筑业	4.7	30.12	0.10	0.55
交通运输和邮电业	53.62	93.29	1.14	1.71
批发和零售贸易、餐饮业	75.76	116.06	1.61	2.13
社会服务业	7.58	12.73	0.16	0.23
文教卫生业	4.75	4.07	0.10	0.07
其他家庭经营支出	6.2	20.53	0.13	0.38
二、购置生产性固定资产支出	27.43	111.47	0.58	2.05
三、税费支出	9.19	4.05	0.20	0.07
四、生活消费支出	2 702.09	2 971.53	57.35	54.54
#文化娱乐用品及服务	248.4	212.41	5.27	3.90
五、财产性支出	12.83	7.60	0.27	0.14
六、转移性支出	180.31	222.76	3.83	4.09
#寄给或带给在外人口	4.15	30.69	0.09	0.56
赠送亲友	162.84	164.22	3.46	3.01
#赠送农村以外亲友	10.35	7.19	0.22	0.13

3－24　主要年份农村居民家庭纯收入

（按人口平均）　　　　　　单位：元

项　　　目	1985	1990	1995	1997	1998	1999	2000
纯　收　入	**412.43**	**731.21**	**1 626.26**	**2 358.57**	**2 164.26**	**2 306.86**	**2 390.10**
一、按纯收入来源分							
工资性收入	40.40	50.32	399.87	628.46	723.12	895.58	1 012.63
家庭经营纯收入	336.73	632.06	1 167.07	1 576.15	1 311.09	1 292.65	1 283.12
第一产业	277.33	526.85	1 072.06	1 342.64	1 077.92	1 054.93	1 077.35
第二产业	10.20	24.40	32.41	60.81	38.07	57.69	96.03
第三产业	49.20	80.81	62.60	172.71	195.10	180.03	109.74
转移性收入	29.70	40.57	40.70	84.19	96.89	85.89	62.93
财产性收入	5.60	8.26	18.72	69.77	33.16	32.74	31.42
二、按纯收入性质分							
生产性纯收入	375.53	660.22	1 552.28	2 154.88	2 021.04	2 134.43	2 275.46
农业生产	277.33	526.85	1 072.06	1 342.64	1 077.92	1 054.93	1 077.35
非农业生产	98.20	133.37	480.22	812.24	943.12	1 079.50	1 198.11
非生产性纯收入	36.90	60.99	74.08	203.69	143.22	172.43	114.64

项　　　目	2001	2002	2003	2004	2005	2006	2007
纯　收　入	**2 517.04**	**2 663.68**	**2 801.10**	**3 414.46**	**3 878.77**	**4 392.36**	**5 034.49**
一、按纯收入来源分							
工资性收入	938.85	1 024.08	1 080.04	1 214.85	1 469.32	1 630.53	1 944.87
家庭经营纯收入	1 434.55	1 399.55	1 465.63	1 971.29	2 099.18	2 307.86	2 523.25
第一产业	1 216.70	1 127.72	1 170.31	1 634.03	1 733.66	1 859.85	2 115.42
第二产业	91.56	82.27	68.44	98.49	100.89	80.08	86.73
第三产业	126.29	189.56	226.88	238.78	264.62	367.93	321.10
转移性收入	35.70	31.82	44.81	56.73	161.74	171.86	219.69
财产性收入	107.94	208.23	217.61	171.59	148.52	282.1	346.68
二、按纯收入性质分							
生产性纯收入	2 361.02	2 394.73	2 495.24	3 128.27	3 547.59	3 907.2	4 423.41
农业生产	1 216.70	1 127.72	1 170.31	1 634.02	1 733.66	1 859.85	2 115.42
非农业生产	1 144.32	1 267.01	1 324.93	1 494.25	1 813.93	2 047.35	2 307.99
非生产性纯收入	156.02	268.95	312.86	286.19	331.18	485.16	611.08

3－25 农村住户平均每人纯收入

（分县区，2007 年）

单位：元

地区	纯收入	生产性纯收入			非生产性纯收入
			农业生产	非农业生产	
南昌市	5 034.49	4 423.41	2 115.42	2 307.99	611.08
西湖区	7 741.60	3 828.28	125.75	3 702.53	3 913.32
湾里区	4 295.80	4 010.35	1 549.23	2 461.12	285.45
青山湖区	6 097.77	3 967.89	253.63	3 714.26	2 129.88
南昌县	5 225.26	4 825.51	2 707.37	2 118.14	399.75
新建县	4 797.60	4 523.59	2 633.62	1 889.97	274.01
安义县	4 341.97	3 956.39	1 414.17	2 542.22	385.58
进贤县	4 813.35	4 128.75	1 788.32	2 340.43	684.60

3－26 农村住户生活消费支出

项目	平均每人（元）		构成（%）		商品性比重（%）	
	2006	2007	2006	2007	2006	2007
生活消费支出	**2 702.09**	**2 971.53**	**100.00**	**100.00**		
一、食品	1 320.63	1 490.51	48.87	50.16	65.31	71.06
#主食	323.15	328.03	11.96	11.04	16.47	17.5
副食	549.5	625.94	20.34	21.06	73.33	79.46
二、衣着	155.83	167.70	5.77	5.64	100.00	100.00
三、居住	385.06	426.32	14.25	14.35	92.88	97.25
四、家庭设备、用品及服务	94.34	153.28	3.49	5.16		
五、医疗保健	194.57	186.31	7.20	6.27		
六、交通和通讯	242.06	277.31	8.96	9.33		
七、文化娱乐用品和服务	248.4	212.41	9.19	7.15	100.00	100.00
文化教育娱乐用品	51.03	49.17	1.89	1.65	100.00	100.00
文化教育娱乐服务	176.85	135.92	6.54	4.57		
八、其他商品和服务	61.21	52.69	2.27	1.77	100.00	100.00

注：商品性比重是指生活消费品中商品性支出所占比重，不包括自产自用部分和文化及生活服务支出。

3-27 农村居民家庭现金收入和构成

项　　目	平均每人(元)		构　成(%)	
	2006	2007	2006	2007
现金收入	**5 565.94**	**6 582.01**	**100.00**	**100.00**
一、工资性收入	1 630.53	1 944.80	29.29	29.55
在非企业组织中劳动得到的	176.21	202.05	3.17	3.07
在本乡地域内劳动得到的收入	495.53	699.52	8.90	10.63
常住人口外出从业得到	958.79	1 043.24	17.23	15.85
其　　他				
二、家庭经营收入	3 440.27	4 061.66	61.81	61.71
出售产品	2 729.44	3 279.06	49.04	49.82
农　　业	1 370.62	1 658.88	24.63	25.20
种植业	1 370.62	1 658.88	24.63	25.20
林　　业	17.08	19.14	0.31	0.29
牧　　业	1 183.86	1 419.79	21.27	21.57
渔　　业	157.88	188.21	2.84	2.86
工业加工费	44.24	73.36	0.79	1.11
建筑业	58.23	71.75	1.05	1.09
交通运输业	262.33	271.98	4.71	4.13
批发和零售贸易、餐饮业	147.8	193.29	2.66	2.94
社会服务业	30.01	47.23	0.54	0.72
文教卫生业	15.52	16.07	0.28	0.24
其他家庭经营	93.25	71.78	1.68	1.09
三、转移性收入	230.36	278.00	4.14	4.22
四、财产性收入	264.78	297.54	4.76	4.52

3-28 农村居民家庭现金支出和构成

指　　　　标	平均每人（元）		构　　成（%）	
	2006	2007	2006	2007
现金支出	**4 155.75**	**4 921.82**	**100.00**	**100.00**
一、生产费用支出	1 743.05	2 167.07	41.94	44.03
1. 家庭生产经营费用	1 714.67	2 055.59	41.26	41.76
农　　业	521.74	498.60	12.55	10.13
#种　植　业	521.74	498.60	12.55	10.13
林　　业	0.13	0.08	0.00	0.00
牧　　业	944.73	1 183.09	22.73	24.04
渔　　业	83.28	88.35	2.00	1.80
工　　业	12.18	21.47	0.29	0.44
建　筑　业	4.7	28.02	0.11	0.57
运　输　业	53.62	84.85	1.29	1.72
批发和零售贸易、餐饮业	75.76	115.25	1.82	2.34
社会服务业	7.58	12.59	0.18	0.26
文教卫生业	4.75	4.07	0.11	0.08
其他经营	6.2	18.99	0.15	0.39
2. 购置生产性固定资产支出	27.43	111.47	0.66	2.26
二、税费支出	8.84	4.05	0.21	0.08
三、财产性支出	12.83	7.60	0.31	0.15
四、转移性支出	176.31	219.87	4.24	4.47
五、生活消费支出	2 214.73	2 523.24	53.29	51.27

3－29 农 村 住 户 储 蓄 借 贷

项　　目	平均每人（元）		2007年比上年	
	2006	2007	增减额（元）	增长率（%）
一、非生产所得收入	357.97	273.27	－84.7	－23.66
#从银行信用社得到的贷款	34.08	20.95	－13.13	－38.53
借　入　款	274.42	122.47	－151.95	－55.37
收回借出款	2.12	16.91	14.79	697.64
从银行信用社取回存款	47.35	112.82	65.47	138.27
收回投资款				
二、非消费性现金付出	484.62	500.60	15.98	3.30
#归还银行信用社贷款	13.6	29.83	16.23	119.34
借　出　款	12.95	12.34	－0.61	－4.71
归还借款	159.23	206.36	47.13	29.60
存入银行信用社款	249.5	185.72	－63.78	－25.56
支出投资款				
三、年末手存现金	1 001.48	1 156.79	155.31	15.51
四、年末存款余款	2 449.05	3 349.95	900.9	36.79

3－30　1992—2007年农村住户人均纯收入

（按收入水平分组）　　单位：户

分　组	1992	1993	1994	1995	1996	1997	1998	1999	2000	2001	2002	2003	2004	2005	2006	2007
调查户数	**410**	**410**	**410**	**410**	**410**	**410**	**400**	**400**	**400**	**400**	**400**	**400**	**400**	**400**	**400**	**400**
200元以下		2				1	1	4	3	1	2	1		3	2	
200－300元			1					2				1				
300－400元	7	14	1		1				2				1			
400－500元	16	19	3					1	5		4	1				3
500－600元	37	26	7		2	2	1	1	4	1	4	2	2	1		1
600－800元	104	82	23	15	6		4	10	12	4	3	4		2	1	1
800－1000元	115	102	60	34	7	2	10	9	14	11	10	4	6	5	7	5
1000－1500元	107	122	190	154	84	62	75	72	70	54	42	35	23	13	8	4
1500－2000元	20	35	68	100	82	105	81	59	67	70	72	67	36	25	21	11
2000元以上	4	18	57	107	228	238	228	242	223	259	263	285	332	351	361	375

3－31 主要年份农村住户平均每人主要食品消费量

单位：千克

品　　名	1985	1990	1995	1998	1999	2000	2001	2002	2003	2004	2005	2006	2007
粮　　食	350.07	351.35	336.86	310.99	295.54	295.10	283.36	331.57	278.94	240.82	208.68	216.93	207.13
蔬　　菜	159.60	172.72	136.89	156.99	110.75	97.82	104.87	93.64	86.15	92.68	99.3	106.5	95.64
植 物 油	5.75	6.66	10.69	10.09	8.98	8.30	10.07	10.65	11.27	6.87	6.81	7.57	8.16
动 物 油	1.34	1.64	2.20	2.53	1.33	1.55	1.30	1.34	0.85	0.88	0.75	0.68	0.53
猪　　肉	10.75	10.18	10.93	11.58	11.84	10.76	12.11	13.10	12.24	10.76	12.69	12.68	10.83
牛 羊 肉	0.15	0.33	0.45	0.36	0.37	0.35	0.25	0.33	0.33	0.21	0.17	0.18	0.29
奶和奶制品		0.21	0.14	0.27	0.29	0.44	0.47	0.87	4.77	3.33	1.13	2.76	1.78
家　　禽	1.15	1.49	1.88	2.17	2.18	2.48	2.82	2.81	3.04	2.80	3.33	3.01	3.63
蛋　　类	2.70	2.96	3.73	4.88	4.47	4.57	5.21	4.36	4.60	4.47	5.21	4.93	4.64
水 产 品	2.20	3.07	4.09	6.63	5.66	5.11	6.29	7.45	6.96	5.64	6.01	6.38	7.82
食　　糖	1.10	1.36	1.23	1.30	1.06	1.05	0.94	0.92	0.83	0.69	0.64	0.64	0.55
酒	1.45	3.52	5.32	6.60	7.59	6.97	7.00	7.90	8.39	9.54	9.39	10.61	11.68
茶　　叶	0.04	0.07	0.13	1.52	0.06				0.07	0.07	0.05	0.04	
糖果、糕点	1.55	1.52	2.14	2.11	1.78	1.87	1.79	1.97					
水　　果	1.70	3.13	7.31	7.80	19.97	25.56	32.53	26.95	10.51	11.97	11.55	10.04	11.68

3－32　主要年份农村住户耐用物品拥有量

（按每百户年末平均拥有量计算）

品　　名	1985	1990	1995	1998	1999	2000	2001	2002	2003	2004	2005	2006	2007
自　行　车（辆）	72	129	166	152	155	147	133	137	139	133	128	125	120
电　风　扇（台）	21	84	135	148	164	180	178	191	197	202	195	208	
洗　衣　机（台）		1	4	6	7	9	11	12	12	13	14	22	21
电　冰　箱（台）		3	9	17	16	20	21	22	23	23	27	31	45
摩　托　车（辆）			1	9	12	14	19	20	23	31	35	40	40
黑白电视机（台）	17	56	87	80	79	74	72	68	62	58	28	28	20
彩色电视机（台）		6	13	31	32	49	49	58	65	70	93	101	110
收　录　机（台）	5	18	26	26	29	26	18	21	16	10	10	10	
照　相　机（架）		1	1	3	2	4	5	4	3	3	5	5	7
空　调　机（台）							8	8	11	13	18	19	25
电　话　机（部）							45	53	54	58	69	75	72
移动电话（部）							18	28	38	50	72	91	114
影　碟　机（台）									19	24	24	34	32
微　波　炉（台）									3	2	4	6	8
热　水　器（台）									12	12	17	18	26
家用计算机（台）									1	1	3	4	5
家用汽车(生活用)(辆)											1	1	1

3－33　农村住户劳动力文化程度

（2007 年）

单位:%

地　　区	文盲或半文盲	小学程度	初中程度	高中程度	中专程度	大专以上程　度
南　昌　市	**2.83**	**29.48**	**54.24**	**9.51**	**2.83**	**1.11**
西　湖　区		21.05	50.88	21.05	5.26	1.76
湾　里　区	5.07	18.12	63.04	7.97	5.80	
青山湖区	2.74	25.34	57.53	6.85	4.11	3.43
南　昌　县	1.14	24.57	59.43	10.29	4.00	0.57
新　建　县	5.38	35.43	48.43	7.17	1.79	1.80
安　义　县	3.45	36.45	46.31	11.33	1.48	0.98
进　贤　县	0.44	32.89	56.44	9.33	0.90	

主 要 统 计 指 标 解 释

在岗职工工资总额 指各单位在一定时期内直接支付给本单位全部在岗职工的劳动报酬总额。包括：计时工资（含计时标准工资）、计件工资、计件超额工资、奖金、津贴和补贴、加班加点工资、特殊情况下支付的工资等。

津贴和补贴 包括：(1) 补偿职工特殊或额外劳动消耗的津贴及岗位性津贴。(2) 保健性津贴。(3) 技术性津贴。(4) 年功性津贴（包括工龄津贴、教龄津贴和护士工龄津贴）。(5) 地区津贴。(6) 其他津贴。包括伙食补贴、上下班交通补贴、洗理卫生费、书报费等。以及为保证职工工资水平不受物价上涨或变动影响而支付的各种补贴，如副食品价格补贴（含肉类等价格补贴）、粮、油、蔬菜等价格补贴，煤价补贴、房贴、水电贴、房改补贴等。

在岗职工平均工资 指企业、事业、机关单位的在岗职工在一定时期内平均每人所得的货币工资额。它表明一定时期在岗职工工资收入的高低程度。是反映在岗职工工资水平的主要指标。计算公式为：

$$在岗职工平均工资=\frac{报告期实际支付的全部在岗职工工资总额}{报告期全部在岗职工平均人数}$$

在岗职工平均实际工资 指扣除物价变动因素后的职工平均工资。计算公式为：

$$在岗职工平均实际工资=\frac{报告期在岗职工平均工资}{报告期职工生活费价格指数}$$

四、物　　价

PRICE

本篇内容包括：

1. 居民消费价格指数
2. 商品零售价格指数
3. 工业品出厂价格指数
4. 原材料、燃料、动力购进价格指数

资料整理

胡惠珠
刘　健
程白晞

微机处理

刘　健
程白晞

85/111

居民消费价格指数

(以上年价格为100)

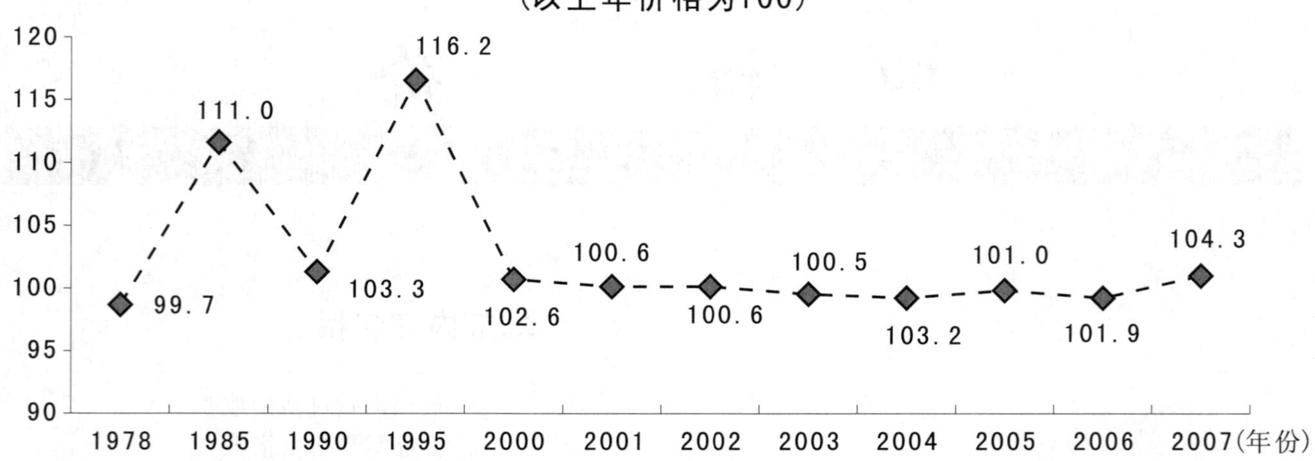

服务项目价格指数

(以上年价格为100)

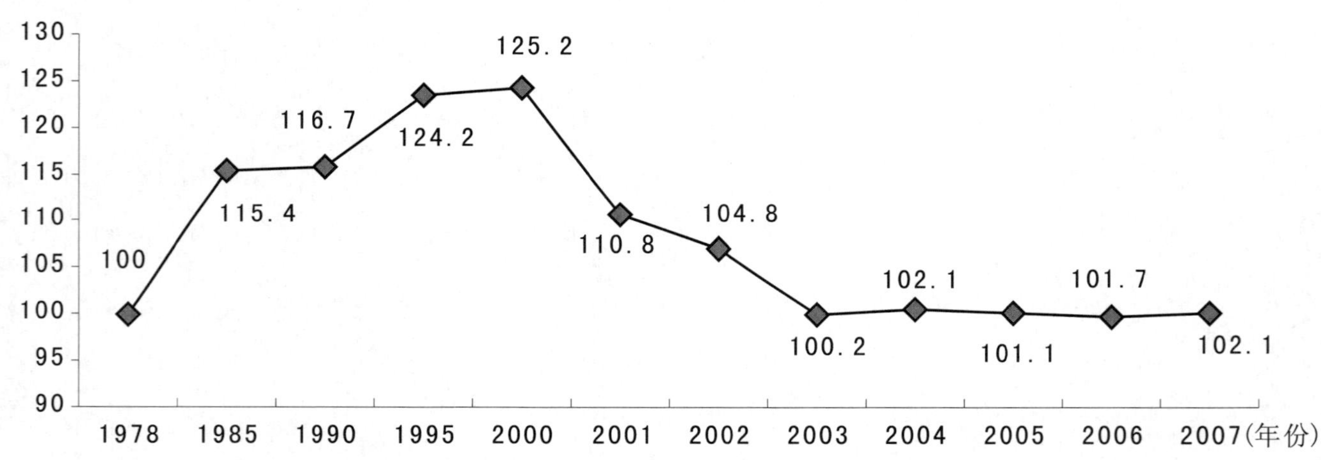

商品零售价格指数

(以上年价格为100)

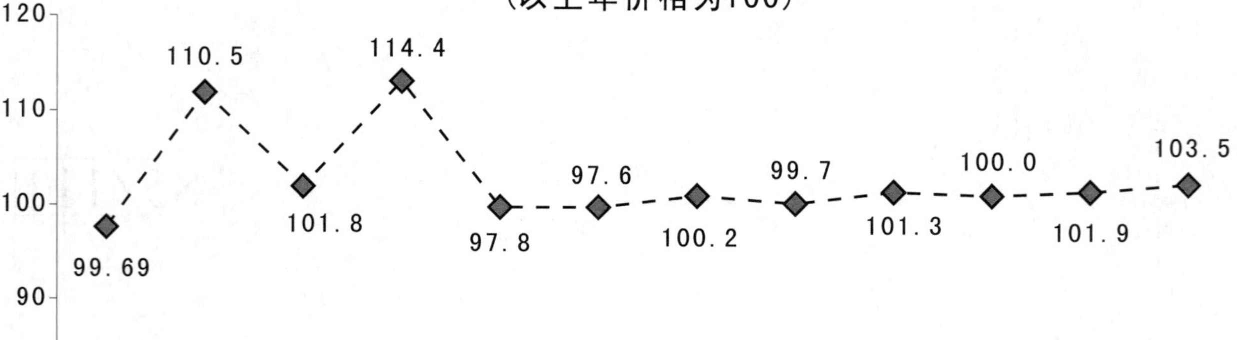

4-1 历年物价总指数

（以上年价格为100）

年份	消费价格指数	#服务项目价格指数	零售价格指数
1951			113.78
1952			98.82
1953			103.38
1954			102.73
1955	97.85	100.49	99.86
1956	100.53	100.00	100.62
1957	100.67	93.72	101.60
1958			100.21
1959			99.88
1960			100.00
1961	117.24	107.82	118.48
1962	99.20	94.40	99.96
1963	88.55	96.05	88.10
1964	95.87	98.20	95.52
1965	98.70	97.20	98.96
1972	99.68	99.64	99.69
1973	99.86	99.86	99.86
1974	99.85	100.11	99.82
1975	99.84	99.92	99.83
1976	99.99	100.00	99.99
1977	100.14	100.00	100.16
1978	99.73	100.00	99.69
1979	101.08	100.00	101.25
1980	106.57	100.20	107.44
1981	101.91	100.20	102.10
1982	102.20	103.00	102.10
1983	101.20	101.20	101.20
1984	102.20	103.70	102.20
1985	111.00	115.40	110.50
1986	105.20	107.20	105.00
1987	107.30	100.40	107.90
1988	126.80	109.80	128.40
1989	118.40	117.80	118.50
1990	103.30	116.70	101.80
1991	105.60	108.90	105.20
1992	111.80	114.80	111.40
1993	122.70	167.70	116.40
1994	126.10	123.40	123.10
1995	116.20	124.20	114.40
1996	108.80	114.40	107.10
1997	103.90	128.00	99.50
1998	100.90	104.80	98.30
1999	99.80	113.90	96.90
2000	102.60	125.20	97.80
2001	100.60	110.80	97.60
2002	100.60	104.80	100.20
2003	100.50	100.20	99.70
2004	103.20	102.10	101.30
2005	101.00	101.10	100.00
2006	101.90	101.70	101.90
2007	104.30	102.10	103.50

4-2 居民消费价格指数

（2007年，以上年价格为100）

项　　目	2007	项　　目	2007	项　　目	2007
居民消费价格总指数	**104.3**	毛　　线	100.0	交　　通	102.3
一、食　　品	111.3	鞋	96.3	交通工具	97.4
粮　　食	106.4	袜　　子	101.3	车用燃料及零配件	102.7
油　　脂	128.0	衣着加工服务费	104.2	车辆使用及维修费	99.7
肉禽及其制品	135.6	四、家庭设备用品及维修服务	103.6	市区公共交通费	105.1
蛋	122.4	家具	99.5	城市间交通费	102.6
水 产 品	100.9	家庭设备	101.3	通　　信	94.5
鲜　　菜	101.0	室内装饰品	109.8	通信工具	62.6
干菜及菜制品	121.2	床上用品	99.0	通信服务	99.7
糖	99.5	家庭日用杂品	105.2	七、娱乐教育文化用品及服务	98.9
饮　　料	98.9	家庭服务及加工维修服务	115.8	文娱用耐用消费品及服务	88.4
鲜 瓜 果	92.0	五、医疗保健和个人用品	103.3	修理服务	100.0
干（坚）果	108.7	医疗保健	103.5	教　　育	99.9
糕点饼干	105.9	医疗器具及用品	93.1	教材及参考书	96.9
液体乳及乳制品	101.5	中药材及中成药	110.7	学杂托幼费	100.1
在外用膳食品	108.2	西　　药	99.6	文化娱乐用品	100.9
其它食品	107.6	保健器具及用品	100.7	书报杂志	100.0
二、烟酒及用品	101.5	医疗保健服务	99.8	文 娱 费	103.0
烟　　草	100.6	个人用品及服务	102.8	旅　　游	101.9
酒	103.8	化妆美容用品	101.0	八、居　　住	104.4
三、衣　　着	96.4	清洁化妆用品	100.3	建房及装修材料	102.1
服　　装	95.7	个人饰品	109.6	租　　房	106.8
棉　　布	111.6	个人服务	100.0	自有住房	104.7
棉混纺布	110.6	六、交通和通信	97.4	水、电、燃料	104.3
化 纤 布	109.0				

4－3 商品零售价格指数

（2007年，以上年价格为100）

项　　目	2007	项　　目	2007
商品零售价格总指数	**103.5**	棉混纺布	110.6
一、食　品	112.0	化纤布	109.0
粮　食	106.6	毛　线	100.0
油　脂	127.5	其　它	100.0
肉禽及其制品	135.3	五、家用电器及音像器材	98.8
水产品	100.8	六、文化办公用品	92.9
鲜　菜	101.0	七、日用品	102.5
干菜及菜制品	121.2	日用百货	101.8
食　糖	95.6	日用杂品	100.0
鲜瓜果	92.0	洗涤用品	103.8
干坚果	108.7	八、体育娱乐用品	94.4
糕点饼干面包	104.9	体育用品	100.0
液体乳及乳制品	101.5	娱乐用品	90.3
在外用膳食品	108.3	九、交通、通信用品	88.2
二、饮料、烟酒	101.7	十、家　具	99.6
饮　料	99.2	十一、化妆品	100.6
烟　草	100.5	十二、金银珠宝	111.4
酒	103.7	十三、中西药品及医疗保健用品	102.7
三、服装、鞋帽	96.6	中药材及中成药	109.5
服　装	96.3	西　药	99.7
鞋袜帽	97.0	保健品及器具	100.7
其　他	100.0	十四、书报杂志及电子出版物	97.6
四、纺织品	102.3	十五、燃　料	104.3
棉　布	111.6	十六、建筑材料及五金电料类	103.9

4-4 居民消费价格分月指数

（2007年，以上年同月价格为100）

类别	1月	2月	3月	一季度平均	4月	5月	6月	二季度平均	上半年平均
居民消费价格总指数	**103.1**	**102.2**	**103.4**	**102.9**	**102.7**	**101.1**	**103.2**	**102.3**	**102.6**
一、食品	106.0	104.3	108.7	106.3	106.0	105.2	110.3	107.1	106.7
粮食	104.9	105.6	105.8	105.5	104.6	105.4	106.8	105.6	105.5
大米	103.9	104.9	104.9	104.6	104.6	104.8	106.4	105.2	104.9
淀粉	100.0	100.0	100.0	100.0	100.0	100.0	100.0	100.0	100.0
干豆类及豆制品	103.0	101.9	102.0	102.3	102.2	101.4	101.7	101.8	102.0
油脂	122.8	124.3	126.1	124.4	124.9	124.6	130.6	126.7	125.6
肉禽及其制品	119.5	116.9	128.3	121.4	124.9	134.1	152.2	136.8	128.9
蛋	118.1	119.0	122.7	119.9	124.4	126.1	133.3	127.9	123.8
水产品	97.8	94.1	95.3	95.7	95.1	97.3	101.0	97.8	96.8
菜	89.7	87.7	102.9	93.1	105.2	94.4	96.8	98.7	95.9
鲜菜	84.9	82.1	99.1	88.2	102.3	90.6	92.6	95.1	91.6
干菜及菜制品	122.3	121.4	119.5	121.1	119.5	121.6	122.5	121.2	121.1
调味品	115.0	114.2	114.2	114.5	100.5	100.5	100.5	100.5	107.0
糖	105.2	101.9	102.0	103.0	95.8	100.1	97.7	97.9	100.4
茶及饮料	99.1	99.3	99.8	99.4	98.1	98.5	98.9	98.5	98.9
干鲜瓜果	104.1	94.8	100.4	99.6	86.6	74.7	78.4	79.8	88.5
鲜瓜果	103.1	93.3	101.1	99.0	85.0	70.4	74.3	76.4	86.2
干（坚）果	109.4	107.3	106.5	107.7	105.3	108.9	111.4	108.5	108.1
糕点饼干	106.3	106.1	105.5	105.9	105.4	99.9	100.0	101.7	103.8
液体乳及乳制品	102.8	102.8	100.2	101.9	99.4	101.2	98.5	99.7	100.8
在外用膳食品	104.4	104.4	104.4	104.4	104.4	104.4	105.1	104.7	104.6
其它食品	101.1	101.1	102.3	101.5	101.7	109.6	109.6	107.0	104.2
二、烟酒及用品	101.7	102.6	102.6	102.3	101.5	100.5	100.7	100.9	101.6
烟草	100.6	102.3	102.3	101.8	102.3	100.8	100.8	101.3	101.5
酒	104.2	104.4	104.4	104.3	101.0	100.1	100.8	100.6	102.4
三、衣着	105.6	103.2	99.6	102.7	101.8	92.0	91.7	95.1	98.8
服装	106.4	105.5	100.1	103.8	102.7	87.8	89.5	93.3	98.4
衣着材料	111.6	111.6	111.6	111.6	111.6	111.6	100.0	107.5	109.5
四、家庭设备用品及维修服务	104.8	102.3	105.2	104.1	103.6	102.8	101.7	102.7	103.4
五、医疗保健和个人用品	101.5	101.0	99.4	100.6	99.3	100.5	101.9	100.6	100.6
医疗保健	99.5	99.5	96.9	98.6	96.9	99.7	102.3	99.6	99.1
中药材及中成药	100.3	100.3	93.9	98.1	93.9	101.5	108.3	101.1	99.6
西药	98.5	98.5	97.4	98.1	97.4	97.4	98.9	97.9	98.0
医疗保健服务	99.8	99.8	99.8	99.8	99.8	99.8	99.8	99.8	99.8
个人用品及服务	105.6	104.1	104.8	104.8	104.2	102.4	101.2	102.6	103.7
六、交通和通信	98.2	98.2	98.7	98.4	98.0	97.9	97.2	97.7	98.0
交通	104.2	103.3	104.4	104.0	103.9	104.0	102.9	103.6	103.8
通信	94.8	95.2	95.3	95.1	94.6	94.3	93.9	94.3	94.7
七、娱乐教育文化用品及服务	98.9	99.6	98.6	99.0	98.7	96.6	97.7	97.7	98.3
文娱用耐用消费品及服务	92.3	89.4	89.9	90.5	89.8	86.3	87.2	87.7	89.2
教育	100.0	99.9	99.7	99.9	99.7	99.7	99.7	99.7	99.8
八、居住	102.1	101.9	102.4	102.1	103.6	104.0	105.1	104.2	103.2
租房	119.9	113.1	113.1	115.3	113.1	109.0	109.0	110.4	112.8
水、电、燃料	96.8	98.1	99.0	97.9	100.6	103.9	106.1	103.5	100.7

4-4 续表　　（2007年，以上年同月价格为100）

类　　别	7月	8月	9月	三季度平均	1-9月平均	10月	11月	12月	四季度平均	全年
居民消费价格总指数	**104.9**	**106.3**	**105.9**	**105.7**	**103.6**	**106.3**	**106.5**	**106.5**	**106.5**	**104.3**
一、食　品	113.4	116.0	115.9	115.1	109.5	115.4	117.4	117.5	116.8	111.3
粮　食	107.3	107.2	107.2	107.2	106.1	107.6	106.6	107.2	107.1	106.4
大　米	106.7	106.7	106.4	106.6	105.5	106.4	104.9	104.4	105.2	105.4
淀　粉	100.0	100.0	100.0	100.0	100.0	100.0	100.0	101.8	100.6	100.1
干豆类及豆制品	101.2	101.6	104.9	102.6	102.2	106.1	107.1	127.6	113.6	105.1
油　脂	131.5	133.4	133.3	132.7	127.9	132.2	132.4	120.7	128.0	128.0
肉禽及其制品	163.7	152.5	141.6	152.1	136.7	131.5	131.2	135.2	132.7	135.6
蛋	133.8	123.0	123.0	126.3	124.7	119.0	117.1	113.8	116.6	122.4
水产品	101.1	103.6	105.2	103.3	99.0	104.8	109.8	106.1	106.9	100.9
菜	102.9	113.4	109.9	108.7	100.1	115.9	122.8	111.9	116.9	104.0
鲜　菜	99.9	112.5	107.9	106.7	96.5	115.3	122.5	110.0	115.9	101.0
干菜及菜制品	121.7	121.3	121.3	121.4	121.2	121.3	121.3	121.2	121.3	121.2
调味品	101.6	101.2	102.2	101.7	105.2	102.3	103.0	103.0	102.8	104.6
糖	95.9	95.8	100.3	97.3	99.3	99.0	99.0	101.6	99.9	99.5
茶及饮料	98.3	98.0	98.9	98.4	98.7	100.2	100.2	106.7	102.3	99.6
干鲜瓜果	77.6	90.1	101.5	88.8	88.6	109.6	116.6	115.9	114.0	93.9
鲜瓜果	73.7	87.5	101.2	86.3	86.2	110.5	117.9	117.2	115.1	92.0
干（坚）果	106.8	107.4	107.0	107.0	107.8	108.7	113.5	111.8	111.3	108.7
糕点饼干	105.2	105.2	107.5	106.0	104.5	107.9	110.4	111.9	110.1	105.9
液体乳及乳制品	98.6	102.0	101.5	100.7	100.7	101.5	104.4	105.0	103.6	101.5
在外用膳食品	105.1	109.6	114.0	109.6	106.2	114.0	114.0	114.0	114.0	108.2
其它食品	110.8	110.2	110.2	110.4	106.3	109.0	109.0	116.6	111.5	107.6
二、烟酒及用品	100.9	100.9	101.5	101.1	101.4	103.1	101.0	101.0	101.7	101.5
烟　草	99.4	99.4	99.4	99.4	100.8	102.4	98.5	98.5	99.8	100.6
酒	104.0	104.0	105.8	104.6	103.2	105.7	105.7	105.7	105.7	103.8
三、衣　着	94.2	98.3	93.5	95.3	97.7	95.3	89.9	92.3	92.5	96.4
服　装	91.8	95.8	91.7	93.0	96.7	94.0	89.7	94.4	92.7	95.7
衣着材料	104.9	104.9	104.9	104.9	107.9	104.9	104.9	105.7	105.2	107.2
四、家庭设备用品及维修服务	102.8	104.4	106.0	104.4	103.7	105.3	101.5	102.7	103.1	103.6
五、医疗保健和个人用品	105.1	105.8	105.9	105.6	102.3	106.3	106.2	106.3	106.3	103.3
医疗保健	107.0	108.1	108.1	107.7	102.0	108.1	108.1	108.3	108.1	103.5
中药材及中成药	122.1	122.1	122.1	122.1	106.9	122.1	122.1	122.1	122.1	110.7
西　药	98.8	101.6	101.6	100.7	98.9	101.6	101.6	101.6	101.6	99.6
医疗保健服务	99.8	99.8	99.8	99.8	99.8	99.8	99.8	99.8	99.8	99.8
个人用品及服务	101.3	101.4	101.6	101.4	102.9	102.7	102.6	102.7	102.6	102.8
六、交通和通信	97.4	97.3	96.2	97.0	97.7	96.3	96.5	96.7	96.5	97.4
交　通	103.4	102.9	99.5	101.9	103.1	99.4	99.9	100.2	99.8	102.3
通　信	94.0	94.0	94.2	94.1	94.5	94.5	94.5	94.6	94.5	94.5
七、娱乐教育文化用品及服务	98.5	100.3	99.7	99.5	98.7	99.4	99.9	98.8	99.4	98.9
文娱用耐用消费品及服务	86.9	87.6	87.8	87.4	88.6	87.8	87.7	87.3	87.6	88.4
教　育	99.7	99.7	100.0	99.8	99.8	100.2	100.2	100.2	100.2	99.9
八、居　住	105.0	102.5	104.1	103.8	103.4	106.6	108.3	107.0	107.3	104.4
租　房	109.0	100.0	100.0	102.8	109.3	100.0	100.0	100.0	100.0	106.8
水、电、燃料	104.8	102.3	105.1	104.1	101.8	110.4	114.3	109.8	111.5	104.3

4-5 居民消费价格分月指数

（2007年，以上月价格为100）

类　　别	1月	2月	3月	4月	5月	6月
居民消费价格总指数	**100.6**	**100.2**	**100.8**	**100.0**	**99.9**	**100.8**
一、食　品	102.6	101.4	102.0	99.3	100.5	103.2
粮　食	102.8	101.0	100.0	99.4	101.1	101.4
大　米	101.9	101.0	100.0	100.3	100.2	101.5
淀　粉	100.0	100.0	100.0	100.0	100.0	100.0
干豆类及豆制品	100.9	99.3	100.2	101.0	100.1	100.0
油　脂	101.5	100.3	99.7	99.0	99.7	104.7
肉禽及其制品	103.1	104.5	101.3	96.9	104.7	111.0
蛋	100.2	101.0	100.0	98.6	101.8	105.7
水产品	100.5	99.8	99.6	100.3	102.5	106.6
菜	105.8	97.4	105.5	106.2	96.8	92.7
鲜　菜	103.5	95.2	106.2	107.7	96.1	90.7
干菜及菜制品	115.8	101.1	98.4	100.0	101.8	100.7
调味品	100.0	100.0	100.0	100.0	100.0	100.0
糖	100.0	99.1	100.0	96.2	104.5	98.7
茶及饮料	100.0	100.0	100.5	98.7	99.2	100.3
干鲜瓜果	101.8	107.9	116.6	94.4	91.0	104.4
鲜瓜果	102.1	110.3	121.4	93.0	88.2	104.9
干（坚）果	100.8	100.2	99.3	100.6	102.7	102.5
糕点饼干	100.6	99.9	99.6	99.9	100.3	100.6
液体乳及乳制品	100.1	100.0	100.0	100.0	100.0	100.0
在外用膳食品	104.4	100.0	100.0	100.0	100.0	100.7
其它食品	101.1	100.0	101.1	99.4	107.7	100.0
二、烟酒及用品	100.0	100.1	100.0	100.0	100.0	100.2
烟　草	100.0	100.0	100.0	100.0	100.0	100.0
酒	100.0	100.2	100.0	100.0	100.0	100.5
三、衣　着	98.8	97.5	105.0	101.1	93.2	98.4
服　装	99.7	99.2	107.0	98.1	87.6	100.2
衣着材料	100.0	100.0	100.0	100.0	100.0	100.0
四、家庭设备用品及维修服务	100.3	97.9	102.2	98.7	100.6	99.8
五、医疗保健和个人用品	100.2	99.7	100.0	100.0	101.9	100.0
医疗保健	100.0	100.0	99.6	100.0	102.8	100.0
中药材及中成药	100.0	100.0	100.1	100.0	108.1	100.0
西　药	100.0	100.0	98.9	100.0	100.0	100.0
医疗保健服务	99.8	100.0	100.0	100.0	100.0	100.0
个人用品及服务	100.7	99.1	100.9	99.9	100.1	100.0
六、交通和通信	100.3	99.8	99.3	99.3	99.8	99.0
交　通	102.0	100.0	98.7	99.9	100.0	99.8
通　信	99.3	99.7	99.7	98.9	99.6	98.5
七、娱乐教育文化用品及服务	99.5	101.8	96.7	100.6	100.9	98.7
文娱用耐用消费品及服务	98.9	96.6	100.0	99.3	96.4	100.6
教　育	100.0	100.0	99.9	100.0	100.0	100.0
八、居　住	99.1	98.9	99.7	101.2	101.0	100.3
租　房	100.0	100.0	100.0	100.0	100.0	100.0
水、电、燃料	98.3	97.9	99.2	101.6	102.4	100.4

4－5　续表　　　　（2007 年，以上月价格为 100）

类　　　别	7　月	8　月	9　月	10　月	11　月	12　月
居民消费价格总指数	**101.5**	**101.1**	**100.5**	**99.4**	**100.6**	**100.9**
一、食　品	103.2	101.9	100.9	97.6	101.4	102.3
粮　食	100.4	100.0	100.8	100.3	99.4	100.6
大　米	100.3	100.0	100.5	100.0	98.8	99.7
淀　粉	100.0	100.0	100.0	100.0	100.0	101.8
干豆类及豆制品	99.9	100.6	103.1	101.2	101.3	118.3
油　脂	100.6	101.5	100.8	100.0	105.4	106.0
肉禽及其制品	107.5	100.4	98.0	94.0	101.6	108.9
蛋	99.6	101.1	105.8	98.8	100.4	100.3
水产品	101.2	100.9	100.6	96.4	99.7	98.1
菜	110.0	106.3	101.8	95.2	104.7	90.9
鲜　菜	112.0	108.1	102.6	95.3	105.9	89.3
干菜及菜制品	100.9	100.0	100.0	100.0	100.0	101.7
调味品	101.2	99.5	101.0	100.6	100.7	100.0
糖	99.7	99.8	99.5	99.7	100.0	104.7
茶及饮料	99.3	99.7	101.0	101.5	100.0	106.6
干鲜瓜果	97.4	101.6	104.2	99.1	100.5	98.2
鲜瓜果	97.0	101.6	105.4	98.4	100.1	97.4
干（坚）果	99.1	101.5	99.6	101.6	102.3	101.0
糕点饼干	105.2	100.0	100.0	101.7	102.3	101.5
液体乳及乳制品	100.0	104.2	100.0	100.0	100.0	100.6
在外用膳食品	100.0	104.3	104.0	100.0	100.0	100.0
其它食品	101.1	99.4	100.0	98.9	100.0	107.0
二、烟酒及用品	100.2	100.0	100.6	100.0	100.0	100.0
烟　草	98.5	100.0	100.0	100.0	100.0	100.0
酒	103.1	100.0	101.8	100.0	100.0	100.0
三、衣　着	98.6	100.2	96.9	102.5	98.3	102.1
服　装	100.0	98.3	99.6	103.2	100.0	102.6
衣着材料	104.9	100.0	100.0	100.0	100.0	100.8
四、家庭设备用品及维修服务	101.6	101.6	100.9	99.7	97.9	101.6
五、医疗保健和个人用品	103.1	100.8	100.1	100.1	100.3	100.1
医疗保健	104.7	101.1	100.0	100.0	100.0	100.0
中药材及中成药	112.8	100.0	100.0	100.0	100.0	100.0
西　药	99.9	102.9	100.0	100.0	100.0	100.0
医疗保健服务	100.0	100.0	100.0	100.0	100.0	100.0
个人用品及服务	99.9	100.3	100.2	100.3	100.9	100.3
六、交通和通信	99.8	99.7	99.8	99.8	100.1	100.0
交　通	100.0	99.5	99.8	99.9	100.5	100.3
通　信	99.8	99.8	99.7	99.8	99.8	99.9
七、娱乐教育文化用品及服务	100.5	101.6	100.6	99.2	99.9	98.9
文娱用耐用消费品及服务	97.6	98.9	99.8	98.9	100.0	99.6
教　育	100.0	100.0	100.3	100.0	100.0	100.0
八、居　住	100.5	100.6	102.2	101.6	102.3	99.4
租　房	100.0	100.0	100.0	100.0	100.0	100.0
水、电、燃料	100.0	100.5	104.3	103.3	104.6	97.3

4-6 商品零售价格分月指数

（2007年，以上年同月价格为100）

类别	1月	2月	3月	一季度平均	4月	5月	6月	二季度平均	上半年平均
商品零售价格总指数	**103.2**	**101.7**	**103.6**	**102.8**	**102.3**	**100.9**	**102.1**	**101.8**	**102.3**
一、食品	105.8	103.9	109.1	106.2	106.6	105.6	111.4	107.8	107.0
粮食	105.4	106.0	106.2	105.8	104.8	105.7	106.9	105.8	105.8
油脂	122.2	123.7	125.4	123.7	124.3	124.1	130.5	126.3	125.0
肉禽及其制品	119.1	116.1	127.5	120.8	124.3	133.2	151.3	136.1	128.2
水产品	97.8	94.1	95.3	95.7	95.1	97.2	100.9	97.7	96.7
鲜菜	84.9	82.1	99.1	88.2	102.3	90.6	92.6	95.1	91.6
干菜及菜制品	122.3	121.4	119.5	121.1	119.5	121.6	122.5	121.2	121.1
调味品	113.3	112.5	112.5	112.8	100.5	100.5	100.5	100.5	106.3
食糖	112.6	103.8	103.8	106.6	87.9	99.7	93.8	93.8	100.0
糖果	99.4	98.7	99.4	99.2	99.4	99.4	99.4	99.4	99.3
鲜瓜果	103.1	93.3	101.1	99.0	85.0	70.4	74.3	76.4	86.2
干（坚）果	109.4	107.3	106.5	107.7	105.3	108.9	111.4	108.5	108.1
糕点饼干面包	104.7	104.5	104.0	104.4	103.9	99.9	100.0	101.2	102.8
液体乳及乳制品	102.7	102.7	100.2	101.9	99.5	101.1	98.5	99.7	100.8
在外用膳食品	104.6	104.6	104.6	104.6	104.6	104.6	105.3	104.8	104.7
其它食品	101.1	101.1	102.3	101.5	101.7	109.6	109.6	107.0	104.2
二、饮料、烟酒	101.9	102.7	102.9	102.5	101.1	100.1	100.5	100.6	101.5
茶及饮料	99.3	99.5	100.0	99.6	98.4	98.8	99.3	98.8	99.2
烟草	100.5	102.3	102.3	101.7	102.3	100.7	100.7	101.3	101.5
酒	104.5	104.8	104.8	104.7	101.2	100.2	100.9	100.7	102.7
三、服装、鞋帽	106.1	103.7	100.0	103.2	102.3	92.8	92.9	95.9	99.5
四、纺织品	111.7	93.2	112.8	105.8	105.3	105.3	99.8	103.4	104.6
五、家用电器及音像器材	100.9	99.0	100.6	100.2	100.0	99.4	98.3	99.2	99.7
六、文化办公用品	97.4	95.7	93.2	95.5	93.2	91.5	92.0	92.2	93.8
七、日用品	103.4	103.5	102.6	103.2	102.0	101.5	101.9	101.8	102.5
八、体育娱乐用品	97.8	95.3	95.1	96.1	95.6	95.1	95.1	95.3	95.7
体育用品	100.0	100.0	100.0	100.0	100.0	100.0	100.0	100.0	100.0
娱乐用品	96.2	91.8	91.5	93.2	92.3	91.4	91.4	91.7	92.5
九、交通、通信用品	89.6	90.1	91.5	90.4	89.1	88.7	87.4	88.4	89.4
十、家具	94.2	100.2	100.2	98.1	100.2	100.2	100.2	100.2	99.1
十一、化妆品	100.3	100.7	100.7	100.6	100.7	100.7	100.7	100.7	100.7
十二、金银珠宝	122.6	117.2	119.6	119.7	114.5	108.0	105.0	109.0	114.0
十三、中西药品及医疗保健用品	100.1	100.1	97.4	99.2	97.4	99.8	101.3	99.5	99.4
十四、书报杂志及电子出版物	99.7	98.2	97.3	98.4	97.3	96.6	96.6	96.8	97.6
十五、燃料	105.1	105.4	105.9	105.5	103.7	105.9	101.8	103.8	104.6
十六、建筑材料及五金电料	103.4	103.1	102.6	103.0	102.8	102.2	100.0	101.6	102.3

4－6 续表 （2007年，以上年同月价格为100）

类　　别	7月	8月	9月	三季度平均	1－9月平均	10月	11月	12月	四季度平均	全年
商品零售价格总指数	**103.8**	**105.0**	**104.5**	**104.4**	**103.0**	**104.9**	**104.9**	**105.5**	**105.1**	**103.5**
一、食　品	114.7	117.2	116.6	116.2	110.1	116.2	118.3	118.2	117.6	112.0
粮　食	107.5	107.3	107.3	107.4	106.3	107.8	107.0	107.7	107.5	106.6
油　脂	131.7	133.4	132.8	132.6	127.5	131.6	131.8	120.3	127.4	127.5
肉禽及其制品	162.8	152.2	141.7	151.8	136.1	131.8	131.6	135.8	133.1	135.3
水产品	100.9	103.4	105.0	103.1	98.9	104.7	109.7	105.9	106.7	100.8
鲜　菜	99.9	112.5	107.9	106.7	96.5	115.3	122.5	110.0	115.9	101.0
干菜及菜制品	121.7	121.3	121.3	121.4	121.2	121.3	121.3	121.2	121.3	121.2
调味品	101.8	101.3	102.3	101.8	104.7	102.5	103.2	103.2	102.9	104.3
食　糖	86.3	86.3	94.6	88.9	96.1	95.4	95.4	91.7	94.1	95.6
糖　果	99.4	100.0	100.0	99.8	99.4	99.4	99.4	116.6	105.1	100.8
鲜瓜果	73.7	87.5	101.2	86.3	86.2	110.5	117.9	117.2	115.1	92.0
干（坚）果	106.8	107.4	107.0	107.0	107.8	108.7	113.5	111.8	111.3	108.7
糕点饼干面包	103.9	103.9	106.0	104.6	103.4	107.8	109.7	111.0	109.5	104.9
液体乳及乳制品	98.6	102.1	101.6	100.8	100.8	101.6	104.4	105.0	103.6	101.5
在外用膳食品	105.3	109.8	114.2	109.8	106.4	114.2	114.2	114.2	114.2	108.3
其它食品	110.8	110.2	110.2	110.4	106.3	109.0	109.0	116.6	111.5	107.6
二、饮料、烟酒	100.9	100.8	101.7	101.1	101.4	103.1	101.6	102.8	102.5	101.7
茶及饮料	98.7	98.3	99.2	98.7	99.0	100.2	100.2	106.5	102.3	99.9
烟　草	99.2	99.2	99.2	99.2	100.7	102.2	98.5	98.5	99.7	100.5
酒	103.5	103.5	105.4	104.1	103.2	105.3	105.3	105.3	105.3	103.7
三、服装、鞋帽	94.5	98.0	93.1	95.2	98.1	94.7	89.9	92.4	92.3	96.6
四、纺织品	105.0	105.0	105.0	105.0	104.7	105.0	88.0	94.7	95.7	102.3
五、家用电器及音像器材	96.8	97.3	98.6	97.6	99.0	98.1	98.4	98.2	98.2	98.8
六、文化办公用品	92.9	92.0	91.9	92.3	93.3	91.8	91.7	91.7	91.7	92.9
七、日用品	102.3	103.0	103.2	102.9	102.6	103.0	102.3	101.8	102.3	102.5
八、体育娱乐用品	95.2	94.6	93.2	94.3	95.2	93.2	93.2	90.1	92.1	94.4
体育用品	100.0	100.0	100.0	100.0	100.0	100.0	100.0	100.0	100.0	100.0
娱乐用品	91.6	90.5	88.0	90.0	91.6	88.0	88.0	82.7	86.2	90.3
九、交通、通信用品	86.7	86.8	86.2	86.6	88.5	86.9	87.2	87.4	87.2	88.2
十、家　具	100.2	100.2	100.2	100.2	99.5	100.2	100.0	100.0	100.1	99.6
十一、化妆品	100.7	100.7	100.7	100.7	100.7	100.7	100.2	100.2	100.4	100.6
十二、金银珠宝	106.6	105.8	106.8	106.4	111.3	108.9	112.8	112.8	111.5	111.4
十三、中西药品及医疗保健用品	105.3	106.2	105.9	105.8	101.5	105.9	105.9	106.8	106.2	102.7
十四、书报杂志及电子出版物	96.6	96.6	96.6	96.6	97.3	98.8	98.8	98.8	98.8	97.6
十五、燃　料	101.5	100.1	99.8	100.5	103.2	103.2	110.9	108.0	107.4	104.3
十六、建筑材料及五金电料	103.4	104.4	105.4	104.4	103.0	105.7	106.0	108.3	106.7	103.9

4-7 价格指数

（2007年，以主要年份为基期）

指标	居民消费价格指数	零售物价指数	服务项目价格指数
以1950年价格为100		537.9	
以1952年价格为100	639.8	477.9	1 565.7
以1957年价格为100	633.3	440.7	1 753.4
以1962年价格为100	516.7	373.9	1 296.0
以1965年价格为100	585.1	425.4	1 627.4
以1970年价格为100	621.0	446.6	1 776.0
以1975年价格为100	628.9	450.1	1 784.3
以1978年价格为100	629.9	461.4	1 783.9
以1980年价格为100	584.3	415.3	1 784.3
以1985年价格为100	489.3	348.7	1 424.8
以1989年价格为100	288.4	202.2	1 023.7
以1990年价格为100	279.5	198.6	876.8
以1992年价格为100	236.6	169.4	701.2
以1993年价格为100	192.7	145.5	418.3
以1994年价格为100	152.7	118.2	339.1
以1995年价格为100	131.6	103.6	272.7
以1996年价格为100	120.8	96.6	238.5
以1997年价格为100	116.4	97.1	186.2
以1998年价格为100	115.4	98.7	177.9
以1999年价格为100	115.6	101.8	156.2
以2000年价格为100	112.7	104.2	124.6
以2001年价格为100	111.9	106.7	112.5
以2002年价格为100	111.3	106.5	107.4
以2003年价格为100	110.8	106.8	107.2
以2004年价格为100	107.3	105.5	105.0
以2005年价格为100	106.3	105.5	103.8
以2006年价格为100	104.3	103.5	102.1

4-8 工业品出厂价格指数

（2007年，以上年价格为100）

项目	2007	项目	2007
工业品出厂价格总指数	**103.42**	四、按行业大类分	
一、按轻重工业分		农副食品加工业	108.35
轻工业	103.94	食品制造业	105.24
以农产品为原料	102.94	饮料制造业	102.40
以非农产品为原料	105.24	烟草制品业	99.87
重工业	103.00	纺织业	102.38
原　料	101.99	纺织服装、鞋、帽制造业	103.03
加　工	103.75	皮革、毛皮、羽毛（绒）及其制品业	102.76
二、按生产生活资料分		木材加工及木、竹、藤、棕、草制品业	105.80
生产资料	103.61	家具制造业	100.72
原　料	102.01	造纸及纸制品业	100.60
加　工	104.47	印刷业和记录媒介的复制	97.33
生活资料	102.88	文教体育用品制造业	101.81
食　品	102.61	石油加工、炼焦及核燃料加工业	94.28
衣　着	101.20	化学原料及化学制品制造业	104.58
一般日用品	101.56	医药制造业	98.85
耐用消费品	106.63	化学纤维制造业	105.33
三、按工业部门分		橡胶制品业	110.28
冶金工业	112.18	塑料制品业	101.60
电力工业	101.62	非金属矿物制品业	108.82
煤炭及炼焦工业	100.03	黑色金属冶炼及压延加工业	117.48
石油工业	94.38	有色金属冶炼及压延加工业	101.07
化学工业	102.42	金属制品业	95.30
机械工业	103.01	通用设备制造业	97.50
建筑材料工业	110.31	专用设备制造业	102.67
森林工业	104.54	交通运输设备制造业	99.97
食品工业	103.88	电气机械及器材制造业	110.83
纺织工业	105.20	通信设备、计算机及其他电子设备制造业	106.75
缝纫工业	101.12	仪器仪表及文化、办公用机械制造业	102.71
皮革工业	102.76	工艺品及其他制造业	110.49
造纸工业	100.61	废弃资源和废旧材料回收加工业	115.88
文教艺术用品工业	97.93	电力、热力的生产和供应业	101.62
其它工业	106.70	燃气生产和供应业	100.00
		水的生产和供应业	105.57

4-9 原材料、燃料、动力购进价格指数

（2007年，以上年价格为100）

项目	2007	项目	2007
原材料、燃料、动力购进价格总指数	**105.32**	家具制造业	102.06
一、按九大类分		造纸及纸制品业	105.66
燃料、动力类	103.12	印刷业和记录媒介的复制	104.15
黑色金属材料类	104.75	文教体育用品制造业	101.46
#钢材	104.51	石油加工、炼焦及核燃料加工业	106.39
其它	116.63	化学原料及化学制品制造业	101.79
有色金属材料和电线类	146.30	医药制造业	103.08
化工原料类	105.17	化学纤维制造业	102.63
木材及纸浆类	105.48	橡胶制品业	106.45
建筑材料及非金属矿类	106.79	塑料制品业	102.64
其它工业原材料及半成品类	103.70	非金属矿物制品业	105.36
农副产品类	112.33	黑色金属冶炼及压延加工业	107.93
纺织原料类	101.15	有色金属冶炼及压延加工业	121.87
二、按工业行业分		金属制品业	103.66
非金属矿采选业	113.25	通用设备制造业	102.61
农副食品加工业	109.04	专用设备制造业	105.60
食品制造业	104.30	交通运输设备制造业	104.75
饮料制造业	102.79	电气机械及器材制造业	106.06
烟草制品业	102.60	通信设备、计算机及其他电子设备制造业	105.02
纺织业	102.19	仪器仪表及文化、办公用机械制造业	109.05
纺织服装、鞋、帽制造业	93.55	工艺品及其他制造业	103.68
皮革、毛皮、羽毛（绒）及其制品业	104.28	电力、热力的生产和供应业	104.86
木材加工及木、竹、藤、棕、草制品业	107.49	水的生产和供应业	102.16

4－10 工业品出厂价格分月指数

（2007 年，以上年同期价格为 100）

类　别	1 月	2 月	3 月	4 月	5 月	6 月	上半年平均
工业品出厂价格指数	**103.61**	**103.64**	**103.64**	**104.18**	**104.32**	**103.06**	**103.74**
一、按轻重工业分							
轻工业	103.59	104.39	104.27	104.52	105.20	103.29	104.21
以农产品为原料	102.18	103.14	101.40	102.21	101.91	102.51	102.23
以非农产品为原料	105.41	106.02	107.99	107.51	109.49	104.31	106.79
重工业	103.63	103.04	103.14	103.92	103.63	102.89	103.38
原　料	103.89	103.75	103.64	102.85	103.20	103.02	103.39
加　工	103.43	102.52	102.77	104.71	103.95	102.79	103.36
二、按生产生活资料分							
生产资料	104.25	103.99	103.42	103.87	103.95	103.15	103.77
原　料	104.76	104.60	103.90	103.22	103.40	103.34	103.87
加　工	103.98	103.66	103.16	104.22	104.25	103.05	103.72
生活资料	101.86	102.67	104.22	105.02	105.31	102.84	103.65
食　品	101.75	103.27	101.43	102.56	101.76	102.48	102.21
衣　着	101.93	100.89	101.08	101.53	101.48	101.38	101.38
一般日用品	104.13	101.79	102.26	102.97	101.01	99.75	101.99
耐用消费品	99.46	102.70	118.87	118.72	125.78	108.75	112.38
三、按工业部门分							
冶金工业	102.85	103.05	102.52	109.65	112.23	108.06	106.39
电力工业	103.43	103.43	103.42	103.04	103.04	103.04	103.23
煤炭及炼焦工业	100.33	100.00	100.00	100.00	100.00	100.00	100.06
石油工业	104.44	100.00	102.22	97.87	84.21	85.96	85.96
化学工业	107.18	107.47	103.94	102.06	103.17	102.47	104.38
机械工业	103.94	103.64	105.62	105.59	105.76	102.53	104.51
建筑材料工业	112.01	109.30	107.42	103.51	108.13	112.03	108.73
森林工业	99.66	102.74	102.81	102.80	103.95	104.02	102.66
食品工业	102.32	104.13	101.88	103.48	102.71	103.74	103.04
纺织工业	98.81	99.34	101.52	102.65	101.04	101.66	100.84
缝纫工业	101.93	101.05	101.13	101.52	101.45	101.31	101.40
皮革工业	101.01	98.18	101.31	102.36	102.58	102.93	101.40
造纸工业	101.29	99.35	99.76	99.57	99.01	98.68	99.61
文教艺术用品工业	101.26	98.04	97.44	98.26	94.37	95.69	97.51
其它工业	107.37	105.49	106.01	106.68	108.53	103.99	106.35

4－10 续表1　　(2007年，以上年同期价格为100)

类　　别	7　月	8　月	9　月	10　月	11　月	12　月	全　年
工业品出厂价格指数	**102.93**	**102.75**	**102.48**	**102.91**	**103.27**	**104.29**	**103.42**
一、按轻重工业分							
轻工业	103.35	103.88	102.82	103.22	103.77	104.93	103.94
以农产品为原料	103.01	103.22	103.09	103.76	103.96	104.85	102.94
以非农产品为原料	103.81	104.76	102.45	102.50	103.53	105.04	105.24
重工业	102.41	101.85	102.20	102.67	102.86	103.78	103.00
原　料	100.15	100.25	100.46	100.64	100.71	101.36	101.99
加　工	104.07	103.04	103.48	104.18	104.46	105.57	103.75
二、按生产生活资料分							
生产资料	102.75	102.99	102.81	103.47	103.88	104.83	103.61
原　料	100.53	100.41	100.09	99.94	99.96	99.92	102.01
加　工	103.92	104.37	104.24	105.35	105.97	107.43	104.47
生活资料	103.05	102.12	101.61	101.44	101.65	102.81	102.88
食　品	102.64	103.32	103.13	102.94	102.91	103.09	102.61
衣　着	101.30	101.26	100.65	100.79	100.79	101.29	101.20
一般日用品	100.42	100.51	100.12	101.07	102.10	102.60	101.56
耐用消费品	109.01	100.31	98.71	96.96	97.29	103.04	106.63
三、按工业部门分							
冶金工业	112.03	112.40	115.78	118.09	120.26	129.26	112.18
电力工业	100.00	100.00	100.00	100.00	100.00	100.00	101.62
煤炭及炼焦工业	100.00	100.00	100.00	100.00	100.00	100.00	100.03
石油工业	85.96						
化学工业	100.81	101.69	99.92	99.47	100.79	100.07	102.42
机械工业	102.88	101.93	100.76	100.99	101.07	101.46	103.01
建筑材料工业	110.76	111.55	110.75	110.76	111.83	115.65	110.31
森林工业	106.12	106.22	106.39	106.40	106.62	106.72	104.54
食品工业	103.88	104.01	104.26	105.00	104.98	106.17	103.88
纺织工业	108.98	109.96	109.86	109.59	109.49	109.51	105.20
缝纫工业	101.15	101.14	100.55	100.69	100.67	100.80	101.12
皮革工业	104.24	103.78	103.02	102.95	103.38	107.41	102.77
造纸工业	100.08	100.43	100.50	102.21	103.16	103.22	100.61
文教艺术用品工业	97.03	98.66	98.32	98.90	98.23	99.00	97.93
其它工业	102.97	105.37	105.90	107.64	110.19	110.24	106.70

4－10 续表2－1　　（2007年，以上年同期价格为100）

类　　别	1　月	2　月	3　月	4　月	5　月	6　月	上半年平　均
四、按工业行业分：							
农副食品加工业	104.71	107.76	105.35	106.59	105.92	108.71	106.51
食品制造业	100.09	105.55	100.88	104.95	104.94	105.07	103.58
饮料制造业	104.53	105.34	101.41	100.42	102.76	102.73	102.87
烟草制品业	100.00	100.00	99.10	101.17	99.10	99.10	99.75
纺织业	100.77	100.23	101.02	101.44	100.97	101.21	100.94
纺织服装、鞋、帽制造业	102.22	103.31	103.96	107.16	105.16	103.79	104.27
皮革、毛皮、羽毛（绒）及其制品业	101.01	98.18	101.31	102.36	102.58	102.93	101.40
木材加工及木、竹、藤、棕、草制品业	99.55	103.65	103.73	103.72	105.25	105.09	103.50
家具制造业	100.00	100.00	100.00	100.00	100.00	100.80	100.13
造纸及纸制品业	101.29	99.35	99.76	99.57	99.01	98.67	99.61
印刷业和记录媒介的复制	100.68	97.41	96.61	97.64	93.14	94.80	96.71
文教体育用品制造业	105.04	102.12	102.83	102.26	102.26	101.44	102.66
石油加工、炼焦及核燃料加工业	103.75	100.00	102.22	97.87	84.21	85.96	95.67
化学原料及化学制品制造业	106.54	106.18	108.03	103.21	102.15	101.07	104.53
医药制造业	101.63	102.76	99.35	96.82	99.72	99.08	99.89
化学纤维制造业	115.09	115.09	105.71	105.28	107.47	107.29	109.32
橡胶制品业	116.67	115.85	113.16	125.50	111.36	114.45	116.17
塑料制品业	104.85	104.31	104.79	103.65	103.38	100.26	103.54
非金属矿物制品业	112.02	109.14	108.54	106.98	110.85	109.44	109.50
黑色金属冶炼及压延加工业	102.82	104.19	103.84	114.51	117.90	113.39	109.44
有色金属冶炼及压延加工业	104.14	101.30	102.67	101.68	100.29	101.04	101.85
金属制品业	100.00	98.91	96.83	92.57	93.43	88.45	95.03
通用设备制造业	96.38	94.85	96.90	96.02	99.65	97.92	96.95
专用设备制造业	101.15	101.04	101.14	101.12	100.01	100.71	100.86
交通运输设备制造业	99.80	99.86	100.87	100.65	100.28	100.69	100.36
电气机械及器材制造业	114.73	112.01	119.38	121.26	121.91	108.82	116.35
通信设备、计算机及其他电子设备制造业	109.57	112.72	109.30	106.34	108.44	102.05	108.07
仪器仪表及文化、办公用机械制造业	100.44	100.44	103.16	103.16	103.16	103.16	102.25
工艺品及其他制造业							
废弃资源和废旧材料回收加工业	115.88						115.88
电力、热力的生产和供应业	103.43	103.43	103.42	103.04	103.04	103.04	103.23
燃气生产和供应业	100.00	100.00	100.00	100.00	100.00	100.00	100.00
水的生产和供应业	100.00	100.00	100.00	100.00	100.00	100.00	100.00

4-10 续表2-2　　(2007年，以上年同期价格为100)

类别	7月	8月	9月	10月	11月	12月	全年
四、按工业行业分：							
农副食品加工业	108.27	108.58	109.02	111.40	111.21	112.68	108.35
食品制造业	104.62	104.93	106.98	105.16	106.32	113.42	105.24
饮料制造业	102.65	102.63	101.64	102.02	101.52	101.10	102.40
烟草制品业	100.00	100.00	100.00	100.00	100.00	100.00	99.80
纺织业	103.88	104.24	103.73	103.72	103.69	103.70	102.38
纺织服装、鞋、帽制造业	101.56	101.54	101.08	101.38	101.30	103.90	103.03
皮革、毛皮、羽毛（绒）及其制品业	104.24	103.78	103.02	102.95	103.38	107.41	102.76
木材加工及木、竹、藤、棕、草制品业	107.87	107.91	108.13	108.01	108.30	108.35	105.80
家具制造业	100.80	101.10	101.10	101.52	101.52	101.76	100.72
造纸及纸制品业	100.09	100.43	100.50	102.21	103.16	103.21	100.60
印刷业和记录媒介的复制	96.09	98.02	98.02	98.79	98.02	98.79	97.33
文教体育用品制造业	101.14	103.05	100.78	100.00	100.18	100.66	101.81
石油加工、炼焦及核燃料加工业	85.96						94.28
化学原料及化学制品制造业	97.94	103.19	103.11	105.95	108.75	108.81	104.58
医药制造业	98.27	98.51	97.20	97.15	98.27	97.41	98.85
化学纤维制造业	106.13	105.01	101.02	98.74	98.96	98.20	105.33
橡胶制品业	104.80	104.84	104.71	101.33	106.97	103.75	110.28
塑料制品业	100.02	100.66	99.66	98.75	99.50	99.35	101.60
非金属矿物制品业	106.41	105.85	105.82	107.63	110.42	112.76	108.82
黑色金属冶炼及压延加工业	118.33	119.20	123.09	125.69	127.77	139.03	117.48
有色金属冶炼及压延加工业	103.59	100.84	99.80	100.88	99.07	97.58	101.07
金属制品业	89.68	89.60	93.24	95.31	100.16	105.44	95.30
通用设备制造业	95.89	99.55	95.41	99.73	99.33	98.36	97.50
专用设备制造业	103.01	104.25	104.00	104.68	105.30	105.68	102.67
交通运输设备制造业	100.68	99.53	99.61	99.27	99.27	99.07	99.97
电气机械及器材制造业	112.06	104.21	103.28	103.60	103.01	105.69	110.83
通信设备、计算机及其他电子设备制造业	98.88	111.66	102.81	105.19	107.06	106.96	106.75
仪器仪表及文化、办公用机械制造业	103.16	103.16	103.16	103.16	103.16	103.16	102.71
工艺品及其他制造业	121.38	110.97	111.65	107.75	106.95	104.21	110.49
废弃资源和废旧材料回收加工业							115.88
电力、热力的生产和供应业	100.00	100.00	100.00	100.00	100.00	100.00	101.62
燃气生产和供应业	100.00	100.00	100.00	100.00	100.00	100.00	100.00
水的生产和供应业	100.00	113.36	113.36	113.36	113.36	113.36	105.57

4－11　原材料、燃料、动力购进价格分月指数

（2007年，以上年同期价格为100）

类别	1月	2月	3月	4月	5月	6月	上半年平均
原材料、燃料、动力购进价格指数	**103.81**	**104.83**	**104.76**	**105.05**	**105.22**	**105.33**	**104.83**
一、按九大类分							
燃料、动力类	102.77	103.88	103.70	103.56	103.44	103.51	103.48
黑色金属材料类	102.18	102.90	103.65	103.99	105.51	103.26	103.58
#钢　材	102.19	102.93	103.60	103.94	105.41	103.10	103.53
其　它	101.59	101.54	106.02	106.80	110.54	111.33	106.30
有色金属材料和电线类	137.23	133.14	134.16	136.30	139.68	147.18	137.95
化工原料类	102.35	104.06	105.04	105.80	105.36	105.80	104.74
木材及纸浆类	105.63	105.15	105.44	105.33	106.19	108.58	106.05
建筑材料及非金属矿类	105.45	106.08	104.31	103.28	104.45	104.82	104.73
其它工业原材料及半成品类	102.42	103.56	102.67	103.39	103.17	103.42	103.11
农副产品类	108.49	111.40	111.60	112.48	111.66	112.39	111.34
纺织原料类	100.26	100.13	99.95	99.99	100.07	99.78	100.03
二、按工业行业分：							
非金属矿采选业	108.00	106.63	109.10	115.47	113.97	115.27	111.41
农副食品加工业	109.07	110.14	109.21	109.18	109.20	110.60	109.57
食品制造业	101.75	100.08	101.33	101.07	99.05	100.72	100.67
饮料制造业	102.40	102.62	102.05	101.33	100.96	100.50	101.64
烟草制品业	102.00	105.34	107.76	101.11	99.39	103.69	103.22
纺织业	100.50	100.17	101.52	100.24	100.67	101.25	100.73
纺织服装、鞋、帽制造业	100.00	100.00	99.61	98.33	90.16	89.77	96.31
皮革、毛皮、羽毛（绒）及其制品业	99.81	106.02	106.43	106.66	106.70	106.65	105.38
木材加工及木、竹、藤、棕、草制品业	108.04	109.43	108.87	108.41	106.69	106.20	107.94
家具制造业	101.14	101.14	101.14	101.14	101.14	102.34	101.34
造纸及纸制品业	104.11	106.35	104.76	103.96	106.33	107.96	105.58
印刷业和记录媒介的复制	104.47	105.37	104.56	104.49	105.52	105.00	104.90
文教体育用品制造业	102.72	102.83	101.82	103.66	98.97	100.90	101.82
石油加工、炼焦及核燃料加工业	109.56	111.86	110.73	109.49	105.67	107.73	109.17
化学原料及化学制品制造业	97.03	98.69	99.66	100.35	101.73	102.45	99.99
医药制造业	101.05	101.45	100.27	101.89	102.61	103.32	101.77
化学纤维制造业	101.53	101.43	100.57	103.36	103.96	102.11	102.16
橡胶制品业	112.54	115.40	112.48	111.02	109.61	103.88	110.82
塑料制品业	103.73	103.89	103.70	103.88	103.78	103.39	103.73
非金属矿物制品业	105.57	105.45	105.09	104.44	103.87	104.04	104.74
黑色金属冶炼及压延加工业	105.63	106.44	106.26	104.64	108.84	104.94	106.13
有色金属冶炼及压延加工业	108.56	115.36	115.70	121.08	122.79	126.28	118.30
金属制品业	103.78	102.58	105.00	102.59	101.67	104.48	103.35
通用设备制造业	101.61	101.51	101.36	101.84	101.51	101.27	101.52
专用设备制造业	106.06	106.36	105.26	105.99	105.10	105.74	105.75
交通运输设备制造业	105.14	103.85	103.67	106.37	105.15	102.69	104.48
电气机械及器材制造业	113.60	111.98	111.61	109.29	105.79	105.47	109.62
通信设备、计算机及其他电子设备制造业	105.62	112.46	111.84	106.27	104.96	99.95	106.85
仪器仪表及文化、办公用机械制造业	111.20	107.64	114.38	116.93	107.83	109.73	111.29
工艺品及其他制造业	102.48	103.17	99.95	103.26	100.72	102.15	101.96
电力、热力的生产和供应业	104.10	98.79	97.03	103.41	101.54	104.24	101.52
水的生产和供应业	103.70	103.70	103.70	103.70	103.70	103.70	103.70

4－11 续表 （2007年，以上年同期价格为100）

类别	7月	8月	9月	10月	11月	12月	全年
原材料、燃料、动力购进价格指数	**105.57**	**105.88**	**105.45**	**105.57**	**106.11**	**106.27**	**105.32**
一、按九大类分							
燃料、动力类	102.88	102.40	102.24	102.73	102.64	103.74	103.12
黑色金属材料类	104.03	104.57	105.37	105.74	106.80	109.02	104.75
#钢　材	103.80	104.42	104.94	105.25	106.15	108.37	104.51
其　它	115.39	111.91	126.09	129.59	138.22	140.55	116.63
有色金属材料和电线类	151.13	158.36	157.09	157.32	156.56	147.39	146.30
化工原料类	106.18	105.59	105.66	104.69	105.00	106.53	105.17
木材及纸浆类	108.33	106.52	103.80	104.38	103.68	102.69	105.48
建筑材料及非金属矿类	106.64	107.20	107.96	108.58	110.83	111.90	106.79
其它工业原材料及半成品类	103.43	104.50	104.91	104.59	104.64	103.66	103.70
农副产品类	114.43	117.64	110.22	110.49	115.83	111.34	112.33
纺织原料类	101.77	102.21	102.11	102.24	102.59	102.65	101.15
二、按工业行业分：							
非金属矿采选业	120.99	120.80	113.78	119.07	108.80	107.15	113.25
农副食品加工业	110.76	110.20	108.33	106.27	107.54	107.93	109.04
食品制造业	102.85	108.44	109.40	108.96	109.04	108.88	104.30
饮料制造业	102.90	102.52	102.61	103.15	103.99	108.42	102.79
烟草制品业	101.73	102.86	102.67	101.93	96.24	106.47	102.60
纺织业	103.00	104.53	101.80	103.31	105.52	103.80	102.19
纺织服装、鞋、帽制造业	89.44	89.80	90.02	90.24	91.88	93.39	93.55
皮革、毛皮、羽毛(绒)及其制品业	106.41	102.66	102.54	102.41	102.60	102.43	104.28
木材加工及木、竹、藤、棕、草制品业	107.71	106.41	106.53	106.10	108.06	107.42	107.49
家具制造业	101.19	102.11	102.36	103.76	103.76	103.52	102.06
造纸及纸制品业	108.32	106.32	103.53	105.53	105.57	105.15	105.66
印刷业和记录媒介的复制	104.01	104.16	103.80	103.90	101.56	102.90	104.15
文教体育用品制造业	101.34	99.72	101.09	101.61	101.15	101.71	101.46
石油加工、炼焦及核燃料加工业	106.71	102.37	100.18	105.67	105.04	101.62	106.39
化学原料及化学制品制造业	103.05	102.88	103.36	104.08	103.77	104.41	101.79
医药制造业	103.35	105.38	103.77	104.07	104.32	105.44	103.08
化学纤维制造业	102.41	104.64	100.20	103.52	105.55	102.24	102.63
橡胶制品业	103.49	99.52	99.64	99.65	104.66	105.53	106.45
塑料制品业	102.69	101.32	100.67	99.49	102.65	102.53	102.64
非金属矿物制品业	106.58	105.44	105.94	105.72	106.10	106.09	105.36
黑色金属冶炼及压延加工业	105.45	106.35	110.07	111.63	111.32	113.58	107.93
有色金属冶炼及压延加工业	125.55	124.52	122.25	123.15	127.53	129.61	121.87
金属制品业	103.63	104.00	103.07	103.41	104.34	105.37	103.66
通用设备制造业	101.31	102.35	103.10	104.69	104.66	106.16	102.61
专用设备制造业	104.76	104.75	104.62	105.55	105.86	107.09	105.60
交通运输设备制造业	102.62	104.04	106.40	105.14	105.89	105.98	104.75
电气机械及器材制造业	101.16	102.94	103.17	102.49	102.79	102.48	106.06
通信设备、计算机及其他电子设备制造业	99.18	101.70	105.44	103.61	105.26	103.95	105.02
仪器仪表及文化、办公用机械制造业	106.43	106.43	106.43	106.43	107.58	107.58	109.05
工艺品及其他制造业	100.75	105.10	103.70	104.36	105.46	113.02	103.68
电力、热力的生产和供应业	108.51	115.20	107.27	104.02	106.03	108.22	104.86
水的生产和供应业	103.70	100.00	100.00	100.00	100.00	100.00	102.16

4－12 工业品出厂价格分月指数

（2007 年，以上月价格为 100）

项目	1月	2月	3月	4月	5月	6月
工业品出厂价格指数	**100.50**	**100.08**	**100.79**	**100.72**	**99.77**	**100.09**
一、按轻重工业分						
轻工业	100.80	100.15	101.54	100.07	99.04	100.37
以农产品为原料	100.09	100.43	100.97	100.62	99.93	100.23
以非农产品为原料	101.71	99.79	102.29	99.35	97.88	100.56
重工业	100.27	100.02	100.20	101.24	100.36	99.87
原料	99.78	99.90	100.10	100.05	100.39	99.90
加工	100.63	100.11	100.28	102.12	100.33	99.84
二、按生产生活资料分						
生产资料	100.77	100.13	100.13	100.84	100.34	100.08
原料	99.70	99.91	99.54	100.07	100.09	100.26
加工	101.35	100.25	100.44	101.25	100.47	99.99
生活资料	99.76	99.94	102.62	100.42	98.26	100.11
食品	99.83	100.13	100.34	100.79	100.30	100.12
衣着	99.63	100.67	100.25	100.06	100.38	100.12
一般日用品	100.94	98.94	99.99	99.86	100.23	100.70
耐用消费品	98.14	99.95	115.63	99.97	87.17	99.35
三、按工业部门分						
冶金工业	100.03	100.63	101.44	108.80	103.42	100.09
电力工业	100.00	100.00	99.99	100.01	100.00	100.00
煤炭及炼焦工业	100.00	100.00	100.00	100.00	100.00	100.00
石油工业	92.16	95.74	102.22	100.00	104.35	102.08
化学工业	99.56	99.65	98.87	99.19	101.37	100.47
机械工业	101.26	100.19	101.73	99.91	98.34	99.67
建筑材料工业	104.31	95.31	96.96	96.54	103.71	103.38
森林工业	99.88	102.97	100.15	99.96	101.15	100.13
食品工业	100.45	100.20	101.29	101.33	99.46	100.46
纺织工业	99.77	100.99	101.47	100.08	99.70	100.51
缝纫工业	99.56	100.75	100.00	100.00	100.38	100.12
皮革工业	100.41	99.80	103.87	100.70	100.36	100.11
造纸工业	98.39	101.43	99.93	100.31	98.85	99.71
文教艺术用品工业	99.91	98.27	100.03	99.99	100.04	100.02
其它工业	102.15	99.33	99.80	99.64	101.51	102.06

（2007年，以上月价格为100）

项目	7月	8月	9月	10月	11月	12月
工业品出厂价格指数	**100.26**	**100.33**	**100.23**	**100.31**	**100.35**	**100.80**
一、按轻重工业分						
轻工业	100.43	100.65	100.20	100.30	100.46	100.94
以农产品为原料	100.34	100.35	100.23	100.22	100.57	100.43
以非农产品为原料	100.55	101.05	100.17	100.41	100.31	101.60
重工业	100.12	100.08	100.26	100.32	100.25	100.69
原料	99.99	100.11	100.21	100.01	100.04	100.35
加工	100.22	100.05	100.29	100.55	100.41	100.94
二、按生产生活资料分						
生产资料	100.33	100.13	100.30	100.38	100.47	100.72
原料	100.25	99.99	100.10	99.88	99.90	99.96
加工	100.37	100.21	100.41	100.65	100.77	101.13
生活资料	100.07	100.86	100.05	100.13	100.03	101.00
食品	100.08	100.94	99.93	99.86	100.19	100.17
衣着	100.06	100.06	100.11	100.28	100.09	100.13
一般日用品	100.74	101.95	100.41	100.91	99.48	99.68
耐用消费品	99.29	99.97	99.99	100.07	100.03	106.09
三、按工业部门分						
冶金工业	101.21	100.84	101.44	101.26	101.92	105.58
电力工业	100.00	100.00	100.01	100.00	100.00	100.00
煤炭及炼焦工业	100.00	100.00	100.00	100.00	100.00	100.00
石油工业	100.00					
化学工业	100.22	100.23	100.07	100.10	100.31	99.86
机械工业	100.12	100.02	100.02	100.23	99.99	100.61
建筑材料工业	99.80	99.98	99.44	103.34	106.53	107.18
森林工业	101.81	100.11	100.12	100.01	100.12	100.11
食品工业	99.87	100.38	100.43	100.19	100.62	100.54
纺织工业	105.49	100.86	100.81	99.62	99.30	103.03
缝纫工业	100.00	100.09	100.15	100.30	100.08	100.14
皮革工业	100.85	99.58	99.54	100.02	100.20	99.98
造纸工业	101.09	99.73	100.68	101.05	101.31	99.72
文教艺术用品工业	99.96	100.03	100.41	99.96	100.00	100.05
其它工业	101.74	109.09	100.64	101.85	98.89	99.02

4－12 续表 2－1 （2007 年，以上月价格为 100）

项　　　目	1　月	2　月	3　月	4　月	5　月	6　月
四、按工业行业分						
农副食品加工业	101.88	100.29	103.19	101.15	99.53	101.25
食品制造业	100.08	100.10	100.87	103.10	100.01	100.00
饮料制造业	98.06	100.64	100.21	100.83	100.65	100.03
烟草制品业	100.00	100.00	100.00	101.17	98.87	100.00
纺织业	99.45	100.83	100.53	100.03	100.01	100.23
纺织服装、鞋、帽制造业	101.74	100.79	100.00	100.00	101.84	100.49
皮革、毛皮、羽毛(绒)及其制品业	100.41	99.80	103.87	100.69	100.36	100.11
木材加工及木、竹、藤、棕、草制品业	99.84	103.95	100.19	99.95	101.53	99.91
家具制造业	100.00	100.00	100.00	100.00	100.00	100.80
造纸及纸制品业	98.39	101.43	99.93	100.31	98.85	99.72
印刷业和记录媒介的复制	99.93	97.97	100.00	100.00	100.00	100.00
文教体育用品制造业	99.76	100.24	100.24	99.95	100.27	100.18
石油加工、炼焦及核燃料加工业	96.00	95.74	102.22	100.00	104.35	102.08
化学原料及化学制品制造业	98.41	99.24	102.26	100.38	99.97	98.93
医药制造业	99.83	99.73	100.14	97.74	102.96	99.21
化学纤维制造业	99.21	100.00	93.68	100.64	100.82	103.44
橡胶制品业	103.44	97.57	101.77	99.71	100.00	99.59
塑料制品业	100.95	99.99	100.07	98.55	99.45	99.94
非金属矿物制品业	103.93	97.00	98.23	97.88	103.13	103.37
黑色金属冶炼及压延加工业	100.54	100.77	102.00	112.32	103.90	101.04
有色金属冶炼及压延加工业	97.29	100.80	98.94	100.11	102.31	97.84
金属制品业	100.99	100.01	100.19	97.71	101.89	97.08
通用设备制造业	99.88	101.44	99.80	101.36	100.35	98.89
专用设备制造业	101.20	100.06	99.72	99.64	100.39	100.21
交通运输设备制造业	100.47	99.98	100.33	99.83	99.66	100.00
电气机械及器材制造业	100.64	99.94	108.09	101.01	93.46	98.58
通信设备、计算机及其他电子设备制造业	108.15	101.74	97.65	97.64	99.63	100.03
仪器仪表及文化、办公用机械制造业	100.00	100.00	103.16	100.00	100.00	100.00
工艺品及其他制造业						
废弃资源和废旧材料回收加工业	89.79					
电力、热力的生产和供应业	100.00	100.00	99.99	100.01	100.00	100.00
燃气生产和供应业	100.00	100.00	100.00	100.00	100.00	100.00
水的生产和供应业	100.00	100.00	100.00	100.00	100.00	100.00

 (2007年，以上月价格为100)

项目	7月	8月	9月	10月	11月	12月
四、按工业行业分						
农副食品加工业	99.66	100.81	100.89	100.77	101.63	100.95
食品制造业	100.01	100.76	100.32	99.08	100.11	101.93
饮料制造业	100.00	100.00	100.52	100.00	100.00	100.00
烟草制品业	100.00	100.00	100.00	100.00	100.00	100.00
纺织业	102.00	100.31	100.29	99.96	99.75	101.10
纺织服装、鞋、帽制造业	100.00	100.28	100.39	100.63	100.25	101.15
皮革、毛皮、羽毛(绒)及其制品业	100.86	99.58	99.54	100.02	100.20	99.98
木材加工及木、竹、藤、棕、草制品业	102.41	100.06	100.16	99.87	100.16	100.07
家具制造业	100.00	100.29	100.00	100.42	100.00	100.23
造纸及纸制品业	101.09	99.73	100.68	101.05	101.32	99.73
印刷业和记录媒介的复制	100.00	100.00	100.44	100.00	99.99	100.01
文教体育用品制造业	99.74	100.20	100.05	99.72	100.09	100.25
石油加工、炼焦及核燃料加工业	100.00					
化学原料及化学制品制造业	96.36	99.52	102.48	102.48	101.38	102.38
医药制造业	100.06	100.57	98.76	99.79	100.64	99.26
化学纤维制造业	103.08	100.00	100.88	98.74	98.73	99.35
橡胶制品业	100.00	100.00	99.88	100.00	102.63	99.69
塑料制品业	99.54	100.96	98.96	101.29	100.60	99.47
非金属矿物制品业	100.80	103.75	100.18	103.39	102.47	103.02
黑色金属冶炼及压延加工业	101.56	101.54	101.56	101.37	102.17	107.17
有色金属冶炼及压延加工业	99.66	98.46	101.60	100.04	99.23	98.23
金属制品业	100.56	99.14	100.84	101.47	102.37	102.93
通用设备制造业	100.06	100.16	100.70	99.99	99.84	100.56
专用设备制造业	102.48	100.91	99.72	100.35	101.47	100.27
交通运输设备制造业	100.00	99.99	100.01	100.01	100.00	99.79
电气机械及器材制造业	100.22	99.96	100.03	101.00	99.71	103.41
通信设备、计算机及其他电子设备制造业	99.89	100.03	100.03	100.03	100.03	99.92
仪器仪表及文化、办公用机械制造业	100.00	100.00	100.00	100.00	100.00	100.00
工艺品及其他制造业	106.41	100.05	100.61	99.52	101.03	99.94
废弃资源和废旧材料回收加工业						
电力、热力的生产和供应业	100.00	100.00	100.01	100.00	100.00	100.00
燃气生产和供应业	100.00	100.00	100.00	100.00	100.00	100.00
水的生产和供应业	100.00	113.36	100.00	100.00	100.00	100.00

4－13 原材料、燃料、动力购进价格分月指数

（2007 年，以上月价格为 100）

项目	1月	2月	3月	4月	5月	6月
原材料、燃料、动力购进价格指数	**100.50**	**100.35**	**99.93**	**100.58**	**100.86**	**100.57**
一、按九大类分						
燃料、动力类	99.96	100.57	100.15	100.10	100.21	99.98
黑色金属材料类	100.03	99.96	100.65	99.97	101.98	100.48
#钢材	100.04	99.94	100.58	99.97	101.95	100.48
其它	99.75	101.00	104.41	100.00	103.48	100.42
有色金属材料和电线类	120.30	99.44	100.88	103.43	103.78	102.27
化工原料类	99.29	99.89	99.79	101.09	102.11	101.37
木材及纸浆类	100.63	99.49	100.13	100.33	100.33	100.61
建筑材料及非金属矿类	102.70	99.17	98.38	99.02	100.75	100.83
其它工业原材料及半成品类	99.74	100.81	99.39	100.71	100.18	100.29
农副产品类	101.61	100.66	99.18	103.68	101.92	103.32
纺织原料类	99.99	99.99	99.99	100.08	100.19	100.00
二、按工业行业分						
非金属矿采选业	105.48	99.32	100.85	104.89	100.00	102.65
农副食品加工业	99.58	99.94	100.29	100.19	99.82	101.27
食品制造业	100.60	99.73	99.97	99.74	99.65	101.27
饮料制造业	100.71	100.25	100.89	99.93	100.44	99.85
烟草制品业	97.08	104.52	102.50	98.91	99.82	99.76
纺织业	101.81	100.26	99.25	101.03	99.71	100.88
纺织服装、鞋、帽制造业	100.00	100.00	99.23	98.71	98.56	101.57
皮革、毛皮、羽毛(绒)及其制品业	100.18	100.00	100.00	100.22	100.04	100.04
木材加工及木、竹、藤、棕、草制品业	99.42	100.57	99.91	101.46	100.58	101.85
家具制造业	100.00	100.00	100.00	100.00	100.00	101.19
造纸及纸制品业	101.00	98.64	100.83	99.84	101.15	99.89
印刷业和记录媒介的复制	100.41	98.96	99.16	100.81	101.14	100.11
文教体育用品制造业	100.36	99.65	99.67	100.69	100.24	100.00
石油加工、炼焦及核燃料加工业	97.56	101.04	100.00	100.00	101.18	101.11
化学原料及化学制品制造业	100.84	99.44	100.11	101.48	101.17	100.43
医药制造业	100.27	100.39	99.46	102.19	100.28	100.02
化学纤维制造业	98.89	100.00	98.16	101.34	100.10	100.16
橡胶制品业	102.18	99.86	98.27	99.73	100.55	100.48
塑料制品业	98.60	100.34	100.57	100.06	99.97	101.48
非金属矿物制品业	102.76	99.68	99.83	98.86	99.54	100.68
黑色金属冶炼及压延加工业	102.20	102.54	100.43	99.86	104.57	99.27
有色金属冶炼及压延加工业	109.22	100.32	98.65	103.95	102.99	102.15
金属制品业	100.24	99.83	100.66	99.02	100.61	100.59
通用设备制造业	98.67	100.48	100.58	100.51	101.31	100.47
专用设备制造业	100.19	99.44	100.30	100.66	99.96	101.48
交通运输设备制造业	99.94	99.57	101.22	100.97	100.21	99.73
电气机械及器材制造业	99.57	99.64	100.83	100.79	100.72	99.42
通信设备、计算机及其他电子设备制造业	99.15	100.85	97.87	100.52	99.99	99.95
仪器仪表及文化、办公用机械制造业	97.80	99.31	105.54	103.28	99.89	99.13
工艺品及其他制造业	102.86	99.17	98.97	98.89	100.47	99.57
电力、热力的生产和供应业	108.27	92.60	97.82	103.36	99.41	106.04
水的生产和供应业	100.00	100.00	100.00	100.00	100.00	100.00

4－13　续表　　　　　　　　　　　（2007 年，以上月价格为 100）

项　　　　目	7　月	8　月	9　月	10　月	11　月	12　月
原材料、燃料、动力购进价格指数	**100.52**	**100.34**	**100.35**	**100.36**	**100.71**	**100.98**
一、按九大类分						
燃料、动力类	100.13	100.49	100.16	100.37	100.71	101.21
黑色金属材料类	100.35	100.17	100.80	100.24	101.36	102.42
#钢材	100.36	100.16	100.55	100.18	101.26	102.44
其它	99.69	100.59	112.86	103.08	106.09	101.36
有色金属材料和电线类	100.73	104.75	99.90	100.84	99.05	97.07
化工原料类	101.10	99.56	100.49	100.55	99.95	101.11
木材及纸浆类	99.66	99.03	101.37	100.63	100.44	100.27
建筑材料及非金属矿类	101.19	100.32	100.95	101.31	107.10	100.57
其它工业原材料及半成品类	100.63	100.78	100.44	100.12	100.04	100.36
农副产品类	101.74	99.18	99.22	100.36	100.92	100.43
纺织原料类	101.65	100.44	100.02	100.16	99.97	100.18
二、按工业行业分						
非金属矿采选业	104.72	100.00	94.56	96.47	98.63	98.78
农副食品加工业	100.45	101.19	100.90	100.29	101.83	102.37
食品制造业	101.81	104.42	100.57	99.75	100.01	100.71
饮料制造业	101.45	100.29	99.80	100.25	101.75	103.16
烟草制品业	100.00	100.12	100.08	100.15	100.94	104.82
纺织业	100.69	99.97	99.60	100.37	99.97	100.13
纺织服装、鞋、帽制造业	98.71	97.98	98.51	100.24	101.09	100.53
皮革、毛皮、羽毛(绒)及其制品业	99.96	100.11	100.00	100.11	100.18	101.10
木材加工及木、竹、藤、棕、草制品业	101.12	100.80	100.72	99.46	102.15	100.68
家具制造业	100.00	101.16	100.00	101.37	100.00	99.77
造纸及纸制品业	100.28	99.29	100.46	101.26	100.80	101.19
印刷业和记录媒介的复制	100.20	100.28	100.93	100.23	100.27	100.38
文教体育用品制造业	100.46	100.00	99.83	100.51	99.53	100.77
石油加工、炼焦及核燃料加工业	99.74	99.73	100.93	100.21	101.01	98.58
化学原料及化学制品制造业	100.39	99.34	99.30	100.74	100.24	101.19
医药制造业	99.64	100.57	100.44	100.03	100.35	101.29
化学纤维制造业	100.47	99.73	103.30	100.85	100.46	99.50
橡胶制品业	99.72	99.79	100.85	100.67	103.98	102.00
塑料制品业	99.43	100.16	100.29	100.82	100.41	99.90
非金属矿物制品业	100.79	99.95	100.90	100.25	101.50	101.20
黑色金属冶炼及压延加工业	99.55	101.27	104.69	100.79	99.88	103.09
有色金属冶炼及压延加工业	100.36	100.52	99.99	99.48	104.10	100.36
金属制品业	100.66	100.45	100.32	100.41	101.35	101.11
通用设备制造业	100.55	100.22	100.40	101.07	101.11	100.71
专用设备制造业	100.91	100.39	100.02	100.72	101.19	101.62
交通运输设备制造业	99.61	100.90	102.88	99.53	100.75	100.33
电气机械及器材制造业	100.33	101.73	100.05	100.38	99.44	99.55
通信设备、计算机及其他电子设备制造业	100.92	102.33	100.58	100.48	99.79	99.09
仪器仪表及文化、办公用机械制造业	100.00	100.00	100.00	100.00	100.00	100.00
工艺品及其他制造业	100.43	104.39	100.13	102.74	103.44	105.77
电力、热力的生产和供应业	99.46	106.60	94.50	101.40	102.22	97.53
水的生产和供应业	100.00	100.00	100.00	100.00	100.00	100.00

主要统计指标解释

居民消费价格指数　（Consumer Price Index，简称 CPI）是反映居民购买并用于消费的一组代表性商品和服务项目价格水平的变化趋势和变动幅度的统计指标。调查内容既有城乡居民日常生活需要的各类消费品，也包括多种与人民生活密切相关的服务项目，如水、电、交通、教育、医疗等费用。该价格指数为分析和制定货币政策、价格政策、居民消费政策、工资政策以及进行国民经济核算提供科学依据。国际上通常将居民消费价格指数作为反映通货膨胀（或通货紧缩）程度的重要指标。

按照国际标准，居民消费价格的调查内容分为食品、烟酒及用品、衣着、家庭设备用品及服务、医疗保健及个人用品、交通和通信、娱乐教育文化用品及服务、居住等八大类。根据我国城乡居民消费模式、消费习惯，参照抽样调查原理选中的城乡居民家庭的消费支出数据，并结合其它相关资料，选取了251个基本分类、约700种商品和服务项目，作为经常性调查项目。国家统计局直属的全国调查系统采取定人、定时、定点的直接调查方式，由专职调查员到不同类型、不同规模的农贸市场和商店现场采集价格资料。对于与居民生活密切相关、价格变动比较频繁的商品，至少每五天调查一次价格，从而保证了居民消费价格指数能够及时、准确地反映市场价格的变动情况。

由于价格指数是用一定数量的代表品种反映价格总水平的变化，必须确定每一种调查商品或服务项目价格对价格总水平影响的重要程度（称为权数），用以加权计算分类价格指数直至价格总指数。随着人民消费结构不断变化，还要根据城市居民家庭消费支出结构变化，每年对权数进行调整。

商品零售价格指数　是反映城市商品零售价格变动趋势的一种经济指数。零售物价的调整变动直接影响到城市居民的生活支出和国家的财政收入，影响居民购买力和市场供需平衡，影响消费与积累的比例。因此，计算零售价格指数，可以从一个侧面对上述经济活动进行观察和分析。

工业品出厂价格指数　是反映全部工业品出厂价格变化趋势和变动幅度的统计指标。其中包括工业企业销给商业、外贸、物资部门的产品，还包括销给工业和其他部门的生产资料，以及直接销给居民的生活消费品。其目的在于准确地反映工业产品价格的变动趋势及程度，为国民经济核算、计算工业发展速度、宏观经济分析和调控、理顺价格体系提供科学、准确的依据。

原材料、燃料、动力购进价格指数　是反映全部原材料、燃料、动力价格变化趋势和变动幅度的统计指标。其调查内容包括：燃料动力类、黑色金属材料类、有色金属材料和电线类、化工原料类、木材及纸浆类、建筑材料及非金属矿类、其它工业原材料及半成品类、农副产品类、纺织原料类。其目的在于准确反映中间投入的原材料、燃料、动力价格的变动趋势及程度，为国民经济核算、分析提供科学、准确的依据。

五、固定资产投资

INVESTMENT IN FIXED ASSETS

本篇内容包括：

1. 全社会固定资产投资
2. 分行业的固定资产投资
3. 房地产开发投资

资料整理

许卫群
胡　强
万明刚
吴婉芸
黎友娟

微机处理

万明刚

全社会固定资产投资

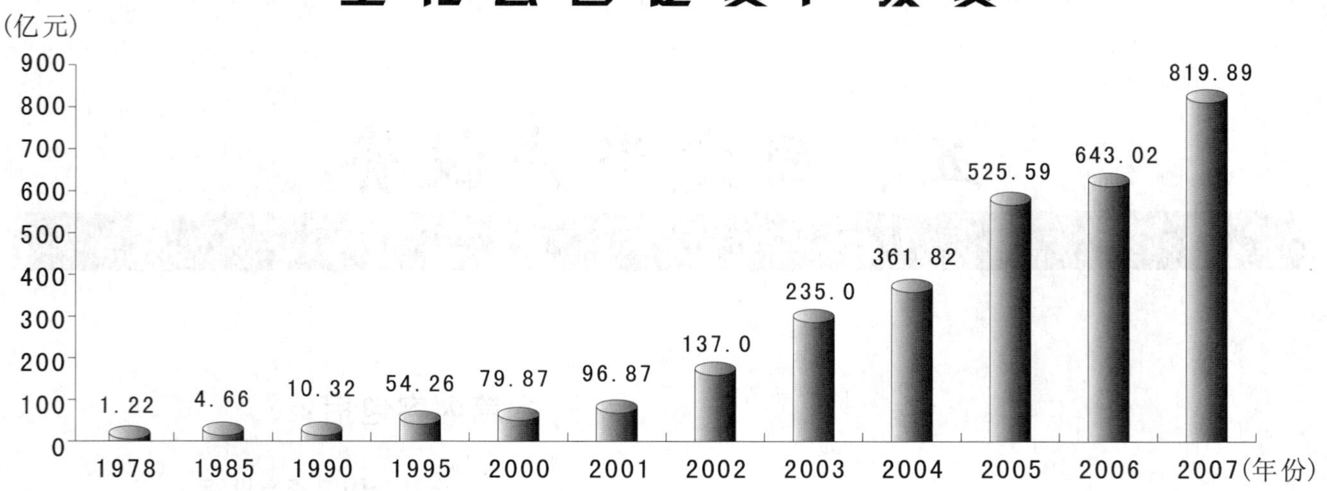

三次产业投资比重(%)

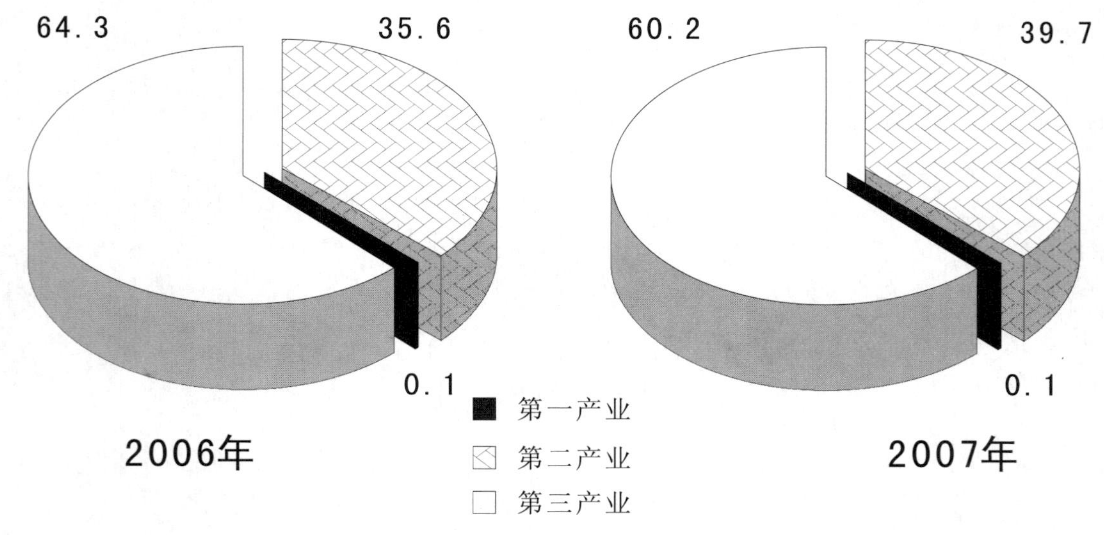

房地产开发投资

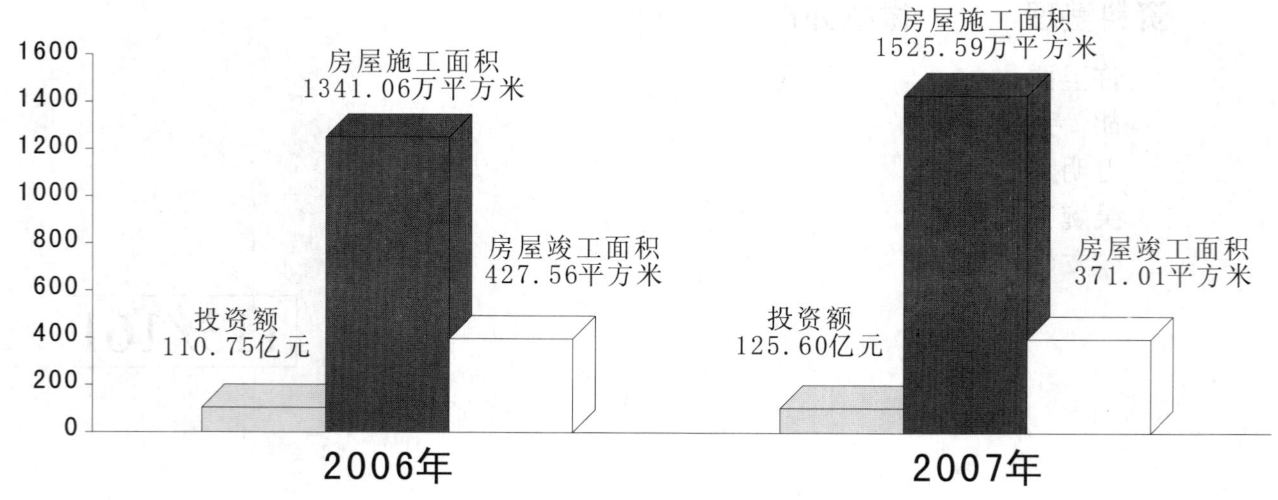

5－1 全社会固定资产投资

单位：万元

项　　目	2006	2007	2007年比上年增长%
总　计	**6 430 198**	**8 198 948**	**27.5**
中央、省属	1 125 266	1 181 279	5.0
市　属	5 304 932	7 017 669	32.3
城镇以上固定资产投资	5 964 294	7 741 185	29.8
中央、省属	1 125 266	1 181 039	5.0
市　属	4 839 028	6 560 146	35.6
#建设与改造投资	4 856 782	6 485 165	33.5
中央、省属	1 018 249	1 136 380	11.6
市　属	3 838 533	5 348 785	39.3
房地产开发	1 107 512	1 256 020	13.4
中央、省属	107 017	44 659	－58.3
市　属	1 000 495	1 211 361	21.1
农村投资	472 000	457 763	－3.0
非 农 户	384 732	362 321	－5.8
农　户	87 268	95 442	9.4

5－2 主要年份全社会固定资产投资

项　　目	1978	1980	1985	1990	1995	2000	2005	2006	2007
一、投资总额(万元)	12 209	21 075	46 575	103 225	542 553	798 684	5 255 946	6 430 198	8 198 948
按隶属关系分									
中央、省属	7 831	9 099	23 758	37 947	120 705	238 557	972 576	1 125 266	1 181 279
市　　属	4 378	11 976	22 817	65 278	421 848	560 127	4 283 370	5 304 932	7 017 669
按经济类型分									
城镇国有	11 624	19 765	42 700	82 902	352 530	539 651	2 028 308	2 347 629	2 786 798
#房地产开发				7 792	96 396	131 968	76 486	149 223	138 148
城镇集体	325	840	1 811	2 905	5 943	17 564	81 157	76 307	95 479
其他经济类型							2 697 026	3 540 358	4 858 908
农村非农户	100	230	520	4 320	151 549	178 096	367 283	384 732	362 321
农村个人	80	120	840	8 732	25 975	53 006	82 172	87 268	95 442
二、新增固定资产(万元)	7 775	18 092	25 501	86 174	425 293	367 220	2 251 905	3 645 570	5 014 258
#房地产开发				8 147	24 396	73 626	506 388	532 651	534 654
三、竣工房屋面积(万平方米)	39.57	101.24	106.05	190.19	233.97	355.48	942.64	993.27	1 042.74
#房地产开发				29.28	84.4	92.1	426.5	427.56	371.01
#住　　宅	22.71	57.69	61.51	131.72	160.44	265.75	485.93	398.68	454.62
#房地产开发				24.81	64.71	83.69	352.35	352.72	347.39

注：国家固定资产投资统计制度取消按管理渠道分类，故无数据。

5－3 城镇以上固定资产投资

（2007 年）

单位：万元

指标	总计	中央	省	市	县	其他
一、本年完成投资	7 741 185	127 407	1 053 632	946 922	1 365 303	4 244 371
#住宅投资	1 196 999	2 912	40 421	166 628	67 912	915 576
1. 按企业登记注册类型分						
内资	6 473 272	127 407	1 028 011	912 986	1 196 383	3 204 935
国有	2 679 363	80 398	899 465	726 793	946 352	26 355
集体	85 959			6 902	28 853	46 654
股份合作	162 405		2 935	18 108	1 409	139 953
联营	19 173			103		19 070
有限责任公司	1 853 832	5 020	52 492	94 488	177 667	1 524 165
股份有限公司	608 016	41 989	73 119	66 592	23 402	402 914
私营	930 825					930 825
其他内资	133 699				18 700	114 999
港澳台投资	760 386		17 382	1 500	155 460	586 044
外商投资	395 538		8 239	32 436	13 460	341 403
个体经营	111 989					111 989
2. 按建设性质分						
#新建	4 995 238	57 978	417 044	518 837	964 306	1 781 053
扩建	687 682	4 950	107 041	31 128	182 321	362 242
改建和技术改造	1 141 569	60 282	98 682	184 336	141 543	656 726
3. 按构成分						
建筑工程	4 134 763	33 396	394 784	557 011	835 908	2 310 114
安装工程	399 400	5 185	27 717	53 522	62 872	250 104
设备工器具购置	2 112 647	70 678	528 871	150 295	231 588	1 131 215
其他费用	1 094 375	18 148	102 260	186 094	234 935	552 938
4. 按产业分						
第一产业	10 679		77		62	10 540
第二产业	3 068 237	72 871	217 256	130 179	445 670	2 202 261
第三产业	4 662 269	54 536	836 299	816 743	919 571	2 031 570
二、本年新增固定资产	5 014 258	45 235	883 169	526 848	608 441	2 950 565
三、本年资金来源合计	9 603 407	192 393	1 407 183	1 110 262	1 439 186	5 449 383
#本年资金来源	8 961 755	179 142	1 379 367	1 059 094	1 377 323	4 961 829
国家预算内资金	417 878	43 431	229 498	98 896	44 458	1 595
国内贷款	1 089 569	41 310	180 564	272 969	118 685	476 041
利用外资	402 572		1 702	250	133 720	266 900
自筹资金	5 578 263	89 034	884 994	518 841	1 013 023	3 067 371
其他资金来源	1 473 473	5 367	82 609	168 138	67 437	1 149 922

5-4 分行业固定资产投资

单位：万元

行业	2006	2007	2007年比上年增长%
总计	**4 856 782**	**6 485 165**	**33.5**
农、林、牧、渔业	4 242	10 679	151.7
工业			
#采矿业	233	2 750	1080.3
制造业	1 957 816	2 874 764	46.8
#农副食品加工业	58 711	92 215	57.1
食品制造业	90 932	118 188	30.0
饮料制造业	71 833	22 109	-69.2
烟草制品业	17 244	10 279	-40.4
纺织业	72 539	83 379	14.9
纺织服装、鞋、帽制造业	112 571	285 520	153.6
家具制造业	17 401	81 956	371.0
造纸及纸制品业	41 213	44 699	8.5
印刷业和记录媒介的复制	43 472	86 603	99.2
文教体育用品制造业	56 704	48 977	-13.6
化学原料及化学制品制造业	37 272	70 214	88.4
医药制造业	137 355	197 089	43.5
化学纤维制造业	4 896	4 710	-3.8
橡胶制品业	46 489	52 463	12.9
塑料制品业	48 939	124 593	154.6
非金属矿物制品业	140 393	153 728	9.5
黑色金属冶炼及压延加工业	53 029	45 796	-13.6
有色金属冶炼及压延加工业	75 968	14 675	-80.7
金属制品业	57 181	139 019	143.1
通用设备制造业	76 963	110 430	43.5
专用设备制造业	105 552	90 561	-14.2
交通运输设备制造业	181 001	287 389	58.8
电气机械及器材制造业	158 744	220 032	38.6
通信设备、计算机及其他电子设备	181 422	308 892	70.3
仪器仪表及文化、办公用机械制造	12 422	22 235	79.0
工艺品及其他制造业	9 898	37 218	276.0

注：本表固定资产投资是指城镇固定资产投资完成额，不含房地产开发和农村投资，下同。

5-4续表 单位：万元

行　　　　业	2006	2007	2007年比上年增长%
电力、燃气及水的生产和供应业	118 580	136 062	14.7
#电力、热力的生产和供应业	85 577	110 250	28.8
燃气生产和供应业	13 717	18 786	37.0
水的生产和供应业	19 286	7 026	-63.6
建　筑　业	45 196	54 661	20.9
交通运输、仓储和邮政业	107 641	137 091	27.4
#铁路运输业	7 079	13 752	94.3
道路运输业	74 004	82 567	11.6
城市公共交通业	11 230	10 727	-4.5
邮　政　业	1 331	2 200	65.3
信息传输、计算机服务和软件业	149 182	179 993	20.7
#电信和其他信息传输服务业	74 309	82 014	10.4
批发和零售业	218 257	246 517	12.9
住宿和餐饮业	167 946	236 311	40.7
金　融　业	22 572	37 188	64.8
房 地 产 业	99 994	203 121	103.1
租赁和商务服务业	92 095	232 739	152.7
科学研究、技术服务和地质勘查业	26 907	40 386	50.1
水利、环境和公共设施管理业	928 520	863 423	-7.0
#水利管理业	54 798	27 059	-50.6
环境管理业	2 115	13 683	547.0
公共设施管理业	871 607	822 681	-5.6
居民服务和其他服务业	23 840	22 776	-4.5
教　　育	419 763	496 293	18.2
卫生、社会保障和社会福利业	54 704	108 870	99.0
#卫　　生	51 336	100 921	96.6
文化、体育和娱乐业	98 935	129 732	31.1
公共管理和社会组织	320 359	471 809	47.3

5－5 各行业固定资产投资

（按登记注册类型分，2007 年）　　单位：万元

指　　标	总　计	内　资	国　有	集　体	股份合作	联　营	有限责任公司
总　　计	**6 485 165**	**5 542 218**	**2 579 748**	**82 409**	**157 921**	**19 070**	**1 304 940**
农、林、牧、渔业	10 679	10 679	139		5 910		
工　　业	3 013 576	2 333 865	345 724	22 633	94 608		919 043
#采　矿　业	2 750	2 750					2 750
制　造　业	2 874 764	2 199 013	254 208	22 633	94 608		908 690
#农副食品加工业	92 215	79 083	1 173		4 570		34 086
食品制造业	118 188	116 358	6 860	600	10 624		33 346
饮料制造业	22 109	9 070					5 820
烟草制品业	10 279	10 279	10 279				
纺　织　业	83 379	75 549	4 191		5 000		28 062
纺织服装、鞋、帽制造业	285 520	234 539			7 030		101 749
皮革、毛皮、羽毛（绒）及其制品业	56 761	11 760		2 160			9 600
木材加工及木、竹、藤、棕、草制	59 668	59 268					20 838
家具制造业	81 956	79 027					15 622
造纸及纸制品业	44 699	38 769		2 180	2 734		4 960
印刷业和记录媒介的复制	86 603	86 603	9 384	8 312	6 449		30 939
文教体育用品制造业	48 977	43 367					37 495
石油加工、炼焦及核燃料加工业	3 166						
化学原料及化学制品制造业	70 214	59 503	350		4 327		13 090
医药制造业	197 089	171 590	6 732	1 000			113 579
化学纤维制造业	4 710	4 710	10				
橡胶制品业	52 463	39 027	1 300		1 870		3 500
塑料制品业	124 593	114 506		1 020	4 360		55 822
非金属矿物制品业	153 728	142 370		1 000	4 750		124 180
黑色金属冶炼及压延加工业	45 796	45 796	13 606				2 800
有色金属冶炼及压延加工业	14 675	14 165					4 297
金属制品业	139 019	124 351	25 000	1 000	4 072		60 690
通用设备制造业	110 430	89 662	4 426	1 300			50 866
专用设备制造业	90 561	83 103		3 250	12 898		32 434
交通运输设备制造业	287 389	236 168	155 471	500	22 704		24 317
电气机械及器材制造业	220 032	129 694	11 000	311	3 220		82 325
通信设备、计算机及其他电子设备	308 892	50 143	626				2 830
仪器仪表及文化、办公用机械制造	22 235	22 235	3 800				8 735

5－5 续表 1　　（按登记注册类型分，2007 年）　　单位：万元

指　　标				港澳台投资	外商投资	个体经营
	股份有限	私　营	其　他			
总　　计	**548 629**	**715 802**	**133 699**	**492 362**	**338 596**	**111 989**
农、林、牧、渔业	2 400	2 230				
工　业	362 534	480 346	108 977	403 246	263 183	9 782
#采　矿　业						
制　造　业	329 551	480 346	108 977	403 246	262 723	9 782
#农副食品加工业	9 173	30 081		11 032	2 100	
食品制造业	21 765	34 163	9 000		1 830	
饮料制造业		3 250			13 039	
烟草制品业						
纺　织　业	9 030	29 266			7 830	
纺织服装、鞋、帽制造业	31 662	94 098		31 813	19 168	
皮革、毛皮、羽毛（绒）及其制品业				45 001		
木材加工及木、竹、藤、棕、草制	25 270	11 280	1 880			400
家具制造业	33 680	17 670	12 055	2 929		
造纸及纸制品业	9 045	19 170	680	1 600	3 600	730
印刷业和记录媒介的复制	11 838	19 681				
文教体育用品制造业	500	5 372		5 610		
石油加工、炼焦及核燃料加工业					3 166	
化学原料及化学制品制造业	28 018	13 718		4 811	3 400	2 500
医药制造业	3 418	19 251	27 610	4 000	21 499	
化学纤维制造业	4 700					
橡胶制品业	2 300	3 700	26 357	3 669	9 767	
塑料制品业	3 329	49 975		6 482	3 605	
非金属矿物制品业	70	12 370		9 868	380	1 110
黑色金属冶炼及压延加工业	25 640	3 750				
有色金属冶炼及压延加工业	5 978	3 690	200		10	500
金属制品业	8 507	25 082		1 497	10 629	2 542
通用设备制造业		18 365	14 705	6 978	13 790	
专用设备制造业	8 462	26 059		6 460	998	
交通运输设备制造业	16 214	16 942	20	11 289	39 932	
电气机械及器材制造业	14 300	13 668	4 870	21 620	66 718	2 000
通信设备、计算机及其他电子设备	41 142	5 545		228 587	30 162	
仪器仪表及文化、办公用机械制造	9 700					

5－5 续表2　　（按登记注册类型分，2007 年）　　单位：万元

指　　标	总　计	内　资	国　有	集　体	股　份 合　作	联　营	有　限 责任公司
工艺品及其他制造业	37 218	26 118					6 708
废弃资源和废旧材料回收加工业	2 200	2 200					
电力、燃气及水的生产和供应业	136 062	132 102	91 516				7 603
#电力、热力的生产和供应业	110 250	110 250	71 751				7 499
燃气生产和供应业	18 786	16 786	14 803				
水的生产和供应业	7 026	5 066	4 962				104
建　筑　业	54 661	54 661	10 327	3 178	6 339		25 854
交通运输、仓储和邮政业	137 091	133 123	96 917	1 795	3 391		19 358
#铁路运输业	13 752	13 752	13 752				
道路运输业	82 567	82 023	56 543	1 760	3 391		9 243
城市公共交通业	10 727	9 287	9 287				
水上运输业	35	35		35			
仓　储　业	17 880	15 896	5 935				9 385
邮　政　业	2 200	2 200	2 200				
信息传输、计算机服务和软件业	179 993	125 798	48 553		270		61 277
#电信和其他信息传输服务业	82 014	71 381	48 553				13 613
批发和零售业	246 517	215 481	22 968	8 659	11 050		78 931
住宿和餐饮业	236 311	178 761	18 470	4 647	12 177	16 220	56 411
金　融　业	37 188	37 188	6 405	300	2 785		6 130
房 地 产 业	203 121	181 151	152 579	18 047	283		6 852
租赁和商务服务业	232 739	193 238	80 655	5 320	12 524		49 784
科学研究、技术服务和地质勘查业	40 386	40 386	16 353				16 465
水利、环境和公共设施管理业	863 423	860 523	840 642	240	1 126		17 822
#水利管理业	27 059	27 059	23 178				3 881
环境管理业	13 683	13 683	10 612				3 071
公共设施管理业	822 681	819 781	806 852	240	1 126		10 870
居民服务和其他服务业	22 776	14 277	60		1 200		6 109
教　　育	496 293	494 908	332 558	5 980		2 850	15 306
卫生、社会保障和社会福利业	108 870	104 545	88 389	6 438	6 058		3 040
#卫　　生	100 921	96 596	80 440	6 438	6 058		3 040
文化、体育和娱乐业	129 732	91 825	51 310	4 860	200		20 428
公共管理和社会组织	471 809	471 809	467 699	312			2 130

5－5 续表 2－1　　（按登记注册类型分，2007 年）　　单位：万元

指　　标				港澳台投资	外商投资	个体经营
	股份有限	私　营	其　他			
工艺品及其他制造业	5 810	2 000	11 600		11 100	
废弃资源和废旧材料回收加工业		2 200				
电力、燃气及水的生产和供应业	32 983			3 500	460	
#电力、热力的生产和供应业	31 000					
燃气生产和供应业	1 983			2 000		
水的生产和供应业				1 500	460	
建　筑　业	3 767	5 196				
交通运输、仓储和邮政业	7 606	3 480	576	1 984	1 984	
#铁路运输业						
道路运输业	7 606	3 480		544		
城市公共交通业				1 440		
水上运输业						
仓　储　业			576		1 984	
邮　政　业						
信息传输、计算机服务和软件业	13 118	2 580		38 046	8 039	8 110
#电信和其他信息传输服务业	9 215			6 950	3 683	
批发和零售业	51 270	42 103	500	17 446	2 187	11 403
住宿和餐饮业	29 898	36 308	4 630	8 917	7 580	41 053
金　融　业	21 568					
房 地 产 业	250	1 900	1 240	2 330		19 640
租赁和商务服务业	42 710	2 245		15 993	23 375	133
科学研究、技术服务和地质勘查业	1 735	1 480	4 353			
水利、环境和公共设施管理业			693		2 900	
#水利管理业						
环境管理业						
公共设施管理业			693		2 900	
居民服务和其他服务业	3 135	3 773				8 499
教　　育	462	126 052	11 700		1 000	385
卫生、社会保障和社会福利业		310	310		3 875	450
#卫　　生		310	310		3 875	450
文化、体育和娱乐业	6 808	7 799	420	900	24 473	12 534
公共管理和社会组织	1 368		300			

5-6 各行业固定资产投资

（按构成分，2007 年）

单位：万元

指标	本年完成投资	建筑工程	安装工程	设备工器具购置	其他费用
总计	**6 485 165**	**3 227 884**	**346 300**	**2 087 269**	**823 712**
农、林、牧、渔业	10 679	6 169	360	2 123	2 027
工业	3 013 576	1 327 017	205 726	1 228 594	252 239
#采矿业	2 750	1 350	250	650	500
制造业	2 874 764	1 299 178	170 245	1 173 079	232 262
#农副食品加工业	92 215	47 667	5 596	25 257	13 695
食品制造业	118 188	68 508	2 735	43 341	3 604
饮料制造业	22 109	9 968	789	8 219	3 133
烟草制品业	10 279	1 456		8 629	194
纺织业	83 379	38 779	5 504	29 491	9 605
纺织服装、鞋、帽制造业	285 520	125 718	22 155	107 484	30 163
皮革、毛皮、羽毛（绒）及其制品业	56 761	37 818	13 900	4 900	143
木材加工及木、竹、藤、棕、草制	59 668	37 840	1 356	16 618	3 854
家具制造业	81 956	63 814	1 970	15 204	968
造纸及纸制品业	44 699	22 023	2 422	17 387	2 867
印刷业和记录媒介的复制	86 603	21 311	5 034	54 094	6 164
文教体育用品制造业	48 977	28 302	350	19 925	400
石油加工、炼焦及核燃料加工业	3 166	516	160	2 490	
化学原料及化学制品制造业	70 214	31 602	5 079	24 201	9 332
医药制造业	197 089	92 356	11 212	85 880	7 641
化学纤维制造业	4 710	10		4 700	
橡胶制品业	52 463	32 797	1 777	14 987	2 902
塑料制品业	124 593	60 774	6 842	49 463	7 514
非金属矿物制品业	153 728	81 574	2 335	61 254	8 565
黑色金属冶炼及压延加工业	45 796	17 517	402	26 241	1 636
有色金属冶炼及压延加工业	14 675	7 727	1 455	4 420	1 073
金属制品业	139 019	57 843	13 698	53 646	13 832
通用设备制造业	110 430	67 081	3 807	32 696	6 846
专用设备制造业	90 561	37 668	8 625	36 735	7 533
交通运输设备制造业	287 389	101 201	28 767	116 735	40 686
电气机械及器材制造业	220 032	85 262	16 566	94 382	23 822
通信设备、计算机及其他电子设备	308 892	83 394	2 160	201 871	21 467
仪器仪表及文化、办公用机械制造	22 235	14 947	1 688	3 752	1 848

5-6 续表 （按构成分，2007 年） 单位：万元

指 标	本年完成投资	建筑工程	安装工程	设备工器具购置	其他费用
工艺品及其他制造业	37 218	21 505	3 861	9 077	2 775
废弃资源和废旧材料回收加工业	2 200	2 200			
电力、燃气及水的生产和供应业	136 062	26 489	35 231	54 865	19 477
#电力、热力的生产和供应业	110 250	20 660	17 801	53 221	18 568
燃气生产和供应业	18 786	1 512	15 405	1 416	453
水的生产和供应业	7 026	4 317	2 025	228	456
建 筑 业	54 661	20 116	2 832	28 219	3 494
交通运输、仓储和邮政业	137 091	79 895	1 595	43 043	12 558
#铁路运输业	13 752	300		13 452	
道路运输业	82 567	62 866	1 249	16 165	2 287
城市公共交通业	10 727	750		9 977	
水上运输业	35	35			
仓 储 业	17 880	15 264	136	2 319	161
邮 政 业	2 200	680	210	400	910
信息传输、计算机服务和软件业	179 993	37 012	14 452	98 800	29 729
#电信和其他信息传输服务业	82 014	6 172	10 037	62 211	3 594
批发和零售业	246 517	127 966	17 758	60 636	40 157
住宿和餐饮业	236 311	115 085	24 818	50 743	45 665
金 融 业	37 188	11 693	1 068	7 282	17 145
房 地 产 业	203 121	145 539	5 702	24 434	27 446
租赁和商务服务业	232 739	137 932	7 489	24 626	62 692
科学研究、技术服务和地质勘查业	40 386	23 340	2 167	8 370	6 509
水利、环境和公共设施管理业	863 423	590 869	28 012	44 347	200 195
#水利管理业	27 059	20 382	124	748	5 805
环境管理业	13 683	8 832	68	612	4 171
公共设施管理业	822 681	561 655	27 820	42 987	190 219
居民服务和其他服务业	22 776	8 876	2 660	10 151	1 089
教 育	496 293	369 333	9 360	61 426	56 174
卫生、社会保障和社会福利业	108 870	54 879	5 719	32 206	16 066
#卫 生	100 921	50 268	5 169	31 921	13 563
文化、体育和娱乐业	129 732	75 070	8 286	19 576	26 800
#新闻出版业	13 362	3 654	879	1 394	7 435
公共管理和社会组织	471 809	97 093	8 296	342 693	23 727

5－7 各行业固定资产投资

（按建设性质分，2007年）　　单位：万元

指　　标	本年完成投资	#新　建	#扩　建	#改建和技术改造
总　计	**6 485 165**	**3 739 218**	**687 682**	**1 141 569**
农、林、牧、渔业	10 679	4 369	2 400	3 910
工　业	3 013 576	1 880 062	277 843	496 652
#采　矿　业	2 750		2 750	
制　造　业	2 874 764	1 833 868	228 595	468 282
#农副食品加工业	92 215	64 693	12 353	9 279
食品制造业	118 188	74 142	10 780	11 105
饮料制造业	22 109	10 870	10 260	788
烟草制品业	10 279		2 092	8 187
纺　织　业	83 379	44 930	15 506	16 971
纺织服装、鞋、帽制造业	285 520	148 784	30 628	72 205
皮革、毛皮、羽毛（绒）及其制品业	56 761	56 361		
木材加工及木、竹、藤、棕、草制	59 668	46 260	5 446	7 962
家具制造业	81 956	71 227	2 300	3 600
造纸及纸制品业	44 699	14 725	7 694	15 840
印刷业和记录媒介的复制	86 603	10 556	23 298	26 488
文教体育用品制造业	48 977	43 605		3 651
石油加工、炼焦及核燃料加工业	3 166		3 166	
化学原料及化学制品制造业	70 214	31 969	17 184	12 613
医药制造业	197 089	131 613	9 000	30 548
化学纤维制造业	4 710		10	
橡胶制品业	52 463	33 657	300	18 106
塑料制品业	124 593	73 482	6 033	26 327
非金属矿物制品业	153 728	121 761	11 120	15 710
黑色金属冶炼及压延加工业	45 796	15 576		27 420
有色金属冶炼及压延加工业	14 675	5 988	4 236	3 955
金属制品业	139 019	89 273	16 242	18 062
通用设备制造业	110 430	42 449	3 287	20 080
专用设备制造业	90 561	58 469	10 710	10 530
交通运输设备制造业	287 389	181 490	14 980	60 726
电气机械及器材制造业	220 032	156 557	3 790	17 326
通信设备、计算机及其他电子设备	308 892	258 805	2 770	23 972
仪器仪表及文化、办公用机械制造	22 235	17 404		4 831
工艺品及其他制造业	37 218	27 022	5 410	2 000
废弃资源和废旧材料回收加工业	2 200	2 200		

5－7续表　　（按建设性质分，2007年）　　单位：万元

指　　标	本年完成投资	#新　建	#扩　建	#改建和技术改造
电力、燃气及水的生产和供应业	136 062	46 194	46 498	28 370
#电力、热力的生产和供应业	110 250	36 935	44 894	13 421
燃气生产和供应业	18 786	3 983		14 803
水的生产和供应业	7 026	5 276	1 604	146
建　筑　业	54 661	15 718	12 420	8 070
交通运输、仓储和邮政业	137 091	21 154	16 268	77 685
#铁路运输业	13 752			13 752
道路运输业	82 567	7 564	7 068	57 068
城市公共交通业	10 727	750		
水上运输业	35	35		
仓　储　业	17 880	12 805		4 665
邮　政　业	2 200			2 200
信息传输、计算机服务和软件业	179 993	62 588	33 652	67 580
#电信和其他信息传输服务业	82 014	8 905	28 069	36 335
批发和零售业	246 517	150 719	17 028	60 733
住宿和餐饮业	236 311	81 707	29 083	122 204
金　融　业	37 188	8 915	740	24 446
房 地 产 业	203 121	162 007	20 360	16 784
租赁和商务服务业	232 739	154 257	5 404	61 098
科学研究、技术服务和地质勘查业	40 386	27 079		9 327
水利、环境和公共设施管理业	863 423	606 417	162 787	63 266
#水利管理业	27 059	11 054	13 301	2 704
环境管理业	13 683	2 392	3 671	7 620
公共设施管理业	822 681	592 971	145 815	52 942
居民服务和其他服务业	22 776	1 433	3 135	14 702
教　　育	496 293	297 645	89 851	46 177
卫生、社会保障和社会福利业	108 870	79 412	6 430	14 535
#卫　　生	100 921	75 353	6 030	11 045
文化、体育和娱乐业	129 732	70 588	10 281	46 219
#新闻出版业	13 362	10 099		3 263
公共管理和社会组织	471 809	115 148		8 181

5－8 分行业新增固定资产和项目

（2007 年）

指 标	本年完成投资（万元）	本年新增固定资产（万元）	施工项目（个）	#本年新开工	本年投产项目（个）
总 计	**6 485 165**	**4 479 604**	**1 686**	**1 060**	**1 218**
农、林、牧、渔业	10 679	11 710	11	7	9
工 业	3 013 576	2 286 643	698	385	496
#采 矿 业	2 750	2 750	1	1	1
制 造 业	2 874 764	2 207 313	668	373	481
#农副食品加工业	92 215	86 987	33	20	24
食品制造业	118 188	139 076	31	18	25
饮料制造业	22 109	22 781	10	7	8
烟草制品业	10 279		2		
纺 织 业	83 379	87 499	28	16	27
纺织服装、鞋、帽制造业	285 520	261 956	86	53	73
皮革、毛皮、羽毛（绒）及其制品业	56 761	23 601	5	2	4
木材加工及木、竹、藤、棕、草制	59 668	63 055	17	12	15
家具制造业	81 956	91 005	13	5	12
造纸及纸制品业	44 699	48 624	14	10	12
印刷业和记录媒介的复制	86 603	77 130	20	15	18
文教体育用品制造业	48 977	23 984	7	5	4
石油加工、炼焦及核燃料加工业	3 166	3 166	1	1	1
化学原料及化学制品制造业	70 214	53 775	23	12	12
医药制造业	197 089	138 739	35	13	26
化学纤维制造业	4 710	13 115	1		1
橡胶制品业	52 463	34 914	13	8	10
塑料制品业	124 593	110 415	39	27	32
非金属矿物制品业	153 728	224 147	30	15	21
黑色金属冶炼及压延加工业	45 796	137 790	7	3	6
有色金属冶炼及压延加工业	14 675	8 883	13	4	3
金属制品业	139 019	124 995	49	32	38
通用设备制造业	110 430	58 896	26	16	18
专用设备制造业	90 561	75 979	42	28	32
交通运输设备制造业	287 389	116 672	44	17	22
电气机械及器材制造业	220 032	95 695	34	13	16
通信设备、计算机及其他电子设备	308 892	41 139	28	14	10
仪器仪表及文化、办公用机械制造	22 235	21 204	7	2	6
工艺品及其他制造业	37 218	22 091	9	5	5
废弃资源和废旧材料回收加工业	2 200		1		

5－8 续表　　　　　　　　　　　　　　　　(2007 年)

指　　　　　　　　　标	本年完成投　资(万元)	本年新增固定资产(万元)	施工项目(个)	#本　年新 开 工	本年投产项　目(个)
电力、燃气及水的生产和供应业	136 062	76 580	29	11	14
#电力、热力的生产和供应业	110 250	67 786	12	4	8
燃气生产和供应业	18 786	8 648	7	3	4
水的生产和供应业	7 026	146	10	4	2
建　筑　业	54 661	59 755	21	16	19
交通运输、仓储和邮政业	137 091	114 918	21	15	12
#铁路运输业	13 752		1	1	
道路运输业	82 567	93 209	11	7	7
城市公共交通业	10 727	10 727	1	1	1
水上运输业	35		1		
仓　储　业	17 880	8 052	6	5	3
邮　政　业	2 200	2 200	1	1	1
信息传输、计算机服务和软件业	179 993	167 367	56	37	36
#电信和其他信息传输服务业	82 014	76 950	16	10	11
批发和零售业	246 517	179 981	125	95	107
住宿和餐饮业	236 311	237 610	175	157	166
金　融　业	37 188	28 293	16	14	14
房 地 产 业	203 121	99 693	42	35	34
租赁和商务服务业	232 739	145 032	49	33	35
科学研究、技术服务和地质勘查业	40 386	19 460	23	11	14
水利、环境和公共设施管理业	863 423	287 435	143	75	81
#水利管理业	27 059	427	9	2	1
环境管理业	13 683	9 171	6	4	3
公共设施管理业	822 681	277 837	128	69	77
居民服务和其他服务业	22 776	18 283	34	33	31
教　　　育	496 293	332 715	101	40	52
卫生、社会保障和社会福利业	108 870	39 196	49	31	33
#卫　　　生	100 921	30 483	42	25	26
文化、体育和娱乐业	129 732	84 773	63	51	49
#新闻出版业	13 362	3 263	4	3	1
公共管理和社会组织	471 809	366 740	59	25	30

5－9 分行业固定资产投资资金来源

（2007 年）

单位：万元

指标	本年累计资金来源	#本年到位资金	国家预算内资金	国内贷款	利用外资	自筹资金	其他
总计	**6 836 818**	**6 577 986**	**417 878**	**496 291**	**366 121**	**5 130 139**	**167 557**
农、林、牧、渔业	10 817	10 817	77	300		10 390	50
工业	3 158 749	3 041 349	49 168	107 889	355 488	2 497 634	31 170
#采矿业	2 750	2 750				2 750	
制造业	3 001 899	2 890 743	3 473	73 369	355 028	2 427 703	31 170
#农副食品加工业	92 989	86 621	300	350	9 482	75 689	800
食品制造业	119 253	118 047	80	60		117 907	
饮料制造业	22 109	21 554			2 588	18 966	
烟草制品业	10 279	10 279				10 279	
纺织业	83 379	78 379			500	77 879	
纺织服装、鞋、帽制造业	285 520	272 920			6 112	264 008	2 800
皮革、毛皮、羽毛(绒)及其制品业	56 761	56 761			33 160	21 841	1 760
木材加工及木、竹、藤、棕、草制	61 860	58 976				58 976	
家具制造业	81 956	80 106				80 106	
造纸及纸制品业	44 699	42 399		2 700	1 000	38 579	120
印刷业和记录媒介的复制	90 613	86 313		300		85 813	200
文教体育用品制造业	48 977	48 977				48 977	
石油加工、炼焦及核燃料加工业	3 166	3 166				3 166	
化学原料及化学制品制造业	75 407	73 333		9 000	2 600	61 333	400
医药制造业	252 387	236 628	445	6 600	5 549	224 034	
化学纤维制造业	4 710	4 710				4 710	
橡胶制品业	52 463	50 763				45 563	5 200
塑料制品业	123 995	122 445		86	3 600	117 529	1 230
非金属矿物制品业	156 398	152 772		1 500	9 848	141 224	200
黑色金属冶炼及压延加工业	45 796	45 796				45 796	
有色金属冶炼及压延加工业	14 454	14 454		500		12 954	1 000
金属制品业	142 006	131 699			12 254	116 045	3 400
通用设备制造业	111 452	102 902		1 500	8 560	91 842	1 000
专用设备制造业	94 839	88 539	500	1 400	2 298	82 041	2 300
交通运输设备制造业	299 155	285 818	878	19 000	5 400	260 540	
电气机械及器材制造业	236 802	230 812		22 849	59 754	142 359	5 850
通信设备、计算机及其他电子设备	327 121	327 121	1 270	7 388	191 123	122 430	4 910
仪器仪表及文化、办公用机械制造	23 057	20 057		136		19 921	

5-9 续表 (2007年) 单位：万元

指标	本年累计资金来源	#本年到位资金	国家预算内资金	国内贷款	利用外资	自筹资金	其他
工艺品及其他制造业	38 096	36 196			1 200	34 996	
废弃资源和废旧材料回收加工业	2 200	2 200				2 200	
电力、燃气及水的生产和供应业	154 100	147 856	45 695	34 520	460	67 181	
#电力、热力的生产和供应业	121 521	115 521	45 395	32 800		37 326	
燃气生产和供应业	18 786	18 786				18 786	
水的生产和供应业	13 793	13 549	300	1 720	460	11 069	
建筑业	54 804	54 796				53 946	850
交通运输、仓储和邮政业	175 213	161 101	5 949	11 000	2 528	138 344	3 280
#铁路运输业	13 752	13 752				13 752	
道路运输业	110 427	97 055	5 949	11 000	544	76 332	3 230
城市公共交通业	10 727	9 987				9 987	
水上运输业	9 957	9 957				9 957	
仓储业	17 420	17 420			1 984	15 386	50
邮政业	2 200	2 200				2 200	
信息传输、计算机服务和软件业	190 710	178 034	500	8 960	1 000	162 284	5 290
#电信和其他信息传输服务业	83 014	79 148	50	1 000		77 198	900
批发和零售业	248 144	241 717		8 000		233 277	440
住宿和餐饮业	261 031	260 951	5 500	2 800		247 997	4 654
金融业	38 919	38 774				38 774	
房地产业	212 334	211 751	5 884	21 250	378	172 121	12 118
租赁和商务服务业	247 971	227 365		51 557	2 602	169 185	4 021
科学研究、技术服务和地质勘查业	41 973	39 188	2 520			35 168	1 500
水利、环境和公共设施管理业	875 581	847 747	122 943	186 707		520 346	17 751
#水利管理业	55 113	53 121	44 895	1 500		3 426	3 300
环境管理业	14 491	14 491	2 300	4 500		7 691	
公共设施管理业	805 977	780 135	75 748	180 707		509 229	14 451
居民服务和其他服务业	22 776	22 776				22 276	500
教育	520 659	491 895	4 222	64 074	250	374 812	48 537
卫生、社会保障和社会福利业	120 851	120 431	12 115	23 576	3 875	75 064	5 801
#卫生	112 812	112 392	11 395	23 576	3 875	68 641	4 905
文化、体育和娱乐业	180 445	162 461	22 428	178		114 184	25 671
#新闻出版业	33 172	31 021	769			27 252	3 000
公共管理和社会组织	475 841	466 833	186 572	10 000		264 337	5 924

5-10 各县区固定资产投资

（按构成分，2007 年）

单位：万元

指　　标	本年完成投资	建筑工程	安装工程	设备工器具购置	其他费用
南 昌 市	**6 485 165**	**3 227 884**	**346 300**	**2 087 269**	**823 712**
东 湖 区	439 510	33 286	5 934	360 064	40 226
西 湖 区	462 358	197 020	40 016	190 401	34 921
青云谱区	411 998	199 136	10 878	167 560	34 424
湾 里 区	44 546	29 888	1 570	4 832	8 256
青山湖区	1 017 474	371 112	49 835	494 670	101 857
南 昌 县	856 800	567 110	111 154	88 996	89 540
新 建 县	372 855	228 743	16 216	73 333	54 563
安 义 县	113 162	59 095	9 616	30 572	13 879
进 贤 县	131 481	90 350	9 191	16 547	15 393
经济开发区	1 118 326	749 761	95	365 923	2 547
高新开发区	718 879	298 813	36 064	197 837	186 165
红谷滩新区	592 895	287 023	34 087	44 617	227 168
桑海开发区	12 881	5 685	1 300	4 087	1 809
英雄开发区	8 222	4 919	330	433	2 540
跨区项目	183 778	105 943	20 014	47 397	10 424

5－11 各县区固定资产投资

（按登记注册类型分，2007 年）　　单位：万元

指　　标	总　计	内　资					
			国　有	集　体	股份合作	联　营	有限责任公司
南　昌　市	**6 485 165**	**5 542 218**	**2 579 748**	**82 409**	**157 921**	**19 070**	**1 304 940**
东　湖　区	439 510	431 132	382 463	250	2 785		16 078
西　湖　区	462 358	379 430	122 951	16 217	13 320	6 700	77 297
青云谱区	411 998	381 746	169 257	15 028	20 939	2 850	87 507
湾　里　区	44 546	42 168	25 078	1 500			2 996
青山湖区	1 017 474	900 776	60 303	26 979	82 593		282 363
南　昌　县	856 800	755 813	319 099		22 451		279 002
新　建　县	372 855	323 836	168 055	800			71 357
安　义　县	113 162	110 262	16 625				6 100
进　贤　县	131 481	107 261	30 983	438	850		28 988
经济开发区	1 118 326	835 628	281 802	35	12 898	9 520	315 956
高新开发区	718 879	559 510	327 728	20 817	2 085		103 983
红谷滩新区	592 895	523 720	495 447	345			23 806
桑海开发区	12 881	7 632	7 188				340
英雄开发区	8 222	6 476	2 518				2 590
跨区项目	183 778	176 828	170 251				6 577

5－11 续表　　（按登记注册类型分，2007 年）　　单位：万元

指　　标				港澳台投资	外商投资	个体经营
	股份有限	私　营	其　他			
南　昌　市	**548 629**	**715 802**	**133 699**	**492 362**	**338 596**	**111 989**
东　湖　区	17 851	11 405	300	1 590	1 380	5 408
西　湖　区	82 029	60 916		11 811	3 091	68 026
青云谱区	40 525	43 861	1 779	2 419	16 647	11 186
湾　里　区	100	1 874	10 620	2 278		100
青山湖区	144 722	299 716	4 100	48 389	68 309	
南　昌　县	19 660	111 248	4 353	71 635	27 352	2 000
新　建　县	50 897	32 727		10 470	38 549	
安　义　县	15 100	72 437		2 100		800
进　贤　县	28 102	16 660	1 240	3 660	5 680	14 880
经济开发区	92 110	12 000	111 307	229 165	53 533	
高新开发区	54 182	50 715		70 867	79 202	9 300
红谷滩新区	1 983	2 139		24 322	44 853	
桑海开发区		104		4 960		289
英雄开发区	1 368			1 746		
跨区项目				6 950		

5－12 各县区城镇工业投资

（2007 年）

单位：万元

指　　标	总　计	采 矿 业	制 造 业	电力、燃气及水的生产和供应业
南 昌 市	**3 013 576**	**2 750**	**2 874 764**	**136 062**
东 湖 区	146			146
西 湖 区	41 670		37 552	4 118
青云谱区	181 030		179 654	1 376
湾 里 区	6 830		5 900	930
青山湖区	753 125	2 750	750 375	
南 昌 县	532 245		516 785	15 460
新 建 县	178 539		139 528	39 011
安 义 县	94 837		94 837	
进 贤 县	74 280		68 380	5 900
经济开发区	802 229		802 229	
高新开发区	277 543		270 044	7 499
红谷滩新区	5 788			5 788
桑海开发区	7 314		5 144	2 170
英雄开发区	4 336		4 336	
跨区项目	53 664			53 664

5－13 各县区施工项目和资金到位情况

（2007 年）

指　　标	本年新增固定资产（万元）	本年施工项目（个）	#本年新开工	本年投产项目（个）	本年累计到位资金（万元）	#本年实际到位
南 昌 市	**4 479 604**	**1 686**	**1 060**	**1 218**	**6 836 818**	**6 577 986**
东 湖 区	392 334	118	99	106	452 715	451 215
西 湖 区	388 543	298	276	280	498 916	487 673
青云谱区	295 449	221	187	174	461 996	460 657
湾 里 区	24 873	42	22	23	53 094	43 205
青山湖区	1 141 601	262	185	232	1 021 735	1 019 180
南 昌 县	464 166	145	17	106	851 486	750 623
新 建 县	235 054	72	55	53	391 786	390 974
安 义 县	41 990	59	34	20	117 162	117 162
进 贤 县	174 493	101	75	90	131 531	131 531
经济开发区	877 393	94	1	44	1 181 510	1 179 810
高新开发区	299 237	186	84	73	770 174	710 827
红谷滩新区	88 438	48	9	4	658 502	601 270
桑海开发区	7 966	7	1	4	12 881	12 881
英雄开发区	5 793	10	8	3	16 486	16 486
跨区项目	42 274	23	7	6	216 844	204 492

5－14 新 增 生 产 能 力

（2007 年）

指　　标	建设规模	本年施工规模	#本年新开工	累计新增生产能力	#本年新增
生铁（万吨/年）	2.3	2.3	2.3	2.3	2.3
粗钢（万吨/年）	20	20	20	20	20
铁合金（折标吨/年）	22	20	20	22	20
热轧钢材（万吨/年）	8	2	2	8	2
#无缝钢管	8	2	2	8	2
冷轧（拔）钢材（万吨/年）	1.5	1.5	1.5	1.5	1.5
#冷轧窄钢带	1.5	1.5	1.5	1.5	1.5
铜冶炼（吨/年）	6 000	6 000	6 000		
铝加工（吨/年）	6 240	5 740	240		
火力发电（万千瓦）	332	132	132		
输电线路长度（11 万伏及以上）（公里）	104.15	64.15	64.15	50	10
水泥（万吨/年）	41	41	41	3	3
平板玻璃（万重量箱/年）	170.3	170.3	10.3	10.3	10.3
木材（万立方米/年）	5.8	5	5	5.8	5
塑料树脂及共聚物（吨/年）	1 000	300	300	1 000	300
轮胎外胎（万条/年）	13	13	13	13	13
轮胎内胎（万条/年）	2	2	2	2	2
化学原料药（吨/年）	135	135	75	15	15
中成药（吨/年）	15 412	8 150	7 970	952	950
内燃机（台/年）	10 000	3 000	3 000		
轿车制造（辆/年）	100 000	36 770	36 770	36 770	36 770
其它汽车制造（辆/年）	4 500	4 500	4 500	4 500	4 500
化学纤维（吨/年）	6 023	6 023	6 023	6 023	6 023
粘胶纤维（吨/年）	1 000	1 000	1 000	1 000	1 000
啤酒（万吨/年）	0.22	0.12	0.12	0.12	0.12
其他酒（万吨/年）	0.25	0.25		0.25	0.25
卷烟（箱/年）	450 000	10 000		450 000	
机制纸浆（万吨/年）	35	35			

5－14 续表　　(2007 年)

指　　标	建设规模	本年施工规模	#本年新开工	累计新增生产能力	#本年新增
机制纸（万吨/年）	14.1	14.1	14.1	14.1	14.1
机制纸板（万吨/年）	4.6	4.6	4.6	4.6	4.6
房间空气调节器（万台/年）	150	150			
新建公路（公里）	1 188.71	1 042.44	1 001.44	1 147.71	1 001.44
一级公路	41	41			
二级公路	1 147.71	1 001.44	1 001.44	1 147.71	1 001.44
改建公路（公里）	99.66	94.21	78.71	68.8	68.03
一级公路	69.66	64.21	48.71	38.8	38.03
二级公路	30	30	30	30	30
新建独立公路桥梁（延长米）	1 300	1 300	1 300	1 300	1 300
新建独立公路桥梁（座）	1	1	1	1	1
民航机场跑道（条）	1				
民航机场跑道（米）	340				
候机楼（座）	1				
候机楼（平方米）	100 000				
高等院校：学生席位（个）	168 975	104 787	55 338	109 899	50 233
建筑面积（平方米）	2 382 664	1 779 830	1 225 670	1 080 012	789 718
医院病床（张）	2 354	2 310	1 310	1 403	1 385
宾馆、旅馆、招待所客房数（间）	4 293	4 125	4 025	4 145	4 025
宾馆、旅馆、招待所客房数（平方米）	168 853	165 993	158 993	158 993	158 993
城市自来水供水能力（万吨/日）	202.9	202.9	202.9		
城市公共交通车辆购置（辆）	643	643	643	643	643
城市道路扩建长度（公里）	14.37	14.37	11.87	4.3	4.3
城市道路扩建面积（万平方米）	59.2	42.51	41.19	41.43	34.78
城市污水处理能力（万吨/日）	43.85	31.18	21.18	21.18	21.18
城市永久性桥梁（座）	2	2	2	1	1
城市防洪堤长度（公里）	7.95	0.7	0.7	7.04	0.7

5-15 房地产开发情况

(2007年)　　　　单位：万元

指　　标	计划总投资	自开始建设累计完成投资
按登记注册类型分	**6 990 752**	**3 505 118**
内　资	5 722 897	2 812 732
国有单位投资	602 900	291 376
集体单位投资	41 200	35 338
私营及个体投资	1 009 519	475 309
国　有	406 500	244 349
集　体	8 000	5 850
股份合作	33 200	29 488
联　营	40 000	4 163
国有联营	40 000	4 163
国有与集体联营		
有限责任公司	3 394 224	1 718 591
国有独资公司	156 400	42 864
其他有限责任公司	3 237 824	1 675 727
股份有限公司	831 454	334 982
私　营	1 009 519	475 309
私营独资	3 000	1 500
私营合伙	40 000	13 166
私营有限责任公司	875 019	377 244
私营股份有限公司	91 500	83 399
港澳台投资	877 395	497 562
港澳台合资经营	217 600	140 020
港澳台独资	633 949	350 030
港澳台股份有限	25 846	7 512
外商投资	390 460	194 824
中外合资经营	252 460	109 218
中外合作经营		
外资企业	128 000	85 510
外商股份有限	10 000	96
按隶属关系分	**6 990 752**	**3 505 118**
中　央		
地　方	6 990 752	3 505 118
省	796 051	355 122
市	6 194 701	3 149 996
市　属	851 852	411 379
县　属	148 562	47 364
镇	8 000	5 850
乡		
其　他	5 186 287	2 685 403
按资质等级分	**6 990 752**	**3 505 118**
一　级	363 250	244 658
二　级	2 814 871	1 426 503
三　级	1 840 162	905 250
四　级	94 762	48 555
暂　定	1 877 707	880 152

5－15 续表1　　(2007年)　　单位：万元

指　　标	本年完成投　资	建筑工程	安装工程	设备工器具购置	其他费用
按登记注册类型分	**1 256 020**	**906 879**	**53 100**	**25 378**	**270 663**
内　资	931 054	711 547	32 291	8 862	178 354
国有单位投资	138 148	117 162	3 619	1 185	16 182
集体单位投资	8 034	7 891			143
私营及个体投资	215 023	144 680	11 118	3 783	55 442
国　有	99 615	81 446	3 619	1 185	13 365
集　体	3 550	3 550			
股份合作	4 484	4 341			143
联　营	103	103			
国有联营	103	103			
国有与集体联营					
有限责任公司	548 892	435 302	15 797	3 585	94 208
国有独资公司	38 430	35 613			2 817
其他有限责任公司	510 462	399 689	15 797	3 585	91 391
股份有限公司	59 387	42 125	1 757	309	15 196
私　营	215 023	144 680	11 118	3 783	55 442
私营独资	1 500	1 500			
私营合伙	13 166	8 706			4 460
私营有限责任公司	172 010	113 762	9 003	3 173	46 072
私营股份有限公司	28 347	20 712	2 115	610	4 910
港澳台投资	268 024	164 030	11 745	16 491	75 758
港澳台合资经营	73 273	45 032	6 930	11 173	10 138
港澳台独资	188 298	112 688	4 815	5 318	65 477
港澳台股份有限	6 453	6 310			143
外商投资	56 942	31 302	9 064	25	16 551
中外合资经营	32 438	19 286	4 232		8 920
中外合作经营					
外资企业	24 408	12 016	4 832	25	7 535
外商股份有限	96				96
按隶属关系分	**1 256 020**	**906 879**	**53 100**	**25 378**	**270 663**
中　央					
地　方	1 256 020	906 879	53 100	25 378	270 663
省	44 659	37 875	535	838	5 411
市	1 211 361	869 004	52 565	24 540	265 252
市　属	137 560	110 942	4 431	450	21 737
县　属	30 038	25 164	636		4 238
镇	3 550	3 550			
乡					
其　他	1 040 213	729 348	47 498	24 090	239 277
按资质等级分	**1 256 020**	**906 879**	**53 100**	**25 378**	**270 663**
一　级	105 772	66 124	1 799		37 849
二　级	379 611	305 473	22 909	16 788	34 441
三　级	319 445	213 313	10 400	6 609	89 123
四　级	21 587	16 673	487		4 427
暂　定	429 605	305 296	17 505	1 981	104 823

指　　标	本年完成投资				
	其他费用		#配套工程投资	#土地开发投资额	住宅投资
	#旧建筑物购置费	#土地购置费			
按登记注册类型分	**2 340**	**187 385**	**57 098**	**59 926**	**1 078 756**
内　资	2 340	111 937	38 772	43 710	812 147
国有单位投资		7 727	2 853	16 078	130 673
集体单位投资				100	7 948
私营及个体投资		41 570	15 955	10 232	154 670
国　有		5 295	1 222	8 353	92 163
集　体					3 550
股份合作				100	4 398
联　营					80
国有联营					80
国有与集体联营					
有限责任公司	1 498	54 827	20 162	17 671	512 099
国有独资公司		2 432	1 631	7 725	38 430
其他有限责任公司	1 498	52 395	18 531	9 946	473 669
股份有限公司	842	10 245	1 433	7 354	45 187
私　营		41 570	15 955	10 232	154 670
私营独资					
私营合伙		2 960			8 600
私营有限责任公司		34 850	14 599	10 232	129 933
私营股份有限公司		3 760	1 356		16 137
港澳台投资		68 862	11 670	15 820	214 597
港澳台合资经营		9 318	10 664	1 000	51 893
港澳台独资		59 544	1 006	14 820	156 394
港澳台股份有限					6 310
外商投资		6 586	6 656	396	52 012
中外合资经营			5 360	396	28 808
中外合作经营					
外资企业		6 586	1 200		23 108
外商股份有限			96		96
按隶属关系分	**2 340**	**187 685**	**57 098**	**59 926**	**1 078 756**
中　央					
地　方	2 340	187 385	57 098	59 926	1 078 756
省		150	101	2 815	33 248
市	2 340	187 235	56 997	57 111	1 045 508
市　属	31	13 860	4 400	16 605	129 680
县　属		1 998	1 200	545	26 791
镇					3 550
乡					
其　他	2 309	171 377	51 397	39 961	885 487
按资质等级分	**2 340**	**187 385**	**57 098**	**59 926**	**1 078 756**
一　级		37 826		15 445	103 301
二　级		2 158	19 970	11 131	338 214
三　级	235	67 115	19 105	16 851	251 680
四　级		2 803	33	400	18 407
暂　定	2 105	77 483	17 990	16 099	367 154

5－15　续表3　　　　(2007年)　　　　单位：万元

指　标	本年完成投资					
	住宅投资				办公楼	商业营业用房
	#90平米以下住房	#140平米以上住房	#经济适用房	#别墅、高档公寓		
按登记注册类型分	**252 472**	**91 652**	**66 905**	**52 613**	**13 616**	**100 524**
内　资	202 082	61 593	66 905	10 834	9 406	75 555
国有单位投资	54 350	9 099	57 749	1 042	2 167	2 675
集体单位投资	1 786	2 000	1 786			86
私营及个体投资	33 232	18 903	600	355	1 672	41 460
国　有	30 296	9 099	27 400	1 042	2 167	2 652
集　体		2 000				
股份合作	1 786		1 786			86
联　营	80		80			23
国有联营	80		80			23
国有与集体联营						
有限责任公司	114 608	27 596	37 039	9 334	4 818	21 989
国有独资公司	23 974		30 269			
其他有限责任公司	90 634	27 596	6 770	9 334	4 818	21 989
股份有限公司	22 080	3 995		103	749	9 345
私　营	33 232	18 903	600	355	1 672	41 460
私营独资					1 500	
私营合伙						1 106
私营有限责任公司	26 676	18 662	600	355	172	29 089
私营股份有限公司	6 556	241				11 265
港澳台投资	34 782	18 969		19 693	2 330	24 319
港澳台合资经营	9 993			3 400	1 000	15 914
港澳台独资	24 789	12 659		9 983	1 330	8 405
港澳台股份有限		6 310		6 310		
外商投资	15 608	11 090		22 086	1 880	650
中外合资经营	15 608				1 880	150
中外合作经营						
外资企业		11 090		22 086		500
外商股份有限						
按隶属关系分	**252 472**	**91 652**	**66 905**	**52 613**	**13 616**	**100 524**
中　央						
地　方	252 472	91 652	66 905	52 613	13 616	100 524
省	1 340	10 272		1 042	1 434	9 877
市	251 132	81 380	66 905	51 571	12 182	90 647
市　属	38 971	3 785	45 522		100	1 878
县　属	14 897	7 090	12 227	6 310	2 000	120
镇		2 000				
乡						
其　他	197 264	68 505	9 156	45 261	10 082	88 649
按资质等级分	**252 472**	**91 652**	**66 905**	**52 613**	**13 616**	**100 524**
一　级						
二　级	72 124	20 837	33 591	6 765	4 406	27 939
三　级	68 734	26 995	9 519	6 573	5 977	39 920
四　级	3 521	219	700		1 500	1 680
暂　定	108 093	43 601	23 095	39 275	1 733	30 985

指　　　标	本年完成投资 其　他	本年新增固定资产（万元）	本年完成开发土地面积（平方米）	待开发土地面积（平方米）	本年购置土地面积（平方米）	本年土地成交价款（万元）
按登记注册类型分	**63 124**	**534 654**	**2 035 571**	**5 610 642**	**993 705**	**97 994**
内　资	33 946	448 190	1 629 042	4 336 506	930 632	81 038
国有单位投资	2 633	100 489	635 246	274 696	124 140	5 916
集体单位投资		1 664	9 071			
私营及个体投资	17 221	81 452	396 717	2 395 093	236 205	23 477
国　有	2 633	52 229	539 545	152 439	63 000	4 995
集　体						
股份合作		1 664	9 071			
联　营		2 080				
国有联营		2 080				
国有与集体联营						
有限责任公司	9 986	278 313	462 270	1 741 304	560 963	40 865
国有独资公司		46 180	95 701	122 257	61 140	921
其他有限责任公司	9 986	232 133	366 569	1 619 047	499 823	39 944
股份有限公司	4 106	32 452	221 439	47 670	70 464	11 701
私　营	17 221	81 452	396 717	2 395 093	236 205	23 477
私营独资						
私营合伙	3 460					
私营有限责任公司	12 816	61 888	396 717	2 395 093	224 682	21 317
私营股份有限公司	945	19 564			11 523	2 160
港澳台投资	26 778	68 171	116 711	876 638	63 073	16 956
港澳台合资经营	4 466	15 200	60 111	47 901	9 400	5 756
港澳台独资	22 169	41 671	56 600	828 737	53 673	11 200
港澳台股份有限	143	11 300				
外商投资	2 400	18 293	289 818	397 498		
中外合资经营	1 600	9 962	289 818	397 498		
中外合作经营						
外资企业	800	8 331				
外商股份有限						
按隶属关系分	**63 124**	**534 654**	**2 035 571**	**5 610 642**	**993 705**	**97 994**
中　央						
地　方	63 124	534 654	2 035 571	5 610 642	993 705	97 994
省	100	16 527	194 923	52 539	19 980	150
市	63 024	518 127	1 840 648	5 558 103	973 725	97 844
市　属	5 902	84 239	504 132	387 602	99 827	12 272
县　属	1 127	24 100	33 335	104 486	64 140	1 405
镇						
乡						
其　他	55 995	409 788	1 303 181	5 066 015	809 758	84 167
按资质等级分	**63 124**	**534 654**	**2 035 571**	**5 610 642**	**993 705**	**97 994**
一　级	2 471	27 716		74 525	9 060	2 231
二　级	9 052	254 320	618 087	1 272 452	33 000	3 900
三　级	21 868	145 913	385 732	1 907 258	379 058	53 823
四　级		6 535		22 380	23 700	2 453
暂　定	29 733	100 170	1 031 752	2 334 027	548 887	35 587

5－16 房地产面积及销售情况

（2007 年）

指　　标	合　计	住　宅	#90平米以下住房	#经济适用房	办公楼	商业营业用房	其　他
房屋施工面积（平方米）	15 255 933	12 911 886	3 068 784	1 349 836	341 231	1 108 751	894 065
#本年新开工面积	6 436 207	5 684 644	1 996 354	908 348	56 969	399 667	294 927
房屋竣工面积（平方米）	3 710 100	3 473 864	572 901	373 396	53 529	132 235	50 472
#不可销售面积	130 874	87 301	27 415	27 415		8 300	35 273
商品住宅竣工套数（套）	—	31 253	7 317	4 322	—	—	—
竣工房屋价值（万元）	507 514	470 384	74 404	54 123	9 712	17 799	9 619
出租房屋面积（平方米）	13 326					13 326	
商品房销售面积（平方米）	4 789 932	4 603 378	842 630	117 572	18 500	128 443	39 611
现房销售面积	1 378 960	1 302 224	148 824	20 839	5 546	67 725	3 465
期房销售面积	3 410 972	3 301 154	693 806	96 733	12 954	60 718	36 146
商品房销售额（万元）	1 704 283	1 615 185	267 439	17 265	8 156	66 111	14 831
现房销售额	473 323	439 938	55 761	3 817	3 060	28 751	1 574
期房销售额	1 230 960	1 175 247	211 678	13 448	5 096	37 360	13 257
商品住宅销售套数（套）	—	41 225	10 833	1 346	—	—	—
现房销售套数	—	10 782	2 014	245	—	—	—
期房销售套数	—	30 443	8 819	1 101	—	—	—
空置面积（平方米）	125 202	67 048	20 144			37 679	20 475
#空置 1－3 年面积	70 949	48 211	11 900			19 699	3 039
空置 3 年以上面积	515	104				107	304

5-17 房地产企业财务指标

（2007年） 单位：万元

指标	年初存货	流动资产合计	#存货
按登记注册类型分	**2 137 199**	**5 404 558**	**2 565 849**
内资	1 721 124	4 245 342	1 983 563
国有单位投资	270 720	970 315	308 348
集体单位投资	9 342	40 423	17 490
私营及个体投资	197 557	565 745	268 029
国有	238 915	682 532	285 351
集体	3 377	20 338	3 854
股份合作	5 965	20 085	13 636
联营	720	2 928	773
国有联营	720	2 928	773
国有与集体联营			
有限责任公司	1 027 550	2 606 555	1 172 758
国有独资公司	31 085	284 855	22 224
其他有限责任公司	996 465	2 321 700	1 150 534
股份有限公司	247 040	347 159	239 162
私营	197 557	565 745	268 029
私营独资	1 248	10 954	859
私营合伙	2 300	10 700	
私营有限责任公司	155 660	444 518	209 520
私营股份有限公司	38 349	99 573	57 650
港澳台投资	206 215	780 119	334 898
港澳台合资经营	76 347	210 852	91 912
港澳台独资	127 732	543 280	234 485
港澳台股份有限	2 136	25 987	8 501
外商投资	209 860	379 097	247 388
中外合资经营	129 887	226 698	138 622
中外合作经营			
外资企业	50 350	110 836	79 143
外商股份有限	29 623	41 563	29 623
按隶属关系分	**2 137 199**	**5 404 558**	**2 565 849**
中央			
地方	2 137 199	5 404 558	2 565 849
省	281 178	415 209	270 389
市	1 856 021	4 989 349	2 295 460
市属	149 153	710 994	193 828
县属	142 755	394 991	170 201
镇	121	6 178	89
乡		2 314	
其他	1 563 992	3 874 872	1 931 342
按资质等级分	**2 137 199**	**5 404 558**	**2 565 849**
一级	83 493	283 025	133 097
二级	881 907	2 151 018	956 118
三级	572 649	1 518 546	746 149
四级	37 003	121 252	59 944
暂定	562 147	1 330 717	670 541

5－17　续表1　　（2007年）　　单位：万元

指　　标	固定资产原　价	固定资产累计折旧	#本年折旧	资产总计
按登记注册类型分	**246 499**	**31 527**	**9 120**	**6 291 308**
内　资	169 841	18 572	4 743	5 005 399
国有单位投资	67 143	3 577	1 134	1 216 272
集体单位投资	4 552	446	86	51 589
私营及个体投资	42 255	4 628	1 407	683 286
国　有	20 912	2 733	585	758 115
集　体	4 398	372	82	28 597
股份合作	154	74	4	22 992
联　营	5	2	1	3 133
国有联营	5	2	1	2 933
国有与集体联营				200
有限责任公司	97 126	9 491	2 314	3 098 560
国有独资公司	46 226	842	548	455 224
其他有限责任公司	50 900	8 649	1 766	2 643 336
股份有限公司	4 991	1 272	350	410 716
私　营	42 255	4 628	1 407	683 286
私营独资	605	94	10	13 372
私营合伙	400	120	11	37 613
私营有限责任公司	39 977	3 895	1 226	526 403
私营股份有限公司	1 273	519	160	105 898
港澳台投资	64 789	11 140	3 510	883 328
港澳台合资经营	23 446	4 048	847	253 047
港澳台独资	41 186	7 060	2 645	602 434
港澳台股份有限	157	32	18	27 847
外商投资	11 869	1 815	867	402 581
中外合资经营	4 932	1 034	380	237 607
中外合作经营				400
外资企业	6 735	643	393	122 452
外商股份有限	202	138	94	42 122
按隶属关系分	**246 499**	**31 527**	**9 120**	**6 291 308**
中　央				200
地　方	246 499	31 527	9 120	6 291 108
省	13 348	1 486	314	495 118
市	233 151	30 041	8 806	5 795 990
市　属	43 327	3 125	1 171	841 950
县　属	22 408	1 312	258	502 940
镇	3 944	234	82	11 217
乡	462	146		2 631
其　他	163 010	25 224	7 295	4 437 252
按资质等级分	**246 499**	**31 527**	**9 120**	**6 291 308**
一　级	24 145	2 948	1 018	311 826
二　级	97 384	13 747	3 841	2 481 767
三　级	84 959	10 522	2 794	1 795 765
四　级	2 203	419	91	140 226
暂　定	37 808	3 891	1 376	1 561 724

指 标	负债合计	所有者权益合计	#实收资本	国家资本
按登记注册类型分	**4 588 696**	**1 702 612**	**1 091 489**	**204 053**
内 资	3 680 726	1 324 673	818 818	202 164
国有单位投资	743 120	473 152	236 580	169 064
集体单位投资	36 565	15 024	13 757	
私营及个体投资	510 860	172 426	114 257	
国 有	497 578	260 537	127 869	60 801
集 体	18 377	10 220	9 205	
股份合作	18 188	4 804	4 552	
联 营	2 485	648	648	
国有联营	2 485	448	448	
国有与集体联营		200	200	
有限责任公司	2 336 806	761 754	486 493	113 790
国有独资公司	243 057	212 167	108 263	108 263
其他有限责任公司	2 093 749	549 587	378 230	5 527
股份有限公司	296 432	114 284	75 794	27 573
私 营	510 860	172 426	114 257	
私营独资	11 175	2 197	1 997	
私营合伙	27 000	10 613	10 000	
私营有限责任公司	383 721	142 682	86 077	
私营股份有限公司	88 964	16 934	16 183	
港澳台投资	585 220	298 108	198 503	378
港澳台合资经营	161 586	91 461	71 457	378
港澳台独资	400 942	201 492	121 891	
港澳台股份有限	22 692	5 155	5 155	
外商投资	322 750	79 831	74 168	1 511
中外合资经营	198 819	38 788	33 700	1 511
中外合作经营		400	400	
外资企业	97 269	25 183	24 608	
外商股份有限	26 662	15 460	15 460	
按隶属关系分	**4 588 696**	**1 702 612**	**1 091 489**	**204 053**
中 央		200	200	
地 方	4 588 696	1 702 412	1 091 289	204 053
省	338 570	156 548	82 328	42 439
市	4 250 126	1 545 864	1 008 961	161 614
市 属	612 894	229 056	89 333	52 000
县 属	246 612	256 328	162 986	98 984
镇	6 574	4 643	4 320	120
乡	834	1 797	1 600	
其 他	3 383 212	1 054 040	750 722	10 510
按资质等级分	**4 588 696**	**1 702 612**	**1 091 489**	**204 053**
一 级	211 791	100 035	25 844	5 000
二 级	1 839 318	642 449	355 079	75 570
三 级	1 280 353	515 412	334 627	34 240
四 级	93 458	46 768	40 133	202
暂 定	1 163 776	397 948	335 806	89 041

5－17 续表3　　(2007年)　　单位：万元

指标	所有者权益合计				
	实收资本				
	集体资本	法人资本	个人资本	港澳台资本	外商资本
按登记注册类型分	**43 097**	**470 999**	**166 193**	**173 494**	**33 653**
内　资	42 737	412 028	161 889		
国有单位投资	148	66 668	700		
集体单位投资	7 752	5 200	805		
私营及个体投资		40 465	73 792		
国　有	148	66 220	700		
集　体	6 800	1 600	805		
股份合作	952	3 600			
联　营		648			
国有联营		448			
国有与集体联营		200			
有限责任公司	31 037	277 867	63 799		
国有独资公司					
其他有限责任公司	31 037	277 867	63 799		
股份有限公司	3 800	21 628	22 793		
私　营		40 465	73 792		
私营独资		800	1 197		
私营合伙			10 000		
私营有限责任公司		35 765	50 312		
私营股份有限公司		3 900	12 283		
港澳台投资		22 072	3 800	172 253	
港澳台合资经营		15 674	3 700	51 705	
港澳台独资		2 000		119 891	
港澳台股份有限		4 398	100	657	
外商投资	360	36 899	504	1 241	33 653
中外合资经营	360	24 209	504	1 241	5 875
中外合作经营		400			
外资企业		12 090			12 518
外商股份有限		200			15 260
按隶属关系分	**43 097**	**470 999**	**166 193**	**173 494**	**33 653**
中　央		200			
地　方	43 097	470 799	166 193	173 494	33 653
省	9 857	22 427	7 605		
市	33 240	448 372	158 588	173 494	33 653
市　属	523	19 687	17 123		
县　属	800	62 298	904		
镇	4 000	200			
乡	1 600				
其　他	26 317	366 187	140 561	173 494	33 653
按资质等级分	**43 097**	**470 999**	**166 193**	**173 494**	**33 653**
一　级		10 042		10 802	
二　级	13 013	149 812	47 899	63 910	4 875
三　级	8 054	182 622	76 884	29 239	3 588
四　级	943	22 495	9 420	5 928	1 145
暂　定	21 087	106 028	31 990	63 615	24 045

5－17 续表4 （2007年） 单位：万元

指　　标	主营业务收　入	土地转让收　入	商品房屋销售收入	房屋出租收　入	其他收入
按登记注册类型分	**1 361 904**		**1 276 342**	**421**	**85 141**
内　资	1 094 949		1 010 590	116	84 243
国有单位投资	145 592		137 069	80	8 443
集体单位投资	1 200		1 200		
私营及个体投资	177 351		148 290	36	29 025
国　有	116 541		108 018	80	8 443
集　体	1 200		1 200		
股份合作					
联　营	3 789		3 789		
国有联营	3 789		3 789		
国有与集体联营					
有限责任公司	669 408		622 651		46 757
国有独资公司	25 262		25 262		
其他有限责任公司	644 146		597 389		46 757
股份有限公司	126 660		126 642		18
私　营	177 351		148 290	36	29 025
私营独资					
私营合伙	24 400		24 400		
私营有限责任公司	127 541		100 086	36	27 419
私营股份有限公司	25 410		23 804		1 606
港澳台投资	150 383		149 648	103	632
港澳台合资经营	62 887		62 784	103	
港澳台独资	87 496		86 864		632
港澳台股份有限					
外商投资	116 572		116 104	202	266
中外合资经营	86 320		86 316		4
中外合作经营					
外资企业	30 252		29 788	202	262
外商股份有限					
按隶属关系分	**1 361 904**		**1 276 342**	**421**	**85 141**
中　央					
地　方	1 361 904		1 276 342	421	85 141
省	104 814		102 490		2 324
市	1 257 090		1 173 852	421	82 817
市　属	149 445		149 445		
县　属	32 945		26 615	80	6 250
镇	1 200		1 200		
乡					
其　他	1 073 500		996 592	341	76 567
按资质等级分	**1 361 904**		**1 276 342**	**421**	**85 141**
一　级	100 644		100 644		
二　级	575 549		538 905	103	36 541
三　级	369 322		329 748	116	39 458
四　级	42 788		33 834	202	8 752
暂　定	273 601		273 211		390

5－17 续表 5　　（2007 年）　　单位：万元

指　　标	主营业务成本	主营业务税金及附加	主营业务利润	其他业务收入	其他业务利润
按登记注册类型分	**992 032**	**93 670**	**224 934**	**3 019**	**1 007**
内　资	795 884	77 624	182 143	1 009	609
国有单位投资	114 552	9 095	17 719	360	348
集体单位投资	1 056	66	－140		
私营及个体投资	130 125	9 586	30 336	75	82
国　有	90 223	7 340	15 098	355	343
集　体	1 056	66	－133		
股份合作			－7		
联　营	3 476	202	111		
国有联营	3 476	202	111		
国有与集体联营					
有限责任公司	486 866	52 420	108 356	554	163
国有独资公司	20 853	1 553	2 510	5	5
其他有限责任公司	466 013	50 867	105 846	549	158
股份有限公司	84 138	8 010	28 382	25	21
私　营	130 125	9 586	30 336	75	82
私营独资					
私营合伙	10 000	2 000	12 000		
私营有限责任公司	99 244	5 717	16 293	75	82
私营股份有限公司	20 881	1 869	2 043		
港澳台投资	107 573	5 438	31 125	1 844	1 554
港澳台合资经营	50 179	3 848	5 852	41	25
港澳台独资	57 394	1 590	25 823	1 803	1 529
港澳台股份有限			－550		
外商投资	88 575	10 608	11 666	166	－1 156
中外合资经营	66 542	7 856	7 554		
中外合作经营					
外资企业	22 033	2 752	4 816	166	－1 156
外商股份有限			－704		
按隶属关系分	**992 032**	**93 670**	**224 934**	**3 019**	**1 007**
中　央					
地　方	992 032	93 670	224 934	3 019	1 007
省	65 663	7 018	26 033	9	9
市	926 369	86 652	198 901	3 010	998
市　属	117 546	8 706	17 999	165	84
县　属	27 257	2 139	1 864	351	326
镇	1 056	66	65		
乡					
其　他	780 510	75 741	178 973	2 494	588
按资质等级分	**992 032**	**93 670**	**224 934**	**3 019**	**1 007**
一　级	68 557	3 000	26 220	13	11
二　级	411 043	43 963	99 440	1 959	1 497
三　级	259 544	24 726	70 653	585	426
四　级	35 170	3 049	3 034	37	20
暂　定	217 718	18 932	25 587	425	－947

5－17 续表 6　　　　（2007 年）　　　　单位：万元

指　　标	销售费用	管理费用			
			#税　金	#差旅费	#工会经费
按登记注册类型分	**51 268**	**63 238**	**3 638**	**2 929**	**266**
内　资	39 298	47 780	3 122	2 076	247
国有单位投资	4 226	8 518	286	217	92
集体单位投资	218	332		5	1
私营及个体投资	7 304	10 260	875	442	32
国　有	3 880	6 721	167	201	91
集　体	211	215		5	1
股份合作	7	117			
联营		338	110	12	
国有联营		338	110	12	
国有与集体联营					
有限责任公司	21 766	26 303	1 386	1 337	116
国有独资公司	346	1 459	9	4	1
其他有限责任公司	21 420	24 844	1 377	1 333	115
股份有限公司	6 130	3 826	584	79	7
私　营	7 304	10 260	875	442	32
私营独资					
私营合伙	400	500	20		
私营有限责任公司	6 287	8 738	710	386	27
私营股份有限公司	617	1 022	145	56	5
港澳台投资	6 247	10 918	250	334	4
港澳台合资经营	3 008	2 691	10	92	3
港澳台独资	2 689	7 996	217	184	1
港澳台股份有限	550	231	23	58	
外商投资	5 723	4 540	266	519	15
中外合资经营	4 368	2 180	134	207	15
中外合作经营					
外资企业	651	1 829	67	232	
外商股份有限	704	531	65	80	
按隶属关系分	**51 268**	**63 238**	**3 638**	**2 929**	**266**
中　央					
地　方	51 268	63 238	3 638	2 929	266
省	6 100	4 064	89	69	48
市	45 168	59 174	3 549	2 860	218
市　属	5 194	5 646	192	169	31
县　属	1 685	3 422	238	169	29
镇	13	39		3	
乡					
其　他	38 276	50 067	3 119	2 519	158
按资质等级分	**51 268**	**63 238**	**3 638**	**2 929**	**266**
一　级	2 867	7 625	30	50	
二　级	21 103	26 425	1 058	1 295	107
三　级	14 399	16 412	1 352	747	138
四　级	1 535	1 640	239	135	3
暂　定	11 364	11 136	959	702	18

5－17 续表 7　　(2007 年)　　单位：万元

指　标	财务费用	#利息支出	营业利润	投资收益
按登记注册类型分	**16 633**	**11 060**	**146 070**	**8 700**
内　资	13 043	8 239	121 929	6 921
国有单位投资	1 297	－317	8 252	2 661
集体单位投资	80	20	－552	
私营及个体投资	3 182	1 782	16 976	
国　有	1 402	－211	7 318	2 224
集　体	23	20	－371	
股份合作	57		－181	
联　营	－1	－1	－226	
国有联营	－1	－1	－226	
有限责任公司	7 364	6 280	74 852	4 644
国有独资公司	－104	－105	1 160	437
其他有限责任公司	7 468	6 385	73 692	4 207
股份有限公司	1 016	369	23 561	53
私　营	3 182	1 782	16 976	
私营合伙	650		10 850	
私营有限责任公司	2 119	1 592	5 518	
私营股份有限公司	413	190	608	
港澳台投资	2 135	1 606	19 626	
港澳台合资经营	2 457	2 236	729	
港澳台独资	－322	－630	19 678	
港澳台股份有限			－781	
外商投资	1 455	1 215	4 515	1 779
中外合资经营	1 422	1 243	3 952	1 779
外资企业	46	－15	1 785	
外商股份有限	－13	－13	－1 222	
按隶属关系分	**16 633**	**11 060**	**146 070**	**8 700**
地　方	16 633	11 060	146 070	8 700
省	159	－10	21 819	724
市	16 474	11 070	124 251	7 976
市　属	523	－19	11 914	1 502
县　属	1 145	－13	－2 377	1 484
镇	20	19	6	
其　他	14 786	11 083	114 708	4 990
按资质等级分	**16 633**	**11 060**	**146 070**	**8 700**
一　级	－690	－694	19 296	
二　级	4 568	2 701	69 944	4 279
三　级	8 824	5 803	45 843	1 508
四　级	780	693	634	
暂　定	3 151	2 557	10 353	2 913

5－17 续表 8 （2007 年） 单位：万元

指　　标	营业外收入	营业外支出	利润总额	应缴所得税
按登记注册类型分	**14 072**	**7 455**	**161 387**	**35 273**
内　资	1 803	5 887	124 766	29 614
国有单位投资	293	364	10 842	2 426
集体单位投资		10	－562	
私营及个体投资	429	591	16 814	2 807
国　有	288	199	9 631	1 928
集　体			－371	
股份合作		10	－191	
联　营			－226	
国有联营			－226	
有限责任公司	276	1 682	78 090	21 927
国有独资公司	5	165	1 437	498
其他有限责任公司	271	1 517	76 653	21 429
股份有限公司	810	3 405	21 019	2 952
私　营	429	591	16 814	2 807
私营合伙			10 850	
私营有限责任公司	429	516	5 431	2 629
私营股份有限公司		75	533	178
港澳台投资	6 263	880	25 009	3 329
港澳台合资经营		94	635	1 793
港澳台独资	6 252	786	25 144	1 536
港澳台股份有限	11		－770	
外商投资	6 006	688	11 612	2 330
中外合资经营	2	299	5 434	2 330
外资企业	4	383	1 406	
外商股份有限	6 000	6	4 772	
按隶属关系分	**14 072**	**7 455**	**161 387**	**35 273**
中　央				
地　方	14 072	7 455	161 387	35 273
省	834	187	23 190	1 826
市	13 238	7 268	138 197	33 447
市　属	17	367	13 066	4 546
县　属	261	514	－1 146	199
镇			6	
其　他	12 960	6 387	126 271	28 702
按资质等级分	**14 072**	**7 455**	**161 387**	**35 273**
一　级	5 337	500	24 133	880
二　级	2 099	1 461	74 861	22 924
三　级	520	4 476	43 395	5 955
四　级	2	45	591	289
暂　定	6 114	973	18 407	5 225

5－17 续表 9　　　　　　　　　　　　　　　　（2007 年）

指　　　　标	劳动失业、保险费（万元）	住房公积金及住房补贴（万元）	本年应付工资总额（万元）	本年应付福利费总额（万元）	全部从业人员年平均人数（人）
按登记注册类型分	**676**	**294**	**26 058**	**3 613**	**10 654**
内　资	636	286	21 543	3 187	8 847
国有单位投资	278	191	3 755	476	1 414
集体单位投资			336	45	224
私营及个体投资	15		3 313	432	1 834
国　有	268	176	3 282	455	1 236
集　体			174	25	136
股份合作			162	20	88
联　营			115	2	23
国有联营			110	1	20
国有与集体联营			5	1	3
有限责任公司	300	97	11 971	2 086	4 814
国有独资公司	10	15	363	20	158
其他有限责任公司	290	82	11 608	2 066	4 656
股份有限公司	53	13	2 526	167	716
私　营	15		3 313	432	1 834
私营独资			69	8	19
私营合伙			94	8	61
私营有限责任公司	4		2 727	359	1 584
私营股份有限公司	11		423	57	170
港澳台投资	14	1	2 934	307	1 293
港澳台合资经营	5	1	1 262	129	576
港澳台独资	9		1 550	121	689
港澳台股份有限			122	57	28
外商投资	26	7	1 581	119	514
中外合资经营	26	1	763	92	263
中外合作经营			10	2	6
外资企业		6	633	19	114
外商股份有限			175	6	131
按隶属关系分	**676**	**294**	**26 058**	**3 613**	**10 654**
中　央			5	1	3
地　方	676	294	26 053	3 612	10 651
省	173	92	3 162	278	679
市	503	202	22 891	3 334	9 972
市　属	165	81	2 635	350	854
县　属	110	67	1 322	213	592
镇			92	13	74
乡			13	2	16
其　他	228	54	18 829	2 756	8 436
按资质等级分	**676**	**294**	**26 058**	**3 613**	**10 654**
一　级	1	7	907	60	535
二　级	466	187	9 944	1 313	3 129
三　级	163	80	8 057	1 200	4 045
四　级	9	1	752	104	421
暂　定	37	19	6 398	936	2 524

5－18 房地产企业资金情况

（2007 年）

单位：万元

指　　标	本年资金来源合计	上年末结余资金	本年资金来源小计		
				#国内贷款	银行贷款
按登记注册类型分	**2 766 589**	**382 820**	**2 383 769**	**593 278**	**587 598**
内　资	2 025 280	321 743	1 703 537	437 658	431 978
国有单位投资	256 203	30 138	226 065	87 430	84 490
集体单位投资	16 745	5 184	11 561	1 780	
私营及个体投资	420 174	70 657	349 517	60 438	60 438
国　有	217 544	30 055	187 489	72 430	69 490
集　体	5 300	300	5 000		
股份合作	11 445	4 884	6 561	1 780	
联　营	3 659	83	3 576		
国有联营	3 659	83	3 576		
国有与集体联营					
有限责任公司	1 014 240	202 579	811 661	198 402	197 522
国有独资公司	35 000		35 000	15 000	15 000
其他有限责任公司	979 240	202 579	776 661	183 402	182 522
股份有限公司	352 918	13 185	339 733	104 608	104 528
私　营	420 174	70 657	349 517	60 438	60 438
私营独资	750		750		
私营合伙	33 700	2 700	31 000	5 000	5 000
私营有限责任公司	331 768	50 284	281 484	55 438	55 438
私营股份有限公司	53 956	17 673	36 283		
港澳台投资	566 724	38 023	528 701	114 000	114 000
港澳台合资经营	112 803	15 172	97 631	41 200	41 200
港澳台独资	426 632	22 107	404 525	64 800	64 800
港澳台股份有限	27 289	744	26 545	8 000	8 000
外商投资	174 585	23 054	151 531	41 620	41 620
中外合资经营	113 607	10 857	102 750	14 100	14 100
外资企业	50 978	12 197	38 781	17 520	17 520
外商股份有限	10 000		10 000	10 000	10 000
按隶属关系分	**2 766 589**	**382 820**	**2 383 769**	**593 278**	**587 598**
中　央					
地　方	2 766 589	382 820	2 383 769	593 278	587 598
省	347 857	4 564	343 293	126 400	126 400
市	2 418 732	378 256	2 040 476	466 878	461 198
市　属	246 631	17 969	228 662	80 430	77 490
县　属	95 590	21 225	74 365	14 300	14 220
镇	5 000		5 000		
其　他	2 071 511	339 062	1 732 449	372 148	369 488
按资质等级分	**2 766 589**	**382 820**	**2 383 769**	**593 278**	**587 598**
一　级	238 649	13 753	224 896	62 200	62 200
二　级	957 486	115 495	841 991	239 217	239 217
三　级	674 817	95 710	579 107	123 781	121 421
四　级	45 151	10 000	35 151	7 400	7 400
暂　定	850 486	147 862	702 624	160 680	157 360

5－18 续表1　　(2007 年)　　单位：万元

指标	本年资金来源小计				
	国内贷款				
	非银行金融机构贷款	利用外资	#外商直接投资	自筹资金	#自有资金
按登记注册类型分	**5 680**	**36 451**	**34 951**	**448 124**	**163 225**
内　资	5 680			407 893	138 243
国有单位投资	2 940			34 132	21 426
集体单位投资	1 780			6 615	1 500
私营及个体投资				36 983	14 400
国　有	2 940			28 132	20 126
集　体				5 000	
股份合作	1 780			1 615	1 500
有限责任公司	880			141 164	91 698
国有独资公司				6 000	1 300
其他有限责任公司	880			135 164	90 398
股份有限公司	80			194 999	10 519
私　营				36 983	14 400
私营独资				350	300
私营有限责任公司				36 633	14 100
港澳台投资		34 951	34 951	35 991	24 742
港澳台合资经营				25 820	17 720
港澳台独资		34 951	34 951	5 300	2 151
港澳台股份有限				4 871	4 871
外商投资		1 500		4 240	240
中外合资经营		1 500		4 000	
外资企业				240	240
按隶属关系分	**5 680**	**36 451**	**34 951**	**448 124**	**163 225**
中　央					
地　方	5 680	36 451	34 951	448 124	163 225
省				181 835	17 062
市	5 680	36 451	34 951	266 289	146 163
市　属	2 940			32 895	14 275
县　属	80			13 671	8 235
镇				5 000	
其　他	2 660	36 451	34 951	214 723	123 653
按资质等级分	**5 680**	**36 451**	**34 951**	**448 124**	**163 225**
一　级				24 300	8 000
二　级				203 282	28 602
三　级	2 360	1 500		101 167	45 113
四　级				9 095	8 845
暂　定	3 320	34 951	34 951	110 280	72 665

指　　标	本年资金来源小计			本年各项应付款合计	#工程款
	其他资金来源	#定金及预付款	#个人按揭贷款		
按登记注册类型分	**1 305 916**	**868 265**	**326 834**	**216 962**	**126 549**
内　资	857 986	524 430	247 040	153 631	92 374
国有单位投资	104 503	78 649	24 758	36 720	30 157
集体单位投资	3 166	3 000	166	1 042	900
私营及个体投资	252 096	143 817	106 617	23 784	20 715
国　有	86 927	61 073	24 758	27 898	26 357
集　体				500	500
股份合作	3 166	3 000	166	542	400
联　营	3 576	3 576			
国有联营	3 576	3 576			
有限责任公司	472 095	294 196	106 570	78 015	34 134
国有独资公司	14 000	14 000		8 822	3 800
其他有限责任公司	458 095	280 196	106 570	69 193	30 334
股份有限公司	40 126	18 768	8 929	22 892	10 268
私　营	252 096	143 817	106 617	23 784	20 715
私营独资	400	160	240	750	750
私营合伙	26 000	13 700	12 300		
私营有限责任公司	189 413	105 804	81 947	21 101	18 032
私营股份有限公司	36 283	24 153	12 130	1 933	1 933
港澳台投资	343 759	240 621	79 794	49 413	22 787
港澳台合资经营	30 611	20 762	9 849	37 429	19 429
港澳台独资	299 474	212 111	64 155	11 891	3 265
港澳台股份有限	13 674	7 748	5 790	93	93
外商投资	104 171	103 214		13 918	11 388
中外合资经营	83 150	83 150		3 292	1 932
外资企业	21 021	20 064		10 626	9 456
按隶属关系分	**1 305 916**	**868 265**	**326 834**	**216 962**	**126 549**
中　央					
地　方	1 305 916	868 265	326 834	216 962	126 549
省	35 058	23 409	11 649	15 817	8 475
市	1 270 858	844 856	315 185	201 145	118 074
市　属	115 337	86 657	28 104	21 931	15 265
县　属	46 394	27 383	16 491	15 401	10 130
镇				500	500
其　他	1 109 127	730 816	270 590	163 313	92 179
按资质等级分	**1 305 916**	**868 265**	**326 834**	**216 962**	**126 549**
一　级	138 396	138 396			
二　级	399 492	257 725	87 665	80 068	45 788
三　级	352 659	199 346	102 626	72 613	40 650
四　级	18 656	13 633	5 023	6 865	5 180
暂　定	396 713	259 165	131 520	57 416	34 931

5－19 分县区房地产开发情况

（2007年） 单位：万元

指　　标	计划总投资	本年完成投资	#非公经济	#建筑工程	#安装工程
按项目建设地分组	6 990 752	1 256 020	1 109 838	906 879	53 100
东 湖 区	975 095	76 093	54 955	59 334	724
西 湖 区	386 120	99 571	91 104	69 313	2 626
青云谱区	714 795	129 506	84 999	110 513	2 613
湾 里 区	107 625	39 852	38 804	28 511	1 764
青山湖区	789 230	220 721	196 531	128 989	8 127
南 昌 县	1 355 129	180 677	171 773	127 744	7 214
新 建 县	236 250	46 414	45 368	35 806	1 783
安 义 县	22 200	13 496	13 496	7 736	
进 贤 县	65 710	18 059	18 059	13 803	2 313
经济开发区	348 073	21 260	12 510	15 002	873
高新开发区	236 035	37 877	37 877	23 232	449
红谷滩新区	1 605 665	350 233	325 132	273 098	20 744
桑海开发区	1 400	800		450	
英雄开发区	129 325	16 531	14 300	9 049	3 703
异地项目	18 100	4 930	4 930	4 299	167

指　　标	住宅投资（万元）	#经济适用房	房屋施工面积（平方米）	#住宅施工面积	#本年新开工面积
按项目建设地分组	1 078 756	66 905	15 255 933	12 911 886	6 436 207
东 湖 区	64 649	10 685	1 345 514	1 020 934	390 544
西 湖 区	76 778		1 192 692	904 933	315 624
青云谱区	121 957	21 153	1 582 283	1 504 425	867 864
湾 里 区	38 407		553 599	529 210	374 845
青山湖区	183 180	16 370	1 834 473	1 548 140	922 500
南 昌 县	148 946	11 134	2 224 363	2 084 242	1 181 416
新 建 县	42 558	654	1 005 176	974 082	397 337
安 义 县	13 276		169 498	166 144	65 262
进 贤 县	15 283		498 978	340 172	222 243
经济开发区	13 708	5 000	756 541	329 163	336 166
高新开发区	35 955		455 283	430 288	129 286
红谷滩新区	306 045	1 909	3 117 491	2 615 586	1 017 359
桑海开发区	700		7 681	6 581	
英雄开发区	14 600		362 225	325 641	182 225
异地项目	2 714		150 136	132 345	33 536

指标	#住宅新开工面积	房屋竣工面积	#住宅竣工面积	商品房销售面积	#住宅销售面积
按项目建设地分组	5 684 644	3 710 100	3 473 864	4 789 932	4 603 378
东湖区	367 096	206 526	206 526	275 731	273 827
西湖区	244 083	147 510	112 510	214 262	184 886
青云谱区	852 414	407 826	393 611	373 795	365 961
湾里区	364 847	184 760	175 702	131 776	129 287
青山湖区	749 315	531 591	497 800	665 185	603 470
南昌县	1 065 176	1 045 616	1 040 772	952 483	951 163
新建县	389 337	131 037	115 044	237 488	224 828
安义县	65 262			95 467	94 796
进贤县	179 262	159 634	120 288	162 058	155 019
经济开发区	276 025	16 172	13 695	92 718	87 053
高新开发区	120 691	85 712	85 712	142 875	142 875
红谷滩新区	815 632	731 435	658 896	1 232 972	1 185 777
桑海开发区		7 681	6 581	6 581	6 581
英雄开发区	171 886	35 600	35 600	156 846	156 033
异地项目	23 618	19 000	11 127	49 695	41 822

指标	商品房销售额（万元）	#住宅销售额	空置面积（平方米）	#住宅空置面积
按项目建设地分组	1 704 283	1 615 185	125 202	67 048
东湖区	121 943	120 727	4 839	4 535
西湖区	99 172	82 620	19 589	4 589
青云谱区	161 524	153 899	9 550	9 550
湾里区	37 547	36 727	4 944	4 944
青山湖区	309 732	286 313	32 432	11 900
南昌县	276 565	276 058		
新建县	68 334	62 969	7 344	595
安义县	17 319	17 069	5 719	
进贤县	21 423	20 107	8 100	5 400
经济开发区	22 094	20 281	2 287	
高新开发区	48 855	48 855	2 442	2 442
红谷滩新区	486 338	457 353	11 176	7 454
桑海开发区	600	600		
英雄开发区	24 995	24 765	16 780	15 639
异地项目	7 842	6 842		

主 要 统 计 指 标 解 释

全社会固定资产投资 固定资产投资额（又称固定资产投资完成额）是以货币形式表现的在一定时期内建造和购置固定资产的工作量以及与此有关的费用的总称。它是反映固定资产投资规模、结构和发展速度的综合性指标，又是观察工程进度和考核投资效果的重要依据。

全社会固定资产投资包括国有经济单位投资、城乡集体经济制单位投资、其他各种经济类型的单位投资和城乡居民个人投资。城乡居民个人投资包括城市、县城、镇、工矿区所辖范围内的个人建房和农村个人建房及购买生产性固定资产（使用年限在二年以上，单位价值在50元以上的生产资料）的投资。

房地产开发投资 是指各种登记注册类型的房地产开发公司、商品房建设公司及其他房地产开发单位统一开发的统代建、拆迁还建的商品住宅、厂房、仓库、饭店、度假村、写字楼、办公楼等房屋建筑物和配套的服务设施、土地开发工程，，如通路、给水、排水、供电、供热、通讯、平整场地等（也称七通一平）基础设施工程。包括实际从事房地产开发经营活动的附营房地产开发单位。

固定资产按国民经济行业分 国民经济行业类别是按企业、事业、事业、行政单位所从事的生产或其他社会经济活动性质的同一性进行的分类。固定资产投资统计中的国民经济行业分类，基本建设项目按项目建成投产后主要产品种类或主要用途及社会活动种类来划分。一般情况下，一个基本建设项目只能属于一种国民经济行业；更新改造、其他固定资产投资根据整个企、事业单位所属的行业来划分，一般情况下，一个企、事业单位只能属于一种国民经济行业。为了更准确地反映国民经济和行业之间的比例关系，联合企业（总厂）所属分厂属于不同行业的，原则上按分厂划分行业。

固定资产投资按建设性质分 建设项目的性质一般分为新建、扩建、改建、单纯建造生活设施、迁建、恢复、单纯购置。是指固定资产再生产的性质。基本建设根据整个建设项目的情况确定；更新改造和其他固定资产投资按整个企业、事业、行政单位的情况确定。一般情况下，一个基本建设项目或企业、事业、行政单位只能有一种建设性质。目前基本建设和更新改造是根据我国现行的计划管理体制区分的，所以基本建设和更新改造都可以分别按新建、扩建和改建等划分。

（1）新建 一般是指从无到有，“平地起家”开始建设的企业、事业和行政单位或独立的工程。现有企业、事业、行政单位一般不属于新建。但如有的单位原有基础很小，经过建设后新增的固定资产价值超过该企业、事业、行政单位原有固定资产价值（原值）三倍以上的也应作为新建。

（2）扩建 是指在厂内或其他地点，为扩大原有产品的生产能力（或效益）或增加新的产品生产能力，而增建主要的生产车间（或主要工程）、分厂、独立的生产线的企业、事业单位。行政、事业单位在原单位增建业务用房（如学校增建教学用房、医院增建门诊部、病房等）也作为扩建。

（3）改建 是指原有设施进行技术改造或更新（包括相应配套的辅助性生产、生活福利设施），没有增建主要生产车间、分厂等的企业、事业单位。现有企业、事业单位为适应市场变化的需要，而改变企业的主要产品种类，或原有产品生产作业线由于各工序（车间）之间能力不平衡，为填平补充充分发挥原有生产能力而增建不增加本企业主要产品设计能力的车间，也应作为改建。

（4）单纯建造生活设施 是指在不扩建、改建生产性工程和业务用房的情况下，单纯建造职工住宅、托儿所、子弟学校、医务室、浴室、食堂等生活福利设施的企业、事业及行政单位。

（5）迁建 是指为改变生产力布局或由于城市环境保护和安全生产的需要等原因而搬迁到另地建设的企业、事业单位。在搬迁另地建设过程中，不论是维持原来规模还是扩大规模都按迁建统计。

（6）恢复 是指因自然灾害、战争等原因，使原有的固定资产全部或部分报废，以后又投资恢复建设的单位。不论是按原规模恢复还是在恢复的同时进行扩建的都按恢复统计。尚未建成投产的基本建设项目或企业、事业单位，因自然灾害而损坏的，不作为恢复项目，仍按原有建设性质划分。

（7）单纯购置 是指现有企业、事业、行政单位单纯购置不需要安装的设备、工具、器具，而不进行工程建设的单位。有些单位当年虽然只从事一些购置活动，但其设计中规定有建筑安装活动，应根据文件的内容来确定建设性质，不得作为单纯购置统计。

固定资产投资按构成分 固定资产投资活动按其工作内容和实现方式分为建筑工程、安装工程、设备、工具、器具购置、用于更新的设备、购置旧设备、其他费用、其中：土地购置费、旧建筑物购置费。

（1）建筑工程 是指各种房屋、建筑物的建造工程，又称建筑工作量。这部分投资额必须兴工动料，通过施工活动才能实现，是固定资产投资额的重要组成部分。

（2）安装工程 是指各种设备、装置的安装工程，又称安装工作量。安装工程包括：①生产、动力、起重、运输、传动和医疗、实验等各种需要安装设备的装配和安装，与设备相连的工作台、梯子、栏杆等装设工程，附属于被安装设备的管线敷设工程，被安装设备的绝缘、附腐、保温、油漆等工作；②为测定安装工程质量，对单个设备、系统设备进行单机试运、系统联动无负荷试运工作（投料试运工作台不包括在内）。

在安装工程中，不包括被安装设备本身价值。

（3）设备、工具、器具购置 是指建设单位或企、事业单位购置或自制的，达到固定资产标准的设备、工具、器具的价值。①设备：指各种生产设备、传导设备、动力设备、运输设备等。分为需要安装的设备和不需要安装的设备两种。②工具、器具：是指具有独立用途的各种生产用具、工作工具和仪器。

（4）用于更新的设备 是指为更换陈旧设备而购置的设备。用于更新的设备与原有设备在台数和价值上不一定相等。

（5）购置旧设备 是指从外单位购入的，已经使用过的各种设备，不包括从国外购进的旧设备。

（6）其他费用 是指在固定资产建造和购置过程中发生的。

（7）其中：土地购置费 是指建设项目通过划拨方式或出让方式取得土地使用权而支付的各项费用。

（8）旧建筑物购置费 是指购置已使用过的各种旧房屋及其他建筑物的费用。

施工项目 是指报告期内进行过建筑或安装施工活动的项目。凡是报告期内施过工的建设项目，不论施工时间长短，均作为施工项目统计。施工项目个数可以反映一定时期固定资产投资的实际规模，与同期建成投产的建设项目个数相比，可以从建设速度的角度反映固定资产投资的效果。根据建设项目施工活动的不同性质，施工项目又分为：本年正式施工项目、本年收尾项目和以前年度全部停缓建项目。

全部建成投产项目 工业项目是指设计文件规定形成能力的主体工程及其相应配套的辅助设施全部建成，经负荷试运转，证明具备生产设计规定合格产品的条件，并经过验收鉴定合格或达到竣工验收标准，与生产性工程配套的生活福利设施可满足近期正常生产的需要，正式移交生产的建设项目；非工业项目是指设计文件规定的主体工程和相应配套工程全部建成，能够发挥设计规定的工程效益，经验收鉴定合格或达到竣工标准，正式移交使用的建设项目。

新增生产能力 是指通过固定资产投资活动而增加的设计能力（或工程效益），是以实物形态表现的固定资产投资成果的指标，也是考核投资经济效果的重要依据之一。新增生产能力的计算，是以能独立发挥生产能力或效益的单项工程（或项目）为对象。当单项工程（或项目）建成，经有关部门鉴定合格、正式移交投入生产，即可计算新增生产能力。新增生产能力的数量一般按设计能力计算。设计文件中规定的在正常情况下能够达到的生产能力，而不论投产后的实际产量如何。以设备数量、建筑物容积、面积、长度等表示为新增生产能力（或效益），则按建成的实际数量计算。

施工和竣工房屋建设面积 房屋建筑面积是从房屋建筑物勒脚以上外墙外围的水平截面积，包括房屋建筑物的有效面积和结构面积。包括房屋结构（如柱、墙）占用的面积和地下室面积。多层建筑按各自然层面积计算，包括房屋内的楼隔层，突出墙面的眺望间、门斗、有柱雨罩的面积。不包括突出墙面结构的构件、艺术装饰等所占的面积。如台阶等。凹阳台、挑台按其水平投影面积一半计算建筑面积。

施工面积 是指报告期内施工的全部房屋建筑面积。包括本期新开工的面积和上期开工跨入本期继续施工的房屋面积，以及上期已停建在本期恢复施工的房屋面积。以及上期已停建在本期继续施工的房屋建筑面积。

竣工面积 是指在报告期内房屋建筑按照设计要求已经全部完工，达到住人和使用条件，经验收鉴定合格（或达到竣工验收标准），正式移交使用单位的各栋房屋建设面积的总和。

新增固定资产 新增固定资产（又称交付使用的固定资产），是指已经完成建造和购置过程，并已交付生产或使用单位的固定资产的价值。新增固定资产是表示固定资产投资成果的价值指标，也是反映建设进度，计算固定资产投资效果的重要数据。

六、城市公用事业

URBAN PUBLIC UTKITIES

本篇内容包括：

1. 城市自来水供应
2. 市政公共设施
3. 城市公共交通
4. 园林绿化
5. 环境保护，环境卫生
6. 用电情况

资料整理

姜同文
万明刚

微机处理

许卫群
姜同文

城 市 供 水

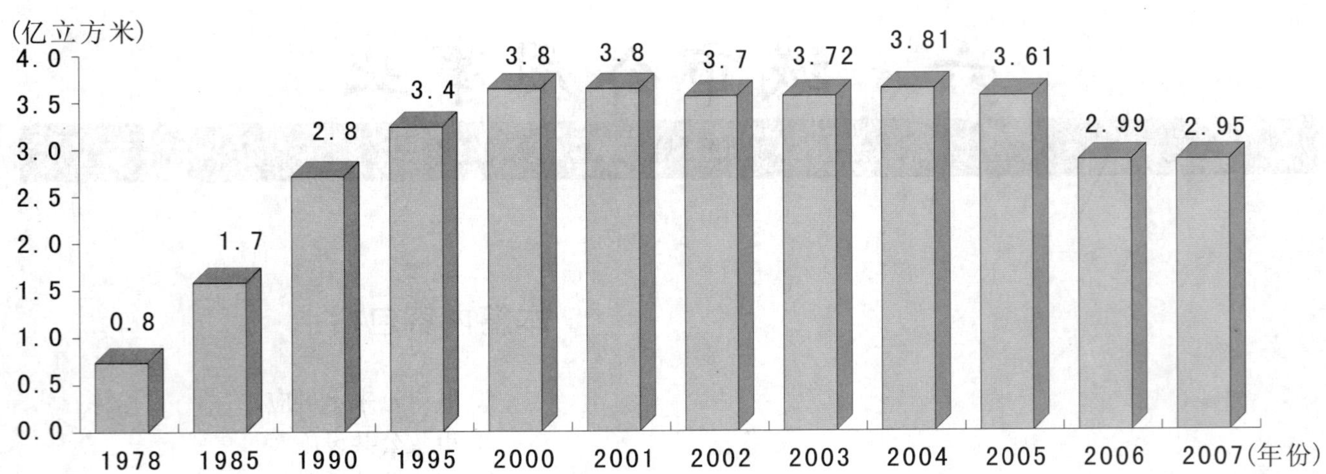

城 市 用 电

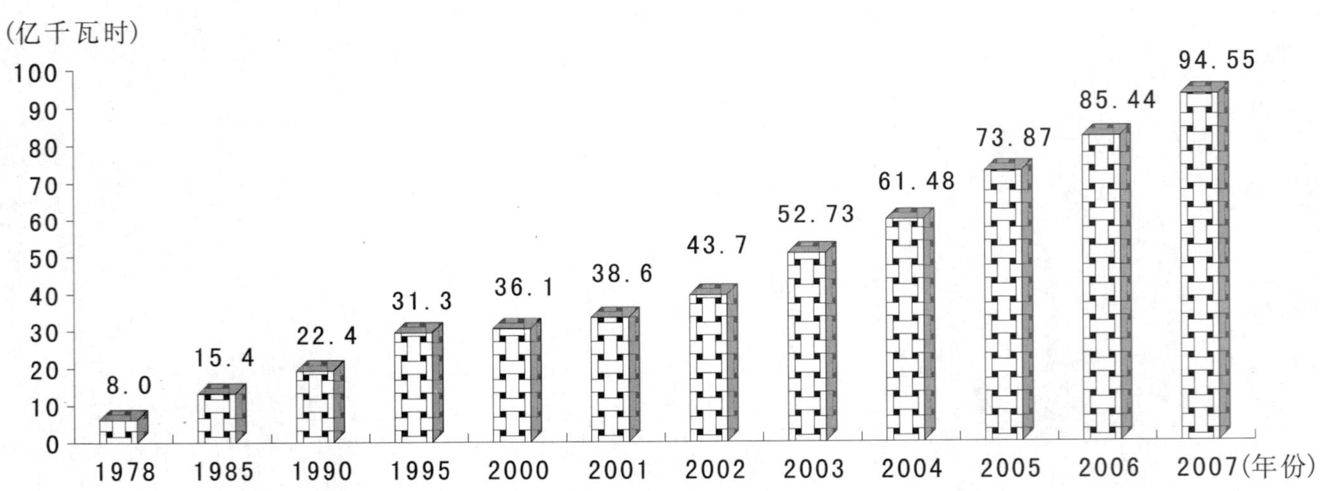

市 政 道 路 面 积

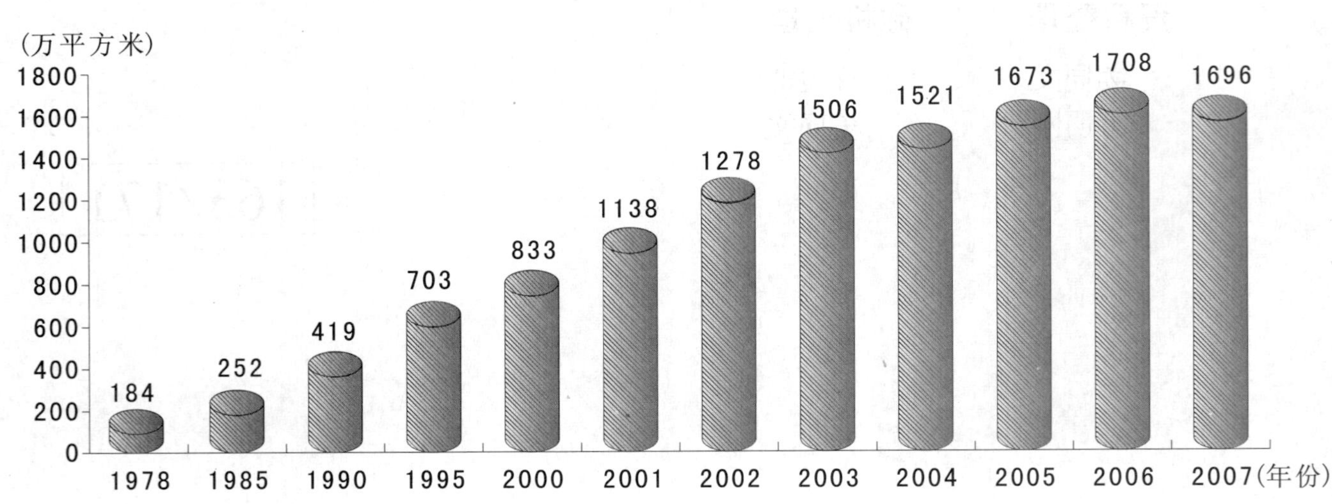

6-1 市 政 公 用 设 施

项 目	2006	2007
一、道路总长度（公里）	843	917
二、道路总面积（万平方米）	1 708	1 696
三、人行道总面积（万平方米）	520	515
四、桥 梁（座）	121	133
#立 交 桥	13	13
五、排水管长度（公里）	881	1 183
六、城镇路灯盏数（盏）	40 547	45 763
七、液化气储气能力（万立方米）	3 336	2 252
八、液化气供应总量（吨）	53 765	73 271
#家庭用量	52 411	61 843
九、液化气用气户数（万户）	40	39.89
#家 庭 户	39.69	39.85
十、液化气用气人口（万人）	154.78	146.7
十一、煤气供应总量（万立方米）	6 004	7 502
#家庭用量	3 463	3 707
十二、煤气用气户数（万户）	8.41	17
#家 庭 户	8.34	16.96
十三、煤气用气人口（万人）	32.52	62.45
十四、气 化 率（%）	94.7	99.8

6-2 城市自来水供应

(2007年)

项目	城区	公共供水公司	自建设施供水单位
水厂个数（个）	8		
综合生产能力（万立方米/日）	140.5	120.5	20
年末供水管长度（公里）	2 109	2 010	99
全年供水总量（万立方米）	33 220	29 456	3 764
#生产用水（万立方米）	6 503	4 109	2 394
生活用水（万立方米）	12 666	11 295	1 371
用水人口（万人）	210	197	13
平均每人每天生活用水（升）	200		
自来水普及率（%）	95.02		
实际利润（万元）	2 832	2 832	

6-3 城市公共交通

项目	2006	2007
一、年末实有营运车辆（辆）	2 229	2 448
公共汽车（辆）	2 195	2 414
无轨电车（辆）	34	34
标台总数（标台）	2 736.3	3 156.6
二、运营线路网长度（公里）	2 668	2 819
三、全年客运量（万人次）	45 815	51 104
公共汽车	43 487	49 859
无轨电车	2 328	1 245
四、公交换乘系数	1.37	1.4
五、市民出行系数（次/天·人）	2.49	2.49
六、全年实现利润总额（万元）	805.85	681.93
七、年末出租汽车营运车数（辆）	3 569	3 629

6-4 城市园林绿化

(2007年)

项目	城区	城建系统内	城建系统外
城市园林绿地面积（公顷）	6 840	2 623.75	4 216.25
公共绿地面积（公顷）	1 712	1 338	374
人均公共绿地面积（平方米）	8.08		
城市绿化覆盖面积（公顷）	7 272	2 917.03	4 354.97
建成区绿化覆盖率（%）	40.4		
苗圃面积（公顷）	66.6	66.6	
公园（含动物园，个）	26	19	7
公园面积（公顷）	736	736	

6－5 城 市 环 境 卫 生

(2007 年)

项 目	城 区
全年清扫面积（万平方米）	1 313
全年清运生活垃圾（万吨）	75
生活垃圾无害化处理（万吨）	75
公共厕所数（座）	257
粪便无害化处理（万吨）	0.3
环卫机械数量（辆）	186
清洁卫生工作人员（人）	7 689
垃圾中转站（座）	98
果 壳 箱（个）	5 221

6－6 全 市 用 电 量

单位：万千瓦小时

行 业	2006	2007
总 计	**854 360**	**945 496**
农、林、牧、渔、水利业	51 254	37 970
工 业	505 249	554 889
地质勘查勘探业		
建 筑 业	8 369	5 475
交通运输、邮电业	11 194	19 313
商业、饮食及物资供销业	25 980	39 940
其 他 事 业	80 217	99 656
居民生活用电	172 097	188 253
乡 村	39 083	40 711
城 市	133 014	147 542

6-7 环境保护

（2007年）

项目	全市
一、环境质量	
可吸入颗粒物年日平均值（毫克/立方米）	0.083
二氧化硫年日平均值（毫克/立方米）	0.054
二氧化氮年日平均值（毫克/立方米）	0.034
降尘（吨/月、平方公里）	8.5
城市交通干线噪声平均值（分贝）	69.9
区域环境噪声（分贝）	56.1
饮用水源水质达标率（%）	99.8
城市生活污水集中处理率（%）	83.03
二、“三废”排放、处理及综合利用情况	
废水排放总量（万吨）	23 223.54
#工业废水（万吨）	10 475.11
工业废水排放达标率（%）	94.38
工业废气排放总量（亿标立方米）	689.68
#燃料燃烧过程中废气排放量	290.28
工艺废气排放量	399.4
工业二氧化硫排放量（吨）	27 085.3
工业烟尘排放量（吨）	19 066.85
工业固废产生量（吨）	157.99
工业固废综合利用量（万吨）	143.35
工业固废综合利用率（%）	87.62
“三废”综合利用产品产值（万元）	42 305.40
三、污染治理情况	
工业企业用于污染治理资金（万元）	7 194.7
#治理废水	6 749
治 理 废 气（万元）	445.7
当年竣工的污染治理项目设计处理利用“三废”能力	
废水（吨/日）	7 346
废气（万标立方米/时）	188.1

主 要 统 计 指 标 解 释

年末自来水生产能力 指年末城建部门管理的自来水厂和社会单位自备水源的取水、净化、送水出厂输水干管等环节的实际生产能力。

年末供水管道长度 指从送水泵至用户水表之间所有管道的长度。

全年供水总量 指公用自来水厂和社会单位自备水源全年的供水总量，包括有效供水量及损失水量。

生活用水量 指居民日常生活与公共福利设施的用水量。包括饮食店、旅馆、医院、理发店、浴池、洗衣店、游泳池、商店、学校、机关、部队等单位的用水量。

年末实有铺装道路长度 指除土路外，路面经过铺装宽度在3.5米以上的道路，包括高级、次高级道路和普通道路。

城市下水道总长度 指所有排水总管、干管、支管及暗渠、检查井、连接井进出水口等长度之和。

年末实有公共汽（电）车辆 指年底可参加营运的全部车辆数。包括年底营运车辆数和库存查封未参加营运的车辆，不包括非营运车辆，如架线车、油罐车、工程车、货车及其他专用车辆和借入的客运车辆。

营运线路长度 指设置的固定营运线路长度，包括郊区营运线路长度。不包括临时行驶的线路长度。

城市园林绿地面积 指城市公共绿地、专用绿地、生活绿地、防护绿地、郊区风景名胜区的全部面积。

公共绿地 指供游览休息的各种公园、动物园、植物园、陵园以及花园、游园和供游览休息用的林荫道绿地、广场绿地。不包括一般栽植的行道树及林荫道的面积。

废水排放总量 包括生产废水和生活污水。生产废水指企、事业单位在生产、科研过程中向外环境排放的所有排放口的废水量总和。生活污水指城镇居民区和企事业单位职工集中居住区排放的污水量。

工业废水排放量 指经过企业所有排放口排到企业外的生产废水总量，包括外排的直接冷却水和矿区超标排放的有毒有害矿井地下水，但不包括外排的间接冷却水（清污不分流的应计算在内）。

符合排放标准的工业废水量 指全面达到国家排放标准的外排工业废水量（包括经过处理和未经过处理的），但不包括虽经处理仍未达到国家排放标准的工业废水。国家尚未正式颁布标准的，以地方制定的标准为准。

工业废水处理量 指报告期内各种水治理设施实际处理的工业废水量，包括处理后外排的和处理后回用的工业废水量。虽经处理但未达到国家或地方排放标准的废水量也应计算在内。计算时，如遇有车间和厂排放口均有治理设施，并对同一废水分级处理时，不应重复计算工业废水处理量。

工业废气排放量 指企业厂区燃料燃烧和生产工艺过程中产生的各种排入空气的含有污染物的气体的总量，以标准状态［273K，101325Pa］计。

工业粉尘排放量 指企业在生产工艺过程中排放的颗粒物重量。如钢铁企业的耐火材料粉尘、焦化企业的筛焦系统粉尘、烧结机的粉尘、石灰窑的粉尘、建材企业的水泥粉尘等。不包括电厂排入大气的烟尘。

工业粉尘回收量 指经过各种回收处理装置回收的工业粉尘和尘泥量（包括干法和湿法）。

工业固体废物产生量 指企业在生产过程中产生的固体状、半固体状和高浓度液体状废弃物的总量，包括危险废物、冶炼废渣、粉煤灰、炉渣、煤矸石、尾矿、放射性废物和其他废物等；不包括矿山开采的剥离废石和掘进废石（煤矸石和呈酸性或碱性的废石除外）。酸性或碱性废石是指采掘的废石其流经水、雨淋水的PH值小于4或PH值大于10.5。

工业固体废物处置量 指将固体废物焚烧或者最终置于符合环境保护规定要求的场所并不再回取

的工业固体废物量（包括当年处置往年的工业固体废物累计贮存量）。处置方法如：填埋（其中危险废物应安全填埋）、焚烧、专业贮存场（库）封场处理、深层灌注、回填矿井等。

工业固体废物排放量　指将所产生的固体为物排到固体废物污染防治设施、场所以外的量。不包括矿山开采的剥离为石和掘进废石（煤矸石和呈酸性或碱性的废石除外）。

二氧化硫排放量　指企业在燃烧和生产工艺过程中排入大气的二氧化硫量。

工业固体废物综合利用量　指通过回收、加工、循环、交换等方式，从固体废物中提取或者使其转化为可以利用的资源、能源和其他原材料的固体废物量（包括当年利用往年的工业固体废物累计贮存量）。如用作农业肥料、生产建筑材料、筑路等。综合利用量由原产生固体废物的单位统计。

“三废”综合利用产品产值　指利用“三废”（废液、废气、废渣）作为主要原料生产的产品产值（现价），已经销售或准备销售的，应计算产品产值；但留作生产上自用的，不应计算产品产值。

七、外贸和旅游

FOREIGN ECONOMIC TRANE AND TOURISM RELATIONS

本篇内容包括：

1. 海关进出口总值
2. 利用外资情况
3. 接待入境旅游、国内旅游情况
4. 星级饭店住宿接待入境旅游情况
5. 星级宾馆一览表

资料整理	微机处理
罗小云	褚艳红
褚艳红	罗小云

173/181

海关出口总值

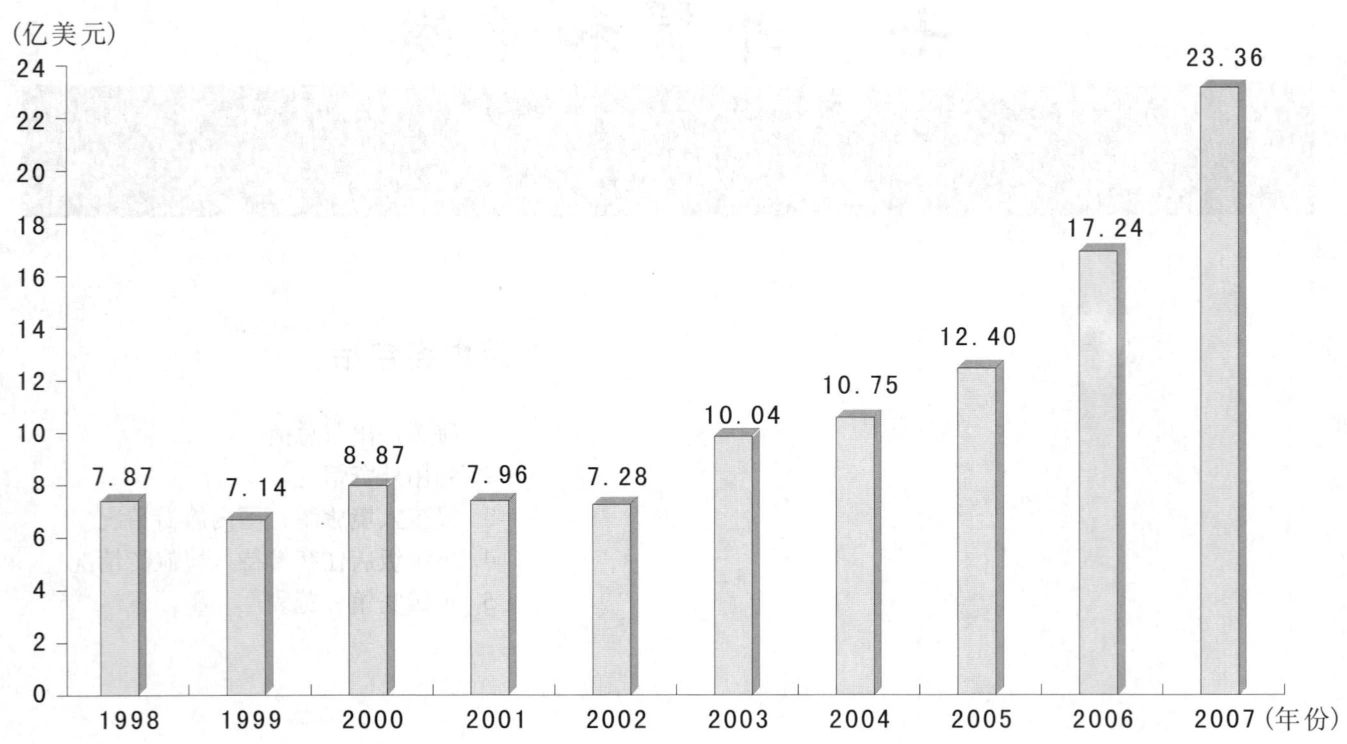

实际利用外资

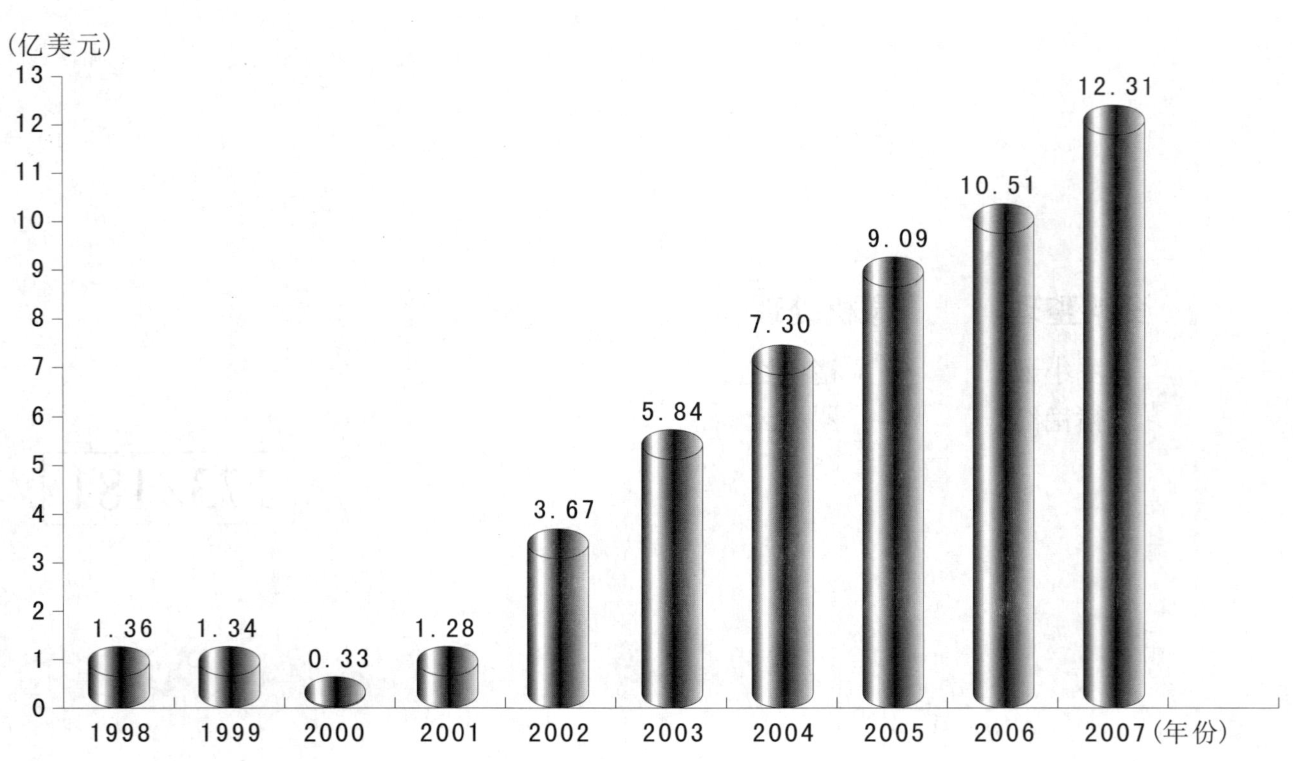

7－1 海 关 进 出 口 总 值

单位：万美元

项　　目	2006	2007	2007年比上年增长（%）
进出口总值	**248 952**	**319 472**	**28.3**
出口总值	172 370	233 559	35.5
进口总值	76 582	85 913	12.2

7－2 主要年份实际利用外资

单位：万美元

项　　目	1988	1990	1995	2000	2001	2002	2003	2004	2005	2006	2007
合　　计	**532**	**1 129**	**12 537**	**3 288**	**12 767**	**36 733**	**58 350**	**73 032**	**90 865**	**105 084**	**123 068**
一、对外借款	149	634	5 115								
二、外商直接投资	148	393	7 422	3 141	12 767	36 733	58 350	73 032	90 865	105 084	123 068
合资经营	113	149	4 132	2 654	7 288	19 978	17 337	21 207	17 321	13 773	16 464
合作经营	15	203	720	2	17	1 149	6 990	4 295	2 898	6 538	5 958
独资经营	20	41	2 570	485	5 462	15 606	34 023	47 530	70 646	84 773	100 592

7－3　1994—2007年签订利用外资合同

年　份	指　标　名　称	合　计	外商直接投　资	合资经营	合作经营	独资经营	外商投资股份制
1994	项目（个）	212	212	136	11	65	
	金额（万美元）	15 324	15 324	7 086	3 695	4 543	
1995	项目（个）	106	104	59	1	44	
	金额（万美元）	7 579	6 384	2 696	325	3 363	
1996	项目（个）	64	64	40	1	23	
	金额（万美元）	12 419	12 419	8 615	540	3 264	
1997	项目（个）	64	64	24	5	35	
	金额（万美元）	13 610	13 610	2 798	7 033	3 779	
1998	项目（个）	74	74	41	3	30	
	金额（万美元）	11 740	11 740	6 642	1 510	3 588	
1999	项目（个）	52	50	22		28	
	金额（万美元）	12 007	12 007	6 252	590	5 165	
2000	项目（个）	43	43	23	2	18	
	金额（万美元）	2 856	2 856	1 932	42	882	
2001	项目（个）	65	65	28	1	36	
	金额（万美元）	17 381	17 381	3 395	83	13 903	
2002	项目（个）	149	149	66	8	75	
	金额（万美元）	53 239	53 239	22 033	3 092	28 114	
2003	项目（个）	172	172	69	10	93	
	金额（万美元）	73 579	73 579	13 377	8 884	51 318	
2004	项目（个）	195	195	67	9	119	
	金额（万美元）	104 743	104 743	20 278	8 461	76 004	
2005	项目（个）	187	187	57	4	126	
	金额（万美元）	111 479	111 479	20 694	7 005	83 780	
2006	项目（个）	174	174	58	4	112	
	金额（万美元）	120 976	120 976	17 386	5 473	98 117	
2007	项目（个）	155	155	34	3	117	1
	金额（万美元）	148 992	148 992	12 417	763	135 758	54

7－4　1991－2007年接待入境旅游和国内旅游情况

年　份	入境旅游				国内旅游			
	旅游外汇收入（万美元）		接待海外旅游者（人次）		国内旅游收入（亿元）		接待国内旅游者（万人次）	
	绝对值	比上年增长%	绝对值	比上年增长%	绝对值	比上年增长%	绝对值	比上年增长%
1991	250	40.5	21 330	19.2				
1992	405	62.0	19 370	－9.2				
1993	633	56.3	16 287	－15.9				
1994	981	54.9	15 432	－5.3				
1995	888	－9.5	19 871	28.8				
1996	1 171	31.9	23 832	19.9				
1997	1 478	26.2	30 018	26.0				
1998	1 743	17.9	28 722	－4.3				
1999	2 155	23.6	34 141	18.9				
2000	2 578	19.6	37 010	8.4	22		391.78	
2001	2 913	13.0	41 430	11.9	27.16	13.0	446.86	14.1
2002	1 643	－43.6	44 840	8.2	32.76	20.6	507.68	13.6
2003	1 103	－31.2	34 549	－23.0	33.4	2.0	510.0	0.5
2004	1 723	56.8	54 282	58.1	37.77	13.1	587.15	15.1
2005	1 807	4.9	65 154	20.0	44.79	18.6	718.45	22.4
2006	2 316	28.2	75 062	15.2	53.51	19.5	829.2	15.4
2007	2 555	10.3	89 052	18.6	64.78	21.1	936.59	13.0

7－5 星级饭店住宿接待入境旅游人数和天数

项　　目	接待总人数（人）		接待人天数（人天）	
	2006	2007	2006	2007
合　　计	**75 062**	**89 052**	**156 613**	**169 415**
外 国 人	60 088	64 514	126 824	124 808
亚洲小计	**10 632**	**14 282**		
日　　本	5 178	3 737		
韩　　国	1 573	2 004		
蒙　　古	60	139		
印度尼西亚	292	745		
马来西亚	618	1 224		
菲 律 宾	254	764		
新 加 坡	1 035	1 639		
泰　　国	419	685		
印　　度	433	628		
越　　南	127	78		
缅　　甸	98	38		
朝　　鲜	68	14		
巴基斯坦	119	203		
其　　他	358	2 384		
欧洲小计	**14 125**	**13 127**		
英　　国	5 170	2 771		
法　　国	2 168	1 448		
德　　国	1 736	1 591		
意 大 利	700	1 063		
瑞　　士	177	448		
瑞　　典	425	627		
俄 罗 斯	743	1 079		
西 班 牙	1 897	876		
其　　他	1 109	3 224		
美洲小计	**32 146**	**27 943**		
美　　国	30 676	26 408		
加 拿 大	1 298	1 051		
其　　他	172	484		
大洋洲小计	**1 968**	**1 774**		
澳大利亚	1 366	1 073		
新 西 兰	493	461		
其　　他	109	240		
非洲小计	**689**	**1 398**		
其他小计	**528**	**5 990**		
港澳同胞	**7 602**	**12 790**	**15 220**	**23 066**
#香港同胞	6 671	11 626	13 467	21 062
台湾同胞	**7 372**	**11 748**	**14 569**	**21 541**

7-6 星级宾馆一览表

项目	客房数（间）	床位数（床）	电话	地址	邮编
五星级（2个）					
江西宾馆	228	380	6206666	八一大道368号	330006
凯莱大酒店	327	490	6738855	沿江北路88号	330008
江西索菲特酒店（待批）	206	289	8828888	红谷滩新府路28号	330038
四星级（12个）					
五湖大酒店	298	452	8521888	湖滨南路33号青山湖湖心岛	330077
富豪大酒店	219	234	6408888	洪城路160号	330002
七星商务酒店	230	337	8866666	南京西路225号	330006
锦峰大酒店	167	388	8867777	站前西路281号	330002
瑞都大酒店	115	196	6204598	广场南路399号	330003
赣江宾馆	312	589	6221159	八一大道138号	330006
锦江皇冠酒店	214	333	6429999	洪城路99号	330002
江西饭店	318	652	8858888	八一大道356号	330006
皇廷大酒店	221	320	6208888	站前路176号	330002
民航大酒店	139	238	8898888	洪城路587号	330025
华悦大酒店	118	230	6316666	丁公路117号	330002
泽源大酒店	67	128	7493600	湖滨东路66号	330077
三星级（22个）					
青山湖宾馆	260	324	8861872	福州路169号	330006
洪都宾馆	277	450	8829999	阳明路249号	330006
富洲大饭店	118	220	6232666	孺子路37号	330003
吉伟宾馆	87	162	6237700	二七北路76号	330046
九九隆大酒店	198	370	7061199	八一大道122号	330003
锦昌大酒店	144	248	6128888	站前西路107号	330002
天圆饭店	100	175	8869999	福州路82号	330006
铁路大酒店	129	289	6108108	南昌火车站	330002
明园大酒店	150	300	7038888	二七南路527号	330002
金袁州宾馆	131	242	8861666	叠山路248号	330006
江西核工业宾馆	132	271	6351111	北京西路134号	330046
金悦宾馆	88	170	6233333	系马桩326号	330003
师大白璐会所	87	164	8121888	师大瑶湖校区	330022
鄱阳湖大酒店	270	432	8856666	井冈山大道1128号	330002
环湖宾馆	172	368	8855888	环湖路99号	330006
灌城度假村	40	120	8311987	高新大道8号	330029
金山城大酒店	158	210	8896666	中山路135号	330008
桂花村大酒店	49	88	5761999	南昌县迎宾大道1089号	330200
君来大酒店	223	446	6200333	北京西路259号	330046
北京宾馆	112	206	8308888	北京东路35号	330029
进贤军山湖大酒店	150	258	5680082	进贤县胜利中路	331700
华宇商务酒店	158	280	8456666	井冈山大道685号	330002
二星级（11个）					
洪城宾馆	113	180	8857188	洪城路63号	330002
江铃宾馆	96	182	5233348	迎宾大道238号	330001
进园宾馆	45	80	8167666	青山湖大道388号	330039
金城宾馆	100	230	2175099	青山南路538号	330077
邮政大厦	70	126	7037900	站前路86号	330002
华财大厦	75	102	6690168	沿江中路19号	330009
惠苑宾馆	70	201	6221140	福州路4号	330006
江龙大酒店	251	498	7068168	洪都北大道10号	330046
交通宾馆	96	120	6256918	八一大道261号	330006
华昌宾馆	72	154	6120008	广场南路11号	330003
体育宾馆	130	278	6203288	福州路28号	330002

主 要 统 计 指 标 解 释

外贸出口商品收购额 指对外贸易企业单位以现金或通过银行划拨等方式，从对外贸易系统以外的单位或个人购进直接供应出口的以及经过加工后再供应出口的商品总额。

外贸进出口总额 对外贸易进出口总额是指从国外（境外）进入国境的进口商品和从国内运出国境的出口商品的总金额，包括一般贸易（含进料加工）、技术成套设备进口和出口、补偿贸易、加工装配、易货贸易以及中外合资、合作和外商独资企业的进口和出口等。外贸进口按到岸价格（CIF）计算，出口按离岸价格（FOB）计算。

利用外资 是指我国各级政府、部门、企业、中国银行和其他单位通过对外借款、吸收外商直接投资和用其他方式的境外现汇、设备、技术等。不包括赠款、援款。

对外借款 是我国利用外资的主要部分，包括我国通过外国政府贷款、国际金融组织贷款、外国银行商业贷款、出口信贷以及对外发行证券等方式，从国外和港澳地区筹措的资金。

外商直接投资 是指外国企业和经济组织或个人（包括华侨、港澳同胞以及我国在境外注册的企业）按我国有关政策、法规，用现汇、实物、技术等在我国境内开办外商独资企业、与我国境内的企业或经济组织共同举办中外合资经营企业、合作经营企业或合作开发资源的投资（包括外商投资收益的再投资）以及政府有关部门批准的项目投资总额内，企业从境外借入的资金。

外商其他投资 指对外借款和外商直接投资以外，用其他方式吸收的外资，包括补偿贸易、加工装配以及国际租赁等。

入境旅游者 指来中国（大陆）观光、度假、探亲访友、就医疗养、购物、参加会议或从事经济、文化、体育、宗教活动的外国人、港澳台同胞等游客（即入境旅游人数）中在中国（大陆）的旅游住宿设施内至少停留一夜的外国人、港澳台同胞。

入境旅游者不包括下列人员：

（1）应邀来华访问的政府部长以上官员及其随行人员；

（2）外国驻华使领官员、外交人员以及随行的家庭服务人员和受赡养者；

（3）常驻中国（大陆）一年以上的外国专家、留学生、记者、商务机构人员等；

（4）乘坐国际航班过境不需要通过护照检查进入中国（大陆）口岸的中转旅客；

（5）边境地区往来的边民；

（6）回大陆定居的港澳台同胞；

（7）已在中国（大陆）定居的外国人和原已出境又返回在中国（大陆）定居的外国侨民；

（8）归国的中国（大陆）出国人员。

旅游收入 游客（入境游客和国内游客）在旅游过程中（由游客或游客的代表为游客）支付的一切旅游支出就是国家（省、区、市）的旅游收入。旅游支出应包括（过夜）旅游者和一日游游客在整个游程中食、住、行、游、购、娱以及为亲友、家人购买纪念品、礼品等方面的旅游支出，不包括为商业目的购物、购买房、地、车、船等资本性或交易性的投资、馈赠亲友的现金及给公共机构的捐赠。旅游收入包括国际旅游（外汇）收入和国内旅游收入。

国际旅游（外汇）收入 入境游客在中国（大陆）境内旅行、游览过程中用于交通、参观游览、住宿、餐饮、购物、娱乐等全部花费。

国内旅游者 指中国（大陆）居民离开惯常居住地在境内其他地方的旅游住宿设施内至少停留一夜，最长不超过12个月的国内游客。

国内旅游者应包括在中国（大陆）境内常住一年以上的外国人、港澳台同胞。但不包括到各地巡视工作的部以上领导、驻外地办事机构的临时工作人员、调遣的武装人员、到外地学习的学生、到基层锻炼的干部、到境内其他地区定居的人员和无固定居住地的无业游民。

国内旅游收入 指国内游客在国内旅行、游览过程中用于交通、参观游览、住宿、餐饮、购物、娱乐等全部花费。

星级宾馆　指符合中华人民共和国《旅游饭店星级的划分与评定国家标准》暨《旅游涉外饭店星级的划分与评定国家标准1997年版》并经过有关旅游管理权威部门评定（验收）后授予“星级”称号的宾馆、饭店。

八、财政·金融

PUBLIC FINANCE, BANKING AND INSURANCE

本篇内容包括：

1. 财政收支
2. 银行存贷款及现金收支

资料整理

陈　锋
袁　媛

微机处理

陈　锋
袁　媛

183/198

财政收入

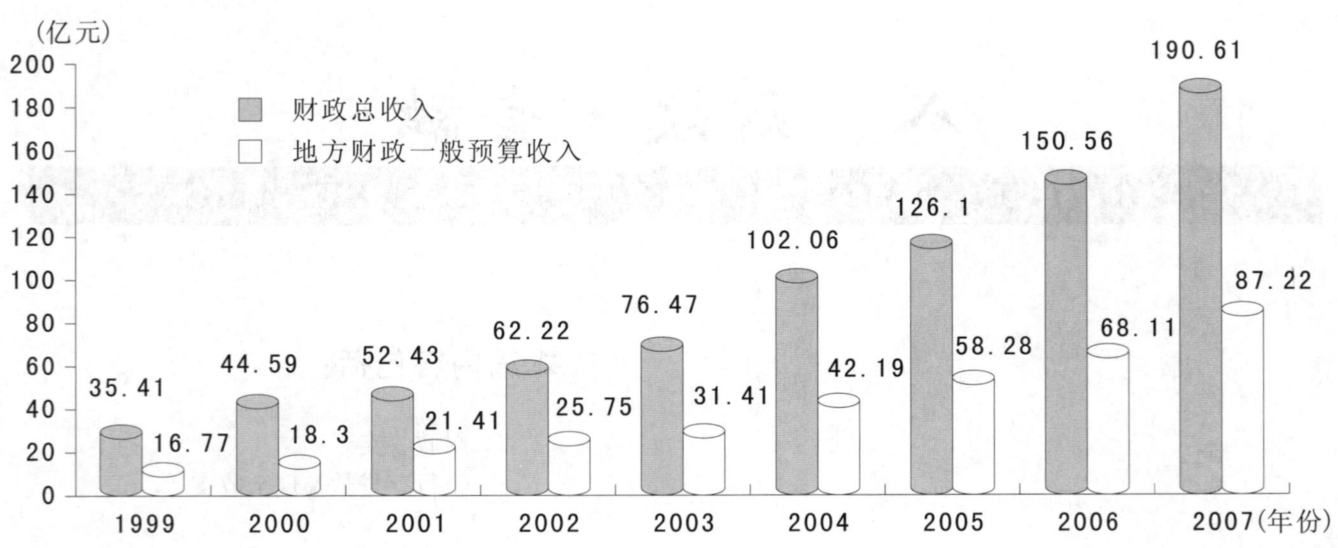

财政总收入年增长率

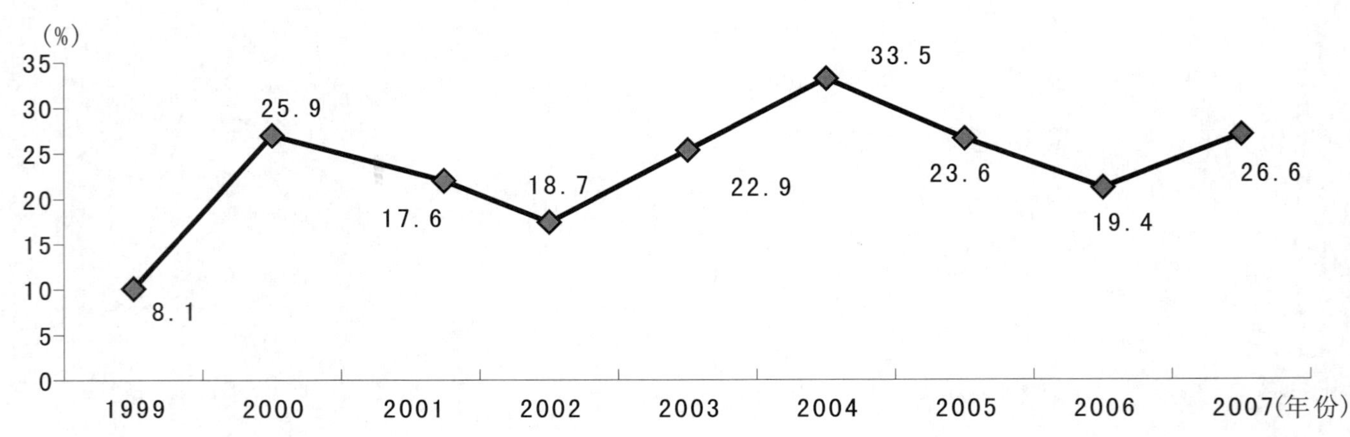

银行存贷款余额

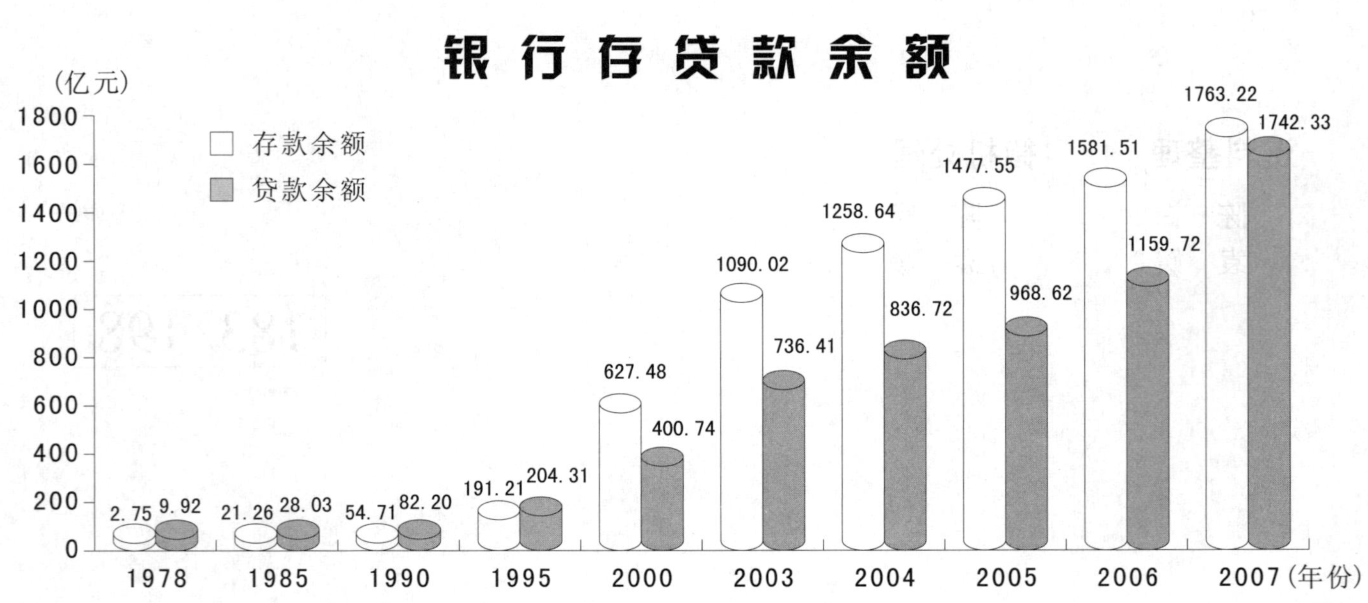

8－1 历年财政总收入和财政支出

单位：万元

年份	财政总收入					财政支出		
	合计	企业收入	各项税收	#工商税收类	其他收入	合计	#文教、科学、卫生事业费支出	#行政管理费支出
1949	56	1	54		1	18		18
1950	1 910	4	1 303		233	149		80
1951	2 357	23	1 696	1 427	207	428		84
1952	3 653	46	3 111	1 865	395	804		314
1953	4 571	71	3 784	3 112	194	933	377	366
1954	4 363	85	3 518	3 069	139	1 086	515	361
1955	5 341	98	4 578	3 914	166	1 335	686	402
1956	6 800	140	5 825	5 242	139	1 791	764	559
1957	7 779	262	7 225	6 153	293	1 776	838	491
1958	9 871	1 004	8 556	7 486	59	3 658	720	458
1959	15 333	4 767	10 546	9 575	20	5 170	803	553
1960	18 113	6 827	10 665	9 576	48	5 421	1 224	557
1961	9 740	2 497	7 203	6 463	40	1 895	985	611
1962	9 689	1 514	8 112	7 485	64	1 806	904	512
1963	10 157	1 543	8 551	7 691	61	2 890	878	393
1964	10 985	1 343	9 588	8 713	53	3 135	961	424
1965	11 911	1 596	10 232	9 317	85	3 022	968	569
1966	12 860	2 299	10 515	9 514	37	3 162	1 125	642
1967	10 922	2 988	7 823	7 169	24	3 004	1 256	399
1968	13 413	4 370	8 944	8 860	98	2 880	1 157	578
1969	21 420	10 101	11 216	11 170	110	5 685	1 178	519
1970	29 507	13 830	15 588	14 684	89	10 408	947	661
1971	28 261	12 680	15 508	14 585	35	9 639	1 196	847
1972	26 081	11 087	14 912	13 957	83	9 360	1 484	880
1973	23 132	6 076	17 022	16 275	34	5 429	1 676	943
1974	12 875	－131	12 980	12 054	24	5 696	1 954	979
1975	16 089	966	15 090	14 207	32	6 078	2 032	951
1976	9 320	－3 001	12 262	11 351	60	6 178	2 045	978
1977	19 231	1 779	17 395	16 504	56	6 761	2 235	989
1978	25 486	4 316	21 091	19 505	78	9 046	2 703	1 036
1979	29 645	6 283	23 329	22 331	31	12 452	3 180	1 034
1980	34 194	7 639	24 194	23 509	31	11 411	3 563	1 040
1981	37 608	8 805	27 216	25 545	106	12 589	3 904	1 399
1982	37 864	7 165	28 969	28 086	311	12 449	4 411	1 450
1983	39 338	6 632	31 038	30 101	420	13 456	4 707	1 692
1984	42 362	6 605	34 388	33 250	368	17 687	5 467	2 315
1985	55 665	1 285	53 337	55 887	1 043	24 455	6 402	2 262
1986	62 807	8 366	55 240	54 833	1 265	33 970	8 066	2 753
1987	66 114	4 801	58 355	56 597	2 320	34 442	8 430	2 970
1988	77 380	6 832	68 521	66 709	1 668	42 103	10 543	3 073
1989	88 600	3 796	81 364	78 903	2 868	49 048	11 962	5 206
1990	101 910	6 642	88 528	86 039	3 225	55 090	13 563	5 856
1991	106 250	8 238	98 136	95 441	2 386	62 186	14 015	6 426
1992	123 700	14 284	111 605	108 538	2 975	69 867	16 993	8 500
1993	163 492	9 916	145 662	142 394	4 681	71 828	19 990	7 115
1994	189 576	9 220	174 639	169 135	5 492	81 546	26 140	14 018
1995	220 392	10 644	200 734	179 762	9 014	102 101	30 186	18 828
1996	268 553	8 325	244 437	232 149	15 764	119 608	34 884	26 744
1997	290 225	13 856	248 346	238 888	28 023	145 353	39 320	14 486
1998	327 654	5 325	290 549	285 944	31 780	160 993	42 114	15 361
1999	354 125	5 755	314 022	309 045	34 348	218 821	46 863	18 886
2000	445 896	16 096	409 558	397 984	20 261	237 928	54 255	21 499
2001	524 268	30 603	444 056	444 056	49 609	283 229	65 106	25 644
2002	622 242					347 114	78 716	35 478
2003	764 711					395 944	88 017	41 808
2004	1 020 556					521 873	104 387	51 335
2005	1 261 018					757 947	130 092	69 547
2006	1 505 612					933 749	160 836	82 821
2007	1 906 072					1 168 596	274 923	158 991

8－2 地方财政收入

（2007 年）　　单位：万元

项目	实际收入
地方财政一般预算收入合计	**872 199**
工商税收类	621 906
农牧业税和耕地占用税类	1 558
企业所得税类	90 568
国有资产经营收益	46 824
国有资源（资产）有偿使用收入	4 157
罚没收入	27 163
行政性收费收入	41 813
专项收入	27 185
其他收入	11 025
基金收入	**470 441**

8－3 地方财政支出

（2007 年）　　单位：万元

项目	实际支出数	项目	实际支出数
合计	**1 168 596**	医疗卫生	72 731
一般公共服务	158 991	环境保护	5 697
国防	1 954	城乡社区事务	170 094
公共安全	88 326	农林水事务	95 791
教育	168 681	交通运输	47 205
科学技术	20 226	工业商业金融等事务	51 392
文化体育与传媒	13 285	其他支出	79 782
社会保障和就业	194 441	**基金支出**	**472 711**

8－4 县区财政收入与支出

单位：万元

地区	财政收入		财政支出	
	2006	2007	2006	2007
全市	**681 075**	**872 199**	**933 749**	**1 168 596**
市本级	373 102	458 741	366 346	394 094
东湖区	25 920	30 217	39 621	52 133
西湖区	30 039	36 108	45 855	59 011
青云谱区	14 819	21 281	23 825	34 392
湾里区	10 027	13 883	18 755	26 919
青山湖区	28 733	37 988	45 262	63 943
南昌县	62 445	83 559	110 183	149 756
新建县	36 525	47 139	79 369	102 266
安义县	9 900	13 391	28 689	42 824
进贤县	20 005	24 730	64 496	81 659
经济开发区	21 012	28 313	32 476	45 732
高新开发区	25 317	35 228	44 681	51 690
红谷滩新区	19 562	34 624	29 640	49 750
桑海开发区	1 161	1 109	1 725	1 830
英雄开发区	2 508	5 888	2 826	12 597

8-5 历年银行存款与贷款

单位：万元

年份	年末存款		年末贷款			
	余额	#企业存款	余额	#工业贷款	#商业贷款	#农业贷款
1949	179	153	18	10	8	
1950	1990	865	53	31	4	18
1951	4195	828	578	90	245	243
1952	4390	2165	991	155	638	198
1953	4339	1556	3780	242	3243	294
1954	9355	1960	13854	431	13172	250
1955	5298	1682	6611	226	6043	341
1956	8331	2181	9489	1493	7106	889
1957	7998	1710	13808	1980	10981	847
1958	15617	5252	18447	5918	11479	1049
1959	20528	4734	43651	18216	24452	982
1960	16211	7428	59895	31564	26784	1547
1961	24 389	7 468	42 237	14 815	25 670	1 691
1962	22 624	12 703	32 305	8 990	20 953	2 332
1963	8 928	9 609	28 300	8 323	17 646	2 300
1964	11 002	9 794	27 860	7 812	17 854	2 162
1965	18 022	13 350	30 845	9 941	18 688	2 202
1966	21 892	13 746	46 930	12 149	32 511	2 270
1967	34 191	13 585	49 699	16 237	30 888	2 574
1968	25 819	13 094	51 511	18 429	30 778	2 304
1969	11 769	12 010	47 428	19 284	26 940	1 205
1970	18 353	17 103	57 709	27 511	28 762	1 436
1971	14 337	11 498	70 368	37 999	30 841	1 528
1972	17 206	11 644	72 872	43 296	28 023	1 552
1973	22 997	15 481	73 464	42 267	29 336	2 043
1974	18 121	13 936	80 783	48 217	30 429	2 138
1975	28 874	21 462	75 590	42 852	30 602	2 136
1976	27 697	18 352	79 059	44 563	31 892	2 604
1977	31 630	20 021	84 511	43 641	38 112	2 758
1978	27 496	19 370	99 214	48 701	46 288	4 226
1979	36 590	24 829	109 026	53 071	51 808	4 146
1980	79 069	48 804	124 495	57 121	34 142	4 134
1981	118 722	50 109	158 491	68 155	81 466	4 061
1982	127 706	55 480	178 328	73 572	90 758	5 166
1983	104 543	43 164	122 963	70 602	51 841	5 237
1984	148 283	60 799	180 938	84 498	57 074	6 064
1985	212 594	85 489	280 325	102 072	126 745	9 512
1986	279 120	111 091	395 046	144 164	156 847	14 820
1987	326 295	128 210	467 779	166 560	182 686	18 240
1988	365 653	150 960	542 327	192 165	215 193	22 057
1989	411 551	151 482	671 863	242 878	270 014	26 567
1990	547 088	197 074	821 966	309 931	331 201	32 956
1991	697 950	245 715	982 895	354 253	40 042	42 145
1992	877 537	298 643	1 180 044	403 147	486 634	50 005
1993	1 120 739	349 387	1 426 183	475 958	558 854	60 746
1994	1 462 587	589 639	1 721 185	553 347	582 808	55 316
1995	1 912 127	759 818	2 043 053	672 039	627 058	70 696
1996	2 484 361	1 062 407	2 430 659	787 246	738 668	86 713
1997	2 990 353	1 299 735	2 908 996	897 179	921 886	100 710
1998	4 538 105	1 848 596	3 563 115	1 138 465	990 572	123 813
1999	5 447 080	2 350 951	4 054 545	1 218 517	1 034 144	130 735
2000	6 274 761	2 834 300	4 007 426	1 176 822	763 782	91 349
2001	7 481 703	3 195 355	4 837 239	1 176 305	861 226	83 490
2002	8 836 436	3 650 208	5 808 029	1 185 852	935 022	82 334
2003	10 900 197	4 439 313	7 364 103	1 375 116	979 089	78 099
2004	12 586 370	5 097 725	8 367 189	1 179 402	883 896	78 110
2005	14 775 539	5 390 667	9 686 177	1 330 594	864 938	84 351
2006	15 815 080	6 449 279	11 597 155	1 618 173	846 007	73 832
2007	17 632 209	7 948 998	17 423 256	2 058 091	1 026 011	97 619

8－6 金融机构信贷资金（资金来源）

单位：万元

项目	2007	比年初增减额	
		2006	2007
资金来源合计	**20 220 526**	**2 733 975**	**3 214 268**
一、各项存款	20 373 375	2 468 102	2 312 261
1. 企业存款	8 044 979	1 112 343	1 392 066
#定　期	2 222 611	187 899	640 117
2. 财政存款	1 628 776	13 471	399 061
3. 机关团体存款	1 492 194	218 645	340 162
4. 储蓄存款	7 445 682	900 941	107 221
#定　期	4 377 360	489 805	－198 280
5. 农业存款	258 002	65 743	46 512
6. 委托存款	4 779	－4 630	－20 608
7. 其他存款	1 498 963	161 589	47 847
二、金融债券	1		1
三、应付及暂收款	337 601	33 962	79 983
#应付及预收利息	126 317	16 142	49 805
四、同业往来	1 020 119	268 969	622 085
五、各项准备	203 891	57 414	56 237
#贷款损失准备金	180 524	55 502	45 572
六、所有者权益	749 957	40 999	270 078
#实收资本	370 574	39 006	120 000
当年结益	457 536	336 426	457 536
七、其　他	－2 464 418	－135 471	－126 377

8－7　金融机构信贷资金（资金运用）

（年末余额）　　　　单位：万元

项　　目	2007	比年初增减额	
		2006	2007
资金运用合计	**20 220 526**	**2 733 975**	**3 214 268**
一、各项贷款	18 239 126	2 411 112	3 037 337
1. 短期贷款	6 502 374	925 611	1 308 594
工业贷款	2 080 069	253 403	447 278
商业贷款	1 026 011	－48 813	180 004
建筑业贷款	256 224	105 688	489
农业贷款	569 720	62 199	111 952
乡镇企业贷款		4 000	－4 000
三资企业贷款	65 721	35 475	1 830
私营企业及个体贷款	145 137	21 251	50 646
其他短期贷款	2 359 492	492 408	520 395
2. 中长期贷款	10 804 530	1 449 979	1 758 924
基本建设贷款	6 587 935	583 146	650 901
技术改造贷款	66 924	－68 238	－35 382
其他中长期贷款	4 149 671	935 071	1 143 405
3. 信托贷款		－40 035	
4. 委托贷款	705	－3 593	－20 500
5. 票据融资	928 682	82 829	－9 857
6. 各项垫款	2 835	－3 679	176
二、有价证券及投资	700 003	36 798	35 638
三、应收及预付款	161 884	85 980	28 838
#应收利息	50 157	－2 877	15 192
四、同业往来	162 586	227 574	－83 399
五、系统内资金往来	548 001	－84 346	164 581
六、外汇占款	9 250	－931	5 424
七、固定资产	271 092	31 493	3 538
八、库存现金	128 584	26 295	22 311

8-8 银行机构信贷资金（资金来源）

单位：万元

项目	2007	比年初增减额	
		2006	2007
资金来源合计	**20 065 810**	**2 561 419**	**3 192 633**
一、各项存款	17 632 209	2 267 333	1 666 075
1. 企业存款	7 948 998	1 105 980	1 362 987
#定　期	2 173 119	181 519	622 048
2. 机关团体存款	1 436 847	217 334	290 494
3. 储蓄存款	6 753 601	787 822	-33 511
#定　期	4 020 959	437 905	-228 280
4. 农业存款	14 237	-1 477	9 434
5. 其他存款	1 478 526	157 674	36 671
二、代理财政性存款	164 921	-6 025	12 487
三、金融债券	1		1
四、应付及暂收款	293 218	31 810	71 821
#应付利息	113 773	12 725	45 786
五、同业往来	1 678 164	294 319	1 047 494
六、委托存款及委托投资基金（净）	4 075	464	-108
七、代理金融机构委托贷款基金	450	45	1
八、各项准备	167 353	39 617	53 139
#贷款损失准备金	145 405	41 169	37 932
九、所有者权益	600 568	34 006	245 265
#实收资本	240 866	18 077	120 000
当年结益	434 312	327 362	434 312
十、其　他	-475 149	-100 150	96 458

8-9 银行机构信贷资金（资金运用）

（年末余额） 单位：万元

项目	2007	比年初增减额	
		2006	2007
资金运用合计	**20 065 810**	**2 561 419**	**3 192 633**
一、各项贷款	17 423 256	2 289 570	2 843 501
1. 短期贷款	5 740 075	781 220	1 108 375
工业贷款	2 058 091	239 884	439 918
商业贷款	1 026 011	-48 813	180 004
建筑业贷款	254 224	104 588	-411
农业贷款	97 619	-377	23 787
乡镇企业贷款		4 000	-4 000
三资企业贷款	60 694	21 748	10 530
私营企业及个体贷款	71 572	1 624	5 496
其他短期贷款	2 171 864	458 566	453 051
2. 中长期贷款	10 757 386	1 435 884	1 740 050
基本建设贷款	6 587 935	583 146	650 901
技术改造贷款	65 924	-71 988	-32 632
其他中长期贷款	4 103 527	924 726	1 121 781
3. 票据融资	922 960	76 145	-5 100
4. 各项垫款	2 835	-3 679	176
二、有价证券及投资	610 134	39 763	27 087
三、应收及预付款	151 075	87 563	33 565
#应收利息	47 317	-2 905	13 953
四、买入返售资产	184 476	235 398	-50 922
五、存放中央银行准备金存款	873 585	74 597	-83 976
六、存放中央银行特种存款	256 798		256 798
七、缴存中央银行财政性存款	73 310	-3 223	32 956
八、同业往来	22 227	-7 836	-2 693
九、系统内资金往来	355 519	-172 559	114 791
十、代理金融机构贷款	450		1
十一、库存现金	104 659	19 156	15 707
十二、外汇占款	10 321	-1 010	5 818

8－10 农村信用社存款与贷款

单位：万元

项目	2007	比年初增减额	
		2006	2007
资金来源合计	**995 236**	**48 259**	**308 420**
一、各项存款	1 003 398	193 425	209 214
1. 企业存款	41 569	7 759	16 306
2. 储蓄存款	692 081	113 119	140 732
定　期	356 401	51 900	30 000
活　期	335 680	61 219	110 732
3. 机关团体存款	5 546	1 412	3 922
4. 农业存款	243 765	67 220	37 078
5. 其他存款	20 437	3 915	11 176
二、代理财政性存款	1 210	1 102	－1 022
三、应付及暂收款	26 419	2 766	4 983
#应付及预提利息	12 544	3 417	4 019
四、同业往来	112	－74 791	－33
五、委托存款及委托投资基金（净）	－1	－1 501	
六、代理金融机构委托贷款基金	10	1 564	－1 558
七、各项准备	31 284	11 717	9 919
八、所有者权益	46 569	3 778	5 314
九、其　他	－113 765	－89 801	81 603
资金运用合计	**995 236**	**48 359**	**308 420**
一、各项贷款	724 927	105 405	192 050
1. 短期贷款	702 179	99 761	185 928
农业贷款	472 101	62 576	88 165
私营企业及个体贷款	42 450	3 343	30 419
其他短期贷款	187 628	33 842	67 344
2. 中长期贷款	22 748	5 644	6 122
二、有价证卷及投资	22 636	9 980	1 513
三、应收及预付款	6 480	5	1 220
#应收利息	2 796	172	1 239
四、存放中央银行准备金存款	141 801	－74 130	56 617
五、存放中央银行特种存款	22 442		22 442
六、缴存中央银行财政性存款	4	160	－278
七、同业往来	53 031	－199	29 754
八、代理金融机构贷款			－1 500
九、库存现金	23 915	7 138	6 602

8-11 金融机构现金收入

单位：万元

项　　　目	2007	比上年增长%
收入合计	**57 992 458**	**34.4**
一、商品销售收入	4 756 283	27.7
二、服务业收入	2 611 182	36.2
三、行政税费收入	467 631	126.1
四、城乡个体经营收入	2 751 545	72.2
五、储蓄存款收入	39 957 042	27.0
六、其他金融性公司收入	378 184	77.3
七、居民归还贷款收入	1 366 352	106.4
八、汇兑收入	654 378	94.5
九、有价证券及其他投资性收入	508 482	219.1
十、其他收入	4 541 379	58.1

8－12 金融机构现金支出

单位：万元

项　　　　目	2007	比上年增长%
支出合计	**56 381 617**	**35.2**
一、工资性及其他个人支出	3 774 072	33.8
二、农副产品采购支出	1 376 343	153.9
三、工矿及其他产品采购支出	993 345	300.2
四、行政企事业管理与经营费支出	2 536 365	52.7
五、城乡个体经营支出	2 936 647	54.0
六、储蓄存款支出	38 499 536	26.3
七、其他金融性公司支出	93 435	－87.3
八、居民提取贷款支出	1 077 025	83.8
九、汇兑支出	479 384	215.1
十、有价证券支出	204 404	62.5
十一、其他支出	4 411 061	80.7
投放（＋）回笼（－）	－1 610 841	9.5

8－13　1978—2007年城乡居民储蓄种类

单位：万元

年份	城乡居民储蓄余额	城镇居民储蓄存款余额	定期	活期	农民储蓄存款余额	定期	活期
1978	8 947	8 281			666		
1979	11 610	10 877			1 033		
1980	17 596	15 675	8 145	7 530	1 921		
1981	21 868	18 908	14 792	4 116	2 960		
1982	29 154	24 381	18 711	5 670	4 773		
1983	38 824	31 960	25 768	6 192	6 864	3 991	2 893
1984	51 655	44 110	35 194	8 906	7 546	3 805	3 740
1985	70 563	60 019	47 204	12 815	10 550	6 099	4 451
1986	100 067	85 442	69 831	15 611	14 625	9 613	5 012
1987	136 269	116 939	94 212	22 727	19 330	12 820	6 510
1988	165 215	140 921	110 979	29 942	24 294	15 323	8 971
1989	230 534	200 275	170 660	29 615	30 259	21 825	6 744
1990	321 481	281 214	243 425	37 789	40 267	30 920	7 815
1991	421 877	368 485	317 413	51 072	53 392	40 184	11 916
1992	538 803	471 670	396 592	75 078	67 133	51 422	15 113
1993	706 424	619 431	505 154	114 277	86 993	64 430	22 075
1994	966 108	843 982	690 928	153 054	122 126	84 321	37 805
1995	1 259 559	1 103 752	920 136	183 616	155 807	120 745	35 062
1996	1 563 937	1 373 462	1 141 716	231 746	190 475	150 723	39 752
1997	1 824 475	1 608 930	1 310 741	298 189	215 545	172 936	42 609
1998	2 400 626	2 171 193	1 704 976	466 217	229 433	184 878	44 555
1999	2 640 460	2 206 159	1 656 006	550 153	434 301	344 132	90 169
2000	2 768 864	2 367 121	1 659 329	707 792	401 743	303 382	98 361
2001	3 239 324	2 799 586	1 872 405	927 181	439 738	317 703	122 035
2002	4 010 363	3 510 109	2 258 942	1 251 167	500 254	340 113	160 141
2003	4 828 029	4 222 067	2 625 906	1 596 161	605 962	392 260	213 702
2004	5 584 094	4 874 705	3 035 819	1 838 886	709 389	446 562	262 827
2005	6 437 518	5 616 704	3 582 116	2 034 588	820 814	503 740	317 074
2006	7 338 474	6 348 853	4 000 373	2 348 480	989 621	575 276	414 345
2007	7 445 682	6 228 622	3 774 322	2 454 300	1 217 060	603 038	614 022

8－14 城 乡 居 民 储 蓄

单位：万元

项 目	2007	比上年增长%
年末储蓄存款余额	**7 445 682**	**1.5**
城镇居民储蓄存款	6 228 622	－1.9
定 期	3 774 322	－5.7
活 期	2 454 300	4.5
农村存款	1 217 060	23.0
定 期	603 038	4.8
活 期	614 022	48.2

8－15 商 业 保 险 业 务 概 况

单位：万元

项 目	2006	2007
保 费 收 入	**198 415**	**249 677**
财 产 险	56 169	76 552
人 身 险	142 245	173 126
财产险赔款支出	**46 356**	**80 166**
财 产 险	25 846	31 649
人 身 险	20 510	48 517

主 要 统 计 指 标 解 释

财政收入　国家财政参与社会产品分配所得的收入，是实现国家职能的财力保证。财政收入所包括的内容几经变化，目前主要包括：

（1）各项税收　包括增值税、营业税、消费税、土地增值税、城市维护建设税、资源税、城镇土地使用税、印花税、固定资产投资方向调节税、个人所得税、企业所得税、关税、农牧业税和耕地占用税等。

（2）专项收入　包括征收排污费、征收城市水资源费收入、教育费附加收入等。

（3）其他收入　包括基本建设贷款归还收入、国家能源交通重点建设基金收入、国家预算调节基金收入等。

（4）国有企业计划亏损补贴　这项为负收入，冲减财政收入。

财政支出　国家财政将筹集起来的资金进行分配使用，以满足经济建设和各项事业的需要，主要包括一般公共服务、国防、公共安全、教育、科学技术、文化体育与传媒、社会保障和就业、医疗卫生、环境保护、城乡社区事务、农林水事务、交通运输、工业商业金融事务等支出。

中央财政收入和地方财政收入　按财政体制划分的中央本级收入和地方本级收入。1994 年分税制财政体制以后，属于中央财政的收入包括关税、海关代征消费税和增值税，消费税，中央企业所得税，地方银行和外资银行及非银行金融企业所得税，铁道、银行总行、保险总公司等集中缴纳的营业税、所得税、利润和城市维护建设税，增值税的 75% 部分，海洋石油资源税和证券（印花）税 50% 部分。属于地方财政的收入包括营业税，地方企业所得税，个人所得税，城镇土地使用税，固定资产投资方向调节税，城镇维护建设税，房产税，车船使用税，印花税，屠宰税，农牧业税，农业特产税，耕地占用税，契税，增值税的 25% 部分，证券交易税（印花税）的 50% 部分和除海洋石油资源税以外的其他资源税。

中央财政支出和地方财政支出　根据政府在经济和社会活动中的不同职责，划分中央和地方政府的事权，按照政府的事权划分确定的支出。中央财政支出包括国防支出，武装警察部队支出，中央级行政管理费和各项事业费，重点建设支出以及中央政府调整国民经济结构、协调地区发展，实施宏观调控的支出。地方财政支出主要包括地方行政管理和各项事业费，地方统筹的基本建设、技术改造支出，支援农村生产支出，城市维护和建设经费等。

信贷资金　国家银行用于发放贷款的资金叫信贷资金。中国人民银行信贷资金的来源有各项存款、对国际金融机构负债、流通中货币、银行自有资金及当年结益等。信贷资金的运用有各项贷款、黄金占款、外汇占款、财政借款及在国际金融机构中的资产等。

存款　企业、机关、团体或居民根据可以收回的原则，把货币资金存入银行或其他信用机构保管并取得一定利息的一种信用活动形式。根据存款对象的不同可划分：企业存款、财政存款、机关团体存款、信托、城乡居民储蓄存款、农村存款等科目。

贷款　银行或其他信用机构根据必须归还的原则，按一定利率，为企业、个人等提供资金的一种信用活动形式。我国银行贷款，分流动资金贷款、中短期设备贷款以及农户贷款等科目。

九、农　　业

AGRICULTURE

本篇内容包括：

1. 乡镇基本情况
2. 农村劳动力分布
3. 耕地面积变化
4. 农、林、牧、渔业生产
5. 主要农产品产量
6. 农业机械化、电气化、水利化、化学化水平

资料整理	微机处理
谢晓灿	谢晓灿
黄　菲	黄　菲
李　月	李　月

农业总产值

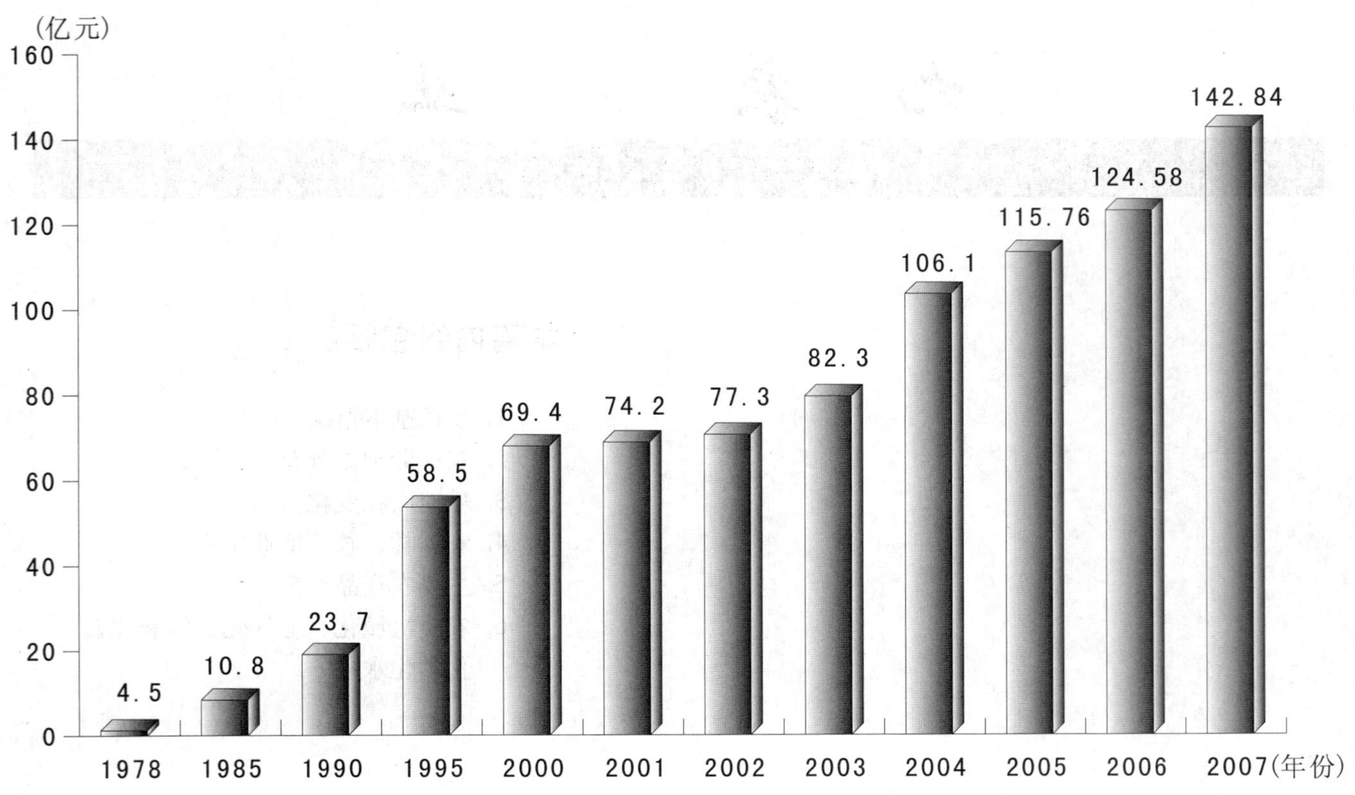

农林牧渔各业占总产值比重(%)

农业
林业
渔业
服务业
牧业

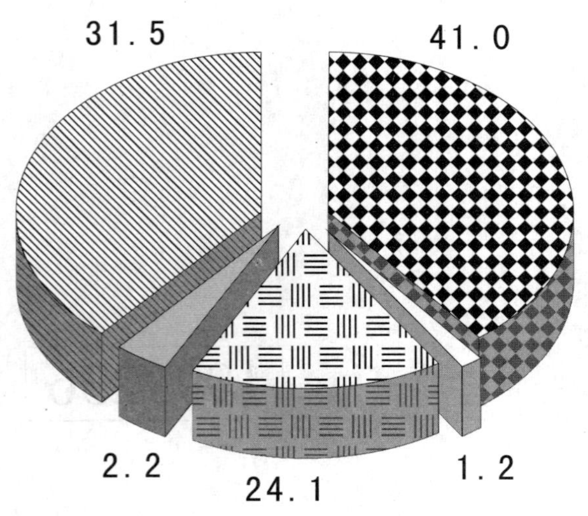

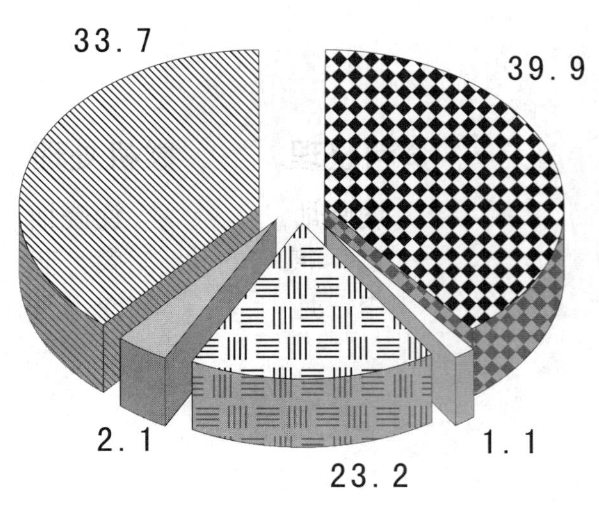

9-1 农村乡镇基本情况

项目	2006	2007	项目	2006	2007
一、乡镇政府（个）	80	80	占村委会总个数比重（%）	100	100
#镇政府	47	47	八、自来水受益村委会个数(个)	261	278
二、村民委员会（个）	1 185	1 185	占村委会总个数比重（%）	22.0	23.5
三、村民小组（个）	9 563	9 628	九、通电话的村委会个数（个）	1 185	1 185
四、乡村总户数（万户）	61.97	62.64	占村委会总个数比重（%）	100	100
五、乡村总人口（万人）	265.35	266.74	十、通广播的村委会个数（个）	651	650
六、乡村从业人员（万人）	130.86	132.24	占村委会总个数比重（%）	54.9	54.9
#女　性	61.38	61.99	十一、通电的村委会个数（个）	1 185	1 185
七、通汽车的村委会个数（个）	1 185	1 185	占村委会总个数比重(%)	100	100

9-2 县区乡镇组织

(2007 年)

项目	乡镇政府（个）	#镇政府	村民委员会（个）	村民小组（个）	乡村总户数（户）	乡村总人口（万人）
合计	**80**	**47**	**1 185**	**9 628**	**626 429**	**2 667 444**
东湖区			6	24	2 165	8 655
西湖区	1	1	13	63	7 157	24 930
青云谱区	1	1	12	68	5 802	23 045
湾里区	4	3	40	246	11 326	45 502
青山湖区	5	4	75	368	35 848	148 259
南昌县	16	9	256	2 239	177 257	726 936
新建县	19	10	316	2 114	118 581	588 238
安义县	10	7	109	1 225	46 966	187 079
进贤县	21	9	266	2 707	159 383	657 082
经济开发区	1	1	20	147	8 124	33 900
高新开发区	2	2	48	297	39 565	170 748
红谷滩新区			12	65	5 962	25 157
桑海开发区			3	21	3 998	11 032
英雄开发区			9	44	4 295	16 881

9-3 主要年份耕地面积变化

项　　　目	1985	1990	1995	2000	2001	2002
一、当年增加耕地（公顷）	129	170	306	201	1516	575
新开荒地	24	161	91	158	18	10
其　他	104	9	215	43	1473	564
二、当年减少耕地（公顷）	1 072	318	702	1 984	1 010	12 105
（1）国家基建	194	146	453	326	474	4 505
（2）其他基建占地						2 184
（3）退耕造林	137	3	41	108	18	2 324
（4）退耕改园	0	4	112	63		39
（5）其他减少耕地	741	165	96	1 487	518	3 053
三、年末实有耕地面积（万公顷）	21.81	21.58	21.30	22.17	22.22	21.06
水　田	17.86	17.72	17.58	18.44	18.48	17.66
旱　地	3.95	3.86	3.72	3.72	3.74	3.4
#水浇地			0.31	0.19	0.06	0.27

9-3 续表

项　　　目	2003	2004	2005	2006	2007
一、当年增加耕地（公顷）	110	7 174	3 911	3 611	1 639
新开荒地	72	884	350	806	21
其　他	38	6 290	3 561	2 805	1 618
二、当年减少耕地（公顷）	15 457	8 089	1 243	1 279	585
（1）国家基建	8 251	7 703	709	427	186
（2）其他基建占地	828	269	278	566	139
（3）退耕造林	3 957	62	58		
（4）退耕改园	4			110	
（5）其他减少耕地	2 416	55	198	176	260
三、年末实有耕地面积(万公顷)	20.87	20.78	21.04	21.28	21.38
水　田	17.73	17.60	17.79	18.00	18.16
旱　地	3.14	3.17	3.25	3.28	3.22
#水浇地	0.35	0.24	0.21	0.17	0.16

9－4 县区耕地面积变化

（分区域，2007 年）　　单位：公顷

项　　目	全　市	东湖区	西湖区	青云谱区	湾里区	青山湖区	南昌县
一、当年增加耕地	1 639				3		57
新开荒地	21				3		11
其　他	1 618						46
二、当年减少耕地	585		26	32	61	20	157
国家基建	186				28		127
其他基建占地	139		26	32	33	20	15
其他减少耕地	260						15
三、年末实有耕地	213 805	11	366	271	2 423	3 268	70 759
水　田	181 565		82	168	2 177	2 876	66 196
旱　地	32 240	11	284	103	246	392	4 563
#水浇地	1 601		186			392	

9－4 续表　　（分区域，2007 年）　　单位：公顷

项　　目	新建县	安义县	进贤县	经济开发区	高新开发区	红谷滩新区	桑海开发区	英雄开发区
一、当年增加耕地	586		314		364		286	29
新开荒地	1				6			
其　他	585		314		358		286	29
二、当年减少耕地	28		231		16		11	3
国家基建	28							3
其他基建占地			2				11	
其他减少耕地			229		16			
三、年末实有耕地	53 299	16 553	55 355	822	7 794	598	1 086	1 200
水　田	46 407	14 826	38 709	431	7 549	507	825	812
旱　地	6 892	1 727	16 646	391	245	91	261	388
#水浇地		93	927					3

9-5 乡村从业人员

（2007年）

单位：人

项目	全市	东湖区	西湖区	青云谱区	湾里区	青山湖区	南昌县
总计	**1 322 439**	**3 921**	**10 807**	**12 000**	**21 259**	**72 287**	**359 096**
第一产业	729 924	220	3 035	4 200	12 028	16 399	223 699
第二产业	264 884	2 104	1 560	4 458	4 246	28 555	61 690
工业	156 928	1 859	1 310	3 519	2 136	20 222	33 007
建筑业	107 956	245	250	939	2 110	8 333	28 683
第三产业	327 631	1 597	6 212	3 342	4 985	27 333	73 707
交通运输仓储及邮政业	45 123	365	902	522	764	5 319	12 114
信息与计算机和软件业	5 210	197	116	110	183	528	1 557
批发与零售业	64 445	425	3 513	1 096	960	10 552	13 381
住宿餐饮业	31 790	273	421	667	602	4 723	7 343
其他行业	181 063	337	1 260	947	2 476	6 211	39 312

9－5 续表　　(2007 年)　　单位：人

项　目	新建县	安义县	进贤县	经济开发区	高新开发区	红谷滩新区	桑海开发区	英雄开发区
总　计	**285 447**	**84 186**	**339 702**	**17 420**	**88 706**	**12 950**	**5 400**	**9 258**
第一产业	208 479	32 793	165 384	6 155	42 890	3 573	3 436	7 633
第二产业	26 292	22 352	86 307	5 965	16 356	3 383	968	648
工　业	16 337	6 372	56 683	4 210	8 438	1 821	810	204
建筑业	9 955	15 980	29 624	1 755	7 918	1 562	158	444
第三产业	50 676	29 041	88 011	5 300	29 460	5 994	996	977
交通运输仓储及邮政业	6 507	2 054	8 618	1 211	5 310	1 182	10	245
信息与计算机和软件业	455	41	1 278	72	604	59	5	5
批发与零售业	6 963	1 824	14 200	1 240	8 347	1 781	52	111
住宿餐饮业	3 600	1 318	5 969	1 032	4 511	1 237	32	62
其他行业	33 151	23 804	57 946	1 745	10 688	1 735	897	554

9－6 县区农村劳动力资源及构成

（2007年）　　　　单位：人

项　　目	全　市	东湖区	西湖区	青云谱区	湾里区	青山湖区	南昌县
一、乡村劳动力资源总数	1 561 795	4 273	13 512	12 662	22 010	81 297	389 950
劳动年龄内的劳动力	1 449 625	3 512	12 950	12 319	21 275	76 402	359 006
二、乡村从业人员合计	1 322 439	3 921	10 807	12 000	21 259	72 287	359 096
按性别分							
男　性	702 574	2 005	6 014	6 285	11 433	39 513	189 923
女　性	619 865	1 916	4 793	5 715	9 826	32 774	169 173
按部门分							
农、林、牧、渔业	729 924	220	3 035	4 200	12 028	16 399	223 699
工　业	156 928	1 859	1 310	3 519	2 136	20 222	33 007
建筑业	107 956	245	250	939	2 110	8 333	28 683
交通运输仓储及邮政业	45 123	365	902	522	764	5 319	12 114
信息与计算机和软件业	5 210	197	116	110	183	528	1 557
批发与零售业	64 445	425	3 513	1 096	960	10 552	13 381
住宿和餐饮业	31 790	273	421	667	602	4 723	7 343
其他行业	181 063	337	1 260	947	2 476	6 211	39 312

9－6续表　　(2007年)　　单位：人

项　目	新建县	安义县	进贤县	经济开发区	高新开发区	红谷滩新区	桑海开发区	英雄开发区
一、乡村劳动力资源总数	378 534	88 827	419 611	19 800	100 784	13 846	6 126	10 563
劳动年龄内的劳动力	355 630	79 765	388 148	18 020	94 124	13 306	6 080	9 088
二、乡村从业人员合计	285 447	84 186	339 702	17 420	88 706	12 950	5 400	9 258
按性别分								
男　性	149 620	42 666	181 007	9 463	48 044	8 258	3 317	5 026
女　性	135 827	41 520	158 695	7 957	40 662	4 692	2 083	4 232
按部门分								
农、林、牧、渔业	208 479	32 793	165 384	6 155	42 890	3 573	3 436	7 633
工　业	16 337	6 372	56 683	4 210	8 438	1 821	810	204
建筑业	9 955	15 980	29 624	1 755	7 918	1 562	158	444
交通运输仓储及邮政业	6 507	2 054	8 618	1 211	5 310	1 182	10	245
信息与计算机和软件业	455	41	1 278	72	604	59	5	5
批发与零售业	6 963	1 824	14 200	1 240	8 347	1 781	52	111
住宿和餐饮业	3 600	1 318	5 969	1 032	4 511	1 237	32	62
其他行业	33 151	23 804	57 946	1 745	10 688	1 735	897	554

9－7　1978－2007年农林牧渔业总产值

单位：万元

年　　份	农林牧渔业总产值	农　　业	林　　业	牧　　业	渔　　业	农林牧渔服务业
	（按1970年不变价格计算）					
1978	38 044	32 654	359	4 496	535	
1979	41 652	36 236	315	4 522	579	
1980	39 708	33 738	384	4 869	717	
1981	39 716	33 483	340	5 060	833	
	（按1980年不变价格计算）					
1981	52 669	43 701	665	6 765	1 538	
1982	65 998	53 402	739	10 077	1 780	
1983	69 500	54 930	722	11 451	2 397	
1984	79 743	62 354	737	14 090	2 562	
1985	85 660	64 748	1 225	16 637	3 050	
1986	87 508	64 261	1 224	18 534	3 489	
1987	94 921	69 147	1 252	19 941	4 581	
1988	96 786	66 038	1 234	23 858	5 656	
1989	101 911	69 984	1 305	24 346	6 276	
1990	107 574	73 863	1 323	25 591	6 797	
	（按1990年不变价格计算）					
1990	245 082	151 599	2 920	66 455	24 108	
1991	261 761	161 070	4 662	70 645	25 384	
1992	272 671	163 763	4 716	76 580	27 612	
1993	299 558	159 471	7 396	96 440	36 251	
1994	337 755	171 376	7 563	112 900	45 916	
1995	353 335	161 630	7 392	125 616	58 697	
1996	393 885	173 170	8 452	134 784	77 479	
1997	427 930	177 088	8 169	150 544	92 129	
1998	385 144	132 277	8 673	144 753	99 441	
1999	438 549	163 811	7 556	149 796	117 386	
2000	451 772	167 752	7 696	154 143	122 181	
2001	472 010	170 510	7 770	162 108	131 622	
2002	496 260	167 228	7 874	169 937	151 221	
2003	509 871	145 964	8 987	177 024	161 903	15 994
2004	559 355	169 985	10 094	185 422	176 081	17 773
2005	587 449	175 943	9 825	192 029	190 403	19 249
2006	614 796	182 422	10 179	195 451	204 288	22 456
	（按可比价格计算）					
2006	1 225 912	503 626	14 369	384 271	296 120	27 526
2007	1 329 801	536 199	15 549	435 321	313 811	28 921

9－8 县区农林牧渔业总产值

（2007年，按当年价格计算）　　单位：万元

地　　区	农林牧渔业总产值	农业产值	林业产值	牧业产值	渔业产值	农林牧渔服务业产值
合　　计	**1 428 375**	**569 762**	**16 027**	**481 733**	**331 391**	**29 462**
东湖区	132	96		36		
西湖区	6 733	4 903		956	874	
青云谱区	16 744	2 115		13 029	1 343	257
湾里区	31 435	9 092	2 597	17 465	412	1 869
青山湖区	23 580	10 423	182	10 612	2 270	93
南昌县	457 536	179 436	1 485	182 501	84 712	9 402
新建县	384 641	175 098	4 331	110 011	87 154	8 047
安义县	96 487	35 378	3 884	33 656	21 261	2 308
进贤县	345 644	122 923	3 034	94 457	119 035	6 195
经济开发区	6 950	4 043	413	1 356	608	530
高新开发区	44 781	21 594	91	8 951	13 454	691
红谷滩新区	1 415	908		406	46	55
桑海开发区	3 237	2 045	10	1 029	153	
英雄开发区	9 060	1 708		7 268	69	15

9－9 县区农林牧渔业总产值

（2007年，按可比价格计算）　　单位：万元

地　　区	农林牧渔业总产值	农业产值	林业产值	牧业产值	渔业产值	农林牧渔服务业产值
合　　计	**1 329 801**	**536 199**	**15 549**	**435 321**	**313 811**	**28 921**
东湖区	120	88		32		
西湖区	6 513	4 728		933	852	
青云谱区	15 916	2 086		12 253	1 325	252
湾里区	31 126	9 051	2 588	17 218	409	1 860
青山湖区	20 617	9 608	180	8 490	2 248	91
南昌县	438 592	174 158	1 480	170 511	83 086	9 357
新建县	354 791	162 431	4 033	100 195	80 152	7 980
安义县	93 047	34 100	3 884	31 827	20 930	2 306
进贤县	306 206	110 629	2 874	76 076	110 837	5 790
经济开发区	6 933	4 037	412	1 350	604	530
高新开发区	43 020	20 953	88	8 178	13 114	687
红谷滩新区	1 356	892		366	45	53
桑海开发区	3 005	1 918	10	930	147	
英雄开发区	8 559	1 520		6 962	62	15

9－10 农 林 牧 渔 业 总 产 值

单位：万元

项　　目	按当年价格计算		按可比价格计算		2007年比上年增长%
	2006	2007	2006	2007	
农林牧渔业总产值	**1 245 754**	**1 428 375**	**1 225 912**	**1 329 801**	**6.7**
一、农业产值	511 044	569 762	503 626	536 199	4.9
粮食作物	323 712	366 383	320 364	341 907	5.6
经济作物	30 808	34 062	29 961	32 658	6
蔬菜园艺	129 055	138 224	124 908	132 989	3
水果、坚果、饮料和香料	9 135	11 218	8 941	10 050	10
中药材	1 251	204	1 251	193	－84.6
其他农作物	17 083	19 671	18 201	18 402	7.7
#饲料、绿肥	739	768	737	764	3.4
二、林业产值	14 634	16 027	14 369	15 549	6.3
营　林	5 358	6 328	4 891	5 964	11.3
林产品	6 786	7 042	7 026	7 032	3.6
竹木采运	2 490	2 657	2 452	2 553	2.5
三、牧业产值	392 508	481 733	384 271	435 321	10.9
牲畜饲养	27 339	29 077	26 661	27 152	－0.7
#牛	12 028	11 365	11 564	10 303	－14.3
羊	499	623	462	551	10.4
猪的饲养	223 792	299 402	218 768	259 625	16
家禽的饲养	138 295	149 737	135 777	145 491	5.2
狩猎和捕捉动物	50	20	50	20	－60
其他动物饲养	3 032	3 497	3 015	3 033	
四、渔业产值	299 853	331 391	296 120	313 811	4.7
五、农林牧渔服务业产值	27 715	29 462	27 526	28 921	4.4

注：增长速度系按可比价格（即上年价格）计算。

9－11　主要年份农林牧渔业商品产值和商品率

年　　份	农林牧渔业商品产值（万元）	农　业	林　业	牧　业	渔　业	农林牧渔服务业	农林牧渔业商品率（%）
1985	58 668	37 717	276	16 913	3 762		54.4
1990	142 005	75 753	595	52 649	13 008		59.8
1991	147 586	77 843	538	51 600	17 605		59.1
1992	166 601	82 149	1 381	63 478	19 593		62.0
1993	204 552	92 328	2 353	82 146	27 725		61.0
1994	327 304	155 047	3 072	126 689	42 496		66.5
1995	374 221	161 098	2 876	148 702	61 545		64.0
1996	439 645	179 197	3 414	170 823	86 211		63.9
1997	485 310	176 708	3 115	200 714	104 773		63.9
1998	409 560	110 587	3 840	185 659	109 474		64.5
1999	459 893	149 329	3 391	181 458	125 715		66.8
2000	472 610	151 913	3 397	190 211	127 089		68.1
2001	507 406	164 577	3 791	202 918	136 120		68.4
2002	542 584	159 442	4 014	219 980	159 148		70.2
2003	587 501	152 034	4 164	245 738	167 943	17 622	71.4
2004	787 246	256 953	4 794	296 814	211 431	17 254	74.2
2005	865 753	278 405	5 526	320 617	237 625	23 580	74.8
2006	945 397	312 998	5 783	329 242	271 229	26 145	75.9
2007	1 090 594	349 141	6 222	415 189	300 335	19 707	76.4

9－12　农林牧渔业商品产值和商品率

（分县区，2007 年）

年　　份	农林牧渔业商品产值（万元）	农　业	林　业	牧　业	渔　业	农林牧渔服务业	农林牧渔业商品率（%）
合　　计	**1 090 594**	**349 141**	**6 222**	**415 489**	**300 335**	**19 707**	**76.4**
东 湖 区	85	62		23			64.4
西 湖 区	4 385	3 176		639	570		65.1
青云谱区	14 377	1 074		12 250	902	151	85.9
湾 里 区	23 038	5 491	400	15 509	338	1 300	73.3
青山湖区	16 478	7 300		7 482	1 631	65	69.9
南 昌 县	348 707	107 490	178	151 587	80 050	9 402	76.2
新 建 县	305 615	117 246	1 501	104 838	82 030		79.5
安 义 县	78 447	23 978	2 617	30 831	19 441	1 580	81.3
进 贤 县	254 175	63 765	1 489	76 835	105 891	6 195	73.5
经济开发区	4 888	2 768	35	1 065	490	530	70.3
高新开发区	29 010	14 032		5 818	8 745	415	64.8
红谷滩新区	914	426		389	45	54	64.6
桑海开发区	2 337	1 246	2	951	138		72.2
英雄开发区	8 138	1 087		6 972	64	15	89.8

9－13　农林牧渔业总产出、中间消耗和增加值

项　　目	绝　对　数（万元）		构　　成（%）	
	2006	2007	2006	2007
一、农林牧渔业总产出	1 245 754	1 428 375	100.0	100.0
农　　业	511 044	569 762	41.0	39.9
林　　业	14 634	16 027	1.2	1.1
牧　　业	392 508	481 733	31.5	33.7
渔　　业	299 853	331 391	24.1	23.2
农林牧渔服务业	27 715	29 462	2.2	2.1
二、农林牧渔业中间消耗	472 790	561 047	100.0	100.0
农　　业	176 069	203 361	37.2	36.2
林　　业	3 697	4 251	0.8	0.8
牧　　业	186 342	232 506	39.4	41.4
渔　　业	95 997	109 332	20.3	19.5
农林牧渔服务业	10 685	11 597	2.3	2.1
三、农林牧渔业增加值	772 964	867 328	100.0	100.0
农　　业	334 975	366 401	43.3	42.2
林　　业	10 937	11 776	1.4	1.4
牧　　业	206 166	249 227	26.7	28.7
渔　　业	203 856	222 059	26.4	25.6
农林牧渔服务业	17 030	17 865	2.2	2.1

9－14　农林牧渔业总产出、中间消耗和增加值

（分县区，2007 年）

地　　区	农林牧渔业总产出（万元）	农林牧渔业中间消耗（万元）	农林牧渔业增加值（万元）	占总产出比重（%）	
				中间消耗	增加值
合　　计	**1 428 375**	**561 047**	**867 328**	**39.3**	**60.7**
东湖区	132	50	82	37.9	62.1
西湖区	6 733	2 595	4 138	38.5	61.5
青云谱区	16 744	7 063	9 681	42.2	57.8
湾里区	31 435	11 767	19 668	37.4	62.6
青山湖区	23 580	9 149	14 431	38.8	61.2
南昌县	457 536	180 885	276 651	39.5	60.5
新建县	384 641	160 363	224 278	41.7	58.3
安义县	96 487	39 310	57 177	40.7	59.3
进贤县	345 644	124 712	220 932	36.1	63.9
经济开发区	6 850	2 133	4 717	31.1	68.9
高新开发区	44 781	17 516	27 265	39.1	60.9
红谷滩新区	1 415	487	928	34.4	65.6
桑海开发区	3 237	1 104	2 133	34.1	65.9
英雄开发区	9 060	3 913	5 147	43.2	56.8

9－15 农林牧渔业中间消耗

项目	绝对数（万元）		构成（%）	
	2006	2007	2006	2007
总额	**472 790**	**561 047**	**100.0**	**100.0**
（一）物质消耗	426 532	507 124	90.2	90.4
#用种量	68 606	81 273	14.5	14.5
役畜用饲料．饲草	194 356	242 348	41.1	43.2
肥料	54 880	60 848	11.6	10.8
燃料	23 689	23 814	5.0	4.2
农药	7 635	12 100	1.6	2.2
用电量	27 225	31 694	5.8	5.6
小农具购置	2 031	2 051	0.4	0.4
办公用品购置	294	238	0.1	0.0
其他物质消耗	47 816	52 758	10.1	9.4
（二）生产服务支出	46 258	53 923	9.8	9.6

9－16 农林牧渔业中间消耗率

（分县区，2007年）

单位：%

地区	农业	林业	牧业	渔业	农林牧渔服务业
合计	**35.7**	**26.5**	**48.3**	**33.0**	**39.4**
东湖区	33.3		50.0		
西湖区	31.4		59.4	55.7	
青云谱区	30.0		45.5	30.0	40.1
湾里区	36.9	27.6	39.8	32.8	32.6
青山湖区	32.3	28.0	46.1	35.4	41.9
南昌县	29.4	29.8	51.6	34.9	40.4
新建县	43.9	27.5	43.1	35.8	45.6
安义县	36.5	26.1	60.2	23.1	9.5
进贤县	32.9	22.8	47.3	30.5	42.0
经济开发区	29.5	25.7	31.8	36.0	35.1
高新开发区	39.7	36.3	37.0	39.0	50.9
红谷滩新区	34.8		34.5	34.8	27.3
桑海开发区	33.6	40.0	36.1	26.8	
英雄开发区	31.1		46.2	29.0	20.0

9-17 农作物播种面积和产量

项目	播种面积（万公顷）		单产（千克/公顷）		总产量（万吨）		
	2006	2007	2006	2007	2006	2007	2007年比上年增长%
合计	**50.76**	**51.45**					
一、粮食作物	34.13	34.98	6 028	6 174	205.74	216.00	5.0
1. 谷物	32.49	33.47	6 226	6 345	202.27	212.34	5.0
稻谷	32.37	33.35	6 244	6 363	202.13	212.20	5.0
早稻	14.10	14.52	5 949	5 997	83.91	87.06	3.8
晚稻	18.27	18.83	6 472	6 645	118.22	125.14	5.9
一晚	3.20	3.16	7 103	7 240	22.72	22.88	0.7
二晚	15.07	15.67	6 338	6 525	95.50	102.26	7.1
小麦	0.09	0.09	856	904	0.08	0.08	0.7
杂谷	0.03	0.03	2 450	2 034	0.06	0.05	-12.0
2. 豆类	1.16	1.06	1 242	1 354	1.44	1.43	-0.5
#大豆	1.04	0.93	1 248	1 370	1.29	1.27	-1.4
3. 薯类	0.48	0.46	4 196	4 847	2.03	2.23	9.4
二、经济作物	7.50	7.42					
#棉花	0.12	0.11	823	908	0.10	0.10	1.3
油料	7.22	7.19	1 126	1 178	8.14	8.47	4.1
花生	1.50	1.50	2 678	2 747	4.01	4.12	2.6
油菜籽	5.00	4.95	743	787	3.71	3.90	5.0
芝麻	0.73	0.74	567	614	0.41	0.45	9.5
甘蔗	0.10	0.09	37 218	39 648	3.60	3.63	0.9
三、其他农作物	9.13	9.05					
#瓜果类	0.32	0.33	23 012	22 550	7.40	7.50	1.3
蔬菜	3.18	3.16	28 362	29 117	90.15	91.88	1.9
绿肥	4.95	4.92					

9－18 农作物播种面积

（分县区，2007 年）　　单位：公顷

项目	全市	东湖区	西湖区	青云谱区	湾里区	青山湖区	南昌县
合计	**514 532**	**24**	**890**	**645**	**4 466**	**8 299**	**168 328**
一、粮食作物	349 844		181	248	2 780	5 023	120 501
1. 谷物	334 678		181	248	2 614	5 023	119 209
稻谷	333 519		181	248	2 614	5 023	119 144
早稻	145 186		67	124	457	2 490	54 074
晚稻	188 333		114	124	2 157	2 533	65 070
一晚	31 604		16		1 665	66	5 170
二晚	156 729		98	124	492	2 467	59 900
小麦	895						
杂谷	264						65
2. 豆类	10 572				95		729
#大豆	9 300				16		473
3. 薯类	4 594				71		563
二、经济作物							
棉花	1 103						
油料	71 873				252	69	6 859
花生	14 991				68	3	755
油菜籽	49 497				165	66	5 990
芝麻	7 385				19		114
甘蔗	915						336
三、其他农作物							
#蔬菜	31 555	24	709	300	395	2 330	12 305
瓜果类	3 324			4	20	14	663
绿肥	49 176			93	708	863	26 316

9－18 续表 （分县区，2007 年） 单位：公顷

项目	新建县	安义县	进贤县	经济开发区	高新开发区	红谷滩新区	桑海开发区	英雄开发区
合计	**129 480**	**39 989**	**135 785**	**1 864**	**20 067**	**1 176**	**1 809**	**1 710**
一、粮食作物	96 924	24 018	80 960	934	14 602	811	1 567	1 295
1. 谷物	92 260	23 205	72 916	906	14 511	811	1 536	1 258
稻谷	91 930	23 205	72 239	881	14 511	811	1 533	1 199
早稻	40 120	7 096	32 844	85	6 813	136	400	480
晚稻	51 810	16 109	39 395	796	7 698	675	1 133	719
一晚	9 338	8 557	5 023	575	357	289	436	112
二晚	42 472	7 552	34 372	221	7 341	386	697	607
小麦	224		671					
杂谷	106		6	25			3	59
2. 豆类	2 185	469	7 013	15	50		14	2
#大豆	1 853	308	6 616	8	11		13	2
3. 薯类	2 479	344	1 031	13	41		17	35
二、经济作物								
棉花	109	222	744				26	2
油料	18 222	10 505	35 158	64	528		102	114
花生	4 418	1 444	8 087	39	47		60	70
油菜籽	13 273	8 936	20 499	21	468		37	42
芝麻	531	125	6 572	4	13		5	2
甘蔗	32	8	524		15			
三、其他农作物								
#蔬菜	4 553	2 911	6 451	82	1 010	335	48	102
瓜果类	337	351	1 447	284	85	30	26	63
绿肥	5 276	1 870	10 184		3 758		16	92

9－19 主要农作物总产量

（分县区，2007年）

单位：吨

项目	全市	东湖区	西湖区	青云谱区	湾里区	青山湖区	南昌县
一、粮食作物	2 159 957		921	1 352	14 896	25 627	802 996
1. 谷物	2 123 381		921	1 352	14 632	25 627	798 112
稻谷	2 122 035		921	1 352	14 632	25 627	797 863
早稻	870 622		306	632	2 191	12 699	333 199
晚稻	1 251 413		615	720	12 441	12 928	464 664
一晚	228 800		102		9 684	346	43 381
二晚	1 022 613		513	720	2 757	12 582	421 283
小麦	809						
杂谷	537						249
2. 豆类	14 311				98		1 656
#大豆	12 742				18		1 209
3. 薯类	22 265				166		3 228
二、经济作物							
#棉花	1 001						
油料合计	84 668				265	72	8 731
花生	41 174				81	3	2 674
油菜籽	38 957				166	69	5 813
芝麻	4 537				18		244
甘蔗	36 278						16 134
三、其他农作物							
#蔬菜	918 777	800	26 397	6 642	4 725	82 215	475 795
瓜果类	74 957			120	198	425	21 973

项　　目	新建县	安义县	进贤县	经济开发区	高新开发区	红谷滩新区	桑海开发区	英雄开发区
一、粮食作物	630 685	127 018	436 875	6 128	91 651	4 717	8 979	8 112
1. 谷　物	614 139	124 556	425 297	5 940	91 414	4 717	8 866	7 808
稻　谷	613 704	124 556	424 769	5 909	91 414	4 717	8 858	7 713
早　稻	252 638	32 164	190 897	489	39 509	723	2 165	3 010
晚　稻	361 066	92 392	233 872	5 420	51 905	3 994	6 693	4 703
一　晚	74 171	55 507	33 338	4 300	2 705	1 948	2 490	828
二　晚	286 895	36 885	200 534	1 120	49 200	2 046	4 203	3 875
小　麦	319		490					
杂　谷	116		38	31			8	95
2. 豆　类	3 438	796	8 203	18	72		26	4
#大　豆	3 106	577	7 773	12	18		25	4
3. 薯　类	13 108	1 666	3 375	170	165		87	300
二、经济作物								
#棉　花	93	410	461				35	2
油料合计	24 079	11 327	38 995	96	725		172	206
花　生	14 095	2 597	21 261	78	93		125	167
油菜籽	9 522	8 640	14 027	15	624		43	38
芝　麻	462	90	3 707	3	8		4	1
甘　蔗	1 257	360	18 028		499			
三、其他农作物								
#蔬　菜	84 483	64 011	137 386	1 750	30 210	892	993	2 478
瓜果类	6 533	8 473	26 714	5 200	2 508	30	885	1 898

9-20 茶叶、蚕茧、水果生产情况

项目	2006	2007	2007年比上年增长%
一、产量（吨）			
茶叶	805	1134	40.9
#红毛茶	11	11	平
绿毛茶	785	1114	41.9
蚕茧		8	
水果	15520	17530	13.0
#柑桔	11512	13896	20.7
梨子	871	830	-4.7
桃子	1706	1118	-34.5
二、年末茶园面积（公顷）	1016	1141	12.3
#当年采摘	743	864	16.3
三、年末果园面积（公顷）	5634	5563	-1.3
#当年新增	299	647	116.4
当年产果	3709	4034	8.8

9－21 茶叶、蚕茧、水果产量

（分县区，2007 年）

单位：吨

地区	茶叶	#红毛茶	#绿毛茶	蚕茧	水果	#柑桔	#梨
合计	**1 134**	**11**	**1 114**		**17 530**	**13 896**	**830**
湾里区	19		19		671	335	
青山湖区					40	40	
南昌县	470		470		3 283	3 135	29
新建县	68	1	61		1 447	1 164	118
安义县	4		2		3 556	2 271	264
进贤县	323	10	312		7 947	6 397	419
高新开发区					561	541	
桑海开发区	250		250		25	13	

9－22 茶园、果园面积

（分县区，2007 年）

单位：公顷

地区	茶园	果园	#柑桔	#梨
合计	**1 141**	**5 563**	**3 264**	**687**
湾里区	306	186	35	
青山湖区		32	32	
南昌县	179	422	308	63
新建县	162	654	430	105
安义县	42	1 520	665	264
进贤县	399	2 733	1 780	255
高新开发区		6		6
桑海开发区	53	10	8	

9－23 林业生产情况

项　　目	2006	2007	2007年比上年增长%
一、当年造林面积（公顷）	586	6 910	1 079.2
用材林		2 967	
经济林		818	
防护林	533	2 960	455.3
二、迹地更新面积（公顷）		72	
#人工更新		72	
三、封山育林面积（公顷）	7 566	7 899	4.4
#本年新封	333		
四、零星（四旁）植树（万株）	1 316	556.02	－57.7
五、育苗面积（公顷）	1 007	1444	43.4
#本年新育	155	403	160.0
六、幼林抚育作业面积（公顷次）	14 542	12 000	－17.5
七、成林抚育面积（公顷）	500	1 000	100.0
八、低产林改造面积（公顷）		140	
九、抚育改造出材量（万立方米）	0.06		
十、主要产品产量			
油桐籽（吨）	749	601	－19.8
油茶籽（吨）	1661	766	－53.9
板栗（吨）	76	1 111	1 361.8
棕片（吨）	74		
松脂（吨）		60	
木材采伐（万立方米）	15.01	17.85	18.9
竹材采伐（万根）	153.16	1 566.30	922.7

注：2007年"当年造林面积"系当年实际造林面积。其中，本年验收合格面积为3867公顷。

9－24 牧业生产情况

项　　目	2006	2007	2007 年比上年增长%
一、肉猪出栏数（万头）	242.97	279.28	14.9
出售和自宰肉用牛（万头）	4.42	4.30	－2.7
出售和自宰肉用羊（只）	20 480	23 127	12.9
出售和自宰肉用兔（只）	30 108	15 624	－48.1
出售和自宰肉用禽（万只）	3 401.54	3 563.65	4.8
二、肉类总量（万吨）	24.83	28.06	13.0
猪　肉（万吨）	19.94	22.80	14.3
牛　肉（吨）	5 529	5 542	0.2
羊　肉（吨）	366	441	20.5
兔　肉（吨）	68	38	－44.1
禽　肉（万吨）	4.24	4.57	7.9
三、牛奶产量（万吨）	4.11	4.07	－1.1
四、年底养蜂数（箱）	3 791	3 638	－4.0
蜂蜜产量（吨）	206	197	－4.4
五、禽蛋产量（万吨）	12.31	12.99	5.5
六、牛年底数（万头）	22.86	22.38	－2.1
#能繁殖母牛	11.90	11.97	0.6
当年生仔牛	4.31	4.51	4.7
黄　牛	10.08	9.99	－0.8
水　牛	11.51	11.15	－3.1
良种及改良种乳牛	1.27	1.24	－2.4
七、猪年底数（万头）	169.84	182.85	7.7
#能繁殖母猪	11.73	14.93	27.2
八、羊年底数（只）	20 061	24 096	20.1
九、兔年底数（只）	8 665	8 520	－1.7
十、家禽年底数（万只）	2 578.25	2 580.05	0.1

9－25 牧业生产情况

（分县区，2007 年）

项目	全市	东湖区	西湖区	青云谱区	湾里区	青山湖区	南昌县
一、出栏肉猪头数（万头）	279.28	0.03	0.50	0.59	12.42	10.41	105.01
出售和自宰肉用牛（头）	43 007			5	386	230	14 279
出售和自宰肉用羊（只）	23 127				1 325	240	5 775
出售和自宰肉用兔（只）	15 624						1 223
出售和自宰肉用禽（万只）	3563.65		0.49	29.2	15.73	90.18	2137.74
二、肉类总产量（吨）	280 591	30	414	988	10 995	8 923	119 535
猪肉	228 013	30	409	549	10 701	7 808	89 152
牛肉	5 542			1	65	28	1 969
羊肉	441				31	5	135
兔肉	38						3
禽肉	45 694		5	438	198	1 082	27 445
三、牛奶产量（吨）	40 671		180	18 000		450	1 242
四、年底养蜂数（箱）	3 638						1 080
蜂蜜产量（吨）	197						15
五、禽蛋产量（吨）	129 888		5	402	814	2 288	86 263
六、牛年底数（头）	223 793		323	6 014	2 331	2 017	39 786
#能繁殖母牛	119 698		266	6 008	635	1 412	21 507
当年生仔牛	45 106			1	162	650	10 642
黄牛	99 908		10		837	300	16 115
水牛	111 521		193	14	1 494	1 420	23 265
良种及改良种乳牛	12 364		120	6 000		297	406
七、生猪年底数（万头）	182.85	0.02	0.47	0.37	8.07	5.25	64.98
#能繁殖母猪（头）	149 280		406	358	14 786	4 895	44 926
八、羊年底数（只）	24 096				1 231	150	5 405
九、兔年底数（只）	8 520						1 080
十、家禽年底数（万只）	2 580.05		0.13	17	12.46	51.4	1 290.4

9－25 续表　　　　　　　　　　　　　　（分县区，2007 年）

项　　　目	新建县	安义县	进贤县	经　济 开发区	高　新 开发区	红谷滩 新　区	桑　海 开发区	英　雄 开发区
一、出栏肉猪头数（万头）	65.84	21.34	54.24	0.54	4.57	0.39	1.39	2.01
出售和自宰肉用牛（头）	6 619	5 527	14 392	45	880	104	53	487
出售和自宰肉用羊（只）	4 305	10 110	1 192		160		20	
出售和自宰肉用兔（只）	1 811	11 940			650			
出售和自宰肉用禽（万只）	401.55	251.22	569.93	1.31	57.54	4.03	2.03	2.70
二、肉类总产量（吨）	60 438	20 047	50 384	504	4 548	443	1 419	1 923
猪　　肉	54 641	16 129	40 887	487	3 631	380	1 386	1 823
牛　　肉	943	665	1 664	6	116	14	8	63
羊　　肉	71	179	15		4		1	
兔　　肉	4	30			1			
禽　　肉	4 779	3 014	7 818	11	794	49	24	37
三、牛奶产量（吨）	8 652		620		260			11 267
四、年底养蜂数（箱）	212	1 050	1 296					
蜂蜜产量（吨）	2	130	50					
五、禽蛋产量（吨）	9 699	8 020	18 315	21	3 690	16	81	274
六、牛年底数（头）	66 059	29 130	65 672	1 900	5 671	685	309	3 896
#能繁殖母牛	39 407	13 110	31 151	500	3 016	181	131	2 374
当年生仔牛	13 053	7 208	10 878	200	1 804	161	57	290
黄　　牛	34 300	10 475	33 520	1 000	2 787	107	81	376
水　　牛	29 500	18 655	32 152	900	2 794	578	228	328
良种及改良种乳牛	2 259				90			3 192
七、生猪年底数（万头）	40.54	15.53	39.90	0.22	4.63	0.27	0.87	1.74
#能繁殖母猪（头）	35 476	9 685	31 999	1 160	2 280	348	494	2 467
八、羊年底数（只）	3 565	12 150	1 175		400		20	
九、兔年底数（只）	1 600	5 840						
十、家禽年底数（万只）	407.12	167.18	533.98	1.3	89.88	1.33	2.42	5.45

9－26 渔 业 生 产 情 况

项 目	2006	2007	2007年比上年增长%
一、渔业村（个）	33	33	平
二、渔业户（万户）	2.27	3.23	42.7
三、渔业人口（万人）	9.69	13.44	38.7
四、渔业劳动力（万人）	6.18	8.39	35.8
专业劳动力（万人）	2.95	4.39	48.4
#捕 捞	0.65	0.80	22.8
养 殖	1.94	3.21	65.7
兼业劳动力（万人）	3.23	4.00	24.2
五、已养殖面积（万公顷）	5.45	5.57	2.3
#池 塘	1.12	1.42	26.5
水 库	0.52	0.48	－7.6
湖 泊	3.22	3.15	－2.1
六、养殖单产（千克/公顷）	5 486	5 616	2.4
#池 塘	10 099	9 926	－1.7
水 库	6 762	4 933	－27.0
湖 泊	2 301	2 184	－5.1
七、水产品总产量（万吨）	29.88	31.31	4.8
#养 殖	24.63	26.12	6.1
#池 塘	11.33	14.09	24.4
水 库	3.52	2.38	－32.6
湖 泊	7.4	6.88	－7.1
#鱼 类	24.88	25.38	2.0
甲壳类	1.77	2.50	41.3
贝 类	2.8	3.07	9.3
八、珍珠产量（吨）	90	104	15.6
九、鱼苗产量（亿尾）	28.71	27.06	－5.7
十、鱼种产量（吨）	31 838	33 180	4.2

9－27 渔业生产情况

（分县区，2007年）

项目	全市	西湖区	青云谱区	湾里区	青山湖区	南昌县
一、渔业村（个）	33	2	1		1	5
二、渔业户（户）	32 340	233	150	21	303	16 656
三、渔业人口（人）	134 431	1 133	300	193	1 214	54 392
四、渔业劳动力（人）	83 866	674	210	148	1 090	37 494
专业劳动力（人）	43 853	488	150	59	593	24 207
#捕　捞	8 009				166	2 529
养　殖	32 121	443	100	40	427	19 979
兼业劳动力（人）	40 013	186	60	89	497	13 287
五、已养殖面积（公顷）	55 744	198	290	154	241	10 567
#池　塘	14 193	198	50	22	210	6 304
水　库	4 815			132		105
湖　泊	31 513		233			1 247
六、养殖单产（千克/公顷）	5 616	7 020	5 000	2 532	11 494	10 552
#池　塘	9 926	5 808	10 000	5 682	11 852	10 274
水　库	4 933			1 970		5 971
湖　泊	2 184		3 863			5 973
七、水产品总产量（吨）	313 079	1 390	1 450	390	2 770	111 500
#养　殖	261 238	1 150	1 450	385	2 672	94 080
#池　塘	140 886	1 150	500	125	2 489	64 765
水　库	23 752			260		627
湖　泊	68 822		900			7 448
#鱼　类	253 799	1 390	1 400	386	2 751	92 088
甲壳类	24 988		25		19	7 440
贝　类	30 662		25			11 544
八、珍珠产量（吨）	104					28
九、鱼苗产量（亿尾）	27. 06					9
十、鱼种产量（吨）	33 180			18	312	16 532

9－27 续表　　　　（分县区，2007 年）

项目	新建县	安义县	进贤县	经济开发区	高新开发区	红谷滩新区	桑海开发区	英雄开发区
一、渔业村（个）	6		18					
二、渔业户（户）	4 049	1 207	8 834		792	13	46	36
三、渔业人口（人）	13 893	5 666	54 138		3 210	39	151	102
四、渔业劳动力（人）	8 432	3 816	28 099	20	3 682	26	96	79
专业劳动力（人）	4 925	1 753	9 992	20	1 542	19	76	29
#捕　捞	1 586	159	3 451	18	100			
养　殖	2 214	1 549	5 967		1 300	19	73	10
兼业劳动力（人）	3 507	2 063	18 107		2 140	7	20	50
五、已养殖面积（公顷）	8 072	2 601	30 693	60	2 733	7	80	48
#池　塘	3 445	1 351	2 143	60	298	7	57	48
水　库	1 822	972	1 746		15		23	
湖　泊	1 369		26 464		2 200			
六、养殖单产（千克/公顷）	8 331	8 046	3 063	2 583	4 519	5 429	7 975	4 563
#池　塘	10 181	9 049	9 632	2 583	9 768	5 429	10 421	4 563
水　库	4 955	4 336	5 447		4 533		1 913	
湖　泊	8 098		1 617		3 000			
七、水产品总产量（吨）	67 249	20 928	94 002	155	12 350	38	638	219
#养　殖	56 697	18 198	74 976	155	10 580	38	638	219
#池　塘	35 074	12 225	20 641	155	2 911	38	594	219
水　库	9 028	4 215	9 510		68		44	
湖　泊	11 086		42 788		6 600			
#鱼　类	56 608	17 619	68 792	155	11 715	38	638	219
甲壳类	7 563	313	9 001		627			
贝　类	2 059	2 106	14 924		4			
八、珍珠产量（吨）	45	5	26					
九、鱼苗产量（亿尾）	4	3	11		0.06			
十、鱼种产量（吨）	3680	2805	9755		78			

9－28 农　业　经　济　效　益

（2007 年）

项　　　　目	全　　市	东 湖 区	西 湖 区	青云谱区	湾 里 区	青山湖区	南 昌 县
农业劳动力创造农业总产值（元/人）	19 569	6 000	22 185	39 867	26 135	14 379	20 453
农业劳动力创造农业商品产值（元/人）	14 941	3 864	14 448	34 231	19 154	10 048	15 588
农业劳动力生产农产品（千克/人）							
粮　食	2 959		303	322	1 238	1 563	3 590
棉　花	1.37						
油　料	116.00				22.03	4.39	39.03
肉　类	384.41	136.36	136.41	235.24	914.12	544.12	534.36
水产品	428.92		457.99	345.24	32.42	168.91	498.44
每公顷耕地产出农业总产值（元/公顷）	66 807	120 000	183 962	617 860	129 736	72 154	64 661

9－28 续表

项　　　　目	新建县	安义县	进贤县	经　济 开发区	高　新 开发区	红谷滩 新　区	桑　海 开发区	英　雄 开发区
农业劳动力创造农业总产值（元/人）	18 450	29 423	20 899	11 292	10 441	3 960	9 421	11 870
农业劳动力创造农业商品产值（元/人）	14 659	23 922	15 369	7 942	6 764	2 558	6 802	10 662
农业劳动力生产农产品（千克/人）								
粮　食	3 025	3 873	2 642	996	2 137	1 320	2 613	1 063
棉　花	0.45	12.5	2.79				10.19	0.26
油　料	115.50	345.41	235.78	15.60	16.90		50.06	26.99
肉　类	289.90	611.32	304.65	81.88	106.04	123.99	412.98	251.93
水产品	322.57	638.18	568.39	25.18	287.95	10.64	185.68	28.69
每公顷耕地产出农业总产值（元/公顷）	72 167	58 290	62 441	84 550	57 456	23 662	29 807	75 500

9－29 主要农业机械年末拥有量

项　　　　目	2006	2007	2007年比上年增长%
农业机械总动力（万千瓦）	243.59	280.24	15.0
大中型农用拖拉机（混合台）	5 900	6 700	13.6
（万千瓦）	15.77	20.31	28.8
小型及手扶拖拉机（混合台）	22 500	25 200	12.0
（万千瓦）	58.64	23.51	－59.9
农用排灌动力机械（台）	95 540	101 000	5.7
（万千瓦）	69.51	74.27	6.8
#柴油机（台）	65 178	69 100	6.0
（万千瓦）	39.15	41.74	6.6
电动机（台）	30 362	32 100	5.7
（万千瓦）	30.36	32.56	7.2
农用水泵（台）	85 712	89 700	4.7
动力脱粒机（台）	106 178	117 200	10.4
机动喷（雾）粉机（部）	401	500	24.7
饲料粉碎机（台）	2 969	3 500	17.9

9－30 农业机耕、水电、化肥、水利情况

项目	2006	2007	2007年比上年增长%
一、农业机械化情况			
当年实际机耕面积（万公顷）	17.65	22.40	26.9
机耕面积占耕地面积比重（%）	57.01	104.77	47.8
二、农业电气化情况			
农村用电量（万千瓦小时）	67 960	76 744	12.9
乡镇村办水电站个数（个）	14	8	－42.9
发电能力（千瓦）	1426	845	－40.7
三、农业化学化情况			
化肥施用量（实物量）（万吨）	36.70	36.59	－0.3
氮　肥	12.44	12.11	－2.6
磷　肥	10.15	9.26	－8.8
钾　肥	5.13	5.2	1.3
复合肥	8.98	10.02	11.5
化肥施用量（折纯量）（万吨）	14.31	14.28	－0.2
氮　肥	4.23	4.1	－3.0
磷　肥	3.57	3.04	－14.7
钾　肥	2.55	2.57	0.6
复合肥	3.95	4.56	15.3
每亩耕地用化肥（实物量）（千克）	115.01	114.08	－0.8
每亩耕地用化肥（折纯量）（千克）	44.83	44.52	－0.7
农用塑料薄膜使用量（吨）	2 137	1 871	－12.4
#地膜使用量（吨）	923	1 092	18.3
地膜覆盖面积（公顷）	8 010	8 826	10.2
农药使用量（吨）	7 641	9 018	18.0
四、农业水利化情况			
有效灌溉面积（万公顷）	19.05	19.14	0.5
有效灌溉面积占耕地面积比重（%）	89.54	89.52	0.0
旱涝保收面积（万公顷）	15.73	15.88	1.0
旱涝保收面积占耕地面积比重（%）	73.95	74.28	0.4

9－31 农业电气化情况

（分县区，2007 年）

地　　区	农村用电量（万千瓦小时）	每亩耕地用电量（千瓦小时）	乡镇村办水电站个数（个）	水电站发电能力（千瓦）
合　　计	**76 744**	**238**	**8**	**845**
东　湖　区	50	3 030		
西　湖　区	463	843		
青 云 谱 区	1 596	3 926		
湾　里　区	1 338	368	2	115
青 山 湖 区	13 486	2 935		
南　昌　县	21 111	199		
新　建　县	11 157	140	3	205
安　义　县	2 198	89	2	375
进　贤　县	15 241	184		
经济开发区	900	730	1	150
高新开发区	8 556	732		
红谷滩新区	28	31		
桑海开发区	210	129		
英雄开发区	410	228		

9－32 农业水利化情况

（分县区，2007 年）

地　　区	有效灌溉面积（万公顷）	有效灌溉面积占耕地面积比重（%）	旱涝保收面积（万公顷）	旱涝保收面积占耕地面积比重（%）
合　　计	**19.14**	**89.52**	**15.88**	**74.28**
湾　里　区	0.28	116.38	0.28	116.38
青 山 湖 区	0.36	110.16	0.29	88.13
南　昌　县	7.15	101.10	6.17	87.24
新　建　县	4.96	93.12	3.96	74.30
安　义　县	1.79	108.08	1.46	88.44
进　贤　县	4.45	80.43	3.62	65.47
经济开发区	0.02	27.98	0.02	27.98
桑海开发区	0.12	106.81	0.07	61.69

9－33 农业化学化情况

（分县区，2007 年）

单位：吨

地区	化肥施用量（实物量）	氮肥	磷肥	钾肥	复合肥
合计	**365 860**	**121 096**	**92 634**	**51 956**	**100 174**
东湖区	5				5
西湖区	402	56	105	51	190
青云谱区	195	49	30	34	82
湾里区	2 264	447	379	295	1 143
青山湖区	3 325	1 720	443	540	622
南昌县	139 007	41 134	29 506	21 335	47 032
新建县	91 678	36 862	30 279	12 398	12 139
安义县	33 283	9 730	9 300	5 443	8 810
进贤县	78 177	25 799	18 448	8 949	24 981
经济开发区	1 160	179	391	110	480
高新开发区	8 092	2 272	1 723	1 302	2 795
红谷滩新区	398	101	103	49	145
桑海开发区	6 381	2 328	1 458	1 203	1 392
英雄开发区	1 493	419	469	247	358

9－33 续表

（分县区，2007 年）

单位：吨

地区	化肥施用量（折纯量）	氮肥	磷肥	钾肥	复合肥
合计	**142 775**	**41 036**	**30 442**	**25 697**	**45 600**
东湖区	2				2
西湖区	192	27	45	25	95
青云谱区	69	15	12	15	27
湾里区	955	169	76	139	571
青山湖区	1 177	517	90	260	310
南昌县	62 510	13 574	14 753	10 667	23 516
新建县	29 293	11 148	6 141	6 194	5 810
安义县	15 919	4 581	4 213	2 720	4 405
进贤县	26 204	9 135	3 946	4 473	8 650
经济开发区	379	61	131	37	150
高新开发区	2 986	808	546	454	1 178
红谷滩新区	152	31	29	24	68
桑海开发区	2 404	815	292	601	696
英雄开发区	533	155	168	88	122

9－34 水利灌溉设施

（年末数）

项　　　　目	2006	2007
一、工程座数		
蓄水工程（座）	6 293	6 322
中型水库（座）	7	7
小（一）型水库（座）	67	67
小（二）型水库（座）	415	416
塘坝（座）	5 804	5 832
引水工程（处）	157	157
机电灌站（处）	2 133	2 135
机电井（眼）	72	68
二、蓄水工程总库容（亿立方米）	4.57	4.70
中型水库	1.36	1.36
小（一）型水库	1.62	1.75
小（二）型水库	1.21	1.1
塘坝蓄水量	0.37	0.49
三、有效灌溉面积（万公顷）	19.05	19.14
蓄水工程	4.35	3.78
中型水库	1.21	1.18
小（一）型水库	1.25	1.20
小（二）型水库	0.99	0.85
塘坝	0.88	0.55
引水工程	5.89	5.38
30万亩以上	5.09	5.09
30万亩以下	0.79	0.29

9－35 主要年份农作物受灾情况

单位：公顷

年份	受灾面积	旱灾	水灾	病虫灾	其他
1985	89 460	21 227	14 320	51 873	2 040
1990	212 673	115 160	70 073	4 767	22 673
1995	131 915		98 186		33 729
1996	23 510		10 700		
1997	65 000		56 000	4 000	
1998	164 148		164 000		148
1999	57 826		57 826		
2000	36 968	13 403	4 917		18 648
2001	32 824	12 658	15 143	5 023	
2002	93 116	11 265	23 170	36 248	22 433
2003	160 679	7 999	152 680		
2004	22 479	4 228	6 190		12 061
2005	153 010	13 086	28 467	70 844	40 613
2006	197 961	32 348	4 699	25 585	135 329
2007	124 214	47 726	1 715	1 343	73 430

9－35 续表1

单位：公顷

年份	成灾面积	旱灾	水灾	病虫灾	其他
1985	41 420	6 980	8 040	25 753	647
1990	105 327	62 280	33 860	2 287	6 900
1995	92 340		78 730		13 610
1996	16 430		7 490		
1997	43 000		38 000	2 000	
1998	164 148		164 000		148
1999	43 904		43 904		
2000	30 974	11 402	3 044		16 528
2001	30 181	10 963	14 207	5 011	
2002	64 686	9 020	16 960	27 825	10 881
2003	126 215	6 835	119 380		
2004	16 250	3 120	4 020		9 110

9－35 续表2

单位：公顷

年份	绝收面积	旱灾	水灾	病虫灾	其他
2005	45 342	1 565	5 148	21 455	17 174
2006	38 635	2 896	973	713	34 053
2007	14 961	4 647	71	48	10 195

主 要 统 计 指 标 解 释

农林牧渔业总产值 指以货币表现的农、林、牧、渔业全部产品和对农林牧渔业生产活动进行的各种支持性服务活动的价值总量，它反映一定时期内农林牧渔业生产总规模和总成果。1957年以前的农林牧渔业总产值中包括了厩肥和农民自给性手工业（如农民自制衣服、鞋、袜，自己从事粮食初步加工等）。1958年及以后，林业中增加了村及村以下竹木采伐产值；牧业中取消了厩肥产值；副业中取消了农民自给性手工业产值，增加了村及村以下办的工业产值；渔业中增加了海洋捕捞水产品产值。1980年及以后，在副业中增加了农民家庭兼营工业商品部分的产值。从1984年起村及村以下工业产值划归工业。从1993年起取消副业，将野生动物的捕猎划入牧业、野生植物采集和农民家庭兼营商品性工业划归农业。从2003年起，执行新的国民经济行业分类标准，农林牧渔业总产值中包括了农林牧渔服务业产值。林业中增加了森林采运业产值。农业中取消了家庭兼营商品性工业产值，将野生林产品的采集划归林业。

农林牧渔业总产值的计算方法通常是按农、林、牧、渔业产品及其副产品的产量分别乘以各自单位产品价格求得；少数生产周期较长，当年没有产品或产品产量不易统计的，则采用间接方法匡算其产值；然后将四业产品产值相加即为农林牧渔业总产值。

农林牧渔业中间消耗 指各种经济类型的农业生产单位和农户，在农业生产经营过程中消耗的各种物质产品和劳务价值的总和。包括物质消耗和生产服务支出两个部分。计入中间消耗必须具备以下两个条件：一是与总产值相对应的生产过程中所消耗的物质产品和劳务；二是本期消耗的不属于固定资产的低值易耗品。

农林牧渔业增加值 指各种经济类型的农业生产单位和农户从事农业生产经营活动所提供的社会最终产品的货币表现。增加值的计算方法有两种，一是生产法：农林牧渔业增加值 = 农林牧渔业总产值 - 农林牧渔业中间消耗；二是分配法：农林牧渔业增加值 = 固定资产折旧 + 劳动者报酬 + 生产税净额 + 营业盈余。

粮食产量 指全社会的产量。包括国有经济经营的、集体统一经营的和农民家庭经营的粮食产量，还包括工矿企业办的农场和其他生产单位的产量。粮食除包括稻谷、小麦、玉米、高粱、谷子及其他杂粮外，还包括薯类和豆类。其产量计算方法，豆类按去豆荚后的干豆计算；薯类（包括甘薯和马铃薯，不包括芋头和木薯）1963年以前按每4公斤鲜薯折1公斤粮食计算，从1964年开始改为按5公斤鲜薯折1公斤粮食计算。城市郊区作为蔬菜的薯类（如马铃薯等）按鲜品计算，并且不作粮食统计。其他粮食一律按脱粒后的原粮计算。

油料产量 指全部油料作物的生产量。包括花生、油菜籽、芝麻、向日葵籽、胡麻籽（亚麻籽）和其他油料。不包括大豆、木本油料和野生油料。花生以带壳干花生计算。

水产品产量 指人工养殖的水产品和天然生长的水产品的捕捞量。包括海水的鱼类、虾蟹类、贝类和藻类以及内陆水域的鱼类、虾蟹类和贝类，不包括淡水生植物。水产品产量是通过各级水产和统计部门逐级上报取得数据。1995年及以前，贝类中牡蛎按鲜肉计算；蚶、蛤、蛏5公斤鲜品折1斤计算。1996年以后则统一按鲜品计算。

猪、牛、羊肉产量 指当年出栏并已屠宰、除去头蹄下水后带骨肉（即胴体重）的重量。包括全社会范围内的产量。

期初（末）畜禽存栏头（只）数 指报告期初（末）农村各种合作经济组织和国营农场、农民个人、机关、团体、学校、工矿企业、部队等单位以及城镇居民饲养的大牲畜、猪、羊、家禽等畜禽的存栏数。

耕地面积 指可以用来种植农作物、经常进行耕锄的田地，包括熟地、当年新开荒地、连续撂荒未满三年的耕地和当年的休闲地（轮歇地），还包括以种植农作物为主并附带种植桑树、茶树、果树和其他林木的土地，以及沿海、沿湖地区已围垦利用的“海涂”、“湖田”等面积。但不包括属于专业性的桑园、茶园、果园、果木苗圃、林地、芦苇地、天然或人工草地面积。

农作物播种面积 指实际播种或移植有农作物的面积。凡是实际种植有农作物的面积，不论种植在耕地上还是种植在非耕地上，均包括在农作物播种面积中。在播种季节基本结束后，因遭灾而重新改种和补种的农作物面积，也包括在内。它是反映耕地面积利用情况的一个重要指标。

有效灌溉面积 指具有一定的水源，地块比较平整，灌溉工程或设备已经配套，在一般年景下当年能够进行正常灌溉的耕地面积。在一般情况下，有效灌溉面积应等于灌溉工程或设备已经配套，能够进行正常灌溉的水田和水浇地面积之和。它是反映耕地抗旱能力的一个重要指标。

农用化肥施用量 指本年内实际用于农业生产的化肥数量，包括氮肥、磷肥、钾肥和复合肥。化肥施用量要求按折纯量计算数量。折纯量是指把氮肥、磷肥、钾肥分别按含氮、含五氧化二磷、含氧化钾的百分之一百成份进行折算后的数量。复合肥按其所含主要成分折算。公式为：

折纯量 = 实物量 × 某种化肥有效成分含量的百分比

农业机械总动力 指主要用于农、林、牧、渔业的各种动力机械的动力总和。包括耕作机械、排灌机械、收获机械、农用运输机械、植物保护机械、牧业机械、林业机械、渔业机械和其他农业机械〔内燃机按引擎马力折成瓦（特）计算、电动机按功率折成瓦（特）计算〕。不包括专门用于乡、镇、村、组办工业、基本建设、非农业运输、科学试验和教学等非农业生产方面用的动力机械与作业机械。这个指标的统计数据主要来源于农机部门。

乡村从业人员 指乡村人口中劳动年龄（16 周岁）以上实际参加生产经营活动并取得实物或货币收入的人员，包括劳动年龄内经常参加劳动的人员，也包括超过劳动年龄但经常参加劳动的人员。但不包括户口在家的在外学生、现役军人和丧失劳动能力的人，也不包括待业人员和家务劳动者。从业人员按从事主业时间最长（时间相同按收入）分为农业从业人员、工业从业人员、建筑业从业人员、交运仓储及邮政业从业人员、批零贸易和餐饮业从业人员、其他从业人员。

十、工　　业

INDUSTRY

本篇内容包括：

1. 工业总产值、增加值
2. 支柱产业主要指标
3. 主要工业产品产量
4. 规模以上工业企业主要经济指标
5. 规模以上工业企业主要能源指标
6. 工业园区主要指标

资料整理	微机处理
焦　安	焦　安
张志萍	张志萍
王　娟	王　娟
黄　赟	黄　赟
袁　方	袁　方
邓　超	邓　超
胡位强	胡位强

全部工业增加值

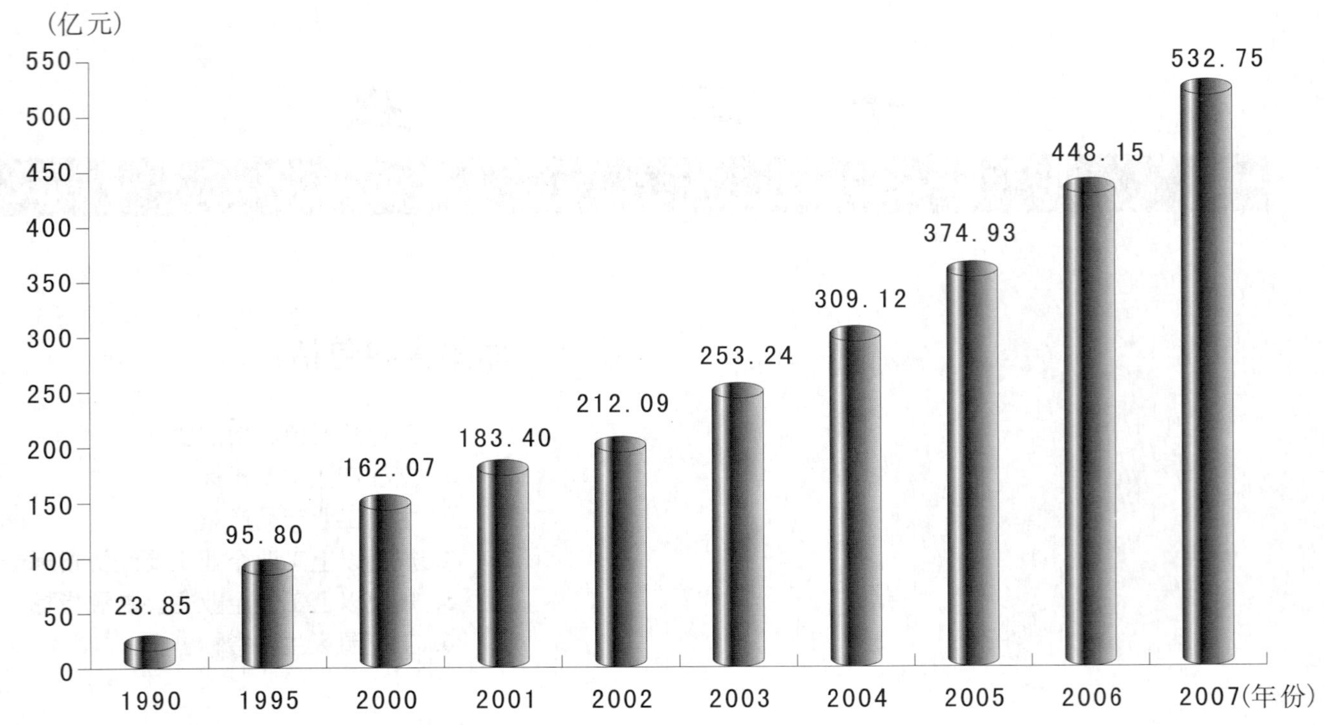

工业增加值构成(%)

(规模以上)

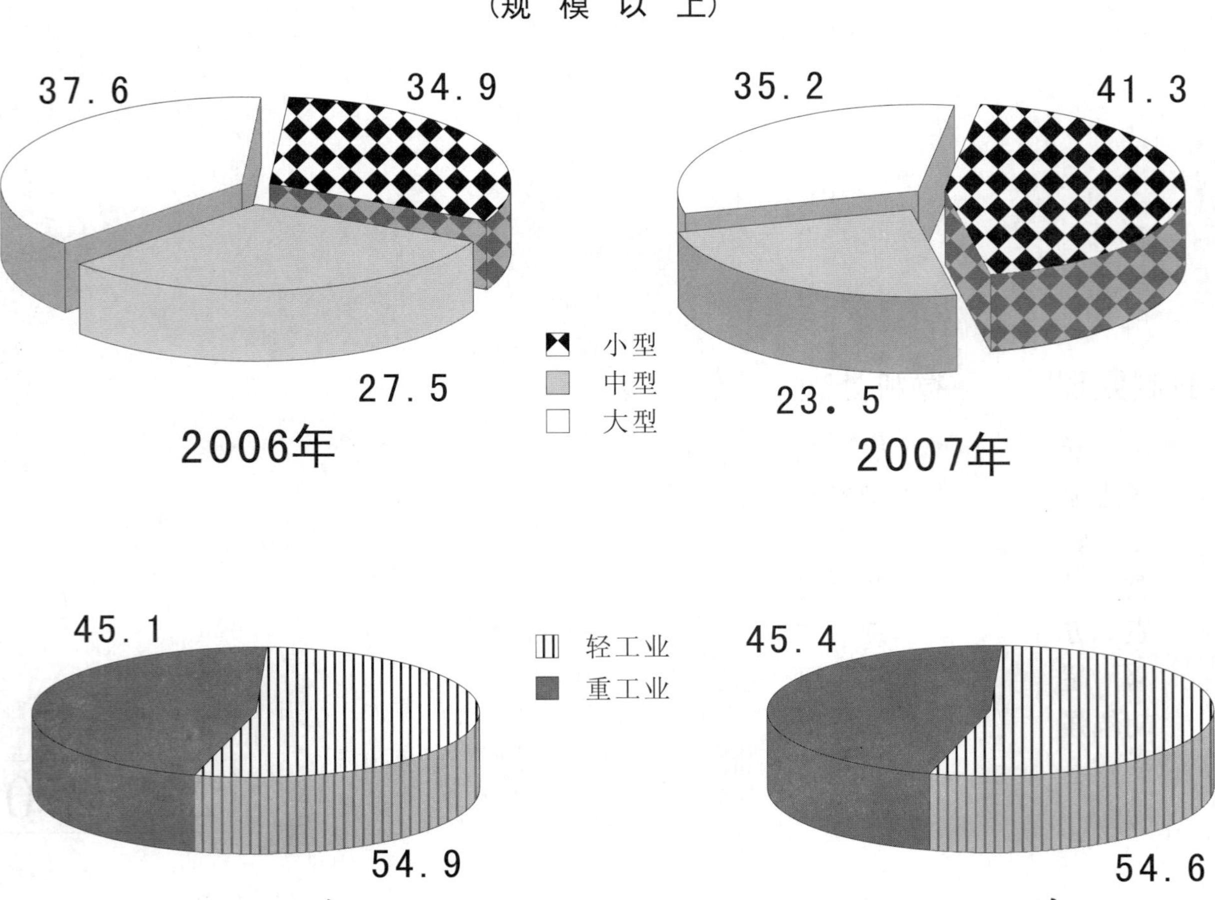

10－1　规模以上工业总产值和增加值

（2007年）　　　　单位：万元

分类	总产值		增加值	
	绝对数	比上年增长%	绝对数	比上年增长%
规模以上工业	**12 717 987**	**24.00**	**4 031 456**	**23.61**
1. 按经济类型分				
#国有企业	1 612 146	20.76	756 908	27.25
集体企业	196 757	31.80	62 888	31.77
股份合作企业	324 409	44.55	108 019	47.34
有限责任公司企业	3 693 229	18.77	986 167	18.92
股份有限企业	1 391 628	20.53	452 524	23.03
私营企业	1 983 887	38.16	675 180	33.33
港澳台及外商企业	3 509 866	23.47	987 724	17.52
2. 按轻、重工业分				
轻工业	5 871 579	26.66	2 187 517	22.09
重工业	6 837 739	21.65	1 843 939	25.47
3. 大中型工业	7 903 680	14.28	2 367 644	11.46

10－2　2001—2007年工业总产值

单位：万元

指标	2001年	2002年	2003年	2004年	2005年	2006年	2007年
	乡及乡以上	规模以上	规模以上	规模以上	规模以上	规模以上	规模以上
工业总产值	**3 057 718**	**3 299 897**	**4 149 169**	**5 543 352**	**7 262 572**	**9 659 689**	**12 717 987**
国有经济	759 354	785 496	837 606	1 117 698	1 207 621	1 257 256	1 612 146
集体经济	250 814	126 400	100 616	105 645	97 611	140 601	196 757
其他经济	2 047 550	2 388 001	3 210 947	4 320 009	5 957 340	8 261 832	10 909 084
#外商及港澳台投资企业	676 438	813 284	1 082 109	670 462	2 132 028	2 677 131	3 509 866
股份制企业	1 099 948	1 328 223	2 532 751	2 966 861	2 840 115	5 172 379	6 676 161

10－3 2001—2007年工业企业主要指标

指　　标	2001年 乡及乡以上	2002年 规模以上	2003年 规模以上	2004年 规模以上	2005年 规模以上	2006年 规模以上	2007年 规模以上
单位数（个）	1 659	504	500	794	769	902	939
从业人员（人）	221 905	191 899	195 487	206 053	215 277	218 724	227 621
工业总产值（万元）	3 057 718	3 299 897	4 149 169	5 543 352	7 262 572	9 659 689	12 717 987
主营业务收入（万元）	2 845 287	3 191 313	4 088 976	5 647 538	7 094 866	9 594 223	12 691 776
利润总额（万元）	105 448	141 251	232 231	272 558	341 750	383 342	532 297
税金总额（万元）	251 079	285 893	344 125	412 082	483 500	585 125	744 578
固定资产原价（万元）	2 266 253	2 339 926	2 623 086	2 974 318	3 811 439	4 351 797	5 400 247
固定资产净值（万元）	1 541 769	1 563 057	1 687 007	1 950 107	3 058 447	3 100 634	3 983 674

10－3 续表　　单位：万元

指　　标	2001年 乡及乡以上	2002年 规模以上	2003年 规模以上	2004年 规模以上	2005年 规模以上	2006年 规模以上	2007年 规模以上
工业销售产值	2 967 162	3 217 833	4 099 999	5 443 377	7 141 936	9 574 880	12 485 055
出口交货值	155 389	175 922	213 238	381 037	493 841	752 418	1 008 804
工业增加值	936 282	1 072 538	1 356 247	1 720 611	2 311 874	3 071 629	4 031 456
固定资产净值年平均余额	1 495 596	1 563 262	1 665 369	1 888 683	2 493 399	2 980 186	3 918 113
流动资产合计	2 006 773	2 241 100	2 629 367	2 904 511	3 610 821	4 175 216	5 012 135
流动资产年平均余额	2 000 685	2 194 459	2 478 593	2 773 573	3 499 803	3 958 762	4 472 713
年末资产总计	4 179 194	4 562 298	5 281 145	6 415 476	7 577 563	8 681 856	10 985 418
年末负债合计	2 496 630	2 762 553	3 196 767	3 486 661	4 424 764	4 980 976	6 151 429
流动负债合计	2 058 309	2 290 174	2 666 410	2 961 408	3 536 357	4 180 827	5 245 399
年末所有者权益	1 682 564	1 606 669	1 848 433	2 843 094	2 854 041	3 411 435	4 832 832
成本费用总额	2 637 885	2 933 772	3 700 154	5 230 028	6 372 184	8 751 667	11 371 185

10－4 县区工业主要指标

（按属地原则分，2007年）

项目	企业数（个）	#大中型	年平均从业人员（人）	工业总产值（现价，万元）	工业增加值（现价，万元）
总计	**939**	**85**	**227 621**	**12 717 987**	**4 031 456**
东湖区	9	4	5 411	87 350	22 131
西湖区	19	3	4 559	76 249	18 284
青云谱区	74	13	35 362	2 095 474	594 923
湾里区	24		1 968	78 316	20 758
青山湖区	239	10	44 104	2 811 481	752 998
南昌县	148	12	30 464	1 631 388	535 339
新建县	79	8	14 356	850 853	259 552
安义县	60	3	5 491	248 746	85 170
进贤县	99	8	18 690	687 378	220 298
经济开发区	84	15	21 700	1 681 648	462 808
高新开发区	105	14	37 238	2 247 976	1 033 339
红谷滩新区	2		388	21 982	5 395
桑海开发区	4	1	3 723	52 398	13 646
英雄开发区	4	1	731	25 926	6 405

10－4 续表　　（按属地原则分，2007年）　　单位：万元

项目	流动资产合计	固定资产合计	负债合计	主营业务收入	利税总额
总计	**5 012 135**	**4 649 640**	**6 151 429**	**12 691 776**	**1 276 875**
东湖区	39 832	108 363	161 394	89 566	－2 977
西湖区	41 513	26 615	57 391	73 511	1 946
青云谱区	1 311 429	617 288	1 248 526	1 996 336	245 782
湾里区	17 305	10 394	20 998	73 974	2 823
青山湖区	639 889	1 314 958	1 092 283	2 901 357	170 953
南昌县	391 509	370 788	651 303	1 610 089	106 784
新建县	212 191	307 326	227 160	824 775	52 349
安义县	62 785	51 640	65 969	247 770	16 706
进贤县	138 228	130 232	140 569	673 447	32 448
经济开发区	648 783	838 514	953 710	1 647 189	96 733
高新开发区	1 169 860	725 745	1 127 724	2 213 948	562 795
红谷滩新区	9 878	3 342	10 724	20 976	3 475
桑海开发区	23 540	13 417	42 620	45 967	3 721
英雄开发区	8 702	11 450	18 457	24 820	780

注：本表总计数为集团公司按总部所在地统计，县区数据为集团公司按子公司所在地统计。

10－5 支柱产业主要指标

（2007 年）

指标名称	企业单位数（个）	工业总产值（万元）	工业增加值（万元）	工业销售产值（万元）	#出口交货值
总计	**939**	**12 717 987**	**4 031 456**	**12 485 055**	**1 008 804**
农副食品加工业	68	770 339	220 112	764 625	14 450
食品制造业	39	300 090	102 498	291 095	18
方便食品制造	11	61 261	20 234	59 275	
液体乳及乳制品制造	3	41 683	18 814	40 308	
饮料制造业	16	181 558	66 065	178 738	4 352
烟草制品业	1	687 179	495 824	681 527	
纺织业	144	897 176	329 385	877 047	123 171
纺织服装、鞋、帽制造业	26	137 828	53 651	134 598	33 462
造纸及纸制品业	18	327 886	107 759	321 285	87 770
印刷业和记录媒介的复制	41	291 055	118 231	286 588	30
化学原料及化学制品制造业	50	333 016	108 922	323 636	33 287
医药制造业	64	997 034	327 863	972 015	13 155
化学药品原药制造	6	47 207	15 823	44 525	5 776
中成药制造	24	765 571	242 626	747 746	1
化学纤维制造业	2	240 157	51 694	239 334	892
橡胶制品业	9	145 773	30 002	141 299	72 093
塑料制品业	33	159 910	56 536	156 870	5 116
非金属矿物制品业	79	526 067	174 804	519 539	16 153
水泥、石灰和石膏的制造	7	108 356	38 361	108 308	
黑色金属冶炼及压延加工业	7	1 363 530	197 873	1 364 230	36 128
钢压延加工	7	1 363 530	197 873	1 364 230	36 128
有色金属冶炼及压延加工业	24	529 011	162 390	517 934	110 882
有色金属合金制造	2	93 873	22 407	88 200	75 357
有色金属压延加工	17	395 682	127 949	389 875	30 948
通用设备制造业	35	247 423	96 372	239 355	22 807
锅炉及原动机制造	5	114 152	44 867	109 116	18 597
专用设备制造业	38	239 050	81 834	234 313	21 446
交通运输设备制造业	44	2 032 745	483 958	1 979 048	176 546
汽车制造	33	1 490 318	367 620	1 457 874	96 976
航空航天器制造	2	511 388	105 336	490 809	78 220
电气机械及器材制造业	50	966 601	277 897	952 979	32 945
电机制造	2	197 864	63 504	196 941	18 195
输配电及控制设备制造	20	173 348	55 489	166 742	53
电线、电缆、光缆及电工器材制造	14	279 654	82 512	274 302	908
家用电力器具制造	4	278 583	63 219	279 048	13 789
通信设备、计算机及其他电子设备制造业	18	395 457	149 330	376 384	140 107
电子器件制造	6	270 231	105 606	261 435	73 961
家用视听设备制造	3	53 475	18 451	53 175	19 806
电力、热力的生产和供应业	13	221 089	82 567	218 037	
水的生产和供应业	5	45 700	25 366	45 540	

10－5 续表 (2007年)

指标名称	资产总计（万元）	主营业务收入（万元）)	利润总额（万元）	本年应交增值税（万元）	全部从业人员年平均人数（人）
总计	**10 985 418**	**12 691 776**	**1 276 875**	**362 179**	**227 621**
农副食品加工业	326 511	760 606	40 480	3 788	9 536
食品制造业	236 778	296 738	16 522	5 779	5 987
方便食品制造	34 092	63 659	3 613	2 219	1 777
液体乳及乳制品制造	35 281	40 127	3 205	1 367	1 366
饮料制造业	202 871	172 203	25 010	7 826	3 279
烟草制品业	537 716	679 081	432 882	75 692	5 874
纺织业	245 352	876 168	43 134	15 873	26 431
纺织服装、鞋、帽制造业	71 948	133 743	6 737	1 763	4 454
造纸及纸制品业	395 579	318 247	36 128	11 845	2 329
印刷业和记录媒介的复制	299 984	283 536	46 486	11 377	6 882
化学原料及化学制品制造业	238 448	323 270	16 127	3 328	8 151
医药制造业	814 367	975 347	98 727	41 690	20 336
化学药品原药制造	72 837	44 690	1 137	1 339	3 069
中成药制造	567 397	752 422	73 748	35 182	13 573
化学纤维制造业	169 189	239 626	－2 198	2 585	2 648
橡胶制品业	1 016 972	141 066	2 300	804	2 558
塑料制品业	74 210	156 353	6 172	2 254	2 684
非金属矿物制品业	296 804	510 248	34 280	8 854	7 570
水泥、石灰和石膏的制造	64 761	104 030	11 663	3 931	1 134
黑色金属冶炼及压延加工业	695 894	1 489 221	91 863	51 263	13 027
钢压延加工	695 894	1 489 221	91 863	51 263	13 027
有色金属冶炼及压延加工业	293 696	518 867	15 451	7 676	3 903
有色金属合金制造	61 142	88 694	916	600	871
有色金属压延加工	216 014	390 570	13 571	6 555	2 259
通用设备制造业	237 764	244 220	21 804	6 989	6 138
锅炉及原动机制造	127 953	115 296	6 673	2 368	3 224
专用设备制造业	221 027	231 162	13 208	4 274	12 634
交通运输设备制造业	2 429 157	2 074 144	190 630	55 109	33 194
汽车制造	1 492 312	1 611 147	172 139	54 672	23 180
航空航天器制造	905 469	426 704	17 186	－453	8 662
电气机械及器材制造业	691 282	967 467	58 419	16 155	11 292
电机制造	333 050	219 173	12 733	3 020	3 975
输配电及控制设备制造	129 098	169 883	26 537	7 985	2 791
电线、电缆、光缆及电工器材制造	89 021	274 725	5 532	1 621	1 711
家用电力器具制造	121 548	268 203	12 046	3 191	2 009
通信设备、计算机及其他电子设备制造业	479 841	366 381	25 062	4 058	12 238
电子器件制造	351 266	252 204	21 877	3 129	8 896
家用视听设备制造	67 320	53 171	1 961	551	616
电力、热力的生产和供应业	431 242	218 546	9 284	11 241	8 256
水的生产和供应业	199 045	48 615	5 644	2 107	2 618

10－6　主要工业产品生产量与销售量

（2007年）

产　品　名　称	计量单位	生　产　量	销　售　量
精制食用植物油	吨	6 589	6 589
配混合饲料	吨	1 772 346.52	1 766 392.25
乳　制　品	吨	109 763.44	109 981.44
白酒（折65度，商品量）	千升	8 744	8 520
啤　　酒	千升	328 832	328 928.95
软　饮　料	吨	457 976.07	450 065.41
卷　　烟	万支	2 701 939	4 764 181
化学纤维	吨	152 477	152 935
合成纤维	吨	152 477	152 935
纱	吨	33 173.67	22 101.07
布	万米	9 645.00	9 569.23
棉　　布	万米	7 104.86	7 079.83
棉混纺布（混纺交织布）	万米	2 310.34	2 259.6
化学纤维布（纯化纤布）	万米	229.8	229.8
服　　装	万件	40 791.53	41 244.55
机制纸及纸板	吨	343 122	368 194
润滑油	吨	16 353	16 446
焦　　炭	吨	876 227	239 775
氢氧化钠（烧碱）（折100%）	吨	29 050	11 062
合成氨	吨	100 095	25 473
农用氮磷钾化学肥料总计（折纯）	吨	77 813	77 006
氮肥（折含N100%）	吨	77 813	77 006
尿　　素	吨	77 813	77 006
初级形态的塑料（塑料树脂及共聚物）	吨	10 020	9 244
合成纤维聚合物	吨	145 345	145 732
合成洗涤剂	吨	17 916	18 300
化学药品原药（化学原料药）	吨	8 503.73	8 394.07
橡胶轮胎外胎（轮胎外胎）	条	4 923 045	4 747 665
塑料制品	吨	10 335.05	10 994.43
水　　泥	吨	3 437 337.02	3 430 109.25
生　　铁	吨	2 301 400	612 820
粗　　钢	吨	3 000 419	1 093 045

10－6　续表　　　　　　　　　　　　　　（2007年）

产　　品　　名　　称	计量单位	生　产　量	销　售　量
钢　　材	吨	3193036	2926527.77
中小型型钢	吨	114202	114300
棒　　材	吨	794571	797366
钢　　筋	吨	1654872	1654685
热轧窄钢带	吨	107753	59878
无缝钢管	吨	422587	201457
焊接钢管	吨	69709	70392
铜材（铜加工材）	吨	2391	2420.6
铝　　材	吨	5011	4928.2
工业锅炉	蒸发量吨	941.7	939.7
内 燃 机	千瓦	201296	200520
金属切削机床	台	1781	1596
数控机床	台	107	158
大中型拖拉机	台	2556	2427
小型拖拉机	台	10028	9994
汽　　车	辆	108743	108168
载货汽车	辆	65046	64884
公路客车	辆	41229	41364
轿　　车	辆	2468	1920
排气量1.0~1.6升（含1.6升）	辆	2468	1920
摩 托 车	辆	10174	10201
两轮自行车（自行车）	辆	2682	2568
民用钢质船舶	总吨	3361	3331
发电设备	千瓦	53600	59350
交流电动机	千瓦	1013175	994755
家用电冰箱	台	206693	209352
冷柜（含冷冻箱、冷藏箱、展示柜）	台	50189	49358
房间空气调节器	台	1362679	1347889
程控交换机	线	9718	9718
数字程控交换机	线	9718	9718
显 示 器	台	23741	24102
彩色电视机	台	390635	390635

10－7　全市规模以上工业主要经济指标

（2007年）

项　　　　目	企业单位数（个）	#亏损企业	工业总产值（现价,万元）	新产品产值（现价,万元）	工业销售产值（现价,万元）	#出口交货值	全部从业人员年平均人数（人）
总　　计	**939**	**89**	**12 717 987**	**1 514 767**	**12 485 055**	**1 008 804**	**227 621**
一、按登记注册类型分							
内资企业	805	70	9 208 122	578 564	9 043 064	522 549	177 282
国有企业	66	22	1 612 146	69 529	1 592 953	50 587	32 709
集体企业	27	6	196 757	910	193 261	3 521	3 443
股份合作企业	31		324 409	38	315 829	20 961	3 732
联营企业	1		6 066		5 763		69
其他联营企业	1		6 066		5 763		69
有限责任公司	288	24	3 693 229	250 385	3 657 981	202 413	67 513
国有独资公司	7	1	1 615 702	118 697	1 620 134	74 170	21 314
其他有限责任公司	281	23	2 077 527	131 687	2 037 847	128 244	46 199
股份有限公司	52	6	1 391 628	253 647	1 335 553	136 347	30 889
私营企业	340	12	1 983 887	4 056	1 941 725	108 720	38 927
私营独资企业	71	2	328 433		321 616	27 792	7 952
私营合伙企业	13	1	64 149		62 596	3 596	1 129
私营有限责任公司	195	8	1 323 151	3 322	1 295 173	70 855	24 031
私营股份有限公司	61	1	268 154	734	262 340	6 477	5 815
港、澳、台商投资企业	53	9	866 047	1 833	846 011	131 187	10 078
合资经营企业（港或澳、台资）	31	4	592 199	44	590 000	29 923	5 683
合作经营企业（港或澳、台资）	1		2 410		2 410		105
港澳台商独资企业	21	5	271 438	1 789	253 602	101 264	4 290
外商投资企业	81	10	2 643 818	934 370	2 595 980	355 068	40 261
中外合资经营企业	54	8	1 174 074	12 241	1 153 220	172 385	14 427
中外合作经营企业	2		37 640		39 331		477
外资企业	23	2	162 900	1 633	162 591	85 708	6 496
外商投资股份有限公司	2		1 269 204	920 496	1 240 838	96 976	18 861
二、按经济组织类型分							
独资企业	208	37	2 571 675	73 860	2 524 022	268 871	54 890
国有企业	66	22	1 612 146	69 529	1 592 953	50 587	32 709
集体企业	27	6	196 757	910	193 261	3 521	3 443
私营独资企业	71	2	328 433		321 616	27 792	7 952
港澳台商独资经营企业	21	5	271 438	1 789	253 602	101 264	4 290
外资企业	23	2	162 900	1 633	162 591	85 708	6 496
合作、合伙企业	48	1	434 674	38	425 928	24 557	5 512
股份合作企业	31		324 409	38	315 829	20 961	3 732
其他联营企业	1		6 066		5 763		69
私营合伙企业	13	1	64 149		62 596	3 596	1 129
港或澳、台资合作经营企业	1		2 410		2 410		105
中外合作经营企业	2		37 640		39 331		477
股份有限公司	115	7	2 928 985	1 174 877	2 838 730	239 801	55 565
股份有限公司（内资）	52	6	1 391 628	253 647	1 335 553	136 347	30 889
私营股份有限公司	61	1	268 154	734	262 340	6 477	5 815
外商投资股份有限公司	2		1 269 204	920 496	1 240 838	96 976	18 861
有限责任公司	568	44	6 782 653	265 991	6 696 374	475 576	111 654
国有独资公司	7	1	1 615 702	118 697	1 620 134	74 170	21 314
私营有限责任公司	195	8	1 323 151	3 322	1 295 173	70 855	24 031
港澳台合资经营企业	31	4	592 199	44	590 000	29 923	5 683

项目	企业单位数（个）	#亏损企业	工业总产值（现价,万元）	新产品产值（现价,万元）	工业销售产值（现价,万元）	#出口交货值	全部从业人员年平均人数（人）
中外合资经营企业	54	8	1 174 074	12 241	1 153 220	172 385	14 427
其他有限责任公司	281	23	2 077 527	131 687	2 037 847	128 244	46 199
三、总计中							
亏损企业	89	89	960 063	70 894	938 455	166 993	27 326
国有控股企业	115	36	6 088 149	1 469 267	5 994 588	483 091	111 706
农村工业	16		105 311		103 441	21 005	2 296
四、按轻重工业分							
轻工业	544	51	5 878 809	31 627	5 780 095	372 802	114 810
重工业	395	38	6 839 179	1 483 140	6 704 959	636 002	112 811
五、按企业规模分							
大型企业	13	2	4 818 658	1 401 561	4 747 559	296 846	71 965
中型企业	72	11	3 085 022	94 162	3 026 521	422 040	62 530
小型企业	854	76	4 814 308	19 044	4 710 974	289 919	93 126
六、按工业行业大类分							
非金属矿采选业	2		7 804		7 802		133
农副食品加工业	68	4	770 339	3 219	764 625	14 450	9 536
食品制造业	39	6	300 090	737	291 095	18	5 987
饮料制造业	16	2	181 558		178 738	4 352	3 279
烟草制品业	1		687 179	3 975	681 527		5 874
纺织业	144	9	897 176	16 391	877 047	123 171	26 431
纺织服装、鞋、帽制造业	26	1	137 828	236	134 598	33 462	4 454
皮革、毛皮、羽毛（绒）及其制品业	11		38 689		38 550	5 640	2 512
木材加工及木、竹、藤、棕、草制品业	12		80 418	21 715	78 257	17 799	1 414
家具制造业	5	1	14 153		13 913		350
造纸及纸制品业	18	2	327 886	984	321 285	87 770	2 329
印刷业和记录媒介的复制	41	6	291 055	743	286 588	30	6 882
文教体育用品制造业	21	1	73 998		71 902	3 711	2 378
石油加工、炼焦及核燃料加工业	4		44 230		43 478		255
化学原料及化学制品制造业	50	2	333 016	632	323 636	33 287	8 151
医药制造业	64	9	997 034	4 793	972 015	13 155	20 336
化学纤维制造业	2	1	240 157	447	239 334	892	2 648
橡胶制品业	9		145 773		141 299	72 093	2 558
塑料制品业	33	4	159 910		156 870	5 116	2 684
非金属矿物制品业	79	6	526 067		519 539	16 153	7 570
黑色金属冶炼及压延加工业	7	1	1 363 530	52 975	1 364 230	36 128	13 027
有色金属冶炼及压延加工业	24	6	529 011	49 658	517 934	110 882	3 903
金属制品业	47	3	322 897	1 436	317 179	36 024	6 591
通用设备制造业	35	4	247 423	50 718	239 355	22 807	6 138
专用设备制造业	38	1	239 050	7 361	234 313	21 446	12 634
交通运输设备制造业	44	7	2 032 745	1 077 342	1 979 048	176 546	33 194
电气机械及器材制造业	50	6	966 601	99 966	952 979	32 945	11 292
通信设备、计算机及其他电子设备制造业	18	4	395 457	121 076	376 384	140 107	12 238
仪器仪表及文化、办公用机械制造业	7		16 058	365	15 804		653
工艺品及其他制造业	3		52 648		51 547	820	717
废弃资源和废旧材料回收加工业	2		22 889		22 078		70
电力、热力的生产和供应业	13	2	221 089		218 037		8 256
燃气生产和供应业	1		8 530		8 530		529
水的生产和供应业	5	1	45 700		45 540		2 618

(2007年)　　单位：万元

项　　目	工业增加值(现价)	流动资产合计	流动资产年平均余额	固定资产合计	固定资产原价	固定资产净值年平均余额
总　　计	**4 031 456**	**5 012 135**	**4 472 713**	**4 649 640**	**5 400 247**	**3 918 113**
一、按登记注册类型分						
内资企业	3 043 732	3 258 315	3 016 591	2 626 655	3 391 493	2 283 997
国有企业	756 908	713 542	745 527	563 112	816 935	462 439
集体企业	62 888	16 472	16 777	17 494	26 683	17 130
股份合作企业	108 019	35 234	33 769	24 942	28 591	22 763
联营企业	2 046	2 028	1 623	215	654	230
其他联营企业	2 046	2 028	1 623	215	654	230
有限责任公司	986 167	1 161 120	1 104 778	1 001 955	1 273 629	875 633
国有独资公司	280 307	630 277	614 033	547 114	677 199	463 299
其他有限责任公司	705 860	530 843	490 745	454 841	596 431	412 334
股份有限公司	452 524	948 242	739 560	643 648	849 257	564 710
私营企业	675 180	381 677	374 558	375 289	395 745	341 092
私营独资企业	112 888	40 557	39 564	36 823	43 799	33 940
私营合伙企业	23 113	3 312	3 692	3 761	4 726	3 826
私营有限责任公司	443 562	289 682	283 058	286 263	296 458	255 562
私营股份有限公司	95 618	48 126	48 243	48 442	50 762	47 764
港、澳、台商投资企业	242 213	409 789	224 145	1 078 891	1 089 360	852 043
合资经营企业（港或澳、台资）	167 610	173 379	153 521	92 290	111 930	79 377
合作经营企业（港或澳、台资）	794	1 247	956	3 195	3 379	3 056
港澳台商独资企业	73 809	235 164	69 667	983 406	974 052	769 610
外商投资企业	745 511	1 344 031	1 231 977	944 094	919 394	782 074
中外合资经营企业	383 784	434 756	381 178	532 634	572 965	492 496
中外合作经营企业	9 394	13 305	11 522	9 820	20 049	8 679
外资企业	56 972	69 046	63 937	44 338	58 708	42 471
外商投资股份有限公司	295 362	826 924	775 339	357 302	267 673	238 427
二、按经济组织类型分						
独资企业	1 063 465	1 074 782	935 474	1 645 173	1 920 177	1 325 590
国有企业	756 908	713 542	745 527	563 112	816 935	462 439
集体企业	62 888	16 472	16 777	17 494	26 683	17 130
私营独资企业	112 888	40 557	39 564	36 823	43 799	33 940
港澳台商独资经营企业	73 809	235 164	69 667	983 406	974 052	769 610
外资企业	56 972	69 046	63 937	44 338	58 708	42 471
合作、合伙企业	143 366	55 125	51 563	41 934	57 398	38 554
股份合作企业	108 019	35 234	33 769	24 942	28 591	22 763
其他联营企业	2 046	2 028	1 623	215	654	230
私营合伙企业	23 113	3 312	3 692	3 761	4 726	3 826
港或澳、台资合作经营企业	794	1 247	956	3 195	3 379	3 056
中外合作经营企业	9 394	13 305	11 522	9 820	20 049	8 679
股份有限公司	843 503	1 823 292	1 563 142	1 049 391	1 167 691	850 901
股份有限公司（内资）	452 524	948 242	739 560	643 648	849 257	564 710
私营股份有限公司	95 618	48 126	48 243	48 442	50 762	47 764
外商投资股份有限公司	295 362	826 924	775 339	357 302	267 673	238 427
有限责任公司	1 981 123	2 058 936	1 922 535	1 913 142	2 254 981	1 703 068
国有独资公司	280 307	630 277	614 033	547 114	677 199	463 299
私营有限责任公司	443 562	289 682	283 058	286 263	296 458	255 562
港澳台合资经营企业	167 610	173 379	153 521	92 290	111 930	79 377

项目	工业增加值（现价）	流动资产合计	流动资产年平均余额	固定资产合计	固定资产原价	固定资产净值年平均余额
中外合资经营企业	383 784	434 756	381 178	532 634	572 965	492 496
其他有限责任公司	705 860	530 843	490 745	454 841	596 431	412 334
三、总计中						
亏损企业	272 113	448 640	406 412	514 132	643 901	411 939
国有控股企业	1 836 079	3 260 298	2 988 434	2 282 948	2 860 549	1 898 355
农村工业	39 781	11 288	9 871	6 081	7 119	4 130
四、按轻重工业分						
轻工业	2 200 045	1 751 282	1 713 454	1 722 282	2 106 426	1 471 625
重工业	1 831 411	3 260 853	2 759 259	2 927 358	3 293 821	2 446 489
五、按企业规模分						
大型企业	1 420 457	2 580 347	2 347 622	1 391 758	1 628 585	1 126 028
中型企业	947 187	1 383 330	1 142 750	2 077 116	2 450 656	1 745 328
小型企业	1 663 812	1 048 458	982 341	1 180 767	1 321 006	1 046 757
六、按工业行业大类分						
非金属矿采选业	2 473	1 172	1 156	1 036	1 220	1 008
农副食品加工业	220 112	147 964	134 143	115 963	130 381	110 902
食品制造业	102 498	121 392	118 310	102 112	117 428	95 184
饮料制造业	66 065	83 947	82 391	66 388	102 782	64 066
烟草制品业	495 824	300 749	351 363	139 529	245 784	127 948
纺织业	329 385	113 067	111 632	104 273	152 130	84 958
纺织服装、鞋、帽制造业	53 651	23 342	18 832	24 396	25 274	18 557
皮革、毛皮、羽毛(绒)及其制品业	13 796	5 161	4 872	3 974	4 461	3 745
木材加工及木、竹、藤、棕、草制品业	27 488	21 317	20 333	18 918	22 106	18 661
家具制造业	4 625	2 206	2 312	2 605	2 883	1 343
造纸及纸制品业	107 759	97 095	92 526	271 316	274 096	261 259
印刷业和记录媒介的复制	118 231	94 856	87 064	181 777	267 207	172 242
文教体育用品制造业	23 802	10 560	11 371	12 961	15 173	12 471
石油加工、炼焦及核燃料加工业	13 770	905	885	1 820	2 282	1 346
化学原料及化学制品制造业	108 922	112 852	105 587	85 447	125 857	85 950
医药制造业	327 863	381 605	360 764	335 237	384 049	254 720
化学纤维制造业	51 694	67 594	63 821	91 618	79 468	53 612
橡胶制品业	30 002	198 689	49 537	816 560	817 740	622 986
塑料制品业	56 536	30 314	29 138	32 341	41 563	28 671
非金属矿物制品业	174 804	121 028	118 444	133 422	159 172	124 725
黑色金属冶炼及压延加工业	197 873	312 094	297 126	334 442	410 212	297 818
有色金属冶炼及压延加工业	162 390	148 159	133 389	134 249	148 475	115 733
金属制品业	107 432	96 335	89 476	78 522	99 105	80 747
通用设备制造业	96 372	139 478	130 720	76 868	96 490	64 509
专用设备制造业	81 834	97 556	95 443	114 816	124 121	96 230
交通运输设备制造业	483 958	1 485 301	1 223 959	587 807	561 020	442 200
电气机械及器材制造业	277 897	458 897	404 457	175 434	213 392	139 835
通信设备、计算机及其他电子设备制造业	149 330	200 856	190 603	224 190	227 574	200 609
仪器仪表及文化、办公用机械制造业	6 212	7 558	9 718	6 092	6 168	6 068
工艺品及其他制造业	17 384	2 331	2 309	5 284	5 491	5 229
废弃资源和废旧材料回收加工业	8 763	2 275	2 497	370	592	411
电力、热力的生产和供应业	82 567	57 100	58 618	220 384	361 977	203 816
燃气生产和供应业	4 781	6 851	8 313	20 802	25 023	21 510
水的生产和供应业	25 366	61 533	61 604	128 687	149 553	99 049

项　　目	固定资产净　值	资产总计	流动负债合　计	长期负债合　计	负债合计	所有者权益合计
总　　计	**3 983 674**	**10 985 418**	**5 245 399**	**762 691**	**6 151 429**	**4 832 832**
一、按登记注册类型分						
内资企业	2 369 462	6 836 466	3 352 954	491 715	3 920 312	2 916 154
国有企业	488 476	1 443 912	791 098	97 699	922 102	521 811
集体企业	16 411	35 071	34 611	4 340	39 253	－4 182
股份合作企业	23 098	64 960	35 129	3 660	38 789	26 171
联营企业	215	2 341	1 361		1 361	980
其他联营企业	215	2 341	1 361		1 361	980
有限责任公司	880 214	2 458 467	1 420 255	100 638	1 540 293	918 174
国有独资公司	466 173	1 310 888	896 621	54 588	951 209	359 680
其他有限责任公司	414 041	1 147 579	523 634	46 050	589 084	558 495
股份有限公司	616 400	1 972 655	818 844	180 668	1 002 023	970 632
私营企业	344 648	859 060	251 655	104 710	376 492	482 568
私营独资企业	35 893	87 663	32 796	4 512	39 654	48 009
私营合伙企业	3 656	8 938	4 300	11	4 635	4 303
私营有限责任公司	262 373	645 871	179 553	91 804	284 929	360 943
私营股份有限公司	42 727	116 588	35 006	8 384	47 274	69 314
港、澳、台商投资企业	848 468	1 529 613	535 771	125 711	706 597	823 017
合资经营企业（港或澳、台资）	79 111	284 791	172 178	10 915	183 693	101 099
合作经营企业（港或澳、台资）	3 195	4 591	1 562		1 562	3 029
港澳台商独资企业	766 162	1 240 231	362 031	114 796	521 342	718 889
外商投资企业	765 744	2 619 339	1 356 675	145 264	1 524 521	1 093 662
中外合资经营企业	479 753	1 066 628	512 629	76 298	591 318	474 154
中外合作经营企业	9 101	23 277	10 801		10 801	12 476
外资企业	42 991	124 231	50 670	4 077	54 926	69 305
外商投资股份有限公司	233 899	1 405 202	782 575	64 889	867 476	537 727
二、按经济组织类型分						
独资企业	1 349 933	2 931 109	1 271 206	225 424	1 577 277	1 353 833
国有企业	488 476	1 443 912	791 098	97 699	922 102	521 811
集体企业	16 411	35 071	34 611	4 340	39 253	－4 182
私营独资企业	35 893	87 663	32 796	4 512	39 654	48 009
港澳台商独资经营企业	766 162	1 240 231	362 031	114 796	521 342	718 889
外资企业	42 991	124 231	50 670	4 077	54 926	69 305
合作、合伙企业	39 265	104 106	53 154	3 671	57 148	46 958
股份合作企业	23 098	64 960	35 129	3 660	38 789	26 171
其他联营企业	215	2 341	1 361		1 361	980
私营合伙企业	3 656	8 938	4 300	11	4 635	4 303
港或澳、台资合作经营企业	3 195	4 591	1 562		1 562	3 029
中外合作经营企业	9 101	23 277	10 801		10 801	12 476
股份有限公司	893 026	3 494 445	1 636 425	253 941	1 916 773	1 577 672
股份有限公司（内资）	616 400	1 972 655	818 844	180 668	1 002 023	970 632
私营股份有限公司	42 727	116 588	35 006	8 384	47 274	69 314
外商投资股份有限公司	233 899	1 405 202	782 575	64 889	867 476	537 727
有限责任公司	1 701 450	4 455 758	2 284 614	279 655	2 600 232	1 854 370
国有独资公司	466 173	1 310 888	896 621	54 588	951 209	359 680
私营有限责任公司	262 373	645 871	179 553	91 804	284 929	360 943
港澳台合资经营企业	79 111	284 791	172 178	10 915	183 693	101 099

10－7 续表3－2 （2007年） 单位：万元

项 目	固定资产净值	资产总计	流动负债合计	长期负债合计	负债合计	所有者权益合计
中外合资经营企业	479 753	1 066 628	512 629	76 298	591 318	474 154
其他有限责任公司	414 041	1 147 579	523 634	46 050	589 084	558 495
三、总计中						
亏损企业	414 234	1 063 223	604 972	172 153	778 213	285 010
国有控股企业	1 971 856	6 404 587	3 441 966	433 542	3 929 888	2 474 699
农村工业	5 177	17 892	7 377	300	7 976	9 915
四、按轻重工业分						
轻工业	1 515 000	3 965 857	1 795 979	244 000	2 060 226	1 904 475
重工业	2 468 674	7 019 561	3 449 420	518 691	4 091 204	2 928 358
五、按企业规模分						
大型企业	1 119 069	4 571 386	2 612 182	226 923	2 892 116	1 679 270
中型企业	1 788 564	3 864 496	1 639 552	300 385	2 001 534	1 862 962
小型企业	1 076 041	2 549 536	993 665	235 384	1 257 779	1 290 601
六、按工业行业大类分						
非金属矿采选业	1 034	4 793	1 239		1 239	3 554
农副食品加工业	106 735	326 511	129 523	25 997	167 767	158 744
食品制造业	96 233	236 778	41 442	21 808	64 728	172 049
饮料制造业	64 978	202 871	109 337	6 077	115 498	87 373
烟草制品业	136 735	537 716	244 045	74	244 119	293 597
纺织业	95 073	245 352	134 558	9 088	144 291	101 062
纺织服装、鞋、帽制造业	17 389	71 948	24 819	431	25 417	46 531
皮革、毛皮、羽毛(绒)及其制品业	3 789	15 597	3 848	77	4 113	11 485
木材加工及木、竹、藤、棕、草制品业	18 753	44 696	8 938	6 967	18 969	25 727
家具制造业	2 593	10 118	1 754	17	1 772	8 346
造纸及纸制品业	250 781	395 579	237 935	1 853	239 798	155 781
印刷业和记录媒介的复制	175 518	299 984	65 836	29 347	96 342	203 642
文教体育用品制造业	11 589	24 758	7 858	60	7 918	16 840
石油加工、炼焦及核燃料加工业	1 797	2 950	1 343	222	1 585	1 365
化学原料及化学制品制造业	81 096	238 448	104 659	17 210	123 692	114 756
医药制造业	293 819	814 367	379 457	38 979	421 847	391 363
化学纤维制造业	52 815	169 189	127 058	47 881	174 939	－5 751
橡胶制品业	614 485	1 016 972	331 531	107 060	482 692	534 280
塑料制品业	28 688	74 210	36 408	8 384	45 772	28 438
非金属矿物制品业	126 755	296 804	121 572	29 280	160 288	136 516
黑色金属冶炼及压延加工业	308 946	695 894	459 563	1 387	493 950	201 944
有色金属冶炼及压延加工业	126 894	293 696	155 029	39 788	195 604	98 092
金属制品业	77 236	195 404	100 581	5 565	107 013	88 391
通用设备制造业	71 937	237 764	118 257	10 190	129 734	108 030
专用设备制造业	98 598	221 027	105 324	14 229	119 780	101 246
交通运输设备制造业	436 825	2 429 157	1 424 959	141 930	1 586 963	842 195
电气机械及器材制造业	147 896	691 282	411 322	35 699	453 122	238 160
通信设备、计算机及其他电子设备制造业	195 362	479 841	126 136	51 784	178 216	301 625
仪器仪表及文化、办公用机械制造业	5 725	19 005	4 260	109	4 369	14 637
工艺品及其他制造业	5 284	8 735	2 329	1 800	4 141	4 593
废弃资源和废旧材料回收加工业	370	2 645	2 013		2 013	632
电力、热力的生产和供应业	211 353	431 242	119 252	91 776	212 900	218 341
燃气生产和供应业	20 802	51 043	31 783	3 313	35 096	15 947
水的生产和供应业	95 795	199 045	71 432	14 311	85 742	113 303

项　　目	实收资本						
		国家资本	集体资本	法人资本	个人资本	港澳台资本	外商资本
总　　计	**2 682 497**	**627 368**	**25 737**	**678 152**	**365 535**	**785 611**	**200 095**
一、按登记注册类型分							
内资企业	1 394 984	457 355	25 192	568 002	337 641	2 489	4 306
国有企业	238 113	112 190		123 869	1 225	829	
集体企业	12 914		11 288	1 510	116		
股份合作企业	13 076		3 392	6 871	2 673	140	
联营企业	600	240			360		
其他联营企业	600	240			360		
有限责任公司	550 171	205 677	8 755	204 820	125 094	1 519	4 306
国有独资公司	215 297	159 167	836	47 998	5 693	1 519	83
其他有限责任公司	334 874	46 510	7 919	156 822	119 401		4 223
股份有限公司	353 587	138 696		126 836	88 054		
私营企业	226 523	552	1 757	104 097	120 119		
私营独资企业	39 399			10 104	29 295		
私营合伙企业	2 944		118	1 617	1 208		
私营有限责任公司	145 070	552	1 639	76 131	66 749		
私营股份有限公司	39 111			16 245	22 866		
港、澳、台商投资企业	829 058	23 424	545	36 809	5 638	762 293	348
合资经营企业（港或澳、台资）	89 171	23 424	345	29 843	5 588	29 623	348
合作经营企业（港或澳、台资）	3 500			1 800		1 700	
港澳台商独资企业	736 387		200	5 166	50	730 970	
外商投资企业	458 456	146 589		73 341	22 256	20 830	195 441
中外合资经营企业	254 259	9 744		71 661	22 216	20 830	129 809
中外合作经营企业	5 186	746		42			4 397
外资企业	62 614			1 339	40		61 235
外商投资股份有限公司	136 397	136 099		298			
二、按经济组织类型分							
独资企业	1 089 427	112 190	11 488	141 988	30 727	731 800	61 235
国有企业	238 113	112 190		123 869	1 225	829	
集体企业	12 914		11 288	1 510	116		
私营独资企业	39 399			10 104	29 295		
港澳台商独资经营企业	736 387		200	5 166	50	730 970	
外资企业	62 614			1 339	40		61 235
合作、合伙企业	25 305	986	3 510	10 331	4 241	1 840	4 397
股份合作企业	13 076		3 392	6 871	2 673	140	
其他联营企业	600	240			360		
私营合伙企业	2 944		118	1 617	1 208		
港或澳、台资合作经营企业	3 500			1 800		1 700	
中外合作经营企业	5 186	746		42			4 397
股份有限公司	529 094	274 795		143 379	110 920		
股份有限公司（内资）	353 587	138 696		126 836	88 054		
私营股份有限公司	39 111			16 245	22 866		
外商投资股份有限公司	136 397	136 099		298			
有限责任公司	1 038 671	239 397	10 739	382 454	219 647	51 972	134 463
国有独资公司	215 297	159 167	836	47 998	5 693	1 519	83
私营有限责任公司	145 070	552	1 639	76 131	66 749		
港澳台合资经营企业	89 171	23 424	345	29 843	5 588	29 623	348

10－7　续表4－2　　　　　　　　　　（2007年）　　　　　　　　　　单位：万元

项　　目	实收资本	国家资本	集体资本	法人资本	个人资本	港澳台资本	外商资本
中外合资经营企业	254 259	9 744		71 661	22 216	20 830	129 809
其他有限责任公司	334 874	46 510	7 919	156 822	119 401		4 223
三、总计中							
亏损企业	363 836	102 060	2 698	134 799	15 601	51 576	57 104
国有控股企业	1 059 691	615 377	920	332 484	86 544	9 975	14 391
农村工业	7 794		423	2 020	5 351		
四、按轻重工业分							
轻工业	904 075	200 617	12 367	341 023	195 141	47 988	106 940
重工业	1 778 422	426 751	13 371	337 129	170 394	737 624	93 155
五、按企业规模分							
大型企业	507 937	322 795	920	137 492	44 795	1 519	417
中型企业	1 194 012	235 517	7 201	197 349	92 787	568 757	92 402
小型企业	980 548	69 056	17 616	343 311	227 953	215 335	107 277
六、按工业行业大类分							
非金属矿采选业	1 296			1 250	46		
农副食品加工业	70 493	6 405	60	28 055	23 496	4 872	7 606
食品制造业	36 678	179	5 247	12 843	8 450	9 960	
饮料制造业	60 741	8 080	50	27 720	12 175	1 591	11 126
烟草制品业	49 924			49 924			
纺织业	74 303	12 175	2 196	19 498	37 129	3 305	
纺织服装、鞋、帽制造业	11 568	259	140	3 254	5 977	450	1 489
皮革、毛皮、羽毛（绒）及其制品业	11 119	110	7	1 092	1 057		8 853
木材加工及木、竹、藤、棕、草制品业	10 875			9 035	640		1 200
家具制造业	7 017			1 038	5 979		
造纸及纸制品业	46 802	78		8 518	1 152	140	36 914
印刷业和记录媒介的复制	130 787	102 351	1 596	16 681	6 250	2 256	1 652
文教体育用品制造业	11 430			7 974	3 076	79	300
石油加工、炼焦及核燃料加工业	1 199			853	347		
化学原料及化学制品制造业	72 774	15 742	2 068	35 560	15 177	4 228	
医药制造业	201 592	30 016	296	74 412	51 033	12 187	33 649
化学纤维制造业	25 620	34		24 386	1 200		
橡胶制品业	551 796		520	659	6 437	544 182	
塑料制品业	22 115	433	4 453	6 628	9 293	709	600
非金属矿物制品业	101 693	3 912	5	49 227	34 930	5 661	7 959
黑色金属冶炼及压延加工业	76 356	51 968	363	21 215	2 810		
有色金属冶炼及压延加工业	89 328	25 787	138	40 059	6 079	7 650	9 616
金属制品业	77 202	1 237	568	33 759	18 449	2 881	20 308
通用设备制造业	89 633	31 238	1 177	20 691	16 760	792	18 974
专用设备制造业	80 535	28 979	410	16 529	17 788	3 223	13 606
交通运输设备制造业	269 082	211 619	965	46 681	3 595	720	5 502
电气机械及器材制造业	100 389	5 316	4 443	50 230	26 003	6 378	8 019
通信设备、计算机及其他电子设备制造业	227 795	18 843		7 120	18 807	170 328	12 697
仪器仪表及文化、办公用机械制造业	3 350	150	200	850	1 325	800	25
工艺品及其他制造业	1 976			1 976			
废弃资源和废旧材料回收加工业	403			363	40		
电力、热力的生产和供应业	92 097	28 044		39 710	24 342		
燃气生产和供应业	10 000	10 000					
水的生产和供应业	64 529	34 415	836	20 365	5 693	3 219	

项　　目	主营业务收　　入	主营业务成　　本	主营业务税金及附加	营业费用	管理费用	财务费用
总　　计	**12 691 776**	**10 343 271**	**380 174**	**408 043**	**511 390**	**108 481**
一、按登记注册类型分						
内资企业	9 120 003	7 426 613	333 068	232 106	341 817	77 671
国有企业	1 587 507	1 033 002	289 852	23 866	94 594	16 401
集体企业	193 678	183 254	716	3 427	5 412	307
股份合作企业	317 682	277 403	1 037	3 742	3 810	797
联营企业	6 458	5 906		135	418	
其他联营企业	6 458	5 906		135	418	
有限责任公司	3 710 762	3 232 814	19 044	89 197	129 765	24 051
国有独资公司	1 670 970	1 537 404	6 550	19 869	57 378	10 419
其他有限责任公司	2 039 792	1 695 410	12 494	69 328	72 387	13 633
股份有限公司	1 367 102	1 097 951	7 247	74 411	70 493	25 442
私营企业	1 936 813	1 596 283	15 173	37 328	37 325	10 673
私营独资企业	322 516	272 059	2 430	6 280	6 578	2 172
私营合伙企业	63 466	56 461	421	1 051	701	81
私营有限责任公司	1 290 265	1 053 837	10 252	24 588	23 422	6 938
私营股份有限公司	260 566	213 926	2 071	5 409	6 625	1 483
港、澳、台商投资企业	828 291	728 056	4 054	16 184	19 868	5 765
合资经营企业（港或澳、台资）	573 814	503 076	2 734	9 740	13 861	5 244
合作经营企业（港或澳、台资）	2 410	1 865	6	84	202	38
港澳台商独资企业	252 067	223 115	1 314	6 361	5 805	483
外商投资企业	2 743 482	2 188 602	43 051	159 753	149 705	25 045
中外合资经营企业	1 143 427	922 111	17 188	62 512	26 951	20 080
中外合作经营企业	39 006	27 739		6 304	2 078	87
外资企业	161 907	126 944	492	1 729	8 181	1 271
外商投资股份有限公司	1 399 142	1 111 808	25 372	89 208	112 495	3 607
二、按经济组织类型分						
独资企业	2 517 675	1 838 375	294 804	41 663	120 571	20 634
国有企业	1 587 507	1 033 002	289 852	23 866	94 594	16 401
集体企业	193 678	183 254	716	3 427	5 412	307
私营独资企业	322 516	272 059	2 430	6 280	6 578	2 172
港澳台商独资经营企业	252 067	223 115	1 314	6 361	5 805	483
外资企业	161 907	126 944	492	1 729	8 181	1 271
合作、合伙企业	429 022	369 373	1 463	11 315	7 207	1 003
股份合作企业	317 682	277 403	1 037	3 742	3 810	797
其他联营企业	6 458	5 906		135	418	
私营合伙企业	63 466	56 461	421	1 051	701	81
港或澳、台资合作经营企业	2 410	1 865	6	84	202	38
中外合作经营企业	39 006	27 739		6 304	2 078	87
股份有限公司	3 026 810	2 423 685	34 690	169 028	189 613	30 531
股份有限公司（内资）	1 367 102	1 097 951	7 247	74 411	70 493	25 442
私营股份有限公司	260 566	213 926	2 071	5 409	6 625	1 483
外商投资股份有限公司	1 399 142	1 111 808	25 372	89 208	112 495	3 607
有限责任公司	6 718 269	5 711 838	49 218	186 037	193 999	56 313
国有独资公司	1 670 970	1 537 404	6 550	19 869	57 378	10 419
私营有限责任公司	1 290 265	1 053 837	10 252	24 588	23 422	6 938
港澳台合资经营企业	573 814	503 076	2 734	9 740	13 861	5 244

10－7 续表5－2 （2007年） 单位：万元

项目	主营业务收入	主营业务成本	主营业务税金及附加	营业费用	管理费用	财务费用
中外合资经营企业	1 143 427	922 111	17 188	62 512	26 951	20 080
其他有限责任公司	2 039 792	1 695 410	12 494	69 328	72 387	13 633
三、总计中						
亏损企业	931 452	845 926	3 696	11 726	37 804	19 380
国有控股企业	6 237 079	5 000 593	329 058	211 579	349 083	63 356
农村工业	103 674	85 036	605	2 556	4 792	867
四、按轻重工业分						
轻工业	5 760 738	4 357 180	330 092	225 297	209 190	54 071
重工业	6 931 039	5 986 091	50 083	182 745	302 200	54 410
五、按企业规模分						
大型企业	4 982 362	3 942 606	322 079	163 998	272 040	37 322
中型企业	3 021 315	2 458 547	27 481	152 849	110 179	42 661
小型企业	4 688 100	3 942 118	30 615	91 197	129 171	28 499
六、按工业行业大类分						
非金属矿采选业	7 569	6 560	49	166	305	162
农副食品加工业	760 606	664 803	1 496	19 777	17 418	3 375
食品制造业	296 738	233 558	1 031	19 722	8 192	1 013
饮料制造业	172 203	121 091	8 179	14 633	7 654	1 132
烟草制品业	679 081	251 464	286 590	12 902	51 414	8 698
纺织业	876 168	728 958	7 436	12 143	20 839	4 820
纺织服装、鞋、帽制造业	133 743	109 715	905	3 058	4 262	1 168
皮革、毛皮、羽毛(绒)及其制品业	37 837	33 631	122	577	618	164
木材加工及木、竹、藤、棕、草制品业	78 418	68 800	409	985	1 345	1 330
家具制造业	13 720	10 922	158	212	209	180
造纸及纸制品业	318 247	256 492	11 348	5 077	4 046	9 699
印刷业和记录媒介的复制	283 536	210 509	2 458	4 881	15 653	1 803
文教体育用品制造业	72 524	65 048	545	1 856	1 249	232
石油加工、炼焦及核燃料加工业	43 214	36 627	428	245	408	62
化学原料及化学制品制造业	323 270	282 843	2 825	6 668	10 758	2 558
医药制造业	975 347	711 294	4 183	118 794	49 517	13 039
化学纤维制造业	239 626	200 046	17	371	3 806	2 518
橡胶制品业	141 066	124 251	230	4 905	1 907	79
塑料制品业	156 353	134 725	481	3 335	6 250	710
非金属矿物制品业	510 248	419 599	1 478	9 477	9 206	3 243
黑色金属冶炼及压延加工业	1 489 221	1 416 576	5 358	8 877	14 038	9 542
有色金属冶炼及压延加工业	518 867	481 498	2 765	4 251	9 246	7 066
金属制品业	317 100	259 453	1 436	3 672	8 800	3 426
通用设备制造业	244 220	200 441	1 772	9 067	13 685	1 169
专用设备制造业	231 162	188 317	1 052	7 233	10 808	2 773
交通运输设备制造业	2 074 144	1 684 137	27 267	96 593	157 450	6 028
电气机械及器材制造业	967 467	839 276	6 967	26 583	24 860	8 199
通信设备、计算机及其他电子设备制造业	366 381	288 665	850	7 667	24 361	4 166
仪器仪表及文化、办公用机械制造业	15 432	10 359	211	1 005	1 469	222
工艺品及其他制造业	51 976	41 463	321	258	939	90
废弃资源和废旧材料回收加工业	19 203	17 426	90	68	450	158
电力、热力的生产和供应业	218 546	203 439	1 102	196	21 941	7 964
燃气生产和供应业	9 930	6 294	38	389	903	240
水的生产和供应业	48 615	34 992	579	2 402	7 388	1 455

10－7　续表6－1　（2007年）　单位：万元

项　　目	营业利润	投资收益	补贴收入	营业外收入	利润总额	应交所得税
总　　计	**522 645**	**10 975**	**14 834**	**17 662**	**532 297**	**90 989**
一、按登记注册类型分						
内资企业	359 284	8 924	10 839	13 649	364 961	67 604
国有企业	84 875	－749	4 626	3 447	87 583	34 089
集体企业	41		1 018	60	901	60
股份合作企业	6 073	92	1 081	－484	6 584	508
联营企业	－1			8	7	
其他联营企业	－1			8	7	
有限责任公司	113 317	2 703	2 482	5 943	111 657	15 799
国有独资公司	42 859	2 869	1 016	5 050	42 454	7 825
其他有限责任公司	70 458	－166	1 466	893	69 203	7 974
股份有限公司	80 699	6 845	1 399	4 292	85 834	9 984
私营企业	74 280	33	233	383	72 397	7 165
私营独资企业	8 384		54	73	8 510	783
私营合伙企业	888				888	33
私营有限责任公司	56 270	19	135	292	54 204	5 497
私营股份有限公司	8 739	14	44	18	8 795	852
港、澳、台商投资企业	19 876	112	727	325	19 986	1 215
合资经营企业（港或澳、台资）	17 072	112	282	360	17 186	1 086
合作经营企业（港或澳、台资）	103				103	9
港澳台商独资企业	2 702		445	－36	2 698	120
外商投资企业	143 485	1 940	3 269	3 688	147 349	22 170
中外合资经营企业	49 175	369	2 705	930	50 475	3 133
中外合作经营企业	2 923			26	2 885	483
外资企业	6 096		275	134	6 493	378
外商投资股份有限公司	85 291	1 571	289	2 598	87 495	18 177
二、按经济组织类型分						
独资企业	102 098	－749	6 418	3 678	106 184	35 430
国有企业	84 875	－749	4 626	3 447	87 583	34 089
集体企业	41		1 018	60	901	60
私营独资企业	8 384		54	73	8 510	783
港澳台商独资经营企业	2 702		445	－36	2 698	120
外资企业	6 096		275	134	6 493	378
合作、合伙企业	9 986	92	1 081	－451	10 466	1 033
股份合作企业	6 073	92	1 081	－484	6 584	508
其他联营企业	－1			8	7	
私营合伙企业	888				888	33
港或澳、台资合作经营企业	103				103	9
中外合作经营企业	2 923			26	2 885	483
股份有限公司	174 728	8 429	1 732	6 909	182 123	29 013
股份有限公司（内资）	80 699	6 845	1 399	4 292	85 834	9 984
私营股份有限公司	8 739	14	44	18	8 795	852
外商投资股份有限公司	85 291	1 571	289	2 598	87 495	18 177
有限责任公司	235 833	3 202	5 604	7 526	233 522	25 514
国有独资公司	42 859	2 869	1 016	5 050	42 454	7 825
私营有限责任公司	56 270	19	135	292	54 204	5 497
港澳台合资经营企业	17 072	112	282	360	17 186	1 086

10－7　续表6－2　　(2007年)　　单位：万元

项　　目	营业利润	投资收益	补贴收入	营业外收入	利润总额	应交所得税
中外合资经营企业	49 175	369	2 705	930	50 475	3 133
其他有限责任公司	70 458	－166	1 466	893	69 203	7 974
三、总计中						
亏损企业	－35 428	1 353	1 278	3 789	－31 631	148
国有控股企业	272 884	9 956	6 234	15 362	280 694	68 594
农村工业	2 799				2 326	147
四、按轻重工业分						
轻工业	272 540	912	7 852	3 863	274 429	51 805
重工业	250 105	10 063	6 982	13 798	257 867	39 184
五、按企业规模分						
大型企业	242 432	4 338	5 221	10 109	241 935	55 908
中型企业	118 077	5 590	3 485	6 900	127 350	20 827
小型企业	162 137	1 047	6 128	652	163 012	14 254
六、按工业行业大类分						
非金属矿采选业	282				202	
农副食品加工业	35 463	17	450	403	35 195	1 872
食品制造业	11 091		54	1 007	9 712	964
饮料制造业	8 851	11	180	32	9 005	820
烟草制品业	68 619	－221	3 848	337	70 600	25 898
纺织业	19 903	－58	153	357	19 794	2 191
纺织服装、鞋、帽制造业	3 961		371	10	4 051	63
皮革、毛皮、羽毛(绒)及其制品业	1 762		22	2	1 767	45
木材加工及木、竹、藤、棕、草制品业	4 195	6	681	5	4 887	192
家具制造业	814				814	3
造纸及纸制品业	12 963			7	12 936	34
印刷业和记录媒介的复制	32 440	193	541	194	32 651	9 006
文教体育用品制造业	2 586	85		201	2 345	28
石油加工、炼焦及核燃料加工业	1 449				1 449	81
化学原料及化学制品制造业	8 137	23	46	514	8 324	1 365
医药制造业	48 729	2 139	1 468	1 259	52 855	6 435
化学纤维制造业	－2 838	－1 909	8	28	－4 800	
橡胶制品业	1 526		264	248	1 267	12
塑料制品业	3 438		91	30	3 437	197
非金属矿物制品业	22 959	196	621	542	23 948	2 523
黑色金属冶炼及压延加工业	36 292	1 136		839	35 242	5 054
有色金属冶炼及压延加工业	5 001	－493	2 037	－486	5 010	1 403
金属制品业	9 516	86	28	271	9 461	1 433
通用设备制造业	12 995		33	113	13 043	1 661
专用设备制造业	7 640		104	153	7 882	619
交通运输设备制造业	105 598	4 613	1 623	6 711	107 801	19 662
电气机械及器材制造业	37 500	289	144	634	35 297	2 811
通信设备、计算机及其他电子设备制造业	20 925	528	969	1 257	20 136	2 118
仪器仪表及文化、办公用机械制造业	2 068				2 066	296
工艺品及其他制造业	2 097				2 097	369
废弃资源和废旧材料回收加工业	1 075		1 099		2 174	8
电力、热力的生产和供应业	－8 259	3 523		2 708	－3 059	1 194
燃气生产和供应业	1 766	157		2	1 751	578
水的生产和供应业	2 103	655		286	2 958	2 059

10－7 续表7－1 （2007年） 单位：万元

项　　目	亏损企业亏损总额	利税总额	本年应付工资总额	本年应付福利费总额	本年应交增值税	工业中间投入合计
总　计	**31 631**	**1 276 875**	**453 454**	**21 641**	**362 179**	**9 050 936**
一、按登记注册类型分						
内资企业	25 767	964 919	341 226	12 558	264 734	6 431 279
国有企业	15 516	475 015	75 301	4 251	97 519	952 818
集体企业	336	3 585	4 380	435	1 968	135 838
股份合作企业		13 553	5 153	461	5 933	222 323
联营企业		7	109	15		4 021
其他联营企业		7	109	15		4 021
有限责任公司	4 232	224 815	128 115	－2 859	93 818	2 801 175
国有独资公司	111	103 613	62 894	－8 584	54 349	1 390 004
其他有限责任公司	4 121	121 202	65 221	5 725	39 469	1 411 171
股份有限公司	5 264	133 520	78 291	6 114	38 641	979 543
私营企业	421	114 425	49 878	4 141	26 855	1 335 562
私营独资企业	84	15 852	9 626	720	4 912	220 458
私营合伙企业	18	2 556	1 179	38	1 248	42 283
私营有限责任公司	246	80 488	31 516	2 809	16 032	895 622
私营股份有限公司	72	15 529	7 557	574	4 664	177 199
港、澳、台商投资企业	1 986	33 526	14 441	929	9 453	633 320
合资经营企业（港或澳、台资）	878	26 949	9 358	637	6 997	431 619
合作经营企业（港或澳、台资）		204	62	11	96	1 712
港澳台商独资企业	1 107	6 373	5 022	282	2 361	199 990
外商投资企业	3 878	278 431	97 787	8 155	87 992	1 986 337
中外合资经营企业	3 750	100 142	25 630	2 129	32 442	822 769
中外合作经营企业		4 563	2 717	317	1 677	29 924
外资企业	128	9 448	8 072	338	2 463	108 391
外商投资股份有限公司		164 278	61 369	5 371	51 411	1 025 253
二、按经济组织类型分						
独资企业	17 172	510 272	102 400	6 026	109 222	1 617 494
国有企业	15 516	475 015	75 301	4 251	97 519	952 818
集体企业	336	3 585	4 380	435	1 968	135 838
私营独资企业	84	15 852	9 626	720	4 912	220 458
港澳台商独资经营企业	1 107	6 373	5 022	282	2 361	199 990
外资企业	128	9 448	8 072	338	2 463	108 391
合作、合伙企业	18	20 883	9 220	842	8 953	300 262
股份合作企业		13 553	5 153	461	5 933	222 323
其他联营企业		7	109	15		4 021
私营合伙企业	18	2 556	1 179	38	1 248	42 283
港或澳、台资合作经营企业		204	62	11	96	1 712
中外合作经营企业		4 563	2 717	317	1 677	29 924
股份有限公司	5 335	313 327	147 217	12 059	94 715	2 181 995
股份有限公司（内资）	5 264	133 520	78 291	6 114	38 641	979 543
私营股份有限公司	72	15 529	7 557	574	4 664	177 199
外商投资股份有限公司		164 278	61 369	5 371	51 411	1 025 253
有限责任公司	9 106	432 394	194 618	2 715	149 289	4 951 185
国有独资公司	111	103 613	62 894	－8 584	54 349	1 390 004
私营有限责任公司	246	80 488	31 516	2 809	16 032	895 622
港澳台合资经营企业	878	26 949	9 358	637	6 997	431 619

10－7　续表 7－2　　(2007 年)　　单位：万元

项　　目	亏损企业亏损总额	利税总额	本年应付工资总额	本年应付福利费总额	本年应交增值税	工业中间投入合计
中外合资经营企业	3 750	100 142	25 630	2 129	32 442	822 769
其他有限责任公司	4 121	121 202	65 221	5 725	39 469	1 411 171
三、总计中						
亏损企业	31 631	－11 662	44 887	5 611	16 229	704 224
国有控股企业	27 254	852 396	292 602	9 009	240 524	4 494 714
农村工业		4 248	3 040	213	1 317	66 848
四、按轻重工业分						
轻工业	13 991	796 035	185 321	12 733	191 409	3 870 278
重工业	17 640	480 841	268 133	8 908	170 771	5 180 658
五、按企业规模分						
大型企业	5 315	763 754	214 737	－422	199 287	3 597 941
中型企业	15 602	242 652	111 311	11 289	86 215	2 225 656
小型企业	10 715	270 470	127 407	10 775	76 677	3 227 339
六、按工业行业大类分						
非金属矿采选业		376	145	4	125	5 456
农副食品加工业	34	40 480	15 351	1 388	3 788	554 016
食品制造业	1 305	16 522	8 175	968	5 779	203 372
饮料制造业	54	25 010	5 428	471	7 826	123 319
烟草制品业		432 882	29 516		75 692	267 048
纺织业	798	43 134	31 201	1 929	15 873	583 696
纺织服装、鞋、帽制造业	20	6 737	5 590	283	1 763	85 958
皮革、毛皮、羽毛(绒)及其制品业		2 488	1 921	156	561	25 491
木材加工及木、竹、藤、棕、草制品业		6 397	1 535	179	1 101	54 032
家具制造业	1	1 168	274	13	197	9 725
造纸及纸制品业	79	36 128	2 821	257	11 845	231 972
印刷业和记录媒介的复制	2 538	46 486	13 151	1 201	11 377	184 201
文教体育用品制造业	4	3 475	2 402	216	586	50 781
石油加工、炼焦及核燃料加工业		2 230	350	32	353	30 813
化学原料及化学制品制造业	1 197	16 127	11 921	1 509	3 328	229 072
医药制造业	2 290	98 727	34 125	3 060	41 690	710 861
化学纤维制造业	5 019	－2 198	4 379	151	2 585	191 048
橡胶制品业		2 300	2 748	173	804	116 574
塑料制品业	257	6 172	4 279	424	2 254	105 627
非金属矿物制品业	397	34 280	10 466	936	8 854	360 117
黑色金属冶炼及压延加工业	3	91 863	39 052	－11 962	51 263	1 216 920
有色金属冶炼及压延加工业	3 952	15 451	7 923	608	7 676	374 297
金属制品业	172	15 593	8 508	563	4 679	220 161
通用设备制造业	146	21 804	9 009	651	6 989	158 040
专用设备制造业	425	13 208	17 358	1 999	4 274	161 489
交通运输设备制造业	698	190 630	108 006	8 874	55 109	1 604 349
电气机械及器材制造业	2 052	58 419	21 143	1 673	16 155	704 859
通信设备、计算机及其他电子设备制造业	589	25 062	23 734	756	4 058	250 203
仪器仪表及文化、办公用机械制造业		2 732	1 214	74	455	10 300
工艺品及其他制造业		2 695	1 009	95	277	35 541
废弃资源和废旧材料回收加工业		3 333	84	10	1 069	15 195
电力、热力的生产和供应业	9 581	9 284	23 768	4 113	11 241	149 762
燃气生产和供应业		2 239	1 034	45	450	4 200
水的生产和供应业	21	5 644	5 834	792	2 107	22 441

10－8　规模以上工业企业经济效益指数

（2007 年）

项　　　　目	工业经济效益综合指数（%）	总资产贡献率（%）	资本保值增值率（%）	资产负债率（%）	流动资产周转率（次）	成本费用利润率（%）	全员劳动生产率（元/人）	工业产品销售率（%）
总　　计	**223.28**	**13.96**	**141.67**	**56.00**	**2.84**	**4.68**	**177 113**	**98.17**
一、按登记注册类型分								
内资企业	221.94	16.08	117.34	57.34	3.02	4.52	171 689	98.21
国有企业	293.57	35.04	107.12	63.86	2.13	7.50	231 407	98.81
集体企业	258.95	10.31	100.00	111.92	11.54	0.47	182 655	98.22
股份合作企业	361.43	23.72	112.19	59.71	9.41	2.30	289 440	97.36
联营企业	258.23	0.34	100.68	58.15	3.98	0.10	296 449	95.00
其他联营企业	258.23	0.34	100.68	58.15	3.98	0.10	296 449	95.00
有限责任公司	192.59	10.53	108.70	62.65	3.36	3.21	146 071	99.05
国有独资公司	167.72	8.84	97.28	72.56	2.72	2.61	131 513	100.27
其他有限责任公司	212.31	12.64	117.58	51.33	4.16	3.74	152 787	98.09
股份有限公司	189.81	8.46	123.27	50.80	1.85	6.77	146 500	95.97
私营企业	246.87	16.44	138.64	43.83	5.17	4.31	173 448	97.87
私营独资企业	256.30	21.02	105.55	45.23	8.15	2.96	141 961	97.92
私营合伙企业	406.99	33.92	141.97	51.86	17.19	1.52	204 723	97.58
私营有限责任公司	248.18	15.33	142.23	44.12	4.56	4.89	184 579	97.89
私营股份有限公司	245.61	17.46	151.34	40.55	5.40	3.87	164 433	97.83
港、澳、台商投资企业	266.52	3.65	319.11	46.19	3.70	2.60	240 338	97.69
合资经营企业（港或澳、台资）	294.56	12.66	141.93	64.50	3.74	3.23	294 932	99.63
合作经营企业（港或澳、台资）	123.83	5.28	100.00	34.02	2.52	4.69	75 638	100.00
港澳台商独资企业	221.92	0.87	385.10	42.04	3.62	1.14	172 048	93.43
外商投资企业	226.79	12.54	163.63	58.20	2.23	5.84	185 169	98.19
中外合资经营企业	273.78	12.19	122.98	55.44	3.00	4.89	266 018	98.22
中外合作经营企业	264.91	20.98	125.40	46.40	3.39	7.97	196 931	104.49
外资企业	155.69	9.27	127.30	44.21	2.53	4.70	87 703	99.81
外商投资股份有限公司	219.51	12.94	246.15	61.73	1.80	6.64	156 599	97.77
二、按经济组织类型分								
独资企业	254.05	22.16	176.45	53.81	2.69	5.25	193 745	98.15
国有企业	293.57	35.04	107.12	63.86	2.13	7.50	231 407	98.81
集体企业	258.95	10.31	100.00	111.92	11.54	0.47	182 655	98.22
私营独资企业	256.30	21.02	105.55	45.23	8.15	2.96	141 961	97.92
港澳台商独资经营企业	221.92	0.87	385.10	42.04	3.62	1.14	172 048	93.43
外资企业	155.69	9.27	127.30	44.21	2.53	4.70	87 703	99.81
合作、合伙企业	335.14	23.10	125.96	54.89	8.32	2.69	260 097	97.99
股份合作企业	361.43	23.72	112.19	59.71	9.41	2.30	289 440	97.36
其他联营企业	258.23	0.34	100.68	58.15	3.98	0.10	296 449	95.00
私营合伙企业	406.99	33.92	141.97	51.86	17.19	1.52	204 723	97.58
港或澳、台资合作经营企业	123.83	5.28	100.00	34.02	2.52	4.69	75 638	100.00
中外合作经营企业	264.91	20.98	125.40	46.40	3.39	7.97	196 931	104.49
股份有限公司	200.35	10.53	150.02	54.85	1.94	6.47	151 805	96.92
股份有限公司（内资）	189.81	8.46	123.27	50.80	1.85	6.77	146 500	95.97
私营股份有限公司	245.61	17.46	151.34	40.55	5.40	3.87	164 433	97.83
外商投资股份有限公司	219.51	12.94	246.15	61.73	1.80	6.64	156 599	97.77
有限责任公司	219.47	11.69	119.23	58.36	3.49	3.80	177 434	98.73
国有独资公司	167.72	8.84	97.28	72.56	2.72	2.61	131 513	100.27
私营有限责任公司	248.18	15.33	142.23	44.12	4.56	4.89	184 579	97.89
港澳台合资经营企业	294.56	12.66	141.93	64.50	3.74	3.23	294 932	99.63

10－8 续表 (2007年)

项 目	工业经济效益综合指数(%)	总资产贡献率(%)	资本保值增值率(%)	资产负债率(%)	流动资产周转率(次)	成本费用利润率(%)	全员劳动生产率(元/人)	工业产品销售率(%)
中外合资经营企业	273.78	12.19	122.98	55.44	3.00	4.89	266 018	98.22
其他有限责任公司	212.31	12.64	117.58	51.33	4.16	3.74	152 787	98.09
三、总计中								
亏损企业	101.55	0.47	71.08	73.19	2.29	－3.46	99 580	97.75
国有控股企业	208.80	14.97	126.38	61.36	2.09	4.99	164 367	98.46
农村工业	312.36	28.91	112.08	44.58	10.50	2.49	173 262	98.22
四、按轻重工业分								
轻工业	254.63	22.89	118.83	51.95	3.36	5.66	191 625	98.32
重工业	201.05	8.61	161.90	58.28	2.51	3.95	162 343	98.04
五、按企业规模分								
大型企业	238.29	18.68	133.21	63.27	2.12	5.48	197 382	98.52
中型企业	200.07	8.65	167.16	51.91	2.64	4.60	153 295	98.15
小型企业	234.40	12.54	124.83	49.17	4.76	3.90	177 117	97.82
六、按工业行业大类分								
非金属矿采选业	243.50	10.30	81.18	25.85	6.55	2.81	185 962	99.97
农副食品加工业	286.78	14.91	140.89	51.38	5.67	4.99	230 822	99.26
食品制造业	226.23	9.86	301.39	27.34	2.51	3.70	171 201	97.00
饮料制造业	236.99	14.73	134.11	56.93	2.09	6.23	201 478	98.45
烟草制品业	833.31	94.32	141.24	45.40	1.93	21.76	844 099	99.18
纺织业	236.44	18.74	100.82	58.81	7.85	2.58	124 621	97.76
纺织服装、鞋、帽制造业	222.29	11.78	142.68	35.33	7.10	3.43	120 455	97.66
皮革、毛皮、羽毛(绒)及其制品业	241.67	21.27	355.78	26.37	7.77	5.05	54 922	99.64
木材加工及木、竹、藤、棕、草制品业	265.19	18.34	183.07	42.44	3.86	6.74	194 395	97.31
家具制造业	255.49	17.34	243.45	17.51	5.94	7.06	132 134	98.31
造纸及纸制品业	394.03	11.79	111.16	60.62	3.44	4.70	462 682	97.99
印刷业和记录媒介的复制	267.82	17.93	148.59	32.12	3.26	14.02	171 797	98.47
文教体育用品制造业	204.95	15.58	106.00	31.98	6.38	3.43	100 093	97.17
石油加工、炼焦及核燃料加工业	1004.82	75.68	107.90	53.73	48.82	3.88	539 988	98.30
化学原料及化学制品制造业	182.08	7.60	158.51	51.87	3.06	2.75	133 631	97.18
医药制造业	209.55	13.54	92.31	51.80	2.70	5.92	161 223	97.49
化学纤维制造业	160.26	0.08	－13.44	103.40	3.75	－2.32	195 220	99.66
橡胶制品业	236.86	0.41	811.12	47.46	2.85	0.97	117 288	96.93
塑料制品业	253.90	9.93	157.47	61.68	5.37	2.37	210 642	98.10
非金属矿物制品业	269.60	13.70	117.62	54.00	4.31	5.42	230 916	98.76
黑色金属冶炼及压延加工业	213.54	14.78	97.24	70.98	5.01	2.43	151 895	100.05
有色金属冶炼及压延加工业	353.53	8.75	146.87	66.60	3.89	1.00	416 065	97.91
金属制品业	207.88	9.94	129.58	54.76	3.54	3.44	162 998	98.23
通用设备制造业	200.26	10.00	156.96	54.56	1.87	5.81	157 009	96.74
专用设备制造业	130.31	7.50	102.32	54.19	2.42	3.77	64 773	98.02
交通运输设备制造业	189.93	8.76	179.75	65.33	1.69	5.54	145 797	97.36
电气机械及器材制造业	247.52	11.09	116.52	65.55	2.39	3.93	246 100	98.59
通信设备、计算机及其他电子设备制造业	169.24	6.16	123.89	37.14	1.92	6.20	122 021	95.18
仪器仪表及文化、办公用机械制造业	211.61	17.80	149.72	22.99	1.59	15.83	95 132	98.42
工艺品及其他制造业	493.22	32.81	142.65	47.41	22.51	4.91	242 452	97.91
废弃资源和废旧材料回收加工业	1220.04	158.85	172.53	76.12	7.69	12.01	1 251 814	96.46
电力、热力的生产和供应业	139.31	4.09	103.85	49.37	3.73	－1.31	100 009	98.62
燃气生产和供应业	198.28	5.36	107.85	68.76	1.19	22.37	90 374	100.00
水的生产和供应业	136.24	3.54	101.15	43.08	0.79	6.40	96 891	99.65

10－9 规模以上工业企业能源购进、消费与库存

（2007 年）

项 目	年初库存（吨）	购进量		消费量合计（吨）	工业生产消费	#用于原材料	非工业生产消费	#车辆用油	年末库存（吨）
		实物量（吨）	金额（万元）						
原煤	148 056	4 219 803	1 438 187	4 163 681	4 139 110	163 512	24 572		133 783
洗精煤	20 519	1 189 897	999 593	1 194 980	1 194 964		16		15 437
其他洗煤	22 130	254 176	162 455	260 315	260 315				15 991
型煤		4 438	1 446	231 994	231 994	227 556			
焦炭	10 315	376 972	475 200	1 254 473	1 254 465		8		9 338
焦炉煤气（万立方米）		7 502	45 011	36 068	28 044		8 024		
液化天然气		572	3 086	572	571		1		
汽油	32	6 658	35 598	6 618	4 820		1 798	3 876	76
煤油	11	730	4 449	735	734		1		5
柴油	731	34 614	172 555	34 274	31 835		2 439	11 698	1 139
燃料油	1 350	15 754	64 646	16 710	16 707		3		1 106
液化石油气		4 660	22 875	4 555	4 555				105
热力（百万千焦）		2 542 831	82 682	4 137 963	4 137 963				
电力（万千瓦时）		378 461	2 291 951	483 634	477 299		6 335		
其他燃料（吨标准煤）		35 427	9 035	35 376	35 376				

10－10 规模以上工业企业水消费量

（2007 年）

项 目	水消费数量（万立方米）	水消费金额（万元）
工业取水总量	**43 296**	**11 431**
地表水	38 760	6 632
地下水	1 108	444
自来水	3 428	4 354
重复用水	30 187	

10－11　规模以上工业企业主要能源库存量

（分行业，2007 年末）　　单位：吨

项　　目	原煤	洗精煤	其他洗煤	焦炭	汽油	煤油	柴油	燃料油	液化石油气
总　　计	**133 783**	**15 437**	**15 991**	**9 338**	**76**	**5**	**1 139**	**1 106**	**105**
农副食品加工业	864						11		
食品制造业	2 720				1		16		
饮料制造业	5 368								
烟草制品业		60							
纺织业	2 582				8		18		
材加工及木、竹、藤、棕、草制品业							2		
家具制造业									
造纸及纸制品业	9 537				1		122		105
印刷业和记录媒介的复制					8	2	1		
文教体育用品制造业	27								
化学原料及化学制品制造业	17 095							10	
医药制造业	2 039						2		
化学纤维制造业	157								
橡胶制品业	200				5		30	586	
塑料制品业	57								
非金属矿物制品业	2 599	3			3		19		
黑色金属冶炼及压延加工业	966	15 283	15 979	8 570	24		228	452	
有色金属冶炼及压延加工业	521						123		
金属制品业	197					3			
通用设备制造业	324			113	24		4		
专用设备制造业	39						1		
交通运输设备制造业		91		655	2		3		
电气机械及器材制造业	361						69		
设备、计算机及其他电子设备制造业							1		
仪器仪表及文化、办公用机械制造业									
工艺品及其他制造业							1		
废弃资源和废旧材料回收加工业									
电力、热力的生产和供应业	88 130						490	58	

10－12　规模以上工业企业主要能源消费量

（分行业，2007 年）

项　　　目	原　煤 （吨）	洗精煤 （吨）	其他洗煤 （吨）	型　煤 （吨）	焦　炭 （吨）	焦炉煤气 （万立方米）	液化天然气 （万立方米）
总　计	**4 163 681**	**1 194 980**	**260 315**	**231 984**	**1 254 473**	**36 068**	**572**
农副食品加工业	46 106	5	1 070		200		
食品制造业	32 900	240					
饮料制造业	67 000						
烟草制品业	10 267	7 077					
纺织业	67 293			50			
纺织服装、鞋、帽制造业	905						
皮革、毛皮、羽毛（绒）及其制品业	8						
材加工及木、竹、藤、棕、草制品业	2 189						
造纸及纸制品业	505 004						
印刷业和记录媒介的复制	324						
文教体育用品制造业	740						
石油加工、炼焦及核燃料加工业	149			3			
化学原料及化学制品制造业	356 020	240		227 556			1
医药制造业	108 182						
化学纤维制造业	6 124						
橡胶制品业	8 134						
塑料制品业	4 791						
非金属矿物制品业	145 712	114	85				571
黑色金属冶炼及压延加工业	50 779	1 183 984	259 160	4 280	1 248 054	36 068	
有色金属冶炼及压延加工业	15 265	183		95	83		
金属制品业	4 505						
通用设备制造业	1 986	131			676		
专用设备制造业	1 302				247		
交通运输设备制造业	48 689	2 891			5 213		
电气机械及器材制造业	12 735	115					
废弃资源和废旧材料回收加工业	108						
电力、热力的生产和供应业	2 666 468						

10－12　续表　　　　　　　　　　（分行业，2007 年）

项　　目	汽　油（吨）	煤　油（吨）	柴　油（吨）	燃料油（吨）	液　化石油气（吨）	热　力（百万千焦）	电　力（万千瓦时）	其　他燃　料（吨标煤）
总　　计	**6 618**	**735**	**34 274**	**16 710**	**4 555**	**4 137 963**	**483 634**	**35 376**
非金属矿采选业			145				390	
农副食品加工业	328		1 806	142		32	9 633	
食品制造业	271		186	64			3 501	903
饮料制造业	97		319				6 432	
烟草制品业	215		2 908				5 046	
纺织业	596	5	1 522	369		9 657	20 108	3 124
纺织服装、鞋、帽制造业	179	1	476	137			2 062	
皮革、毛皮、羽毛（绒）及其制品业	16		7				353	
材加工及木、竹、藤、棕、草制品业	15		59				744	
家具制造业			3				196	
造纸及纸制品业	241		737		4 417	1 595 132	67 234	
印刷业和记录媒介的复制	323	28	403				4 693	
文教体育用品制造业	101	4					1 180	
石油加工、炼焦及核燃料加工业	20						132	
化学原料及化学制品制造业	580		2 668	335		2 533 142	48 072	
医药制造业	243		720	75			12 733	473
化学纤维制造业	41		72				17 469	
橡胶制品业	239		271	9 163			4 707	14 200
塑料制品业	64	4	67				3 395	
非金属矿物制品业	70	16	3 051	1	91		19 485	
黑色金属冶炼及压延加工业	213		2 585	3 748			136 101	
有色金属冶炼及压延加工业	171	72	3 488	769	43		16 362	
金属制品业	98	24	642	59	4		4 977	
通用设备制造业	114		362	36			2 825	
专用设备制造业	337		469	52			8 305	
交通运输设备制造业	977	580	7 826	10			29 577	
电气机械及器材制造业	266		957	1 159			11 594	240
设备、计算机及其他电子设备制造业	94		44				5 433	
仪器仪表及文化、办公用机械制造业	15		3				247	
工艺品及其他制造业	29		236	17			89	
废弃资源和废旧材料回收加工业			141	47			370	
电力、热力的生产和供应业	418		1 858	527			30 764	16 435
燃气生产和供应业	74		39				181	
水的生产和供应业	172		204				9 243	

10－13 工业园区主要经济指标

项目	开发面积(平方公里)	投产工业企业数(个)		招商实际到位资金(万元)		工业增加值(万元)		出口交货值(万元)	
	2007	2007	2006	2007	比上年增长%	2007	比上年增长%	2007	比上年增长%
总计	**47.57**	**1 494**	**1 129**	**2 692 191**	**12.7**	**3 433 832**	**25.1**	**797 607**	**28.4**
南昌昌南工业园区	1.95	51	45	48 576	38.9	39 082	37.0	12 760	87.5
南昌昌东工业园区	7.41	406	269	519 548	－1.4	455 740	45.1	48 365	－45.6
江西南昌小蓝经济开发区	6.60	256	157	514 224	31.5	482 999	27.6	32 364	－0.6
江西新建长堎工业园区	3.50	111	98	186 441	－11.4	223 814	44.9	796	69.0
江西安义工业园区	3.00	76	49	121 274	93.6	77 994	77.3	15 931	11.0
南昌经济技术开发区	9.80	269	186	591 440	14.5	729 961	24.4	324 855	21.7
南昌高新技术产业开发区	11.70	314	306	578 344	8.0	1 415 527	15.1	362 537	71.5
南昌英雄经济技术开发区	3.61	11	19	132 344	19.5	8 715	17.2		

10－13 续表

项目	主营业务收入(万元)		利润总额(万元)		税金总额(万元)		从业人员(人)	
	2007	比上年增长%	2007	比上年增长%	2007	比上年增长%	2007	比上年增长%
总计	**10 801 082**	**35.3**	**430 447**	**27.4**	**725 532**	**25.6**	**228 538**	**7.5**
南昌昌南工业园区	122 142	42.0	2 030	－1.5	2 805	50.8	6 995	1.6
南昌昌东工业园区	1 406 678	51.0	35 596	24.9	52 812	26.7	39 254	11.9
江西南昌小蓝经济开发区	1 515 809	37.6	54 059	21.4	52 025	12.2	39 375	14.6
江西新建长堎工业园区	682 738	66.0	21 635	22.6	8 701	175.3	15 080	21.7
江西安义工业园区	244 912	93.9	11 668	180.2	6 158	107.6	6 059	58.2
南昌经济技术开发区	2 259 841	33.0	79 928	44.6	71 266	75.8	41 434	3.7
南昌高新技术产业开发区	4 542 632	26.0	225 169	20.9	531 254	20.5	79 426	0.4
南昌英雄经济技术开发区	26 331	18.0	363		512	12.2	915	－3.2

主 要 统 计 指 标 解 释

工业 指从事自然资源的开采,对采掘品和农产品进行加工再加工的物质生产部门,具体包括:(1)对自然资源的开采,如采矿、晒盐、森林采伐等(但不包括禽兽捕猎和水产捕捞);(2)对农副产品的加工、再加工,如粮油加工、食品加工、轧花、缫丝、纺织、制革等;(3)对采掘品的加工、再加工,如炼铁、炼钢、炼焦、化工生产、机器制造、木材加工以及自来水、煤气的生产和电力的生产及供应;(4)对工业品的修理、翻新,如修理机械设备、交通运输工具等。

1984年以前农村的村及村以下办工业归属农业,1984年及以后划归工业。

工业统计调查单位 工业统计调查单位分为两类:独立核算法人工业企业和工业活动单位。

(1)独立核算法人工业企业 是指从事工业生产经营活动的单位。独立核算法人工业应同时具备以下条件:①依法成立,有自己的名称、组织机构和场所,能够承担民事责任;②独立拥有和使用资产,承担负债,有权与其他单位签订合同;③独立核算盈亏,并能够编制资产负债表。

(2)工业活动单位是指在一个场所从事一种或主要从事一种工业生产活动的经济单位。它包括独立核算工业企业按主营业务活动(即工业生产活动)划分的主营业务活动单位和非工业企业所属的工业生产活动单位(即原非独立核算工业生产单位)。工业活动单位,一般应同时具备以下三个条件:①具有一个场所,从事一种或主要从事一种工业活动;②单独组织工业生产、经营或业务活动;③单独核算收人和支出。

工业企业经济类型 是按企业生产资料和产品归属对象划分企业类型。1992年以前,执行的是由国家统计局和国家工商行政管理局于1980年联合颁发的《关于统计上划分经济类型的暂行规定》及近几年来的补充规定,将我国经济类型划分为:全民所有制、集体所有制、全民与集体合营、全民与大陆私人合营、全民与华侨或港澳台工商业者合营、集体与大陆私人合营、集体与华侨或港澳台工商业者合营、中外合营、华侨或港澳台工商业者经营、外资经营、个体经营、其他等十二种。随着经济体制改革的不断深化和社会经济的发展,我国国民经济结构发生了新的变化,出现了一些新的经济成份,原有的分类已不能反映我国体制格局发展变化的新情况。为此。国家统计局和国家工商行政管理局在调查研究的基础上,联合颁发了修订后的《关于经济类型划分暂行规定》,将我国经济成份划分为九种类型。

1. 国有经济工业 是指生产资料归国家所有的一种经济类型,是社会主义公有制经济的重要组成部分。包括中央和地方各级国家机关、事业单位和社会团体使用国有资产投资举办的企业,也包括实行企业化经营,国家不再核拨经费或核拨部分经费的事业单位和从事经营性活动的社会团体,以及上述企业、事业单位和社会团体使用自有资金投资举办的企业。

2. 集体经济工业 是指生产资料归公民集体所有的一种经济类型,是社会主义公有制经济的组成部分。包括城乡所有用集体投资举办的企业,以及部分个人通过集资自愿放弃所有权并依法经工商行政管理机关认定为集体所有制的企业。

3. 私营经济工业 是生产资料归公民私人所有,以雇佣劳动力为基础的一种经济类型。包括所有按国家法律、规定登记注册的私营独资企业、私营合伙企业和私营有限责任公司。

4. 个体经济工业 是指生产资料归劳动者个人所有,以个体劳动为基础,劳动成果归劳动者个人占有和支配的一种经济类型。包括所有按国家有关规定登记注册的个体工商户和个人合伙经营者。

5. 联营经济工业 是指不同所有制性质的企业之间或者企业、事业单位之间共同投资组成新的经济实体的一种经济类型。联营经济只包括具备法人条件的紧密型联营企业。

6. 股份制经济工业 是指全部注册资本由全体股东共同出资,并以股份形式投资举办企业而形成的一种经济类型。股份制经济主要有股份有限公司和有限责任公司两种组织形式。国有、集体、联营、私营企业等经济组织虽然以股份制形式经营,但不以股份有限公司或有限责任公司登记注册的,仍按原有所有制性质划归经济类型。

7. 外商投资经济工业 是指国外投资者根据我国有关涉外经济的法律、法规,以合资、合作或独资的形式在大陆境内开办企业而形成的一种经济类型。外商投资经济包括中外合资经营企业、中外合作经营企业和外资企业的三种形式。

8. 港、澳、台投资经济工业　是指港、澳、台地区投资者依照中华人民共和国有关涉外经济的法律、法规，以合资、合作或独资的形式在大陆举办企业而形成的一种经济类型。港、澳、台投资经济参照外商投资经济，可分为合资经营企业、合作经营企业和独资企业三种形式。

9. 其他经济工业　是指以上八种类型之外的其他经济类型。随着经济体制改革的深化，可能会出现新的经济形式，或遇到不易划清的，可列人其他经济类型。

轻工业　指主要提供生活消费品和制作手工工具的工业。按其所使用的原料不同，可分为两大类：(1) 以农产品为原料的轻工业，是指直接或间接以农产品为基本原料的轻工业。主要包括食品制造、饮料制造、烟草加工、纺织、缝纫、皮革和毛皮制作、造纸以及印刷等工业；(2) 以非农产品为原料的轻工业，是指以工业品为原料的轻工业。主要包括文教体育用品、化学药品制造、合成纤维制造、日用化学制品、日用玻璃制品、日用金属制品、手工工具制造、医疗器械制造、文化和办公用机械制造等工业。

重工业　是指为国民经济各部门提供物质技术基础的主要生产资料的工业。按其生产性质和产品用途，可以分为下列三类：(1) 采掘（伐）工业，是指对自然资源的开采，包括石油开采、煤炭开采、金属矿开采、非金属矿开采和木材采伐等工业；(2) 原材料工业，指向国民经济各部门提供基本材料、动力和燃料的工业。包括金属冶炼及加工、炼焦及焦炭化学、化工原料、水泥、人造板以及电力、石油和煤炭加工等工业；(3) 加工工业，是指对工业原材料进行再加工制造的工业。包括装备国民经济各部门的机械设备制造工业、金属结构、水泥制品等工业，以及为农业提供的生产资料如化肥、农药等工业。

根据上述划分原则，修理业中以重工业产品为修理作业对象的划为重工业，反之划为轻工业。

大、中、小型企业划分　根据国家经贸委、国家计委、财政部、国家统计局《关于印发中小企业标准暂行规定的通知》（国经贸中小企［2003］143 号)，结合统计工作的实际情况，2003 年制定了统计上大中小型企业划分办法（暂定)。它以法人企业或单位作为对企业规模的划分对象，以从业人员数、销售额和资产总额三项指标为划分依据。企业规模的具体划分标准见附表。

指标名称	计算单位	大型	中型	小型
从业人员数	人	2 000 及以上	300 – 2 000 以下	300 以下
销售额	万元	30 000 及以上	3 000 – 30 000 以下	3 000 以下
资产总额	万元	40 000 及以上	4 000 – 40 000 以下	4 000 以下

1. 表中的“工业企业”包括采矿业，制造业，电力、燃气及水的生产和供应业三个行业的企业。

2. 工业企业的销售额以现行统计制度中的年产品销售收入代替；资产总额以现行统计制度中的资产合计代替。

3. 大型和中型企业须同时满足所列各项条件的下限指标，否则下划一档。

4. 企业规模由政府综合统计部门根据上年统计年报每年划分一次。企业规模一经确认，月度统计原则上不进行调整。

工业总产值　是以货币表现的工业企业在一定时期内生产的已出售或可供出售工业产品总量，它反映一定时间内工业生产的总规模和总水平。它包括：在本企业内不再进行加工，经检验、包装入库（规定不需包装的产品除外）的成品价值，工业性作业价值，自制半成品、在产品期末初差额价值。工业总产值采用“工厂法”计算，即以工业企业作为一个整体，按企业工业生产活动的最终成果来计算，企业内部不允许重复计算，不能把企业内部各个车间（分厂）生产的成果相加。但在企业之间、行业之间、地区之间存在着重复计算。

轻重工业总产值的划分也是按“工厂法”计算的，即一个工业企业在正常情况下生产的主要产品的性质属于轻工业，则该企业的全部总产值作为轻工业总产值；一个工业企业生产的主要产品的性质属于重工业，则该企业的全部总产值作为重工业总产值。

工业销售产值　是以货币表现的工业企业是一定时期内销售的本企业生产的工业产品总量。包括已销售的成品、半成品价值，对外提供的工业性作业价值和对本企业基本建设部门、生活福利部门等提供的产品和工业性作业及自制设备的价值。

工业增加值　是指工业企业在报告期内以货币形式表现的工业生产活动的最终成果，是企业全部生产活动的总成果扣除了在生产过程中消耗或转换的物质产品和劳务价值后的余额，即企业生产过程中新增加的价值。

所有者权益 是指企业投资人对企业净资产的所有权，包括企业投资者对企业的投人资本以及形成的资本公积金、盈余公积金和未分配利润等的所有权。

固定资产原值 指企业在建造、购置、安装、改建、扩建、技术改造某项固定资产时所支出的全部货币总额。它一般包括买价、包装费、运杂费和安装费等。

固定资产净值 是指固定资产原价减去历年已提折旧额后的净额。

流动资产 是指可以在一年或者超过一年的一个营业周期内变现或者耗用的资产，包括现金及各种存款、短期投资、应收及预付货款、存货等。

流动负债 是指将在一年或者超过一年的一个营业周期内偿还的债务。包括短期借款、应付票据、应付帐款、预收货款、应付工资、应交税金、应付利润、其他应付款、预报费用等。

产品销售收入 指企业销售产品的销售收人和提供劳务等主要经营业务取得的业务总额。1994 年实施新的税制后，取消了产品税，开征消费税，增值税由价内税改为价外税，因此，产品销售收人中不再含增值税。

利润总额 是指企业实现的利润总额，等于盈利企业的利润额减亏损企业的亏损额。

利税总额 指企业利润总额、产品销售税金及附加和应交增值税之和。

工业经济效益综合指数 是综合衡量工业经济效益各方面在数量上总体水平的一种特殊相对数，是反映工业经济运行质量的总量指标。它是以各项工业经济效益指标实际数值分别除以该项指标的全国标准值并乘以各自权数，加总后除以总权数求得。

工业经济效益综合指数的计算方法：

$$工业经济效益综合指数=\Sigma\left(\frac{某项经济效益指标报告期数值}{该项指标全国标准值}\times 权数\right)\div 总权数$$

权数是根据上述各项工业经济效益指标在综合经济效益中的重要程度，由专家调查确定的，各项权数之和即是总权数。

工业产品销售率 指报告期销售产值与同期全部工业总产值之比，反映工业产品生产已实现销售的程度。计算公式为：

$$工业产品销售率（\%）=\frac{报告期现价工业销售产值}{报告期现价工业总产值}\times 100\%$$

工业资金利税率 指报告期已实现的利润、税金总额与同期的资产（流动资产和固定资产净值）之比，反映企业资金运用的经济效益指标。

计算公式为：

$$工业资金利税率（\%）=\frac{报告期累计实现利税总额}{报告期平均流动资产+固定资产净值平均余额}\times\frac{12}{累计数}\times 100\%$$

工业增加值率 指报告期工业增加值与同期工业总产值之比，反映降低中间消耗的经济效益指标。计算公式为：

$$工业增加值率（\%）=\frac{报告期工业增加值}{报告期现价工业总产值（新规定）+报告期销项税额}\times 100\%$$

工业成本费用利润率 指报告期实现利润与成本费用之比，反映降低成本的经济效益的指标。计算公式为

$$工业成本费用利润率（\%）=\frac{利润总额}{成本费用总额}\times 100\%$$

成本费用总额 指企业的产品销售成本、产品销售费用、管理费用和财务费用之和。由于 1994 年工业财务统计年报中没有财务费用指标，故用利息支出代替（1993 年全省利息支出占财务费用的 91.7%）。

工业全员劳动生产率 指根据产品的价值量指标计算的平均每一个职工在单位时间内的产品生产量。是考核企业经济活动的重要指标，是企业生产技术水平、经营管理水平、职工技术熟练程度和劳动积极性的综合表现。目前我国的全员劳动生产率是将工业企业的工业增加值除以同一时期全部职工的平均人数来计算的。计算公式：

$$全员劳动生产率=\frac{工业增加值}{全部职工平均人数}$$

流动资产周转次数 指一定时期内流动资产完成的周转次数，是反映工业企业投入流动资产的周

转速度的指标。计算公式为：

$$流动资产周转次数（次）=\frac{报告期累计产品销售收入}{报告期流动资产平均余额}\times\frac{12}{累计月数}$$

资本金 指企业在工商行政管理部门登记的注册资金合计。企业资本金按投资主体可分为国家资本金、法人资本金、个人资本金和外商资本金等。资本金会计包括企业各种投资主体注册的全部资本金。

总资产 指企业拥有或控制的全部资产。包括流动资产、长期投资、固定资产、无形及递延资产、其他长期资产、递延税项等，即为企业资产负债表的资产总计项。

（1）流动资产 指企业可以在一年内或者超过一年的一个生产周期内变现或耗用的资产合计。包括现金及各种存款、短期投资、应收及预付款项、存货等。

（2）固定资产 指企业固定资产净值、固定资产清理、在建工程、待处理固定资产损失所占用的资金合计。

（3）无形资产 指企业长期使用而没有实物形态的资产。包括专利权、非专利技术、商标权、著作权、土地使用权、商誉等。

总负债 指企业承担并需要偿还的全部债务。包括流动负债和长期负债、递延税项等，即为企业资产负债表的负债合计项。

（1）流动负债 指企业在一年内或者超过一年的一个营业周期内需要偿还的债务合计，其中包括短期借款、应付及预收款项、应付工资、应交税金和应交利润等。

（2）长期负债 指企业在一年以上或者超过一年的一个生产周期以上需要偿还的债务合计，其中包括长期借款、应付债务、长期应付款项等。

所有者权益 指企业投资人对企业净资产的所有权。企业净资产等于企业全部资产减去全部负债后的余额，其中包括投资者对企业的最初投人，以及资本公积金、盈余公积金和未分配利润。对股份制企业即为股东权益。

工业企业能源消费 工业企业能源消费指独立核算的法人工业企业在报告期内实际使用的能源数量。能源消费数量分别用价值量和实物量表示。

能源消费 能源消费指独立核算的法人企业在报告期内实际使用的能源的数量，包括主营活动和附营活动实际使用能源数量；并包括由本企业（作为投资单位）代填的乡镇建筑企业为完成本企业建筑项目而实际使用的能源数量。能源消费数量用价值量和实物量表示。

消费的核算原则：“谁消费谁统计”，即能源在哪个企业使用，就由哪个企业统计消费。

消费的核算方法：能源进人第一道生产工序，改变了原来的形态或性能，或者已经实际投入使用，即作消费统计。

能源库存 能源库存是指独立核算法人企业在报告期初、期末实际结存的能源的数量和价值。

库存的核算原则：“谁支配谁统计”，即凡是本企业有权支配动用的能源，不论存放何处，都应作本企业库存统计；反之，本企业无权支配动用的能源，即使存在本企业仓库，也不能作为本企业库存统计。

库存的核算方法：凡属本企业有权支配动用的某一时点实际结存的能源，都应作本企业库存统计。

全国工业经济效益综合指数标准

单位：%

总资产贡献率	资本保值增值率	资产负债率	流动资产周转率（次）	成本费用利润率	劳动生产率（元/人）	产品销售率
10.7	120	≤60	1.52	3.71	16 500	96.0

十一、建　筑　业

CONSTRUCTION

本篇内容包括：

1. 建筑业企业生产情况
2. 建筑业企业财务状况

资料整理　　**微机处理**

许卫群　　黎友娟

黎友娟

11－1 建筑业企业生产情况

（总承包和专业承包资质企业，2007 年）

项目	企业个数（个）	#有工作量的企业	建筑业合同情况		
			签订的合同额（万元）	上年结转	本年新签
总　计	**407**	**337**	**6 529 852**	**2 531 896**	**3 997 956**
#国有及国有控股企业	97	89	392 152	1 591 385	2 320 767
一、按登记注册类型分					
内资企业	393	326	6 459 669	2 499 712	3 959 958
国有企业	59	56	3 009 957	1 277 912	1 732 045
集体企业	56	51	1 337 410	470 499	866 911
股份合作企业	2	1	503		503
联营企业	4	4	3 992	1 480	2 512
国有联营企业	2	2	1 544	280	1 264
集体联营企业	2	2	2 448	1 200	1 248
有限责任公司	128	105	1 696 864	626 355	1 070 510
国有独资公司	5	4	151 642	83 809	67 833
其他有限责任公司	123	101	1 545 222	542 546	1 002 676
股份有限公司	29	23	109 187	41 051	68 136
私营企业	115	86	301 756	82 415	219 341
私营独资企业	2	2	6 437	3 507	2 930
私营合伙企业	1	1	3 758	32	3 726
私营有限责任公司	89	69	239 142	63 449	175 693
私营股份有限公司	23	14	52 419	15 427	36 993
港、澳、台商投资企业	12	10	70 177	32 179	37 998
合资经营企业	10	8	70 060	32 179	37 882
港、澳、台商独资经营企业	2	2	116		116
外商投资企业	2	1	6	6	
中外合资经营企业	1	1	6	6	
中外合作经营企业	1				
二、按国民经济行业分					
房屋和土木工程建筑业	202	181	5 828 563	2 341 065	3 487 498
房屋工程建筑	118	106	3 781 056	1 469 652	2 311 403
土木工程建筑	84	75	2 047 508	871 413	1 176 095
铁路道路隧道和桥梁工程	43	42	1 444 273	692 010	752 264
水利和港口工程建筑	14	14	296 693	117 383	179 310

项目	企业个数（个）	#有工作量的企业	建筑业合同情况		
			签订的合同额（万元）	上年结转	本年新签
工矿工程建筑	6	5	106 914	31 712	75 202
架线和管道工程建筑	6	5	196 768	30 178	166 590
其他土木工程建筑	15	9	2 860	131	2 729
建筑安装业	96	79	431 768	147 722	284 046
建筑装饰业	93	66	168 831	28 292	140 539
其它建筑业	16	11	100 689	14 816	85 873
工程准备	9	7	98 177	13 789	84 388
其它未列明的建筑活动	7	4	2 513	1 028	1 485
三、按隶属关系分					
中　央	9	7	377 390	99 316	278 073
省	84	78	2 876 102	1 184 620	1 691 481
市	62	55	1 040 862	417 550	623 312
县及县以下	252	197	2 235 499	830 409	1 405 090
四、按企业资质等级分					
施工总承包	180	165	5 954 318	2 414 856	3 539 462
一　级	33	33	4 304 510	1 691 822	2 612 689
二　级	63	62	1 334 392	612 842	721 551
三级及以下	84	70	315 415	110 192	205 223
专业承包	227	172	575 534	117 040	458 494
一　级	31	30	421 594	83 282	338 313
二　级	57	47	67 251	19 451	47 801
三级及以下	139	95	86 689	14 308	72 381
五、按营业状态分					
营　业	338	332	6 521 736	2 527 443	3 994 293
停　业	63	5	8 116	4 453	3 662
筹　建	5				
其　它	1				
六、按控股情况分					
国有控股	97	89	3 912 152	1 591 385	2 320 767
集体控股	85	77	1 572 694	581 069	991 626
私人控股	211	160	974 823	327 258	647 566
港澳台商控股	12	10	70 177	32 179	37 998
外商控股	2	1	6	6	

项　目	承包工程完成情况			
	直接从建设单位承揽工程产值	自行完成施工产值	分包出去工程产值	从建设单位以外承揽工程完成的产值
总　计	**3 704 696**	**3 669 318**	**35 378**	**58 904**
#国有及国有控股企业	2 063 610	2 032 039	31 571	8 882
一、按登记注册类型分				
内资企业	3 654 089	3 618 711	35 378	58 904
国有企业	1 563 968	1 532 396	31 571	7 245
集体企业	806 189	805 832	357	39 360
股份合作企业	503	503		
联营企业	3 901	3 901		
国有联营企业	1 453	1 453		
集体联营企业	2 448	2 448		
有限责任公司	995 314	994 464	850	2 413
国有独资公司	83 405	83 405		
其他有限责任公司	911 909	911 059	850	2 413
股份有限公司	70 419	70 419		612
私营企业	213 796	211 196	2 600	9 273
私营独资企业	2 930	2 930		
私营合伙企业	3 262	3 262		
私营有限责任公司	177 796	175 196	2 600	9 253
私营股份有限公司	29 809	29 809		20
港、澳、台商投资企业	50 601	50 601		
合资经营企业	50 485	50 485		
港、澳、台商独资经营企业	116	116		
外商投资企业	6	6		
中外合资经营企业	6	6		
二、按国民经济行业分				
房屋和土木工程建筑业	3 153 868	3 126 317	27 551	45 791
房屋工程建筑	1 963 853	1 963 488	365	44 615
土木工程建筑	1 190 015	1 162 829	27 186	1 176
铁路道路隧道和桥梁工程	820 005	809 910	10 094	794
水利和港口工程建筑	178 847	178 847		

项　　目	承包工程完成情况			
	直接从建设单位承揽工程产值	自行完成施工产值	分包出去工程产值	从建设单位以外承揽工程完成的产值
工矿工程建筑	76 386	76 386		
架线和管道工程建筑	112 479	95 387	17 092	
其他土木工程建筑	2 298	2 298		381
建筑安装业	345 318	337 491	7 827	12 251
建筑装饰业	120 290	120 290		862
其它建筑业	85 221	85 221		
工程准备	83 448	83 448		
其它未列明的建筑活动	1 773	1 773		
三、按隶属关系分				
中　央	241 661	224 278	17 383	5 812
省	1 506 905	1 491 553	15 352	1 677
市	550 001	550 001		10 196
县及县以下	1 406 128	1 403 485	2 643	41 220
四、按企业资质等级分				
施工总承包	3 235 274	3 201 351	33 923	45 409
一　　级	2 351 396	2 320 481	30 916	39 606
二　　级	688 100	685 135	2 965	386
三级及以下	195 778	195 736	43	5 417
专业承包	469 421	467 966	1 455	13 495
一　　级	343 416	343 416		8 537
二　　级	52 376	51 771	605	4 079
三级及以下	73 629	72 779	850	879
五、按营业状态分				
营　　业	3 698 990	3 663 926	35 064	58 590
停　　业	5 706	5 392	314	314
六、按控股情况分				
国有控股	2 063 610	2 032 039	31 571	8 882
集体控股	956 483	955 276	1 207	39 360
私人控股	633 996	631 396	2 600	10 661
港澳台商控股	50 601	50 601		
外商控股	6	6		

11－1　续表3－1　（总承包和专业承包资质企业，2007年）　单位：万元

项　目	建筑业总产值	#装饰装修产值	#在外省完成产值	按构成分 建筑工程	安装工程	其他产值	竣工产值
总　计	**3 728 222**	**184 856**	**1 048 332**	**3 132 997**	**419 122**	**176 103**	**2 182 889**
#国有及国有控股企业	2 040 921	49 178	801 919	1 690 371	313 411	37 139	1 246 917
一、按登记注册类型分							
内资企业	3 677 614	181 389	1 042 578	3 089 046	416 530	172 039	2 156 471
国有企业	1 539 642	35 942	663 297	1 218 094	301 461	20 087	980 514
集体企业	845 192	48 901	152 212	810 907	9 942	24 343	468 856
股份合作企业	503	503				503	503
联营企业	3 901	200	1 155	2 501	1 200	200	2 637
国有联营企业	1 453		1 155	1 453			189
集体联营企业	2 448	200		1 048	1 200	200	2 448
有限责任公司	996 876	30 117	212 371	899 081	45 338	52 458	503 588
国有独资公司	83 405			83 405			20
其他有限责任公司	913 472	30 117	212 371	815 676	45 338	52 458	503 568
股份有限公司	71 031	628		38 960	26 613	5 458	55 636
私营企业	220 470	65 099	13 543	119 503	31 976	68 991	144 737
私营独资企业	2 930	400		2 530		400	2 930
私营合伙企业	3 262			3 262			3 163
私营有限责任公司	184 449	58 701	11 543	96 597	27 283	60 569	121 010
私营股份有限公司	29 829	5 998	2 000	17 114	4 693	8 022	17 634
港、澳、台商投资企业	50 601	3 467	5 754	43 945	2 592	4 064	26 412
合资经营企业	50 485	3 431	5 754	43 865	2 592	4 027	26 296
港、澳、台商独资经营企业	116	36		80		36	116
外商投资企业	6			6			6
中外合资经营企业	6			6			6
二、按国民经济行业分							
房屋和土木工程建筑业	3 172 107	71 514	882 779	2 980 640	140 960	50 506	1 757 826
房屋工程建筑	2 008 103	68 291	398 781	1 954 133	16 895	37 074	1 184 202
土木工程建筑	1 164 004	3 224	483 998	1 026 507	124 065	13 432	573 624
铁路道路隧道和桥梁工程	810 705	36	338 799	802 565	2 485	5 655	368 566
水利和港口工程建筑	178 847	461	50 079	130 128	43 452	5 267	102 097

11－1 续表3－2 （总承包和专业承包资质企业，2007年） 单位：万元

项目	建筑业总产值	#装饰装修产值	#在外省完成产值	按构成分			竣工产值
				建筑工程	安装工程	其他产值	
工矿工程建筑	76 386	1 058	33 278	75 263	462	661	27 801
架线和管道工程建筑	95 387		61 842	16 480	77 666	1 241	73 587
其他土木工程建筑	2 680	1 669		2 071		609	1 572
建筑安装业	349 742	4 947	82 852	66 029	269 469	14 244	275 436
建筑装饰业	121 152	108 395	13 752	2 880	7 396	110 877	71 531
其它建筑业	85 221		68 950	83 448	1 297	476	78 096
工程准备	83 448		68 524	83 448			77 215
其它未列明的建筑活动	1 773		426		1 298	476	880
三、按隶属关系分							
中　　央	230 090	645	123 664	148 611	81 250	229	124 549
省	1493 230	39 866	558 645	1217 531	241 915	33 784	926 090
市	560 197	21 569	95 647	511 844	24 005	24 348	292 713
县及县以下	1 444 704	122 777	270 376	1 255 011	71 951	117 742	839 537
四、按企业资质等级分							
施工总承包	3 246 761	69 810	932 961	2948 451	252 399	45 910	1 834 121
一　　级	2 360 087	54 811	910 997	2 139 877	218 722	1 488	1 322 558
二　　级	685 521	13 853	21 911	628 787	25 771	30 963	378 358
三级及以下	201 153	1 146	53	179 787	7 907	13 459	133 206
专业承包	481 461	115 046	115 372	184 546	166 723	130 192	348 768
一　　级	351 953	86 891	110 380	140 154	118 338	93 462	259 484
二　　级	55 850	17 457	2 160	26 047	11 093	18 710	41 249
三级及以下	73 658	10 699	2 832	18 345	37 292	18 021	48 034
五、按营业状态分							
营　　业	3 722 515	183 810	1 046 836	3 130 718	415 695	176 103	2177 764
停　　业	5 706	1 047	1 497	2 279	3 427		5 125
六、按控股情况分							
国有控股	2 040 921	49 178	801 919	1 690 371	313 411	37 139	1246 917
集体控股	994 636	53 986	185 385	907 812	51 413	35 412	547 345
私人控股	642 057	78 225	55 275	490 863	51 706	99 4 88	362 209
港澳台商控股	50 601	3 467	5 754	43 945	2 592	4 064	26 412
外商控股	6			6			6

（总承包和专业承包资质企业，2007年）

项目	房屋建筑施工面积（平方米）	#本年新开工面积	#实行投标承包面积	#本年新开工	年末自有施工机械设备 净值（万元）	总台数（台）	总功率（千瓦）
总计	**36 238 054**	**18 362 463**	**34 124 360**	**17 936 174**	**157 363**	**44 869**	**641 200**
#国有及国有控股企业	13 962 494	6 654 041	13 217 247	6 538 460	89 235	16 093	328 005
一、按登记注册类型分							
内资企业	35 776 516	18 222 256	33 819 393	17 806 492	156 446	40 187	625 025
国有企业	9 972 721	4 551 884	9 230 174	4 439 003	61 616	12 785	235 774
集体企业	15 378 519	8 050 654	15 251 622	8 043 902	21 269	11 445	135 721
股份合作企业					119	31	180
联营企业	32 700	32 700	30 000	30 000	282	21	45
国有联营企业	2 700	2 700			282	21	45
集体联营企业	30 000	3 000	30 000	30 000			
有限责任公司	7 097 884	3 682 745	6 391 045	3 448 814	49 571	10 136	174 075
国有独资公司					3 486	128	10 370
其他有限责任公司	7 097 884	3 682 745	6 391 045	3 448 814	46 085	10 008	163 705
股份有限公司	979 968	638 478	846 828	638 478	10 396	1 718	32 668
私营企业	2 314 724	1 265 795	2 069 724	1 206 295	13 194	4 051	46 562
私营独资企业	35 166	35 166	35 166	35 166	17	170	35
私营合伙企业	117 438	103 506	117 438	103 506	676	138	6 142
私营有限责任公司	1 909 153	1 074 896	1 664 153	1 015 396	11 821	3 341	35 065
私营股份有限公司	252 967	52 227	252 967	52 227	681	402	5 320
港、澳、台商投资企业	461 538	140 207	304 967	129 682	917	4 682	16 175
合资经营企业	461 538	140 207	304 967	129 682	917	4 682	16 175
二、按国民经济行业分							
房屋和土木工程建筑业	34 949 944	17 176 289	32 900 629	16 767 371	130 020	35 225	505 948
房屋工程建筑	33 242 568	16 109 741	31 215 881	15 727 451	52 870	25 720	256 234
土木工程建筑	1 707 376	1 066 548	1 684 748	1 039 920	77 150	9 505	249 714
铁路道路隧道和桥梁工程	1 054 148	764 812	1 054 148	764 812	64 403	4 311	177 098
水利和港口工程建筑	402 146	147 509	402 146	147 509	5 744	1 762	33 921

项目	房屋建筑施工面积（平方米）	#本年新开工面积	#实行投标承包面积	#本年新开工	年末自有施工机械设备 净值（万元）	总台数（台）	总功率（千瓦）
工矿工程建筑	251 082	154 227	228 454	127 599	2 387	1 203	26 089
架线和管道工程建筑					4 581	2 217	12 578
其他土木工程建筑					35	12	28
建筑安装业	1 288 110	1 186 174	1 223 731	1 168 803	20 482	6 349	88 606
建筑装饰业					4 172	2 797	14 743
其它建筑业					2 688	498	31 903
工程准备					2 592	444	31 629
其它未列明的建筑活动					96	54	274
三、按隶属关系分							
中　央	457 320	257 495	449 431	253 614	9 236	2 946	34 129
省	7 146 011	3 932 055	6 893 617	3 823 055	71 853	12 770	274 094
市	8 530 616	3 827 746	8 048 352	3 820 994	21 276	7 810	85 132
县及县以下	20 104 107	10 345 167	18 732 960	10 038 511	54 997	21 343	247 845
四、按企业资质等级分							
施工总承包	35 070 973	17 276 638	33 021 658	16 867 720	130 538	37 303	518 791
一　级	21 330 736	10 563 702	20 825 844	10 537 074	89 542	22 905	331 077
二　级	10 306 923	4 789 549	9 130 174	4 679 042	29 231	10 208	140 668
三级及以下	3 433 314	1 923 387	3 065 640	1 651 604	11 765	4 190	47 046
专业承包	1 167 081	1 085 825	1 102 702	1 068 454	26 825	7 566	122 409
一　级	417 250	417 250	417 250	417 250	13 990	3 587	74 143
二　级	469 108	415 909	418 219	412 028	7 223	1 439	20 298
三级及以下	280 723	252 666	267 233	239 176	5 611	2 540	27 968
五、按营业状态分							
营　业	36 226 054	18 350 463	34 112 360	17 924 174	157 082	44 835	640 404
停　业	12 000	12 000	12 000	12 000	132	30	436
筹　建					149	4	360
六、按控股情况分							
国有控股	13 962 494	6 654 041	13 217 247	6 538 460	89 235	16 093	328 005
集体控股	16 144 543	8 566 623	15 991 505	8 531 838	29 531	13 278	172 026
私人控股	5 669 479	3 001 592	4 610 641	2 736 194	37 680	10 816	124 994
港澳台商控股	461 538	140 207	304 967	129 682	917	4 682	16 175

项　　目	从业人员（人）				补充资料	
	计算劳动生产率的平均人数	年末从业人数	#管理人员	#工程技术人员	企业总产值（万元）	境外营业额（万元）
总　　计	**270 415**	**252 492**	**28 612**	**29 126**	**3 970 668**	**195 507**
#国有及国有控股企业	132 664	121 002	13 772	13 692	2 251 139	178 069
一、按登记注册类型分						
内资企业	263 329	245 501	28 356	28 542	3 920 061	195 507
国有企业	99 960	87 297	7 290	9 650	1 727 239	168 499
集体企业	73 604	74 639	5 988	5 944	855 379	13 200
股份合作企业	72	69	39	38	503	
联营企业	579	597	62	75	4 427	
国有联营企业	146	182	32	51	1 979	
集体联营企业	433	415	30	24	2 448	
有限责任公司	60 512	59 284	10 210	7 784	1 026 066	11 070
国有独资公司	3 471	3 593	986	611	83 405	
其他有限责任公司	57 041	55 691	9 224	7 173	942 661	11 070
股份有限公司	7 037	7 321	1 224	1 751	80 418	
私营企业	21 565	16 294	3 543	3 300	226 030	2 739
私营独资企业	190	195	33	37	2 930	
私营合伙企业	352	352	52	52	3 262	
私营有限责任公司	17 723	12 398	2 993	2 032	189 531	739
私营股份有限公司	3 300	3 349	465	1 179	30 307	2 000
港、澳、台商投资企业	7 082	6 987	253	583	50 601	
合资经营企业	7 024	6 933	244	578	50 485	
合作经营企业						
港、澳、台商独资经营企业	58	54	9	5	116	
外商投资企业	4	4	3	1	6	
中外合资经营企业	3	3	2	1	6	
中外合作经营企业	1	1	1			
二、按国民经济行业分						
房屋和土木工程建筑业	233 700	219 701	23 184	23 207	3 407 146	191 811
房屋工程建筑	174 124	167 701	17 825	15 590	2 213 413	178 357
土木工程建筑	59 576	52 000	5 359	7 617	1 193 733	13 453
铁路道路隧道和桥梁工程	38 494	34 481	3 855	5 332	830 077	9 570
水利和港口工程建筑	10 435	7 339	1 041	1 626	189 070	3 883

项目	从业人员（人）				补充资料	
	计算劳动生产率的平均人数	年末从业人数	#管理人员	#工程技术人员	企业总产值（万元）	境外营业额（万元）
工矿工程建筑	5 361	5 314	310	326	76 386	
架线和管道工程建筑	4 868	4 453	64	267	95 387	
其他土木工程建筑	418	413	89	66	2 813	
建筑安装业	23 057	19 295	2 512	3 250	353 624	1 697
建筑装饰业	9 340	9 157	2 637	1 743	124 678	2 000
其它建筑业	4 318	4 339	279	926	85 221	
工程准备	4 125	4 121	186	822	83 448	
其它未列明的建筑活动	193	218	93	104	1 773	
三、按隶属关系分						
中　央	13 283	12 757	1 461	1 363	249 537	9 570
省	87 314	80 398	11 111	11 086	1 689 843	168 499
市	49 980	43 369	4 334	4 546	564 571	
县及县以下	119 838	115 968	11 706	12 131	1 466 718	17 439
四、按企业资质等级分						
施工总承包	238 651	222 688	23 440	23 329	3 485 473	192 769
一　级	159 964	149 845	13 229	12 402	2 425 140	38 350
二　级	57 135	51 013	6 949	6 551	855 604	154 419
三级及以下	21 552	21 830	3 262	4 376	204 728	
专业承包	31 764	29 804	5 172	5 797	485 196	2 739
一　级	19 054	17 383	3 086	2 902	354 951	2 000
二　级	6 131	6 102	1 031	1 475	56 537	
三级及以下	6 579	6 319	1 055	1 420	73 708	739
五、按营业状态分						
营　业	268 805	251 059	28 387	28 723	3 964 742	195 507
停　业	1 591	1 404	200	400	5 927	
筹　建	17	27	23	3		
其　它	2	2	2			
六、按控股情况分						
国有控股	132 664	121 002	13 772	13 692	2 251 139	178 069
集体控股	83 428	84 496	7 263	7 611	1 010 376	13 200
私人控股	47 237	40 003	7 321	7 239	658 546	4 239
港澳台商控股	7 082	6 987	253	583	50 601	
外商控股	4	4	3	1	6	

11－1　续表6－1　　　　　　　（总承包和专业承包资质企业，2007年）

项　　目	主要建筑材料消耗量					
	钢材（吨）	木材（立方米）	水泥（吨）	平板玻璃		铝材（吨）
				重量箱	平方米	
总　　计	**1 447 071**	**1 293 997**	**7 937 682**	**191 770**	**2 291 840**	**38 052**
#国有及国有控股企业	731 792	751 221	4 073 122	37 312	656 545	17 592
一、按登记注册类型分						
内资企业	1 418 020	1 284 467	7 912 520	191 712	2 289 380	36 220
国有企业	552 096	597 220	2 956 870	5 169	369 690	14 794
集体企业	369 020	281 933	1 814 897	127 085	1 172 681	7 682
联营企业	870	12	3 150	5	145	4
国有联营企业	20	12	150	5	145	4
集体联营企业	850		3 000			
有限责任公司	382 061	254 269	2 738 830	40 883	470 801	7 727
国有独资公司	580		2 676			
其他有限责任公司	381 481	254 269	2 736 154	40 883	470 801	7 727
股份有限公司	30 163	14 803	150 709	3 244	86 040	317
私营企业	83 810	136 230	248 064	15 326	190 023	5 696
私营独资企业	3 452	1 095	1 477	133	4 000	12
私营合伙企业	2 935					
私营有限责任公司	69 175	124 405	194 987	4 163	150 503	3 635
私营股份有限公司	8 248	10 730	51 600	11 030	35 520	2 049
港、澳、台商投资企业	29 051	9 530	25 162	58	2 460	1 832
合资经营企业	29 051	9 530	25 162	58	2 460	1 832
二、按国民经济行业分						
房屋和土木工程建筑业	1 333 173	1 171 346	7 704 727	178 757	2 178 696	32 730
房屋工程建筑	1 059 818	1 131 543	6 130 171	177 451	2 153 163	21 216
土木工程建筑	273 355	39 803	1 574 556	1 306	25 533	11 514
铁路道路隧道和桥梁工程	149 385	28 303	1 109 878	61	7 380	244
水利和港口工程建筑	68 342	4 081	236 815	457	8 210	47

项目	主要建筑材料消耗量					
	钢材（吨）	木材（立方米）	水泥（吨）	平板玻璃		铝材（吨）
				重量箱	平方米	
工矿工程建筑	8 517	6 687	169 638	531	5 318	13
架线和管道工程建筑	47 111	732	57 510	257	4 625	11 210
其他土木工程建筑			715			
建筑安装业	103 201	17 847	90 394	8 586	30 367	591
建筑装饰业	3 404	104 686	85 811	3 991	72 313	4 719
其它建筑业	7 293	118	56 750	436	10 464	12
工程准备	7 104	100	56 718			
其它未列明的建筑活动	189	18	32	436	10 464	12
三、按隶属关系分						
中　　央	86 597	5 151	353 416	2 011	11 158	11 255
省	470 005	240 690	2 147 921	35 219	336 939	5 507
市	240 835	548 349	1 565 179	16 004	344 788	2 876
县及县以下	649 634	499 807	3 871 166	138 536	1 598 955	18 414
四、按企业资质等级分						
施工总承包	1 383 993	1 188 644	7 780 726	178 755	2 178 666	32 755
一　　级	1 003 514	900 438	5 228 902	146 225	1 252 553	22 323
二　　级	281 739	211 481	1 859 963	21 787	673 574	7 050
三级及以下	98 740	76 725	691 861	10 743	252 539	3 382
专业承包	63 078	105 353	156 956	13 015	113 174	5 297
一　　级	31 498	90 006	100 562	3 495	59 536	4 041
二　　级	13 985	13 138	44 792	59	2 708	843
三级及以下	17 595	2 209	11 602	9 461	50 930	413
五、按营业状态分						
营　　业	1 446 699	1 293 637	7 935 574	191 767	2 289 800	38 052
停　　业	372	360	2 108	3	2 040	
六、按控股情况分						
国有控股	731 792	751 221	4 073 122	37 312	656 545	17 592
集体控股	403 636	298 552	2 094 958	130 500	1 266 395	8 004
私人控股	282 592	234 694	1 744 440	23 900	366 440	10 624
港澳台商控股	29 051	9 530	25 162	58	2 460	1 832

11－2 建筑业企业财务状况

（总承包和专业承包资质企业，2007 年）　　　　单位：万元

项　　目	流动资产合　计	#存　货	长期投资	固定资产合　计	固定资产原　价	#生　产经营用	累计折旧	#本　年折　旧
总　　计	**2 061 759**	**365 251**	**194 558**	**482 047**	**659 916**	**492 362**	**233 112**	**27 940**
#国有及国有控股企业	1 350 066	163 965	136 685	291 970	421 434	320 758	167 458	18 887
一、按登记注册类型分组								
内资企业	1 994 307	324 071	193 571	474 066	645 897	479 805	227 047	27 282
国有企业	925 017	140 109	103 276	213 977	305 334	225 735	125 066	14 678
集体企业	247 896	67 363	35 886	61 226	74 457	39 033	20 107	1 478
股份合作企业	1 255	389		120	223	176	103	17
联营企业	2 771	17		857	1 337	728	489	167
国有联营企业	2 342			298	468	442	179	12
集体联营企业	430	17		558	869	286	310	154
有限责任公司	629 925	66 946	44 191	135 591	194 762	161 443	65 434	8 041
国有独资公司	65 569	1 244	15 212	31 723	49 713	45 554	18 040	1 437
其他有限责任公司	564 356	65 703	28 979	103 868	145 049	115 889	47 395	6 603
股份有限公司	55 787	10 294	3 710	19 706	19 840	18 343	5 431	744
私营企业	131 657	38 953	6 507	42 590	49 945	34 347	10 417	2 158
私营独资企业	3 730	978		2 975	2 975	56	22	4
私营合伙企业	1 493	595	898	676	89	89	8	8
私营有限责任公司	111 911	34 256	5 609	32 866	39 017	30 198	8 449	1 902
私营股份有限公司	14 523	3 125		6 074	7 864	4 004	1 938	245
港、澳、台商投资企业	66 785	41 157	987	6 854	11 128	9 667	4 301	646
合资经营企业	66 070	41 099	887	6 440	10 610	9 667	4 197	641
港、澳、台商独资经营企业	715	58	100	414	518		104	5
外商投资企业	666	23		1 126	2 891	2 891	1 764	12
中外合资经营企业	508			1 071	2 785	2 785	1 715	2
中外合作经营企业	159	23		56	105	105	50	10
二、按国民经济行业分								
房屋和土木工程建筑业	1 680 656	282 701	175 262	372 175	540 112	408 761	191 618	20 897
房屋工程建筑	889 945	192 871	109 408	177 566	235 480	157 044	71 143	7 761
土木工程建筑	790 711	89 829	65 854	194 609	304 631	251 717	120 475	13 136
铁路道路隧道和桥梁工程	548 895	58 269	50 043	138 583	221 519	187 505	86 289	8 917
水利和港口工程建筑	130 125	18 103	5 638	25 985	43 488	35 828	21 061	2 151

（总承包和专业承包资质企业，2007年）

单位：万元

项目	流动资产合计	#存货	长期投资	固定资产合计	固定资产原价	#生产经营用	累计折旧	#本年折旧
工矿工程建筑	49 861	1 337	2 003	18 488	21 479	15 822	6 169	1 088
架线和管道工程建筑	53 453	9 735	8 171	9 052	13 666	8 498	4 974	950
其他土木工程建筑	8 378	2 387		2 500	4 480	4 064	1 983	30
建筑安装业	250 804	49 816	13 089	76 657	80 402	53 983	27 026	4 805
建筑装饰业	94 335	21 930	4 807	14 571	20 585	12 641	7 045	992
其它建筑业	35 963	10 805	1 401	18 645	18 817	16 977	7 423	1 246
工程准备	33 073	10 688	1 401	15 616	16 597	15 386	7 321	1 227
其它未列明的建筑活动	2 891	117		3 029	2 220	1 591	102	20
三、按隶属关系分								
中　央	229 651	28 238	23 708	13 946	24 157	19 666	12 768	1 822
省	946 065	104 978	117 580	266 997	381 817	289 806	150 924	17 359
市	339 932	92 920	12 398	55 132	76 736	61 262	25 846	2 713
县及县以下	546 110	139 114	40 873	145 972	177 207	121 628	43 575	6 046
四、按企业资质等级分								
施工总承包	1 734 277	293 022	182 451	389 554	554 552	410 647	193 788	20 601
一　级	1 153 773	146 381	157 669	252 918	386 452	291 172	148 965	16 353
二　级	446 128	117 718	18 065	94 498	119 613	94 531	35 003	3 085
三级及以下	134 376	28 923	6 718	42 138	48 487	24 944	9 821	1 164
专业承包	327 482	72 229	12 107	92 493	105 364	81 715	39 324	7 339
一　级	194 116	48 119	4 415	42 575	44 544	38 603	18 477	3 974
二　级	49 401	13 450	2 700	22 592	32 149	24 009	13 810	2 006
三级及以下	83 966	10 660	4 993	27 326	28 671	19 104	7 038	1 358
五、按营业状态分								
营　业	2 033 137	360 538	194 506	467 160	642 029	481 847	227 503	27 538
停　业	28 313	4 713	52	13 823	16 822	10 120	5 608	401
筹　建	255			818	819	149	2	1
其　它	54			246	246	246		
六、按控股情况分								
国有控股	1 350 066	163 965	136 685	291 970	421 434	320 758	167 458	18 887
集体控股	337 889	83 767	38 350	83 167	104 726	64 049	28 654	2 924
私人控股	306 352	76 339	18 537	98 930	119 738	94 998	30 935	5 472
港澳台商控股	66 785	41 157	987	6 854	11 128	9 667	4 301	646
外商控股	666	23		1 126	2 891	2 891	1 764	12

项　　目	在建工程	无形及递延资产小计	#无形资产	其他资产	资产合计	流动负债合计	长期负债合计
总　　计	**26 015**	**88 954**	**73 273**	**3 276**	**2 830 594**	**1 716 878**	**88 406**
#国有及国有控股企业	17 672	43 273	38 413	2 362	1 824 356	1 246 224	74 133
一、按登记注册类型分							
内资企业	25 989	88 693	73 014	3 276	2 753 914	1 656 837	88 406
国有企业	16 643	35 760	33 032	1 676	1 279 706	841 933	53 691
集体企业	4 282	24 038	21 029	161	369 207	183 266	8 085
股份合作企业					1 375	358	
联营企业		367	367		3 995	2 008	
国有联营企业					2 640	1 389	
集体联营企业		367	367		1 355	620	
有限责任公司	1 663	21 238	14 835	853	831 798	529 018	20 716
国有独资公司		404	404	2	112 910	62 656	19 057
其他有限责任公司	1 663	20 834	14 431	851	718 888	466 361	1 658
股份有限公司	1 659	3 264	1 150	2	82 469	32 975	4 208
私营企业	1 743	4 027	2 601	584	185 366	67 279	1 707
私营独资企业					6 704	979	
私营合伙企业	595				3 067	1 493	898
私营有限责任公司	1 148	3 744	2 430	584	154 715	57 399	809
私营股份有限公司		283	171		20 880	7 408	
港、澳、台商投资企业	27	261	260		74 887	59 856	
合资经营企业	27	261	260		73 658	59 472	
港、澳、台商独资经营企业					1 229	384	
外商投资企业					1 793	185	
中外合资经营企业					1 578	91	
中外合作经营企业					215	94	
二、按国民经济行业分							
房屋和土木工程建筑业	7 323	78 290	67 612	2 406	2 308 788	1 435 631	68 303
房屋工程建筑	5 754	53 729	49 635	1 149	1 231 796	729 488	11 995
土木工程建筑	1 569	24 561	17 977	1 258	1 076 992	706 143	56 309
铁路道路隧道和桥梁工程	434	15 902	9 421	471	753 894	479 315	43 817
水利和港口工程建筑	535	3 143	3 135	74	164 964	125 511	17

11－2　续表 2－2　（总承包和专业承包资质企业，2007 年）　单位：万元

项　目	在建工程	无形及递延资产小计	#无形资产	其他资产	资产合计	流动负债合计	长期负债合计
工矿工程建筑	245	2 642	2 642	712	73 707	49 184	5 211
架线和管道工程建筑	354	2 452	2 377		73 128	48 290	7 248
其他土木工程建筑		422	402		11 299	3 844	15
建筑安装业	12 215	6 856	3 737	322	347 728	206 336	17 403
建筑装饰业	147	3 433	1 642	494	117 640	49 321	900
其它建筑业	6 332	375	282	54	56 438	25 591	1 799
工程准备	6 332	24	7		50 113	23 474	1 799
其它未列明的建筑活动		351	275	54	6 325	2 117	
三、按隶属关系分							
中　央	80	6 565	4 552	656	274 525	231 417	1 008
省	18 745	14 080	10 631	1 658	1 346 380	874 412	48 041
市	782	6 770	3 434	133	414 365	249 952	34 017
县及县以下	6 408	61 540	54 656	829	795 324	361 098	5 340
四、按企业资质等级分							
施工总承包	12 395	79 153	67 390	2 555	2 387 990	1 502 924	75 186
一　级	7 426	37 159	34 236	2 342	1 603 860	1 091 475	65 081
二　级	4 521	32 642	25 281	192	591 525	322 867	2 502
三级及以下	448	9 352	7 874	21	192 605	88 582	7 604
专业承包	13 621	9 801	5 883	721	442 605	213 955	13 220
一　级	9 239	4 402	2 854	492	245 999	142 015	6 264
二　级	71	2 826	991	54	77 572	27 392	389
三级及以下	4 311	2 573	2 037	175	119 033	44 548	6 566
五、按营业状态分							
营　业	26 008	88 552	72 891	3 276	2 786 631	1 702 371	88 196
停　业	7	402	382		42 590	14 472	210
筹　建					1 073	35	
其　它					300	1	
六、按控股情况分							
国有控股	17 672	43 273	38 413	2 362	1 824 356	1 246 224	74 133
集体控股	4 430	29 401	26 096	259	489 067	245 394	8 085
私人控股	3 887	16 019	8 505	654	440 491	165 219	6 188
港澳台商控股	27	261	260		74 887	59 856	
外商控股					1 793	185	

11－2　续表3－1　　（总承包和专业承包资质企业，2007年）　　单位：万元

项　目	负债合计	所有者权益合计	#实收资本	国家资本	集体资本	法人资本	个人资本
总　计	**1 805 285**	**1 025 310**	**812 773**	**296 680**	**130 540**	**234 116**	**141 438**
#国有及国有控股企业	1 320 357	503 999	426 492	296 277		129 486	728
一、按登记注册类型分							
内资企业	1 745 243	1 008 671	795 396	296 302	130 261	228 050	140 783
国有企业	895 624	384 082	313 491	232 320		81 171	
集体企业	191 351	177 855	137 998		124 392	13 606	
股份合作企业	358	1 017	1 009		1 009		
联营企业	2 008	1 987	2 206	1 024	670	511	
国有联营企业	1 389	1 251	1 536	1 024		511	
集体联营企业	620	735	670		670		
有限责任公司	549 733	282 064	219 747	59 880	3 494	94 717	61 656
国有独资公司	81 714	31 197	20 488	19 038		1 450	
其他有限责任公司	468 020	250 868	199 259	40 842	3 494	93 267	61 656
股份有限公司	37 183	45 286	37 925	3 078	696	22 324	11 828
私营企业	68 986	116 380	83 020			15 721	67 299
私营独资企业	979	5 725	3 033				3 033
私营合伙企业	2 391	676	676				676
私营有限责任公司	58 207	96 508	66 535			11 040	55 495
私营股份有限公司	7 408	13 471	12 776			4 681	8 095
港、澳、台商投资企业	59 856	15 031	15 759	378	279	5 534	655
合资经营企业	59 472	14 185	15 093	378	279	5 534	655
港、澳、台商独资经营企业	384	846	666				
外商投资企业	185	1 608	1 618			532	
中外合资经营企业	91	1 487	1 428			428	
中外合作经营企业	94	121	190			104	
二、按国民经济行业分							
房屋和土木工程建筑业	1 503 934	804 855	644 880	266 832	119 055	173 947	79 427
房屋工程建筑	741 482	490 314	397 150	159 194	112 055	77 416	47 275
土木工程建筑	762 452	314 541	247 730	107 638	7 000	96 531	32 152
铁路道路隧道和桥梁工程	523 133	230 761	176 780	78 931	5 000	62 380	27 059
水利和港口工程建筑	125 528	39 436	35 790	21 589		14 198	3

项　　目	负债合计	所有者权益合计	#实收资本	国家资本	集体资本	法人资本	个人资本
工矿工程建筑	54 394	19 313	15 433	5 725		8 878	830
架线和管道工程建筑	55 537	17 591	12 534	1 292	2 000	9 242	
其他土木工程建筑	3 859	7 440	7 194	100		1 834	4 260
建筑安装业	223 740	123 988	101 662	13 142	8 371	43 526	34 751
建筑装饰业	50 221	67 419	43 576	4 998	3 114	10 175	22 784
其它建筑业	27 390	29 048	22 654	11 708		6 469	4 477
工程准备	25 273	24 840	19 400	11 708		5 993	1 699
其它未列明的建筑活动	2 117	4 208	3 254			476	2 778
三、按隶属关系分							
中　　央	232 425	42 101	40 999	11 365	1 007	28 627	
省	922 453	423 927	341 915	216 566	7 521	98 045	18 241
市	283 969	130 396	94 976	30 687	28 243	23 946	11 651
县及县以下	366 438	428 887	334 883	38 063	93 769	83 499	111 546
四、按企业资质等级分							
施工总承包	1 578 110	809 880	647 569	257 376	123 555	176 712	83 306
一　　级	1 156 555	447 304	354 184	199 098	64 335	79 703	10 598
二　　级	325 368	266 157	209 131	48 385	38 145	68 319	50 111
三级及以下	96 186	96 418	84 255	9 893	21 075	28 691	22 597
专业承包	227 175	215 430	165 204	39 304	6 985	57 404	58 132
一　　级	148 279	97 720	62 651	23 317	750	27 310	10 531
二　　级	27 781	49 791	44 535	9 866	3 344	12 740	17 035
三级及以下	51 114	67 919	58 018	6 122	2 891	17 354	30 566
五、按营业状态分							
营　　业	1 790 567	996 064	781 935	295 547	126 104	221 598	131 028
停业（歇业）	14 682	27 909	29 538	834	4 436	11 708	10 220
筹　　建	35	1 037	1 000			810	190
其　　它	1	300	300	300			
六、按控股情况分							
国有控股	1 320 357	503 999	426 492	296 277		129 486	728
集体控股	253 479	235 588	180 857		129 890	47 747	3 220
私人控股	171 407	269 084	188 047	25	371	50 817	136 834
港澳台商控股	59 856	15 031	15 759	378	279	5 534	655
外商控股	185	1 608	1 618			532	

项　目	所有者权益 #实收资本 港澳台资本	所有者权益 #实收资本 外商资本	工程结算收入	工程结算成本	工程结算税金及附加	工程结算利润
总　计	**8 913**	**1 086**	**3 255 274**	**2 931 404**	**104 554**	**207 534**
#国有及国有控股企业			1 856 058	1 673 499	58 217	120 771
一、按登记注册类型分						
内资企业			3 228 115	2 907 527	103 710	205 194
国有企业			1 383 854	1 244 481	43 622	92 713
集体企业			732 034	676 253	24 398	29 665
股份合作企业			503	427	17	59
联营企业			3 901	3 560	152	130
国有联营企业			1 453	1 223	79	94
集体联营企业			2 448	2 338	73	36
有限责任公司			830 114	744 086	26 943	53 996
国有独资公司			73 942	63 962	2 411	7 502
其他有限责任公司			756 172	680 124	24 532	46 494
股份有限公司			79 464	68 191	2 395	8 578
私营企业			198 246	170 528	6 183	20 053
私营独资企业			5 203	4 885	160	155
私营合伙企业			3 163	2 210	165	783
私营有限责任公司			162 158	138 303	4 933	17 544
私营股份有限公司			27 723	25 130	925	1 572
港、澳、台商投资企业	8 913		27 152	23 872	844	2 340
合资经营企业	8 247		27 036	23 777	839	2 323
港、澳、台商独资经营企业	666		116	95	5	16
外商投资企业		1 086	6	5	1	1
中外合资经营企业		1 000	6	5	1	1
中外合作经营企业		86				
二、按国民经济行业分						
房屋和土木工程建筑业	4 620	1 000	2 790 073	2 531 681	89 524	159 061
房屋工程建筑	1 210		1 741 840	1 603 932	56 424	77 940
土木工程建筑	3 410	1 000	1 048 233	927 749	33 101	81 122
铁路道路隧道和桥梁工程	3 410		675 375	601 192	21 320	47 314
水利和港口工程建筑			196 215	171 939	6 376	17 460

项目	所有者权益		工程结算收入	工程结算成本	工程结算税金及附加	工程结算利润
	#实收资本					
	港澳台资本	外商资本				
工矿工程建筑			76 487	66 857	2 434	7 155
架线和管道工程建筑			97 249	85 411	2 865	8 813
其他土木工程建筑		1 000	2 907	2 350	106	381
建筑安装业	1 787	86	286 222	244 808	8 943	31 370
建筑装饰业	2 506		102 879	87 576	3 555	11 127
其它建筑业			76 100	67 339	2 533	5 976
工程准备			74 728	66 316	2 485	5 718
其它未列明的建筑活动			1 372	1 024	48	258
三、按隶属关系分						
中　央			248 023	222 141	7 137	18 728
省	1 542		1 381 664	1 234 466	42 597	98 605
市	450		380 406	346 424	13 974	18 268
县及县以下	6 921	1 086	1 245 180	1 128 373	40 847	71 933
四、按企业资质等级分						
施工总承包	6 620		2 867 230	2 600 922	92 157	164 380
一　级	450		2 052 322	1 864 049	67 520	113 521
二　级	4 170		608 546	549 285	17 915	40 023
三级及以下	2 000		206 361	187 589	6 722	10 835
专业承包	2 293	1 086	388 044	330 482	12 397	43 154
一　级	743		268 892	231 312	8 405	28 498
二　级	1 550		52 005	43 543	1 798	6 182
三级及以下		1 086	67 148	55 626	2 194	8 475
五、按营业状态分						
营　业	6 658	1 000	3 249 595	2 926 574	104 232	207 121
停　业	2 255	86	5 678	4 830	322	413
六、按控股情况分						
国有控股			1 856 058	1 673 499	58 217	120 771
集体控股			877 140	805 491	29 126	40 693
私人控股			494 918	428 537	16 368	43 730
港澳台商控股	8 913		27 152	23 872	844	2 340
外商控股		1 086	6	5	1	1

项目	其他业务收入	其他业务利润	经营费用	管理费用	#税金	#财产保险费	#差旅费	#工会经费
总计	**51 440**	**7 450**	**11 782**	**127 246**	**4 010**	**587**	**6 420**	**2 136**
#国有及国有控股企业	42 635	3 827	3 572	86 885	2 068	311	4 370	1 806
一、按登记注册类型分组								
内资企业	51 411	7 442	11 685	126 153	3 979	587	6 369	2 134
国有企业	39 337	2 128	3 038	66 865	1 840	243	3 303	1 546
集体企业	914	751	1 717	11 502	789	22	452	80
股份合作企业				51				2
联营企业	39	38	59	123	16		6	
国有联营企业			58	71	12		3	
集体联营企业	39	38	1	52	4		4	
有限责任公司	10 612	4 398	5 089	35 078	616	144	1 671	299
国有独资公司	1 858	1 198	67	4 420	22	14	216	28
其他有限责任公司	8 754	3 200	5 022	30 658	594	131	1 455	271
股份有限公司	7	7	301	2 152	232	22	287	41
私营企业	503	120	1 482	10 383	485	157	651	167
私营独资企业	2	2	2	17			1	
私营合伙企业			5	11	3		1	
私营有限责任公司	501	118	1 378	9 769	448	156	588	161
私营股份有限公司			96	586	34	1	60	6
港、澳、台商投资企业	29	7	97	1 078	30		50	2
合资经营企业	19	5	97	1 015	30		45	2
港、澳、台商独资经营企业	10	2		63			5	
外商投资企业				14				
中外合资经营企业				4				
中外合作经营企业				10				
二、按国民经济行业分								
房屋和土木工程建筑业	42 951	5 056	9 807	98 907	2 625	342	4 733	1 713
房屋工程建筑	7 859	1 907	3 546	41 761	1 793	118	2 028	517
土木工程建筑	35 092	3 149	6 262	57 146	832	224	2 705	1 196
铁路道路隧道和桥梁工程	9 365	2 507	5 549	30 936	398	129	1 712	640
水利和港口工程建筑	703	213	440	14 619	177	77	550	281

项目	其他业务收入	其他业务利润	经营费用	管理费用	#税金	#财产保险费	#差旅费	#工会经费
工矿工程建筑	4 599	190	41	3 467	114	17	130	134
架线和管道工程建筑	20 326	233	161	7 808	136		284	135
其他土木工程建筑	99	6	71	316	8	1	28	5
建筑安装业	3 904	1 542	1 101	18 039	1 105	91	1 047	292
建筑装饰业	330	128	622	7 230	222	154	377	44
其它建筑业	4 256	725	252	3 070	57	2	263	88
工程准备	125	73	210	2 646	38		232	83
其它未列明的建筑活动	4 131	652	42	425	19	2	31	5
三、按隶属关系分								
中　　央	20 763	208	17	14 769	197	21	644	260
省	18 536	4 464	5 997	68 547	1 573	358	3 575	1 224
市	6 172	739	1 741	13 094	854	19	759	420
县及县以下	5 970	2 038	4 028	30 836	1 385	189	1 442	233
四、按企业资质等级分								
施工总承包	45 715	6 183	9 771	104 674	3 165	363	4 853	1 841
一　　级	42 660	4 114	7 232	76 581	1 995	320	3 589	1 566
二　　级	2 700	1 996	1 323	22 923	662	31	992	159
三级及以下	355	73	1 215	5 169	508	13	273	117
专业承包	5 725	1 266	2 011	22 572	844	224	1 566	295
一　　级	572	351	677	12 195	324	144	744	149
二　　级	123	28	482	5 422	211	42	369	105
三级及以下	5 030	887	853	4 955	309	38	454	41
五、按营业状态分								
营　　业	51 440	7 450	11 669	126 302	3 983	578	6 374	2 122
停　　业			113	930	26	9	45	14
筹　　建				13				
其　　它				1				
六、按控股情况分								
国有控股	42 635	3 827	3 572	86 885	2 068	311	4 370	1 806
集体控股	2 187	1 587	1 830	14 249	927	47	683	105
私人控股	6 589	2 029	6 283	25 019	985	230	1 316	223
港澳台商控股	29	7	97	1 078	30		50	2
外商控股				14				

项目	财务费用	#利息支出	营业利润	营业外收入	营业外支出	利润总额
总计	**13 145**	**9 288**	**74 593**	**1 548**	**1 811**	**68 051**
#国有及国有控股企业	8 871	7 027	28 842	1 161	1 512	27 111
一、按登记注册类型分						
内资企业	12 176	8 359	74 308	1 519	1 776	67 776
国有企业	5 496	4 064	22 481	1 003	1 113	21 217
集体企业	533	146	18 382	58	28	17 807
股份合作企业	－1		9			9
联营企业	10		35			35
国有联营企业			22			22
集体联营企业	9		13			13
有限责任公司	5 163	3 676	18 152	445	559	16 843
国有独资公司	2 377	2 229	1 902	23	305	1 561
其他有限责任公司	2 786	1 448	16 250	422	255	15 283
股份有限公司	210	124	6 223		38	5 341
私营企业	764	349	9 026	13	38	6 524
私营独资企业	19		121			2
私营合伙企业	7		765			137
私营有限责任公司	691	304	7 201		32	5 469
私营股份有限公司	47	45	939	13	6	916
港、澳、台商投资企业	966	929	303	29	35	292
合资经营企业（港或澳、台资）	966	929	348	29	35	337
港、澳、台商独资经营企业			－45			－45
外商投资企业	3		－17			－17
中外合资经营企业	3		－7			－7
中外合作经营企业			－10			－10
二、按国民经济行业分						
房屋和土木工程建筑业	10 275	7 739	54 934	793	1 527	50 473
房屋工程建筑	3 949	3 206	34 136	444	255	31 339
土木工程建筑	6 327	4 533	20 798	349	1 272	19 134
铁路道路隧道和桥梁工程	4 784	3 318	14 101	152	630	12 967
水利和港口工程建筑	967	934	2 088	39	229	1 635

项目	财务费用	#利息支出	营业利润	营业外收入	营业外支出	利润总额
工矿工程建筑	227	295	3 652	114	385	3 378
架线和管道工程建筑	295	-32	942	44	13	1 222
其他土木工程建筑	55	17	16		15	-67
建筑安装业	1 869	1 249	13 004	718	199	11 098
建筑装饰业	623	296	3 402	36	22	3 570
其它建筑业	378	5	3 253	2	63	2 910
工程准备	376	3	2 769		52	2 723
其它未列明的建筑活动	1	1	484	2	11	188
三、按隶属关系分						
中　央	849	235	3 318	29	17	3 271
省	8 698	6 525	25 824	1 253	1 431	24 161
市	1 133	1 176	4 780	141	122	5 302
县及县以下	2 465	1 351	40 671	125	241	35 318
四、按企业资质等级分						
施工总承包	11 279	8 314	54 610	1 179	1 519	51 387
一　级	8 091	6 136	32 963	710	1 149	31 616
二　级	2 920	2 123	16 176	348	266	16 704
三级及以下	268	55	5 471	120	104	3 067
专业承包	1 865	975	19 983	369	292	16 664
一　级	1 482	654	15 172	200	225	13 619
二　级	112	94	676	5	7	201
三级及以下	272	226	4 135	164	61	2 843
五、按营业状态分						
营　业	13 081	9 228	75 188	1 552	1 805	68 630
停　业	64	60	-581	-4	6	-565
筹　建			-13			-13
其　它			-1			-1
六、按控股情况分						
国有控股	8 871	7 027	28 842	1 161	1 512	27 111
集体控股	886	203	27 145	311	139	26 704
私人控股	2 419	1 130	18 321	47	125	13 961
港澳台商控股	966	929	303	29	35	292
外商控股	3		-17			-17

项　　目	应交所得税	应付利润	劳　动、失业保险费	住房公积金及住房补贴	本年应付工资总额	#主营业务应付工资总额
总　　计	**20 638**	**24 193**	**15 802**	**5 375**	**414 385**	**392 763**
#国有及国有控股企业	10 191	6 096	13 386	4 584	224 173	210 622
一、按登记注册类型分						
内资企业	20 527	24 187	15 764	5 375	410 830	389 214
国有企业	7 605	3 521	12 058	3 781	168 018	156 229
集体企业	4 885	8 807	885	202	115 654	112 081
股份合作企业	1	3			140	140
联营企业	3	7			366	364
国有联营企业	1				96	94
集体联营企业	2	7			270	270
有限责任公司	5 510	7 934	2 386	1 363	94 877	91 105
国有独资公司	571	1 080	167	205	5 021	4 444
其他有限责任公司	4 939	6 854	2 219	1 157	89 856	86 661
股份有限公司	693	752	171	23	9 741	8 037
私营企业	1 830	3 162	264	6	22 033	21 257
私营独资企业	1	2			168	168
私营合伙企业	18	110			295	275
私营有限责任公司	1 515	3 049	259	6	17 079	16 390
私营股份有限公司	297	1	4		4 490	4 424
港、澳、台商投资企业	111	7	38		3 554	3 548
合资经营企业（港或澳、台资）	110	7	38		3 517	3 511
合作经营企业（港或澳、台资）						
港、澳、台商独资经营企业	1				37	37
港、澳、台商投资股份有限公司						
外商投资企业					2	2
中外合资经营企业					2	2
二、按国民经济行业分						
房屋和土木工程建筑业	16 450	17 764	11 345	4 452	366 063	349 181
房屋工程建筑	8 857	13 231	4 982	357	282 979	271 989
土木工程建筑	7 594	4 533	6 362	4 095	83 085	77 192
铁路道路隧道和桥梁工程	4 800	3 923	2 810	1 839	40 471	38 484
水利和港口工程建筑	1 233	101	860	1 012	20 777	20 456

项目	应交所得税	应付利润	劳动、失业保险费	住房公积金及住房补贴	本年应付工资总额	#主营业务应付工资总额
工矿工程建筑	1 127	260	581	599	12 235	11 349
架线和管道工程建筑	373	244	2 106	643	9 107	6 428
其他土木工程建筑	61	5	6	3	496	475
建筑安装业	2 026	4 625	3 361	788	30 417	26 385
建筑装饰业	1 291	1 515	162	50	12 676	12 200
其它建筑业	871	289	935	85	5 229	4 998
工程准备	849	135	883	85	4 834	4 796
其它未列明的建筑活动	22	154	53		395	202
三、按隶属关系分						
中　央	1 427	777	2 707	1 020	25 112	22 142
省	8 629	5 587	9 966	3 936	147 163	140 911
市	1 725	1 683	1 775	299	55 394	49 407
县及县以下	8 857	16 147	1 354	121	186 716	180 304
四、按企业资质等级分						
施工总承包	16 278	17 421	13 842	4 714	379 731	361 189
特　级						
一　级	11 093	11 993	12 554	4 423	287 098	270 341
二　级	4 442	4 324	1 216	255	66 914	65 669
三级及以下	744	1 104	73	37	25 719	25 179
专业承包	4 359	6 772	1 960	660	34 654	31 575
一　级	3 137	3 699	1 427	377	21 514	19 311
二　级	675	855	311	209	5 941	5 626
三级及以下	548	2 218	222	74	7 199	6 637
五、按营业状态分						
营　业	20 604	24 188	15 637	5 286	413 190	391 570
停　业	34	6	165	89	1 184	1 183
筹　建					11	10
其　它					1	1
六、按控股情况分						
国有控股	10 191	6 096	13 386	4 584	224 173	210 622
集体控股	6 189	11 640	1 032	254	132 300	126 959
私人控股	4 147	6 451	1 345	537	54 357	51 633
港澳台商控股	111	7	38		3 554	3 548

项　　目	本年应付福利费总额（万元）	#主营业务应付福利费总额	建筑业增加值（万元）	应收工程款（万元）	#竣工工程	全部从业人员年平均人数（人）
总　　计	**38 868**	**36 200**	**664 146**	**470 423**	**231 666**	**280 321**
#国有及国有控股企业	20 144	18 273	357 309	358 381	168 687	141 094
一、按登记注册类型分						
内资企业	38 660	36 009	658 518	468 210	231 532	273 233
国有企业	17 240	15 567	272 146	253 198	128 671	108 331
集体企业	12 460	12 057	170 496	66 779	38 128	74 525
股份合作企业	19	19	205	96	96	72
联营企业	14	14	749	210	189	580
国有联营企业	12	11	233	210	189	146
集体联营企业	3	3	517			434
有限责任公司	6 392	5 975	155 212	130 958	52 931	60 753
国有独资公司	673	592	11 245	18 505	12 914	3 502
其他有限责任公司	5 719	5 383	143 963	112 453	40 018	57 251
股份有限公司	821	802	18 712	3 307	2 097	7 167
私营企业	1 714	1 575	41 265	13 662	9 420	21 805
私营独资企业	7	7				195
私营合伙企业	28	28				352
私营有限责任公司	1 316	1 191	32 624	10 237	7 916	17 953
私营股份有限公司	364	349	6 936	3 426	1 504	3 305
港、澳、台商投资企业	208	191	5 625	2 213	134	7 083
合资经营企业	208	191	5 622	2 213	134	7 025
港、澳、台商独资经营企业			7			58
外商投资企业			－2			5
中外合资经营企业			－2			3
中外合作经营企业						2
二、按国民经济行业分						
房屋和土木工程建筑业	34 117	31 962	567 293	408 710	197 374	242 753
房屋工程建筑	24 039	22 662	401 090	265 859	130 530	181 293
土木工程建筑	10 077	9 300	166 209	142 851	66 845	61 460
铁路道路隧道和桥梁工程	4 449	4 186	93 024	99 203	50 038	38 832
水利和港口工程建筑	2 661	2 639	36 227	8 372	3 889	11 955

项　　目	本年应付福利费总额（万元）	#主营业务应付福利费总额	建筑业增加值（万元）	应收工程款（万元）	#竣工工程	全部从业人员年平均人数（人）
工矿工程建筑	1 677	1 562	21 352	19 638	2 939	5 362
架线和管道工程建筑	1 264	889	15 031	14 901	9 663	4 874
其他土木工程建筑	27	25	678	738	316	437
建筑安装业	3 126	2 667	61 450	45 989	24 899	23 372
建筑装饰业	996	947	21 672	13 442	7 262	9 833
其它建筑业	629	624	13 701	2 282	2 131	4 363
工程准备	619	614	13 020	2 282	2 131	4 148
其它未列明的建筑活动	10	10	485			215
三、按隶属关系分						
中　　央	2 530	2 108	40 652	26 932	17 529	13 374
省	11 330	10 458	254 567	286 797	113 689	95 424
市	4 926	4 146	78 499	71 693	50 294	50 890
县及县以下	20 082	19 487	290 720	85 001	50 154	120 633
四、按企业资质等级分						
施工总承包	35 944	33 508	586 338	413 869	198 865	247 621
一　　级	28 210	25 971	434 162	299 781	142 927	168 304
二　　级	5 703	5 547	110 947	102 590	52 207	57 588
三级及以下	2 031	1 989	41 335	11 498	3 731	21 729
专业承包	2 924	2 693	77 820	56 554	32 800	32 700
一　　级	1 794	1 656	50 953	42 883	24 047	19 506
二　　级	576	525	11 550	5 829	3 171	6 405
三级及以下	554	512	15 285	7 842	5 583	6 789
五、按营业状态分						
营　　业	38 744	36 076	662 379	469 832	231 585	278 666
停　　业	124	124	1 757	591	81	1 634
筹　　建						19
其　　它						2
六、按控股情况分						
国有控股	20 144	18 273	357 309	358 381	168 687	141 094
集体控股	13 396	12 977	201 594	71 563	40 285	84 439
私人控股	5 120	4 759	99 824	38 266	22 560	47 700
港澳台商控股	208	191	5 625	2 213	134	7 083

11－3 建筑业企业房屋建筑竣工面积

（2007年） 单位：平方米

项目	总计	厂房、仓库	住宅	办公用房	批发和零售用房	住宿和餐饮用房
总计	**12 865 958**	**1 555 581**	**8 710 887**	**826 086**	**96 776**	**146 643**
#国有及国有控股企业	3 976 292	602 226	2 181 818	470 739	16 646	93 924
一、按登记注册类型分						
内资企业	12 710 945	1 522 556	8 691 354	819 609	96 776	141 307
国有企业	2 564 395	482 224	1 232 454	291 805	16 646	58 789
集体企业	5 322 611	140 511	4 540 085	135 142	17 500	38 223
联营企业	22 700		22 700			
国有联营企业	2 700		2 700			
集体联营企业	20 000		20 000			
有限责任公司	2 907 894	229 255	1 906 924	350 692	29 100	44 295
其他有限责任公司	2 907 894	229 255	1 906 924	350 692	29 100	44 295
股份有限公司	438 835	257 384	133 740	2 360	7 250	
私营企业	1 454 510	413 182	855 451	39 610	26 280	
私营独资企业	33 466	3 000	9 166		21 300	
私营合伙企业	98 844	98 844				
私营有限责任公司	1 211 503	310 327	781 980		1 780	
私营股份有限公司	110 697	1 011	64 305	39 610	3 200	
港、澳、台商投资企业	155 013	33 025	19 533	6 477		5 336
合资经营企业	155 013	33 025	19 533	6 477		5 336
二、按国民经济行业分						
房屋和土木工程建筑业	12 015 261	844 002	8 710 887	826 086	96 776	146 643
房屋工程建筑	11 634 789	809 191	8 383 750	807 682	96 776	146 643
土木工程建筑	380 472	34 811	327 137	18 404		
铁路道路隧道和桥梁工程	268 890		250 366	18 404		
水利和港口工程建筑	83 343	33 700	49 643			
工矿工程建筑	28 239	1 111	27 128			
建筑安装业	850 697	711 579				
三、按隶属关系分						
中央	131 720	51 256	18 910	38 114		
省	2 143 061	264 508	1 296 674	246 977	8 996	93 924
市	2 524 155	196 644	1 750 259	106 349	7 650	43 559
县及县以下	8 067 022	1 043 173	5 645 044	434 646	80 130	9 160
四、按企业资质等级分						
施工总承包	12 015 261	844 002	8 710 887	826 086	96 776	146 643
一级	6 342 536	618 349	4 350 876	476 937	8 996	122 483
二级	4 212 302	46 625	3 426 483	226 069	35 470	15 000
三级及以下	1 460 423	179 028	933 528	123 080	52 310	9 160
专业承包	850 697	711 579				
一级	388 054	271 638				
二级	228 817	227 746				
三级及以下	233 826	212 195				
五、按营业状态分						
营业	12 865 958	1 555 581	8 710 887	826 086	96 776	146 643
六、按控股情况分						
国有控股	3 976 292	602 226	2 181 818	470 739	16 646	93 924
集体控股	5 819 899	157 097	4 910 820	164 542	32 080	44 983
私人控股	2 914 754	763 233	1 598 716	184 328	48 050	2 400
港澳台商控股	155 013	33 025	19 533	6 477		5 336

项 目	居民服务业用房	教育用房	文化、体育和娱乐用房	卫生医疗用房	科研用房	其他用房
总 计	**122 897**	**616 312**	**131 116**	**97 414**	**20 243**	**542 003**
#国有及国有控股企业	84 700	150 215	81 432	59 417	15 300	219 875
一、按登记注册类型分						
内资企业	122 897	612 713	105 745	97 414	20 243	480 331
国有企业	82 000	115 467	61 769	32 209		191 032
集体企业	38 197	323 497	9 980	26 226	4 943	48 307
联营企业						
国有联营企业						
集体联营企业						
有限责任公司	2 700	164 059	32 766	37 599	15 300	95 204
其他有限责任公司	2 700	164 059	32 766	37 599	15 300	95 204
股份有限公司		8 190	1 230	1 380		27 301
私营企业		1 500				118 487
私营独资企业						
私营合伙企业						
私营有限责任公司						117 416
私营股份有限公司		1 500				1 071
港、澳、台商投资企业		3 599	25 371			61 672
合资经营企业		3 599	25 371			61 672
二、按国民经济行业分						
房屋和土木工程建筑业	122 897	616 312	131 116	97 414	20 243	402 885
房屋工程建筑	122 897	616 312	131 116	97 414	20 243	402 765
土木工程建筑						120
铁路道路隧道和桥梁工程						120
建筑安装业						139 118
三、按隶属关系分						
中 央	2 700					20 740
省		100 608	21 113	27 208	15 300	67 753
市	51 900	130 721	37 344	35 898		163 831
县及县以下	68 297	384 983	72 659	34 308	4 943	289 679
四、按企业资质等级分						
施工总承包	122 897	616 312	131 116	97 414	20 243	402 885
一 级	84 700	213 689	115 783	85 643	20 243	244 837
二 级	14 318	341 262	8 893	1 000		97 182
三级及以下	23 879	61 361	6 440	10 771		60 866
专业承包						139 118
一 级						116 416
二 级						1 071
三级及以下						21 631
五、按营业状态分						
营 业	122 897	616 312	131 116	97 414	20 243	542 003
六、按控股情况分						
国有控股	84 700	150 215	81 432	59 417	15 300	219 875
集体控股	38 197	336 547	9 980	28 756	4 943	91 954
私人控股		125 951	14 333	9 241		168 502
港澳台商控股		3 599	25 371			61 672

11－4　建筑业企业房屋建筑竣工造价

（2007 年）　　　　单位：万元

项　　目	总　计	厂房、仓库	住　宅	办公用房	批发和零售用房	住宿和餐饮用房
总　　计	**1 010 036**	**99 051**	**672 159**	**74 678**	**21 521**	**10 532**
#国有及国有控股企业	362 644	55 888	169 685	47 033	14 532	5 025
一、按登记注册类型分						
内资企业	989 341	94 293	669 822	74 505	21 521	10 235
国有企业	250 119	45 061	101 220	38 764	14 532	3 636
集体企业	417 632	8 331	364 906	10 152	3 025	4 767
联营企业	1 237		1 237			
国有联营企业	189		189			
集体联营企业	1 048		1 048			
有限责任公司	231 522	17 260	146 952	23 778	2 084	1 832
其他有限责任公司	231 522	17 260	146 952	23 778	2 084	1 832
股份有限公司	16 073	7 472	7 009	93	281	
私营企业	72 759	16 169	48 499	1 719	1 599	
私营独资企业	1 943	171	559		1 213	
私营合伙企业	3 163	3 163				
私营有限责任公司	57 731	12 774	40 202		162	
私营股份有限公司	9 922	61	7 738	1 719	224	
港、澳、台商投资企业	20 695	4 758	2 337	173		297
合资经营企业	20 695	4 758	2 337	173		297
二、按国民经济行业分						
房屋和土木工程建筑业	980 171	74 480	672 159	74 678	21 521	10 532
房屋工程建筑	955 471	72 781	650 421	73 490	21 521	10 532
土木工程建筑	24 700	1 699	21 739	1 188		
铁路道路隧道和桥梁工程	15 911		14 648	1 188		
水利和港口工程建筑	6 210	1 510	4 700			
工矿工程建筑	2 579	189	2 391			
建筑安装业	29 865	24 571				
三、按隶属关系分						
中　央	21 736	3 015	1 264	3 342		
省	193 502	32 028	102 186	20 278	14 168	5 025
市	187 814	16 090	114 360	10 617	364	5 064
县及县以下	606 985	47 918	454 350	40 441	6 989	444
四、按企业资质等级分						
施工总承包	980 171	74 480	672 159	74 678	21 521	10 532
一　级	614 610	61 862	390 498	48 411	14 168	7 789
二　级	282 980	2 892	227 214	20 151	4 324	2 300
三级及以下	82 582	9 726	54 448	6 116	3 029	444
专业承包	29 865	24 571				
一　级	15 145	10 602				
二　级	7 351	7 291				
三级及以下	7 369	6 678				
五、按营业状态分						
营　业	1 010 036	99 051	672 159	74 678	21 521	10 532
六、按控股情况分						
国有控股	362 644	55 888	169 685	47 033	14 532	5 025
集体控股	462 217	9 026	399 938	13 334	3 591	5 031
私人控股	164 480	29 379	100 199	14 138	3 399	180
港澳台商控股	20 695	4 758	2 337	173		297

11－4 续表 （2007年） 单位：万元

项目	居民服务业用房	教育用房	文化、体育和娱乐用房	卫生医疗用房	科研用房	其他用房
总计	**10 812**	**42 746**	**13 522**	**7 050**	**684**	**57 281**
#国有及国有控股企业	8 244	16 051	10 515	3 346	283	32 041
一、按登记注册类型分						
内资企业	10 812	42 513	11 814	7 050	684	46 092
国有企业	8 009	10 042	8 981	2 075		17 799
集体企业	2 567	16 690	653	2 699	401	3 440
联营企业						
国有联营企业						
集体联营企业						
有限责任公司	235	15 448	2 133	2 222	283	19 296
其他有限责任公司	235	15 448	2 133	2 222	283	19 296
股份有限公司		213	47	55		904
私营企业		120				4 653
私营独资企业						
私营合伙企业						
私营有限责任公司						4 593
私营股份有限公司		120				60
港、澳、台商投资企业		233	1 708			11 189
合资经营企业		233	1 708			11 189
二、按国民经济行业分						
房屋和土木工程建筑业	10 812	42 746	13 522	7 050	684	51 987
房屋工程建筑	10 812	42 746	13 522	7 050	684	51 912
土木工程建筑						75
铁路道路隧道和桥梁工程						75
建筑安装业						5 294
三、按隶属关系分						
中央	235					13 879
省		12 823	1 642	1 271	283	3 799
市	5 261	8 851	2 448	4 781		19 977
县及县以下	5 315	21 072	9 432	998	401	19 625
四、按企业资质等级分						
施工总承包	10 812	42 746	13 522	7 050	684	51 987
一级	8 244	22 079	12 806	6 045	684	42 026
二级	966	17 343	482	232		7 076
三级及以下	1 601	3 325	234	774		2 885
专业承包						5 294
一级						4 543
二级						60
三级及以下						691
五、按营业状态分						
营业	10 812	42 746	13 522	7 050	684	57 281
六、按控股情况分						
国有控股	8 244	16 051	10 515	3 346	283	32 041
集体控股	2 567	18 037	653	2 798	401	6 843
私人控股		8 426	646	907		7 207
港澳台商控股		233	1 708			11 189

11－5 建筑业企业主要指标

（不含劳务分包企业，2007 年）

项目	建筑业增加值（万元）	劳动生产率（元/人）		房屋建筑面积竣工率（%）	产值利税率（%）
		按总产值计算	按增加值计算		
总计	**664 146**	**137 870**	**24 560**	**35.5**	**4.7**
#国有及国有控股企业	357 309	153 841	26 933	28.5	4.3
一、按登记注册类型分					
内资企业	658 518	139 659	25 007	35.5	4.8
国有企业	272 146	154 026	27 225	25.7	4.3
集体企业	170 496	114 830	23 164	34.6	5.1
股份合作企业	205	69 806	28 432		5.2
联营企业	749	67 370	12 942	69.4	5.2
国有联营企业	233	99 521	15 956	100.0	7.8
集体联营企业	517	56 529	11 930	66.7	3.7
有限责任公司	155 212	164 740	25 650	41.0	4.5
国有独资公司	11 245	240 290	32 397		4.8
其他有限责任公司	143 963	160 143	25 239	41.0	4.4
股份有限公司	18 712	100 940	26 591	44.8	11.2
私营企业	41 265	102 235	19 135	62.8	6.0
私营独资企业		154 211		95.2	5.6
私营合伙企业		92 670		84.2	9.3
私营有限责任公司	32 624	104 073	18 408	63.5	5.9
私营股份有限公司	6 936	90 390	21 018	43.8	6.3
港、澳、台商投资企业	5 625	71 450	7 943	33.6	2.3
合资经营企业	5 622	71 875	8 004	33.6	2.4
港、澳、台商独资经营企业	7	20 052	1 143		－33.8
外商投资企业	－2	15 000	－3 781		－266.7
中外合资经营企业	－2	20 000	－5 054		－93.3
二、按国民经济行业分					
房屋和土木工程建筑业	567 293	135 734	24 274	34.4	4.5
房屋工程建筑	401 090	115 326	23 035	35.0	4.5
土木工程建筑	166 209	195 381	27 899	22.3	4.6
铁路道路隧道和桥梁工程	93 024	210 605	24 166	25.5	4.3
水利和港口工程建筑	36 227	171 391	34 717	20.7	4.6
工矿工程建筑	21 352	142 485	39 829	11.2	7.8

项　　　目	建筑业增加值（万元）	劳动生产率（元/人）		房屋建筑面积竣工率（%）	产值利税率（%）
		按总产值计算	按增加值计算		
架线和管道工程建筑	15 031	195 947	30 876		4.4
其他土木工程建筑	678	64 105	16 227		1.7
建筑安装业	61 450	151 686	26 651	66.0	6.0
建筑装饰业	21 672	129 713	23 203		6.1
其它建筑业	13 701	197 362	31 729		6.5
工程准备	13 020	202 297	31 564		6.3
其它未列明的建筑活动	485	91 876	25 114		14.4
三、按隶属关系分					
中　　央	40 652	173 221	30 604	28.8	4.6
省	254 567	171 018	29 155	30.0	4.6
市	78 499	112 084	15 706	29.6	3.6
县及县以下	290 720	120 555	24 259	40.1	5.4
四、按企业资质等级分					
施工总承包	586 338	136 046	24 569	34.3	4.5
一　　级	434 162	147 539	27 141	29.7	4.3
二　　级	110 947	119 983	19 418	40.9	5.1
三级及以下	41 335	93 334	19 179	42.5	5.1
专业承包	77 820	151 574	24 499	72.9	6.2
一　　级	50 953	184 714	26 742	93.0	6.3
二　　级	11 550	91 094	18 839	48.8	4.0
三级及以下	15 285	111 959	23 234	83.3	7.3
五、按营业状态分					
营　　业	662 379	138 484	24 642	35.5	4.8
停　　业	1 757	35 865	11 045		-3.8
六、按控股情况分					
国有控股	357 309	153 841	26 933	28.5	4.3
集体控股	201 594	119 221	24 164	36.0	5.7
私人控股	99 824	135 923	21 133	51.4	4.9
港澳台商控股	5 625	71 450		33.6	2.3

11－5　续表2－1　（不含劳务分包企业，2007年）

项　　目	人均利润（元/人）	人均利税（元/人）	资产负债率（%）	技术装备率（元/人）	动力装备率（千瓦/人）
总　　计	**2 428**	**6 300**	**63.8**	**5 819**	**2.4**
#国有及国有控股企业	1 921	6 194	72.4	6 726	2.5
一、按登记注册类型分					
内资企业	2 481	6 422	63.4	5 941	2.4
国有企业	1 958	6 155	70.0	6 164	2.4
集体企业	2 389	5 769	51.8	2 890	1.8
股份合作企业	1 264	3 597	26.1	16 514	2.5
联营企业	607	3 500	50.3	4 870	0.1
国有联营企业	1 534	7 781	52.6	19 315	0.3
集体联营企业	295	2 060	45.7		
有限责任公司	2 772	7 309	66.1	8 192	2.9
国有独资公司	4 457	11 406	72.4	10 043	3.0
其他有限责任公司	2 669	7 058	65.1	8 079	2.9
股份有限公司	7 452	11 118	45.1	14 773	4.6
私营企业	2 992	6 050	37.2	6 118	2.2
私营独资企业	108	8 349	14.6	868	0.2
私营合伙企业	3 892	8 659	78.0	19 193	17.4
私营有限责任公司	3 046	6 043	37.6	6 670	2.0
私营股份有限公司	2 772	5 673	35.5	2 064	1.6
港、澳、台商投资企业	412	1 645	79.9	1 295	2.3
合资经营企业	479	1 715	80.7	1 306	2.3
港、澳、台商独资经营企业	－7 690	－6 776	31.2		
外商投资企业	－33 800	－32 000	10.3		
中外合资经营企业	－21 667	－18 667	5.8		
中外合作经营企业	－52 000	－52 000	43.7		
二、按国民经济行业分					
房屋和土木工程建筑业	2 079	5 875	65.1	5 564	2.2
房屋工程建筑	1 729	4 940	60.2	3 036	1.5
土木工程建筑	3 113	8 634	70.8	12 950	4.2
铁路道路隧道和桥梁工程	3 339	8 932	69.4	16 731	4.6
水利和港口工程建筑	1 368	6 849	76.1	5 505	3.3
工矿工程建筑	6 300	11 053	73.8	4 453	4.9

11－5　续表2－2　（不含劳务分包企业，2007年）

项　　目	人均利润（元/人）	人均利税（元/人）	资产负债率（%）	技术装备率（元/人）	动力装备率（千瓦/人）
架线和管道工程建筑	2 506	8 662	75.9	9 410	2.6
其他土木工程建筑	-1 535	1 069	34.2	837	0.1
建筑安装业	4 748	9 047	64.3	8 883	3.8
建筑装饰业	3 630	7 471	42.7	4 467	1.6
其它建筑业	6 671	12 606	48.5	6 225	7.4
工程准备	6 564	12 644	50.4	6 283	7.7
其它未列明的建筑活动	8 730	11 865	33.5	4 979	1.4
三、按隶属关系分					
中　　央	2 445	7 929	84.7	6 953	2.6
省	2 532	7 161	68.5	8 229	3.1
市	1 042	3 955	68.5	4 257	1.7
县及县以下	2 928	6 429	46.1	4 589	2.1
四、按企业资质等级分					
施工总承包	2 075	5 925	66.1	5 470	2.2
一　　级	1 879	6 009	72.1	5 598	2.1
二　　级	2 901	6 127	55.0	5 116	2.5
三级及以下	1 411	4 739	49.9	5 459	2.2
专业承包	5 096	9 145	51.3	8 445	3.9
一　　级	6 982	11 457	60.3	7 342	3.9
二　　级	314	3 451	35.8	11 782	3.3
三级及以下	4 188	7 875	42.9	8 529	4.3
五、按营业状态分					
营　　业	2 463	6 346	64.3	5 844	2.4
停　　业	-3 460	-1 329	34.5	832	0.3
筹　　建	-7 053	-6 895	3.3	87 471	21.2
其　　它	-4 000	-4 000	0.2		
六、按控股情况分					
国有控股	1 921	6 194	72.4	6 726	2.5
集体控股	3 163	6 722	51.8	3 540	2.1
私人控股	2 927	6 565	38.9	7 977	2.6
港澳台商控股	412	1 645	79.9	1 295	2.3

11－6 建筑业企业生产情况

（总承包和专业承包资质，分县区，2007 年）

项目	企业（个）	#有工作量	签订的合同额（亿元）	建筑业总产值（亿元）	#装饰装修产值	#在外省完成的产值	按构成分		
							建筑工程产值	安装工程产值	其他产值
总计	**407**	**337**	**652.99**	**372.82**	**18.49**	**104.83**	**313.30**	**41.91**	**17.61**
东湖区	91	75	73.41	32.68	3.19	6.62	26.54	2.92	3.22
西湖区	94	75	222.56	114.00	6.96	36.40	108.31	2.81	2.87
青云谱区	45	42	117.05	74.28	5.57	32.25	61.85	7.77	4.66
湾里区	5	3	17.11	8.50		0.15	7.40	0.11	0.99
青山湖区	54	37	58.08	40.94	1.21	6.88	29.41	9.96	1.57
南昌县	37	35	63.34	40.25	0.44	9.41	29.91	9.29	1.04
新建县	9	8	7.32	4.42	0.04	0.13	4.37		0.05
安义县	5	5	2.96	1.79			1.73		0.06
进贤县	27	22	15.56	10.98	0.25	0.46	7.58	1.79	1.61
经济开发区	11	7	33.49	15.29	0.22	5.03	14.71		0.58
高新开发区	17	17	36.24	24.88	0.60	7.51	17.54	6.91	0.43
红谷滩新区	8	8	5.72	4.72			3.87	0.35	0.51
桑海开发区	1	1	0.07	0.07			0.04	0.01	0.02
英雄开发区	3	2	0.06	0.04			0.04		

（总承包和专业承包资质，分县区，2007年）

项目	竣工产值（亿元）	房屋建筑施工面积（万平方米）	#本年新开工	#实行投标承包面积	#本年新开工	从业人员情况（万人）平均人数	年末从业人数	企业总产值（亿元）
总计	**218.29**	**3 623.81**	**1 836.25**	**3 412.44**	**1 793.62**	**27.04**	**25.25**	**397.07**
东湖区	16.22	214.26	65.10	143.25	56.38	2.77	2.33	48.67
西湖区	54.29	1314.12	646.24	1314.12	644.19	8.78	8.60	119.05
青云谱区	52.79	476.07	265.57	476.07	265.57	4.06	3.88	74.30
湾里区	1.09	83.01	26.62	83.01	26.62	0.64	0.67	8.50
青山湖区	31.12	494.76	214.92	458.60	213.87	3.60	3.51	42.13
南昌县	19.90	465.51	261.56	431.65	236.83	2.49	2.48	40.68
新建县	4.17	100.14	65.49	100.14	65.49	0.93	0.40	4.42
安义县	1.27	51.65	19.01	51.65	19.01	0.15	0.17	1.79
进贤县	9.33	253.09	205.10	232.88	202.15	1.22	1.24	10.98
经济开发区	11.35	33.23	17.27	33.13	17.27	0.66	0.50	15.29
高新开发区	12.92	88.91	48.54	86.65	45.87	1.56	1.26	26.38
红谷滩新区	3.74	47.30				0.16	0.16	4.72
桑海开发区	0.07	1.29	0.36	1.29	0.36	0.03	0.03	0.07
英雄开发区	0.04	0.46	0.46			0.01	0.02	0.09

项目	房屋建筑竣工面积											
	合计	厂房、仓库	住宅	办公用房	批发和零售用房	住宿和餐饮用房	居民服务业用房	教育用房	文化、体育用房	卫生医疗用房	科研用房	其他用房
总计	**1 286.60**	**155.56**	**871.09**	**82.61**	**9.68**	**14.66**	**12.29**	**61.63**	**13.11**	**9.74**	**2.02**	**54.20**
东湖区	35.50	3.38	17.97	1.78			5.19	2.66		0.87		3.66
西湖区	358.87	49.42	210.23	33.76	1.84	5.16	3.47	15.16	9.61	4.98	0.49	24.75
青云谱区	162.60	15.97	96.96	23.86	0.02	8.59		10.06	2.07	2.72	1.53	0.81
湾里区	14.66	0.52	2.15	5.33				6.67				
青山湖区	163.57		149.43	3.89	1.05		2.57	3.88				2.75
南昌县	197.89	7.51	177.58	2.48	4.18			2.71				3.42
新建县	81.90	5.14	74.90	1.61								0.25
安义县	18.30	0.09	12.96	2.11	0.40			1.64	0.42	0.69		
进贤县	172.22	68.85	67.77	2.31	2.18	0.92	1.06	11.72	0.12	0.39		16.89
经济开发区	17.75	0.21	8.87	4.23				2.82	0.89	0.10		0.63
高新开发区	34.60	3.60	28.19	1.24				1.57				
红谷滩新区	26.98		23.42					2.52				1.04
桑海开发区	1.29	0.68	0.40					0.22				
英雄开发区	0.46	0.19	0.27									

项　　目	竣工房屋价值											
	合计	厂房、仓库	住宅	办公用房	批发和零售用房	住宿和餐饮用房	居民服务业用房	教育用房	文化、体育用房	卫生医疗用房	科研用房	其他用房
总　　计	**101.00**	**9.91**	**67.22**	**7.47**	**2.15**	**1.05**	**1.08**	**4.27**	**1.35**	**0.71**	**0.07**	**5.73**
东湖区	2.96	0.28	1.46	0.12			0.53	0.28		0.19		0.11
西湖区	35.81	4.96	17.44	4.26	1.47	0.51	0.31	1.06	1.13	0.29	0.04	4.34
青云谱区	12.45	1.46	7.47	1.39		0.50		1.28	0.16	0.13	0.03	0.04
湾里区	0.93	0.10	0.13	0.50				0.21				
青山湖区	19.50		18.42	0.21	0.09		0.18	0.32				0.27
南昌县	11.49	0.38	10.12	0.14	0.45			0.23				0.18
新建县	3.71	0.25	3.34	0.10								0.02
安义县	1.21	0.01	0.76	0.12	0.06			0.19	0.01	0.06		
进贤县	6.88	2.33	3.50	0.07	0.08	0.04	0.06	0.12		0.02		0.64
经济开发区	1.29	0.01	0.45	0.49				0.24	0.05	0.02		0.03
高新开发区	2.26	0.12	1.96	0.07				0.11				
红谷滩新区	2.47		2.14					0.23				0.10
桑海开发区	0.02							0.01				
英雄开发区	0.03	0.01	0.02									

11－7 建筑业企业主要财务指标

（总承包和专业承包资质，分县区，2007 年）

项　　目	建筑业企业（个）	#有工作量	建筑业总产值（亿元）	建筑业增加值（亿元）	工程结算收入（亿元）	工程结算税金及附加（亿元）	其他业务收入（亿元）
总　　计	**407**	**337**	**372.82**	**66.41**	**325.53**	**10.46**	**5.14**
东 湖 区	91	75	32.68	5.28	31.16	0.77	0.57
西 湖 区	94	75	114.00	21.44	100.52	3.35	0.45
青云谱区	45	42	74.28	12.57	64.39	2.13	0.28
湾 里 区	5	3	8.50	1.78	5.17	0.16	
青山湖区	54	37	40.94	8.29	36.09	1.20	0.44
南 昌 县	37	35	40.25	5.84	36.08	1.21	2.25
新 建 县	9	8	4.42	0.77	4.11	0.17	0.02
安 义 县	5	5	1.79	0.38	1.80	0.08	
进 贤 县	27	22	10.98	2.40	9.48	0.26	
经济开发区	11	7	15.29	1.31	8.77	0.26	0.62
高新开发区	17	17	24.88	6.15	25.47	0.81	0.51
红谷滩新区	8	8	4.72	0.16	2.36	0.05	
桑海开发区	1	1	0.07	0.01	0.07		
英雄开发区	3	2	0.04	0.01	0.04		

项　　目	经营费用	管理费用	#税　金	#差旅费	#工　会经　费	财务费用	营业利润	利润总额	本年固定资产折旧
总　　计	**1.18**	**12.72**	**0.40**	**0.64**	**0.21**	**1.31**	**7.46**	**6.81**	**2.79**
东湖区	0.24	1.67	0.03	0.11	0.04	0.12	0.62	0.61	0.28
西湖区		3.14	0.10	0.17	0.05	0.46	2.39	2.36	1.09
青云谱区	0.53	2.74	0.11	0.14	0.05	0.29	0.84	0.86	0.50
湾里区	0.02	0.25	0.01				0.23	0.23	0.03
青山湖区	0.14	0.94	0.04	0.05		0.11	0.71	0.51	0.10
南昌县	0.08	1.55	0.05	0.06	0.03	0.09	0.84	0.67	0.24
新建县	0.02	0.10					0.12	0.12	0.01
安义县		0.06					0.02	0.02	0.01
进贤县	0.04	0.18	0.02	0.03		0.03	0.59	0.38	0.13
经济开发区	0.04	0.68	0.01	0.02	0.01	0.10	0.15	0.11	0.19
高新开发区	0.06	1.34	0.03	0.06	0.04	0.12	1.00	0.95	0.21
红谷滩新区	0.01	0.07		0.01			-0.03		0.01
桑海开发区									
英雄开发区								-0.01	

11－7　续表 2　（总承包和专业承包资质，分县区，2007 年）　单位：亿元

项　目	主营业务应付工资	主营业务应付福利费	劳动、失业保险费	住房公积金及住房补贴	资产总计	负债合计	所有者权益合计	应收工程款	#竣工拖欠
总　计	**39.28**	**3.62**	**1.58**	**0.54**	**283.06**	**180.53**	**102.53**	**47.04**	**23.17**
东湖区	3.01	0.33	0.16	0.03	38.37	24.18	14.19	5.75	4.28
西湖区	12.88	1.10	0.32	0.13	98.22	63.93	34.28	10.66	4.02
青云谱区	7.81	0.41	0.57	0.11	46.92	34.42	12.51	14.06	5.42
湾里区	1.20	0.16			1.49	0.70	0.79	0.42	0.27
青山湖区	5.34	0.70	0.17	0.02	25.92	15.06	10.86	3.58	1.60
南昌县	2.87	0.30	0.25	0.08	27.45	13.88	13.57	7.78	5.07
新建县	0.45	0.03			2.67	1.06	1.61		
安义县	0.27				1.18	0.64	0.54	0.22	0.19
进贤县	1.31	0.09			6.97	1.98	5.00	0.28	0.25
经济开发区	0.56	0.08	0.04	0.03	11.84	7.45	4.39	2.23	1.43
高新开发区	3.43	0.41	0.07	0.14	18.04	14.57	3.47	1.98	0.56
红谷滩新区	0.12				3.56	2.35	1.21	0.06	0.06
桑海开发区	0.01				0.20	0.12	0.08		
英雄开发区	0.01				0.24	0.20	0.04	0.02	0.02

11－8　劳务分包建筑业企业生产经营情况

（2007 年）

项　　目	企业个数（个）	#有工作量的企业个数	建筑业总产值（万元）	从业人员情况（人） 计算劳动生产率的平均人数	年末从业人数	#工程技术人员
总　　计	**19**	**12**	**6 795**	**559**	**408**	**73**
#国有及国有控股企业	2	1	10	4	4	
一、按登记注册类型分						
内资企业	19	12	6 795	559	408	73
国有企业						
集体企业	3	3	609	62	53	24
股份合作企业						
有限责任公司	6	2	989	132	74	30
其他有限责任公司	6	2	989	132	74	30
股份有限公司	3	3	969	115	120	3
私营企业	7	4	4 228	250	161	16
私营有限责任公司	7	4	4 228	250	161	16
二、按国民经济行业分						
房屋和土木工程建筑业	12	5	756	156	145	26
房屋工程建筑	4	1	10	8	8	1
土木工程建筑	8	4	746	148	137	25
铁路道路隧道和桥梁工程	1	1	8	5	5	
其他土木工程建筑	7	3	738	143	132	25
建筑安装业	6	6	5 970	384	244	44
其它建筑业	1	1	69	19	19	3
提供工程设备服务	1	1	69	19	19	3
三、按隶属关系分						
省	2	1	263	83	85	2
市	3	3	469	49	46	23
县及县以下	14	8	6 063	427	277	48
四、按企业资质等级分						
劳务分包	19	12	6 795	559	408	73
一　级	12	5	374	133	125	6
二　级	3	3	609	62	53	24
三级及以下	4	4	5 812	364	230	43
五、按营业状态分						
营　业	12	12	6 795	544	393	72
停　业	5			11	11	1
筹　建	2			4	4	
六、按控股情况分						
国有控股	2	1	10	4	4	
集体控股	5	4	872	145	138	26
私人控股	12	7	5 912	410	266	47

11－8　续表 1　　（2007 年）　　单位：万元

项　　目	固定资产原　价	本年折旧	资产总计	负债合计	实收资本	营业收入合　计	#工　程结算收入
总　计	**1 092**	**90**	**7 602**	**2 830**	**4 500**	**6 175**	**6 158**
#国有及国有控股企业	4	1	196	2	194	10	10
一、按登记注册类型分							
内资企业	1 092	90	7 602	2 830	4 500	6 175	6 158
国有企业							
集体企业	46	23	201	125	75	193	193
有限责任公司	122	17	1 391	189	1 198	989	989
其他有限责任公司	122	17	1 391	189	1 198	989	989
股份有限公司	532	24	2 296	673	1 607	764	748
私营企业	391	27	3 715	1 843	1 620	4 228	4 228
私营有限责任公司	391	27	3 715	1 843	1 620	4 228	4 228
二、按国民经济行业分组							
房屋和土木工程建筑业	610	49	2 553	161	2 306	136	119
房屋工程建筑	3	1	161	2	158	10	10
土木工程建筑	607	48	2 392	158	2 148	126	109
铁路道路隧道和桥梁工程	500	21	500		500	8	8
其他土木工程建筑	107	27	1 892	158	1 648	118	101
建筑安装业	477	40	4 932	2 605	2 144	5 970	5 970
其它建筑业	5	1	118	64	50	69	69
提供工程设备服务	5	1	118	64	50	69	69
三、按隶属关系分							
省	9	1	207	1	207	59	43
市	532	39	589	－45	635	53	53
县及县以下	551	49	6 805	2 874	3 659	6 063	6 063
四、按企业资质等级分							
劳务分包	1 092	90	7 602	2 830	4 500	6 175	6 158
一　级	583	32	2 657	272	2 295	170	153
二　级	46	23	201	125	75	193	193
三级及以下	462	35	4 745	2 433	2 130	5 812	5 812
六、按营业状态分							
营　业	1 082	88	6 536	2 829	3 435	6 175	6 158
停　业	6	1	916	1	915		
筹　建	4	1	150		150		
七、按控股情况分							
国有控股	4	1	196	2	194	10	10
集体控股	55	24	408	126	282	252	236
私人控股	1 033	64	6 998	2 702	4 025	5 912	5 912

11－8　续表2　　(2007年)　　单位：万元

项　　目	工程结算成本	工程结算税金及附加	费用合计	营业利润	利润总额	从业人员劳动报酬	劳动、失业保险费
总　　计	**5 498**	**206**	**219**	**79**	**10**	**617**	**31**
#国有及国有控股企业	9	1	12	－11	－11	7	1
一、按登记注册类型分							
内资企业	5 498	206	219	79	10	617	31
国有企业							
集体企业	177	10	6	1	1	51	
有限责任公司	887	18	87	－3	－28	171	4
其他有限责任公司	887	18	87	－3	－28	171	4
股份有限公司	636	29	42	16	16	121	17
私营企业	3 798	150	85	65	21	275	10
私营有限责任公司	3 798	150	85	65	21	275	10
二、按国民经济行业分							
房屋和土木工程建筑业	76	7	61	－49	－49	133	17
房屋工程建筑	9	1	13	－12	－12	8	1
土木工程建筑	67	7	48	－37	－37	126	17
铁路道路隧道和桥梁工程	7	1	4	－3	－3	3	
其他土木工程建筑	60	6	45	－34	－34	123	16
建筑安装业	5 379	195	118	102	77	455	10
其它建筑业	43	4	40	26	－18	29	4
提供工程设备服务	43	4	40	26	－18	29	4
三、按隶属关系分							
省	13	3	5	－5	－5	83	16
市	48	3	15	－12	－12	40	1
县及县以下	5 437	200	200	96	27	494	14
四、按企业资质等级分							
劳务分包	5 498	206	219	79	10	617	31
一　　级	87	9	101	－24	－68	131	22
二　　级	177	10	6	1	1	51	
三级及以下	5 234	187	113	102	77	436	10
五、按营业状态分							
营　　业	5 498	206	207	91	22	606	31
停　　业			10	－10	－10	10	
筹　　建			2	－2	－2	2	
六、按控股情况分							
国有控股	9	1	12	－11	－11	7	1
集体控股	190	13	11	－4	－4	134	16
私人控股	5 299	193	197	94	25	476	15

主 要 统 计 指 标 解 释

建筑施工企业 指从事房屋、构筑物和设备安装生产活动的独立施工单位，分为建筑安装企业和自营施工单位两种组织形式。建筑安装企业是指行政上有独立组织、经济上实行独立核算的企业。一般称为建筑公司、安装公司、工程公司、工程局（处）等。自营施工单位是指附属于现有生产企业、事业内部或行政单位的，为建造和修理本单位固定资产而自行组织的。并同时具备下述条件：(1) 对内独立核算；(2) 有固定组织和施工队伍；(3) 全年施工期在半年以上。

建筑业总产值 建筑总产值是以货币表现的建筑安装企业在一定时期内生产的建筑业产品的总和。按现行报表制度规定，具体包括：建筑工程产值、设备安装工程产值和其他产值。

建筑业增加值 是建筑业企业在报告期内以货币表现的建筑业生产经营活动的最终成果。建筑业增加值有两种计算方法：一是生产法，即建筑业总产出减去建筑业中间消耗后的余额；二是分配法(收入法)，即从收入的角度出发，根据生产要素在生产过程中应得到的收入份额计算，具体构成项目有固定资产折旧、劳动者报酬、生产税净额、营业盈余。

年末自有机械设备价值 指年末本单位自有施工机械、生产设备、运输设备的全部机械价值，分别按原值和净值计算，不包括非生产用的机械设备价值。

利润总额 指建筑业企业在一定时期内所实现的利润。包括营业利润、投资收益和营业外收入与营业外支出的差额。

工程结算收入 指本企业承包实现的工程价额结算收入以及向发包单位收取的除工程价款以外按规定列作营业收入的各种款项，如临时设施费、劳动保险费、施工机构调迁等以及向发包单位收取的各种索赔款。

十二、运输和邮电

TRANSPORTATION, POSTS AND TELECOMMUNICATIONS SERVICES

本篇内容包括：

1. 交通运输业资料
2. 邮电通信业资料

资料整理　　微机处理

袁　方　　　袁　方

货物、旅客运输量

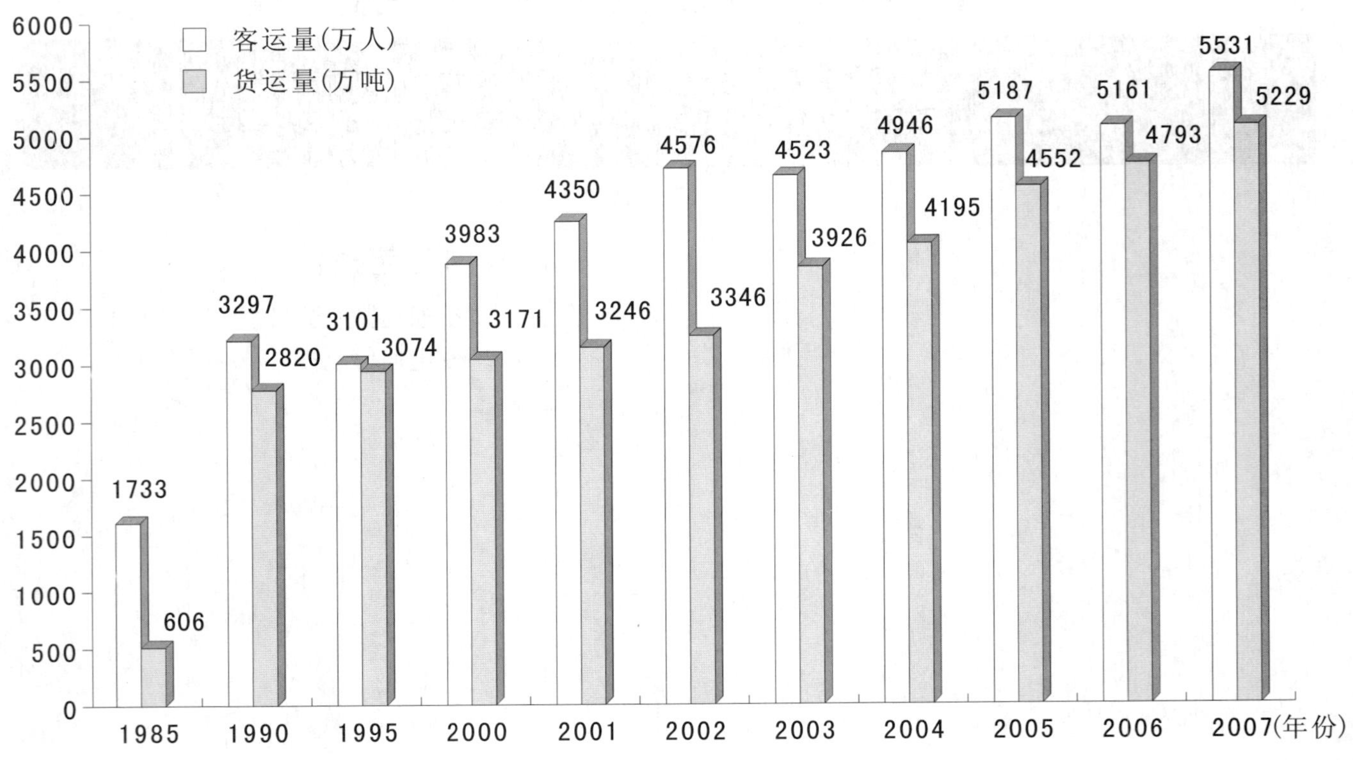

邮电业务总量

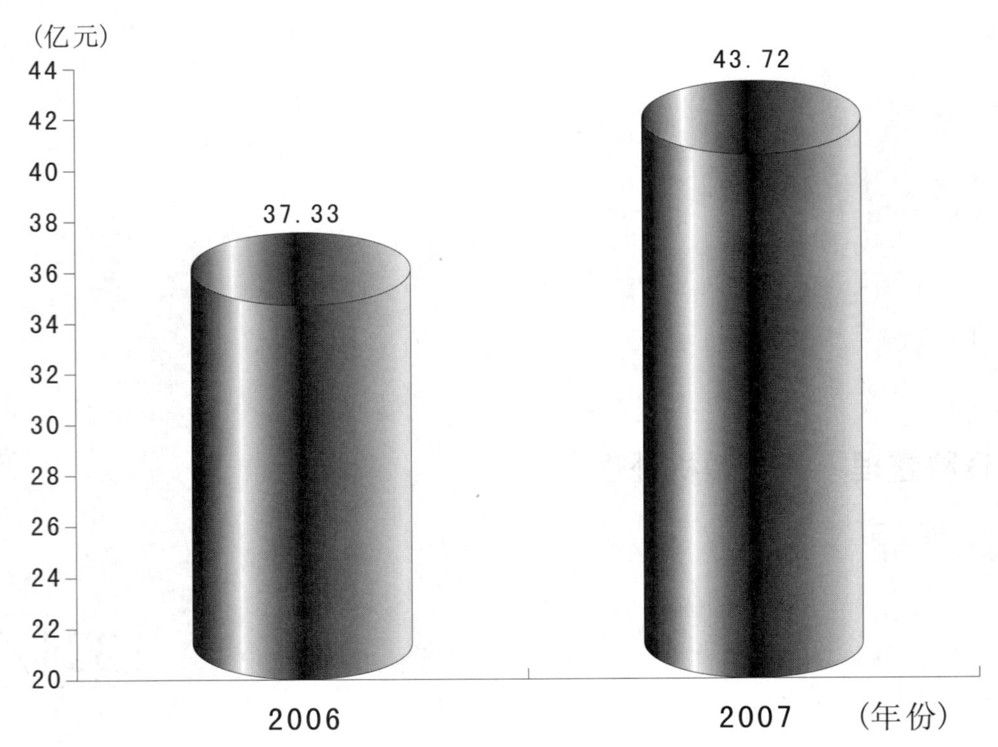

12－1 主要年份交通运输工具拥有量

项目	1980	1985	1990	1995	2000	2004	2005	2006	2007
一、汽车（辆）	**10 551**	**14 953**	**21 050**	**24 697**	**41 707**	**137 701**	**161 899**	**195 968**	**205 508**
载货汽车	7 395	10 719	11 150	11 688	20 827	41 540	44 565	48 316	49 382
载客汽车	3 020	3 758	8 051	10 829	18 280	82 941	103 965	132 672	144 185
特种汽车	136	476	1 849	2 172	2 600	1 894	2 014	2 353	2 453
二、其他机动车（辆）	**3 178**	**9 636**	**11 883**	**31 733**	**118 248**	**151 366**	**174 215**	**182 307**	**188 976**
摩托车	1 255	2 837	7 202	23 936	102 505	151 201	154 055	159 317	157 036
拖拉机	1 923	5 144	4 681	3 833	9 314		20 160	22 990	31 940
三、船舶（艘）									
#机动船	225	505	771	800	334	229	338	423	418
客货轮	13	12	11	11	6	2		5	
推拖船	51	54	0	40	29	21	14	14	14
驳　船	153	240	211	161	141	66	37	47	33
四、汽车挂车（辆）		**389**		**455**	**114**	**568**	**594**	**609**	**658**
附：年末汽车驾驶员（万人）				7.12	13.7	27.6	35.6	53.1	59.7

注：2002年民用车辆指标解释进行重新制定，故特种汽车数量变动较大。2007年起，汽车拥有量全部划入南昌市车管所统计，不同于以前年度的统计口径。

12－2 主要年份旅客运输量及周转量

项目	1980	1985	1990	1995	2000	2004	2005	2006	2007
一、旅客运输总量（万人）		**1 733**	**3 297**	**3 101**	**3 983**	**4 946**	**5 187**	**5 161**	**5 531**
1. 民　航		4	8	75	78	123	136	151	166
2. 铁　路		680	517	625	906	1 274	1 346	1 278	1 573
3. 公　路		955	2 720	2 357	2 978	3 522	3 687	3 725	3 787
交通部门		955	1 114	719	558				
非交通部门			1 606	1 638	2 420				
4. 水　运	96	94	52	44	20	27	18	6.4	5
交通部门	96	94	50	31	15	2	0.6	0.03	
非交通部门			2	13	5	25	17.4	6.37	5
二、旅客运输周转量(万人公里)			**239 480**	**314 305**	**609 103**	**833 725**	**887 779**	**883 340**	**925 096**
1. 民　航		1 133	7 306	38 608	86 356	114 012	137 257	151 257	165 371
2. 铁　路			113 319	153 674	325 371	494 494	512 379	490 859	513 006
3. 公　路		12 607	115 521	118 451	195 477	224 591	237 793	241 122	246 612
交通部门		12 607	61 649	48 667	79 393				
非交通部门			53 871	69 784	116 084				
4. 水　运	5 077	5 292	3 335	3 572	1 899	628	350	124	107
交通部门	5 077	5 292	3 255	3 227	1 811	220	72	1	
非交通部门			80	345	88	408	278	123	107

12－3　主要年份货物运输量及周转量

项　　目	1980	1985	1990	1995	2000	2004	2005	2006	2007
一、货物运输总量（万吨）		**606**	**2 820**	**3 074**	**3 171**	**4 195**	**4 552**	**4 793**	**5 229**
1. 民　航		0. 07	0. 07	0. 74	0. 95	1. 75	1. 57	1. 8	2
2. 铁　路		235	221	201	224	365	392	412	425
3. 公　路	257	262	2 298	2 541	2 784	3 624	3 890	3 989	4 364
交通部门	257	262	194	91	23				
非交通部门			2 104	2 450	2 761				
4. 水　运	77	109	301	331	163	205	268. 5	390. 1	438
交通部门	77	109	71	61	35	34	40. 1	39	30
非交通部门			230	271	128	171	228. 4	351. 1	408
二、货物运输周转量（万吨公里）			**218 157**	**223 886**	**282 129**	**1 091 449**	**1 577 125**	**1 920 911**	**2 286 243**
1. 民　航		19	56	423	1 697	1 848. 77	1 654. 17	1 895. 59	2 163
2. 铁　路			65 573	61 491	99 691	854 800	1 282 042	1 617 937	1 936 118
3. 公　路	3 503	12 607	96 686	116 418	148 211	192 253	210 546	217 283	224 282
交通部门	3 503	12 607	15 007	9 452	7 710				
非交通部门			81 679	106 966	140 501				
4. 水　运	17 314	39 174	55 843	45 554	32 531	42 547	82 883	83 834	123 680
交通部门	17 314	39 174	41 313	33 457	21 330	20 280	19 018	15 339	11 771
非交通部门			14 530	12 097	11 201	22 267	63 865	68 495	111 909

注：民航货物运输总量1992年及以前年份为发送量。2004年铁路旅客、货物运输周转量调整了计算方法，故数据增长较大。

12－4　主要年份电信网络及主要设备拥有量

项目	1978	1980	1985	1990	1995
电报电路总数（路）	57	65	81	162	287
长话业务电路总数（路）	197	248	419	1 629	15 105
自备火车邮箱（辆）	6	3	13	17	18
邮政汽车车辆（辆）	25	26	38	52	87
市内电话交换机总容量（万门）	0.7	0.7	1.5	4.5	52.6
#自动交换机容量			1.4	4.4	50.8
市内电话总数（万部）	1	1.5	2.3	5.3	27
#接入局用交换机的话机	0.5	0.6	0.9	2.8	21.2

项目	2003	2004	2005	2006	2007
自备火车邮箱（辆）	9	9	9	9	9
邮政汽车车辆（辆）	259	306	312	287	322
市内电话交换机总容量（万门）	160.4	183.9	197.27	201	221
市内电话总数（万部）	99.3	138	154	167	177
小灵通用户数（万户）	20	30.5	39.11	41.6	50
移动通信交换机容量（万门）	250	270	340.44	341	413
移动电话用户数（万户）	152	164	218	255	328
因特网用户数（万户）	46.7	60.1	64	69	73

12－5 主要年份邮电业务量

项　　　　目	1980	1985	1990	1995	2000	2005	2006	2007
一、邮电业务总量（万元）	**596**	**3 262**	**8 252**	**42 100**	**218 524**	**334 822**	**373 327**	**437 184**
二、邮电业务量								
函　　件（万件）	1 742	5 205	4 781	5 642	3 016	3 728	3 210	3 683
包　　裹（万件）	22	36	85	185	60	59	61	66
汇　　票（万件）	61	82	74	74	57	45	38	44
报纸累计（万份）	30 658	13 207	6 579	7 044	7 468	8 364	9 497	11 195
杂志累计（万份）	586		532	9778	802	672	692	765
特快专递（万件）					71.5	138	165	194
机要文件（万件）	0.6	16	13.3	15.5	12	18.6	15	14
长途电话（万个）	77	152	576	4 401	9 804	18 741	18 664	15 878
城乡电话用户数（户）	6 458	14 121	31 513	195 781	740 813	1 543 241	1 672 873	1 773 627
市话年末到户数	5 547	12 598	29 892	195 781	603 010	1 282 773	1 392 278	1 458 678
农话年末到达户数	911	1 523	1 621		137 803	260 468	280 595	314 949

注：1998 年起，市辖县的邮政业务统计由市电信局转为市邮政局。2002 由于移动通讯统计口径发生变化，故数据调整较大。

12－6 主要年份邮电邮路

项　　　　目	1980	1985	1990	1995	2000	2004	2005	2006	2007
一、邮路总条数（条）	**116**	**213**		**177**	**100**	**103**	**103**	**111**	**124**
#一级邮路					51	43	31	39	51
二、邮路单程总长度（公里）	**10 769**	**8 021**	**10 229**	**10 637**	**85 324**	**73 575**	**38 703**	**34 816**	**36 986**
1、航　　空	321	481	4 215	3 788	73 487	57 899	23 431	20 247	23 508
2、铁　　路	3 170	4 895	4 174	5 262	3 351	3 763	3 778	3 778	4 225
3、汽　　车	2 574	1 614	1 092	1 104	8 470	11 897	11 478	10 765	9 227
4、水路邮路	269	275	210	140					
5、摩　　托		4	45						
6、其它邮路	4 423	751	440	343	16	16	16	26	26
三、农村投递路线单程长度(公里)			**8 110**	**7 985**	**8 564**	**7 990**	**7 395**	**8 004**	**8 004**

主 要 统 计 指 标 解 释

铁路营业里程 指办理客货运输业务的铁路正线总长度。凡是全线或部分建成双线及以上的线路，以第一线的实际长度计算：复线、站线、线管线、岔线和特别用途以及不计算运费的联络线都不计算营业里程。铁路线营业里程是反映铁路运输业基础设施发展水平的重要指标，也是计算客货周转量、运输密度和机车车辆运用效率指标的基础资料。

公路里程 也称“公路通车里程”，是指实际达到交通部制定的公路工程技术标准规定的等级的公路长度。它包括大中城市的郊区公路以及通过小城镇街道的公路里程，也包括桥梁、渡口的长度，但不包括城市的街道以及厂矿、林区和农业生产用道的里程，两条或多条公路共同经由同一路段，只计算一次，不重复计算里程长度。公路里程是反映公路建设发展规模的重要指标，也是计算运输网密度等指标的基础资料。

内河航道里程 也称“内河通航里程”，是指在枯水季节水深在0.3米及以上，能通航运船舶及排筏的天然河流、湖泊水库、运河及通航渠道的长度。包括全年季节性通航累计三月以上的航道，但不包括仅供零散流放竹木排的河道。内河航道里程是反映河水运网规模，水平和发展情况的主要指标。

货（客）运量 指运输业实际运送的货物（旅客）数量。货运按吨计算，客运按人计算。货物不论运输距离长短，货物类别，均按实际重量统计：旅客不论行程远近或票价多少、均按一人一次作为客运量统计。半价票、小孩票，也按一人统计。货（客）运量是反映运输业为国民经济和人民生活服务的数量指标，也是制定和检查运输生产计划、研究运输发展规模和速度的重要指标。

货物（旅客）周转量 指运输业运送的货物（旅客）数量与其相应运输距离的乘积之总和，常以吨公里和人公里为计算单位。计算货物周转量通常按发出站与到达站之间的最短距离，也就是计费距离计算。它是反映运输业生产总成果的重要指标，也是编制和检查运输生产计划、计算运输效率、劳动生产率以及核算运输单位成本的主要基础资料。

邮电业务总量 指以货币表现的邮电部门为用户传递信息和提供其他邮电服务的总量。它用各种邮电分类业务量，如函件件数、电报份数、长话张数、市内电话和农村电话年均户数、订销报刊累计份数等，分别乘以相应的平均单价（不变价格）加总后再加上出租电路和设备的收入、代用户维护电话交换机和线路等设备的收入、其它业务收入求得。邮电业务量综合反映了一定时期邮电工作的总成果，是研究邮电业务量构成和发展趋势的重要指标。

十三、国内贸易

DOMESTIC TRADE

本篇内容包括：

1. 社会消费品零售总额情况
2. 限额以上批发零售贸易业商品销售类值
3. 限额以上批发零售贸易业商品购进、销售、库存情况
4. 星级住宿业和限额以上餐饮业经营情况
5. 限额以上批发零售贸易业企业财务状况
6. 星级住宿业和限额以上餐饮业企业财务状况
7. 限额以上餐饮业企业能源消费情况
8. 成品油批发企业能源购进、销售与库存
9. 成品油零售企业（单位）能源商品销售与库存
10. 亿元以上商品交易市场主要指标
11. 零售企业排位和亿元以上市场排位
12. 个体户及私营企业基本情况
13. 各类商品交易市场个数

资料整理：

罗小云
褚艳红

微机处理：

褚艳红
罗小云

329/376

社会消费品零售总额

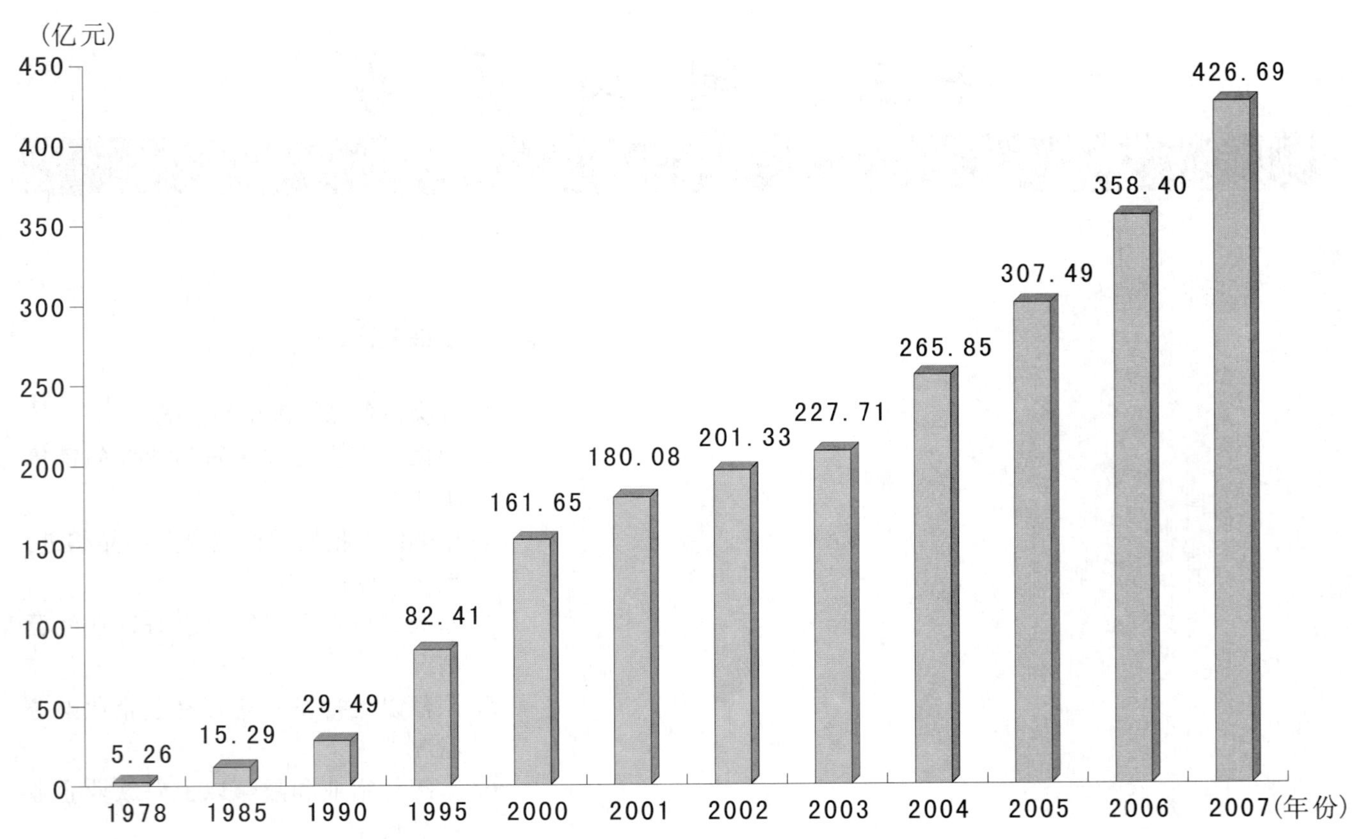

社会消费品零售总额构成(%)

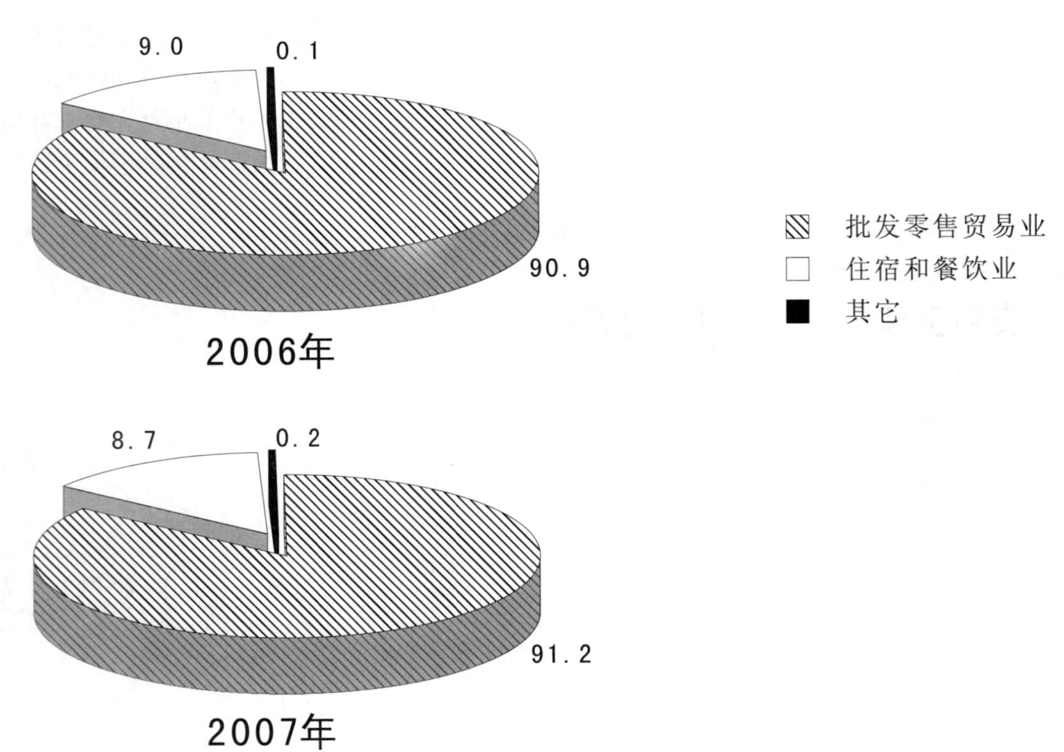

13－1 社会消费品零售总额

单位：万元

项　　　　　　目	2006	2007	2007 年比上年增长（%）
社会消费品零售总额	**3 584 025**	**4 266 928**	**19.1**
按销售地区分			
市	2 871 539	3 444 628	20.0
县	280 310	327 998	17.0
县以下	432 176	494 302	14.4
按行业分			
批发和零售业	3 256 134	3 889 317	19.4
#限额以上企业（单位）	1 372 115	1 701 706	24.0
限额以下企业和个体户	1 884 019	2 187 611	16.1
住宿和餐饮业	321 544	369 693	15.0
#星级（限额以上）企业	146 891	164 137	11.7
星级以外（限额以下）企业和个体户	174 653	205 556	17.7
其　　他	6 347	7 918	24.8
按地区分			
东湖区	1 064 095	1 230 635	15.7
西湖区	1 110 667	1 310 637	18.0
青云谱区	168 496	231 885	37.6
湾里区	21 524	24 842	15.4
青山湖区	327 593	389 489	18.9
南昌县	282 950	329 601	16.5
新建县	196 801	229 231	16.5
安义县	55 261	62 724	13.5
进贤县	177 474	200 744	13.1
经济开发区	46 693	57 249	22.6
高新开发区	27 916	47 695	70.9
红谷滩新区	102 124	149 185	46.1
桑海开发区	802	940	17.2
英雄开发区	1 629	2 071	27.1

13－2 各县区社会消费品零售总额

（2007年）

单位：万元

项目	社会消费品零售总额	按销售地区分			按行业分		
		市	县	县以下	批发和零售业	住宿和餐饮业	其他
全市	**4 266 928**	**3 444 628**	**327 998**	**494 302**	**3 889 317**	**369 693**	**7 918**
东湖区	1 230 635	1 230 635			1 111 209	119 426	
西湖区	1 310 637	1 310 637			1 195 792	108 645	6 200
青云谱区	231 885	231 885			216 454	15 431	
湾里区	24 842	24 842			19 564	5 278	
青山湖区	389 489	389 489			351 296	38 193	
南昌县	329 601		131 432	198 169	307 882	21 152	567
新建县	229 231		91 240	137 991	208 374	20 454	403
安义县	62 724		25 203	37 520	59 258	3 196	270
进贤县	200 744		80 123	120 622	179 939	20 327	478
经济开发区	57 249	57 249			53 279	3 970	
高新开发区	47 695	47 695			45 166	2 529	
红谷滩新区	149 185	149 185			138 455	10 730	
桑海开发区	940	940			853	87	
英雄开发区	2 071	2 071			1 796	275	

13－3　1990－2007 年社会消费品零售总额

单位：万元

年　　份	社会消费品零售总额	比上年增长（%）	按销售单位所在地分		按行业分		
			市　区	县及县以下	批发和零售业	住宿和餐饮业	其　它
1990	294 909	1.2	179 447	115 462	280 964	12 866	1 079
1991	335 311	13.7	208 060	127 251	320 869	13 278	1 164
1992	393 991	17.5	259 531	134 460	375 937	16 212	1 842
1993	499 975	26.9	328 597	171 378	470 804	27 172	1 999
1994	651 968	30.4	435 680	216 288	615 112	34 237	2 619
1995	824 087	26.4	565 612	258 475	775 761	44 919	3 407
1996	1 030 933	25.1	727 912	303 021	961 935	64 818	4 180
1997	1 226 810	19.0	901 320	325 490	1 129 974	91 912	4 924
1998	1 342 130	9.4	999 284	342 846	1 232 472	104 320	5 338
1999	1 464 264	9.1	1 105 970	358 294	1 338 750	119 551	5 963
2000	1 616 548	10.4	1 236 238	380 310	1 476 586	133 778	6 184
2001	1 800 835	11.4	1 392 613	408 222	1 643 529	151 035	6 271
2002	2 013 334	11.8	1 565 829	447 505	1 837 801	169 914	5 619
2003	2 277 081	13.1	1 784 430	492 651	2 080 380	190 474	6 227
2004	2 658 498	16.8	2 095 676	562 822	2 415 251	236 473	6 774
2005	3 074 862	15.7	2 446 878	627 984	2 794 276	274 933	5 653
2006	3 584 025	16.6	2 871 539	712 486	3 256 134	321 544	6 347
2007	4 266 928	19.1	3 444 628	822 300	3 889 317	369 693	7 918

注：1990－2004 年社会消费品零售总额为首次经济普查后的修正数据。

13－4 社会消费品零售总额分月数

（2007 年） 单位：万元

	一 月	二 月	三 月	四 月	五 月	六 月	七 月
社会消费品零售总额	**433 683**	**329 719**	**288 715**	**275 448**	**378 114**	**316 520**	**266 616**
按销售地区分							
市	348 273	265 892	232 483	222 870	304 104	256 024	215 484
县	33 960	25 430	22 149	21 019	29 237	24 101	20 339
县 以 下	51 450	38 397	34 083	31 559	44 773	36 395	30 793
按行业分							
批发和零售业	398 954	295 448	261 980	248 342	344 618	287 054	238 955
#限额以上企业（单位）	148 012	132 659	126 533	131 237	145 759	139 520	130 673
限额以下企业和个体户	250 942	162 789	135 447	117 105	198 859	147 534	108 282
住宿和餐饮业	34 074	33 610	26 083	26 494	32 860	28 805	27 009
#星级（限额以上）企业	15 086	16 166	12 090	10 960	14 846	12 893	12 284
星级以外（限额以下）企业和个体户	18 988	17 444	13 993	15 534	18 014	15 912	14 725
其 他	655	661	652	612	636	661	652

13－4 续表 （2007 年） 单位：万元

	八 月	九 月	十 月	十一月	十二月	全 年
社会消费品零售总额	**329 835**	**353 786**	**420 402**	**435 435**	**438 655**	**4 266 928**
按销售地区分						
市	265 179	286 917	339 336	353 429	354 638	3 444 628
县	25 772	27 005	32 912	32 665	33 409	327 998
县 以 下	38 884	39 864	48 154	49 341	50 609	494 302
按行业分						
批发和零售业	300 049	321 735	387 343	404 048	400 791	3 889 317
#限额以上企业（单位）	128 464	142 469	151 673	149 631	175 076	1 701 706
限额以下企业和个体户	171 585	179 266	235 670	254 417	225 715	2 187 611
住宿和餐饮业	29 116	31 372	32 418	30 681	37 171	369 693
#星级（限额以上）企业	12 707	13 815	13 876	13 791	15 623	164 137
星级以外（限额以下）企业和个体户	16 409	17 557	18 542	16 890	21 548	205 556
其 他	670	679	641	706	693	7 918

13－5　各县区社会消费品零售总额分月数

（2007 年）　　单位：万元

	一　月	二　月	三　月	四　月	五　月	六　月	七　月
东　湖　区	126 701	98 279	83 937	79 402	109 229	89 821	78 656
西　湖　区	141 777	99 929	87 300	79 729	115 140	98 139	75 057
青云谱区	19 325	18 612	15 416	16 424	19 325	17 569	17 908
湾　里　区	2 922	1 744	1 703	1 349	2 363	1 694	1 237
青山湖区	36 221	30 769	26 907	27 105	35 181	29 788	25 517
南　昌　县	34 338	25 442	22 705	20 956	29 299	23 735	20 695
新　建　县	24 276	17 816	15 496	14 468	20 580	16 713	13 926
安　义　县	6 337	4 808	4 309	4 046	5 972	4 692	3 825
进　贤　县	20 460	15 761	13 721	13 109	18 159	15 356	12 687
经济开发区	5 389	4 080	4 705	3 632	4 044	3 821	3 349
高新开发区	4 149	2 669	2 717	3 030	5 235	2 690	2 936
红谷滩新区	11 599	9 597	9 635	12 013	13 387	12 319	10 641
桑海开发区	63	64	59	63	66	64	71
英雄开发区	126	149	105	122	134	119	111

13－5　续表　　（2007 年）　　单位：万元

	八　月	九　月	十　月	十一月	十二月	全　年
东　湖　区	95 081	100 990	119 214	125 070	124 255	1 230 635
西　湖　区	100 228	108 534	135 242	139 142	130 420	1 310 637
青云谱区	18 055	18 728	20 399	21 008	29 116	231 885
湾　里　区	1 887	2 029	2 621	2 878	2 415	24 842
青山湖区	28 939	32 328	36 665	39 476	40 593	389 489
南　昌　县	25 664	27 076	32 803	33 163	33 725	329 601
新　建　县	17 919	18 706	22 118	23 435	23 778	229 231
安　义　县	4 915	4 972	6 366	6 167	6 315	62 724
进　贤　县	16 158	16 116	19 779	19 240	20 198	200 744
经济开发区	3 865	4 592	6 590	5 947	7 235	57 249
高新开发区	4 398	5 539	4 957	4 393	4 982	47 695
红谷滩新区	12 535	13 961	13 375	14 886	15 237	149 185
桑海开发区	69	73	72	160	116	940
英雄开发区	122	142	201	470	270	2 071

13－6 批发零售贸易业商品销售情况

单位：万元

	销售总额		批发额		零售额	
	2006	2007	2006	2007	2006	2007
合 计	**9 174 461**	**10 887 315**	**5 918 327**	**6 997 998**	**3 256 134**	**3 889 317**
一、按行业分组						
批发业	6 290 391	7 428 027	5 690 095	6 726 550	600 296	701 477
零售业	2 884 070	3 459 288	228 232	271 448	2 655 838	3 187 840
二、按规模分组						
限额以上	4 780 453	5 188 275	3 408 337	3 486 569	1 372 116	1 701 706
食品、饮料、烟酒类	933 980	577 901	777 968	378 936	156 012	198 965
食品类	177 686	195 834	64 167	56 608	113 519	139 226
#粮油类	17 297	29 121	950	5 401	16 347	23 720
肉禽蛋类	22 488	22 829	11 813	5 952	10 675	16 877
饮料类	36 358	54 374	22 748	39 248	13 610	15 126
烟酒类	719 936	327 693	691 053	283 080	28 883	44 613
服装、鞋帽、针、纺织品类	299 714	384 856	152 995	202 785	146 719	182 071
服装类	194 282	253 303	96 986	137 417	97 296	115 886
鞋帽类	32 874	45 703	3 496	4 904	29 378	40 799
针、纺织品类	72 558	85 850	52 513	60 464	20 045	25 386
化妆品类	18 849	22 119	1 839	1 894	17 010	20 225
金银珠宝类	28 038	37 625	560	1 231	27 478	36 394
日用品类	86 332	113 080	30 123	41 541	56 209	71 539
#洗涤用品类	23 023	29 648	4 008	6 857	19 015	22 791
儿童玩具类	9 539	12 459			9 539	12 459
五金、电料类	12 310	10 606	10 100	8 978	2 210	1 628
体育、娱乐用品类	3 548	4 057	152	155	3 396	3 902
书报杂志类	99 558	93 669	77 385	75 268	22 173	18 401
电子出版物及音像制品类	11 570	17 161	4 936	5 235	6 634	11 926
家用电器和音像器材类	405 357	467 174	236 491	271 969	168 866	195 205
中西药品类	514 928	569 789	403 410	449 924	111 518	119 865
#西药类	243 043	249 248	148 090	154 808	94 953	94 440
中草药及中成药类	226 590	315 671	218 169	290 289	8 421	25 382
文化办公用品类	140 871	155 524	72 335	77 719	68 536	77 805
家 俱 类	208	2 498			208	2 498
通讯器材类	185 706	133 031	122 181	68 511	63 525	64 520
煤炭及制品类	169 958	286 088	169 958	286 086		2
木材及制品类	2 206	2 284	2 206	2 284		
石油及制品类	609 342	684 711	504 253	526 842	105 089	157 869
化工材料及制品类	138 522	141 204	138 522	141 139		65
#化肥类	100 074	109 003	100 074	109 003		
金属材料类	288 383	390 487	288 383	390 332		155
建筑及装璜材料类	26 165	35 862	22 055	30 731	4 110	5 131
机电产品及设备类	109 324	150 840	109 324	150 840		
#农机类	1 947	3 329	1 947	3 329		
汽车类	594 843	769 380	188 967	256 661	405 876	512 719
种子饲料类	12 131	13 457	12 131	13 457		
其他类	88 612	124 872	82 064	104 751	6 548	20 121
限额以下及个体户	4 394 008	5 699 040	2 509 990	3 511 429	1 884 018	2 187 611

13－7 批发和零售业、住宿和餐饮业连锁经营情况

指标名称	计量单位	合计		直营店		加盟店	
		2006	2007	2006	2007	2006	2007
门店总数	个	989	1 026	795	793	194	233
年末营业面积	平方米	575 523	656 603	540 870	630 916	34 653	25 687
年末从业人员	个	23 184	24 322	21 276	22 207	1 908	2 115
年末经营餐饮业务餐位数	个	10 278	10 443	9 262	9 463	1 016	980
商品购进总额（批发和零售业）	万元	1 040 289	1 192 366	959 778	1 116 300	80 511	76 066
#统一配送商品购进额	万元	865 799	963 807	856 733	947 786	9 066	16 021
#自有配送中心配送商品购进额	万元	522 741	592 716	519 065	584 224	3 676	8 492
非自有配送中心配送商品购进额	万元	331 620	354 995	326231	347 467	5 389	7 528
商品销售额（批发和零售业）	万元	1 109 008	1 310 842	1 016 581	1 216 256	92 427	94 586
#零售额	万元	749 429	937 501	658 747	845 957	90 682	91 544
营业收入（住宿和餐饮业）	万元	37 349	42 785	35 393	40 592	1 956	2 193

13－8　限额以上批发零售贸易业商品购进、销售、库存总额

（2007 年）

指标名称	法人企业（个）	产业活动单位（个）	年末从业人数（人）	购进总额（万元）	#进口
总　计	**271**	**601**	**33 592**	**4 854 832**	**28 813**
一、批发业	128	254	13 524	3 334 009	28 813
#国有及国有控股	46	144	8 637	1 792 286	28 187
按登记注册类型分组					
内资	125	246	12 531	3 162 122	28 813
国有	26	41	2 753	924 718	12 479
集体	4	4	389	46 740	
股份合作	2	2	84	16 850	
有限责任公司	65	77	2 723	1 060 715	16 147
其他有限责任公司	65	77	2 723	1 060 715	16 147
股份有限公司	9	102	5 405	807 431	
私营企业	19	20	1 177	305 670	187
私营有限责任公司	16	17	879	248 263	187
私营股份有限公司	3	3	298	57 406	
港澳台商投资企业	1	3	262	41 755	
与港澳台商合资经营		1	99	21 405	
港澳台商独资	1	1	13	2 696	
港澳台商独资股份有限公司		1	150	17 653	
外商投资企业	2	5	731	130 131	
外资企业	2	5	731	130 131	
按国民经济行业分组					
农畜产品批发业	3	4	191	11 597	
食品、饮料及烟草制品批发业	7	17	1 877	291 984	
#烟草制品批发业	1	7	875	217 974	
纺织、服装及日用品批发业	16	19	567	189 814	10 381
#服装批发业	9	12	382	128 060	10 194
文化、体育用品及器材批发业	4	6	601	82 410	
医药及医疗器材批发业	9	12	4 594	386 282	
矿产品、建材及化工产品批发业	44	127	2 525	1 632 913	7 642
#煤炭及制品批发业	6	6	408	301 987	
石油及制品批发业	10	90	1 328	696 378	3 552
金属及金属矿批发业	19	21	483	448 290	1 587
建材批发业	2	2	30	21 892	
化肥批发业	1	2	154	101 000	1 904
机械设备、五金交电及电子产品批发业	41	61	3 082	674 960	10 791
#汽车、摩托车及零配件批发业	10	10	606	175 627	
家用电器批发业	7	11	1 201	240 062	
计算机、软件及辅助设备批发业	6	19	565	85 792	
其他批发业	4	8	87	64 049	

（2007年）

指标名称	销售总额（万元）				年末库存总额（万元）	年末零售营业面积（平方米）
	合计	批发	#出口	零售		
总计	**5 235 523**	**3 461 538**	**405 799**	**1 773 986**	**317 705**	**889 265**
一、批发业	3 532 050	3 236 379	405 799	295 671	198 825	
#国有及国有控股	1 971 471	1 768 580	221 416	202 890	138 329	
按登记注册类型分组						
内资	3 346 262	3 052 950	405 799	293 312	194 561	
国有	1 083 569	1 074 843	49 015	8 725	47 487	
集体	48 070	48 070			3 447	
股份合作	38 095	38 095			727	
有限责任公司	1 028 642	975 145	284 475	53 497	37 654	
其他有限责任公司	1 028 642	975 145	284 475	53 497	37 654	
股份有限公司	752 317	536 751	27 775	215 566	82 722	
私营企业	395 570	380 046	44 534	15 523	22 525	
私营有限责任公司	331 542	316 018	44 534	15 523	18 455	
私营股份有限公司	64 028	64 028			4 070	
港澳台商投资企业	46 719	44 359		2 359	2 633	
与港澳台商合资经营	26 757	26 757			2 190	
港澳台商独资	2 441	1 500		941	311	
港澳台商独资股份有限公司	17 521	16 103		1 419	132	
外商投资企业	139 069	139 069			1 631	
外资企业	139 069	139 069			1 631	
按国民经济行业分组						
农畜产品批发业	18 151	18 151			4 845	
食品、饮料及烟草制品批发业	374 975	373 722		1 253	11 755	
#烟草制品批发业	282 084	282 084			9 331	
纺织、服装及日用品批发业	245 073	240 411	209 242	4 663	5 354	
#服装批发业	179 248	174 951	152 330	4 297	4 980	
文化、体育用品及器材批发业	82 112	78 387		3 725	16 134	
医药及医疗器材批发业	518 086	427 079		91 007	24 736	
矿产品、建材及化工产品批发业	1 539 923	1 429 758	78 112	110 165	100 610	
#煤炭及制品批发业	305 365	305 365			3 300	
石油及制品批发业	610 085	507 622		102 463	72 005	
金属及金属矿批发业	434 138	426 614	50 957	7 523	18 015	
建材批发业	23 675	23 675	20 750		152	
化肥批发业	102 714	102 714			3 918	
机械设备、五金交电及电子产品批发业	689 419	604 560	116 217	84 859	34 495	
#汽车、摩托车及零配件批发业	182 362	152 441	86 488	29 921	11 785	
家用电器批发业	249 099	244 181		4 918	8 953	
计算机、软件及辅助设备批发业	89 911	60 596		29 315	5 443	
其他批发业	64 311	64 311	2 228		897	

指　标　名　称	法人企业（个）	产业活动单位（个）	年末从业人数（人）	购进总额（万元）	#进　口
总　　计	**271**	**601**	**33 592**	**4 854 832**	**28 813**
二、零售业	143	347	20 068	1 520 823	
#国有及国有控股	24	122	4 817	163 456	
按登记注册类型分组					
内资	138	337	18 237	1 412 010	
国有	14	34	1 325	63 917	
股份合作	5	5	202	25 686	
有限责任公司	65	123	7 251	604 817	
其他有限责任公司	65	123	7 251	604 817	
股份有限公司	9	104	6 214	382 592	
私营企业	41	67	3 181	331 872	
私营独资	9	9	436	8 991	
私营有限责任公司	27	44	2 297	299 413	
私营股份有限公司	5	14	448	23 468	
其他	4	4	64	3 125	
港澳台商投资企业	2	2	213	8 191	
与港澳台商合资经营	1	1	63	559	
港澳台商独资	1	1	150	7 632	
外商投资企业	3	8	1 618	100 623	
中外合资经营	2	5	1 165	18 164	
中外合作经营		2	253	32 812	
外资企业	1	1	200	49 646	
按国民经济行业分组					
综合零售业	26	57	9 803	572 257	
#百货零售业	14	34	6 943	505 418	
超级市场零售业	11	22	2 773	65 088	
食品、饮料及烟草制品专门零售业	2	11	166	33 415	
纺织、服装及日用品专门零售业	8	24	317	36 747	
#服装零售业	3	7	114	12 467	
文化、体育用品及器材专门零售业	10	23	1 024	37 943	
#图书零售业	6	19	850	24 936	
医药及医疗器材专门零售业	10	110	3 530	32 471	
#药品零售业	10	110	3 530	32 471	
汽车、摩托车、燃料及零配件专门零售业	64	80	3 055	683 484	
#汽车零售业	53	54	2 588	610 937	
机动车燃料零售业	10	25	461	71 843	
家用电器及电子产品专门零售业	19	38	1 973	119 686	
#家用电器零售业	4	12	1 223	69 057	
计算机、软件及辅助设备零售业	12	23	665	47 611	
通讯设备零售业	3	3	85	3 017	
五金、家具及室内装修材料专门零售业	4	4	200	4 821	

13－8　续表2－2

（2007年）

指　标　名　称	销　售　总　额（万元）				年末库存总　额（万元）	年末零售营业面积（平方米）
	合　计	批　发	#出　口	零　售		
总　　计	**5 235 523**	**3 461 538**	**405 799**	**1 773 986**	**317 705**	**889 265**
二、零售业	1 703 473	225 159		1 478 315	118 880	889 265
#国有及国有控股	180 174	25 378		154 796	17 687	108 716
按登记注册类型分组						
内资	1 549 427	220 622		1 328 805	109 929	812 271
国有	68 175			68 175	4 003	34 099
股份合作	30 133			30 133	2 370	5 850
有限责任公司	627 775	48 907		578 868	49 781	406 064
其他有限责任公司	627 775	48 907		578 868	49 781	406 064
股份有限公司	469 718	105 436		364 282	25 745	249 405
私营企业	347 050	66 279		280 771	27 443	105 742
私营独资	9 462			9 462	904	7 426
私营有限责任公司	315 101	62 915		252 186	25 103	64 766
私营股份有限公司	22 486	3 364		19 123	1 436	33 550
其他	6 577			6 577	587	11 111
港澳台商投资企业	7 412			7 412	902	400
与港澳台商合资经营	522			522	160	200
港澳台商独资	6 891			6 891	742	200
外商投资企业	146 635	4 537		142 098	8 049	76 594
中外合资经营	55 797	4 537		51 261	4 194	36 850
中外合作经营	39 442			39 442	3 052	7 744
外资企业	51 395			51 395	802	32 000
按国民经济行业分组						
综合零售业	707 017	94 100		612 918	33 790	566 068
#百货零售业	597 733	91 607		506 126	24 086	459 952
超级市场零售业	107 506	2 493		105 014	9 522	105 358
食品、饮料及烟草制品专门零售业	41 057			41 057	4 701	2 431
纺织、服装及日用品专门零售业	42 376	5 235		37 141	6 767	9 396
#服装零售业	13 368	3 506		9 862	3 115	4 700
文化、体育用品及器材专门零售业	41 901			41 901	3 145	22 510
#图书零售业	26 757			26 757	1 753	19 304
医药及医疗器材专门零售业	43 472			43 472	10 729	55 277
#药品零售业	43 472			43 472	10 729	55 277
汽车、摩托车、燃料及零配件专门零售业	692 466	107 200		585 265	49 937	139 594
#汽车零售业	615 816	91 357		524 459	48 493	103 798
机动车燃料零售业	75 879	15 844		60 035	1 434	35 676
家用电器及电子产品专门零售业	127 376	18 287		109 088	8 487	41 534
#家用电器零售业	75 389	4 653		70 735	4 810	35 301
计算机、软件及辅助设备零售业	45 918	12 102		33 816	3 130	5 933
通讯设备零售业	6 070	1 532		4 538	547	300
五金、家具及室内装修材料专门零售业	7 808	336		7 472	1 324	52 455

13－9　星级住宿业和限额以上餐饮业经营情况

（2007 年）

指标名称	法人企业（个）	产业活动单位（个）	年末从业人数（人）	营业额（万元）	客房收入	餐费收入	商品销售收入	其他收入
总计	**179**	**225**	**22 581**	**223 338**	**50 375**	**133 730**	**32 432**	**6 801**
一、住宿业	45	49	8 082	73 329	41 894	21 111	4 894	5 429
#国有及国有控股	25	26	4 187	34 937	19 468	8 730	2 996	3 743
按登记注册类型分组								
内资	36	39	6 041	52 691	29 789	15 514	3 586	3 802
国有	18	18	3 067	27 742	15 285	6 671	2 796	2 990
集体	4	4	223	1 613	1 321	208	4	80
股份合作	1	1	238	732	417	275	40	
有限责任公司	8	10	1 552	12 343	7 312	4 037	367	627
其他有限责任公司	8	10	1 552	12 343	7 312	4 037	367	627
股份有限公司	2	2	312	1 600	713	637	228	23
私营企业	3	4	649	8 661	4 741	3 686	153	82
私营独资		1	206	1 346	1 260	73	14	
私营有限责任公司	2	2	405	6 997	3 311	3 484	120	82
私营股份有限公司	1	1	38	318	171	128	19	
港澳台商投资企业	4	5	652	5 715	3 695	1 274	247	500
与港澳台商合资经营	1	2	156	1 664	1 493	69	35	66
与港澳台商合作经营	1	1	221	1 091	520	245		326
港澳台商独资	2	2	275	2 961	1 682	960	212	108
外商投资企业	5	5	1 389	14 923	8 410	4 323	1 061	1 128
中外合资经营	2	2	453	5 264	3 152	1 200	486	426
中外合作经营	1	1	318	2 082	770	781	372	160
外资企业	1	1	400	5 601	3 053	1 802	203	542
外商投资股份有限公司	1	1	218	1 976	1 435	540		
按国民经济行业分组								
旅游饭店	42	46	7 932	72 586	41 274	20 991	4 892	5 429
一般旅馆	3	3	150	744	621	121	2	
二、餐饮业	134	176	14 499	150 008	8 480	112 619	27 538	1 371
#国有及国有控股	9	9	1 601	8 702	3 539	3 830	881	453
按登记注册类型分组								
内资	121	133	10 945	99 743	7 032	68 263	23 292	1 155
国有	6	6	1 175	5 611	2 732	2 278	601	
集体	2	2	76	979	26	809	145	
股份合作	5	5	480	3 562		2 702	860	
有限责任公司	15	18	1 444	13 925	1 130	9 924	2 211	660
其他有限责任公司	15	18	1 444	13 925	1 130	9 924	2 211	660
股份有限公司	3	3	385	1 986	570	816	305	295
私营企业	83	92	6 926	69 434	2 574	48 559	18 119	182
私营独资	53	59	4 261	44 617	1 543	31 066	11 993	15
私营合伙	10	11	772	5 520	412	3 776	1 331	1
私营有限责任公司	18	20	1 618	15 595	378	11 306	3 745	166
私营股份有限公司	2	2	275	3 702	240	2 411	1 051	
其他	7	7	459	4 245		3 177	1 051	18
港澳台商投资企业	8	10	1 276	16 474		12 786	3 688	
与港澳台商合资经营	7	9	1 134	12 218		8 797	3 421	
港澳台商独资	1	1	142	4 256		3 989	267	
外商投资企业	5	33	2 278	33 792	1 448	31 569	558	216
中外合资经营	2	2	230	3 651	1 448	1 851	136	216
外资企业	2	30	2 033	29 708		29 428	280	
外商投资股份有限公司	1	1	15	433		290	143	
按国民经济行业分组								
正餐服务业	129	137	12 127	118 182	8 480	81 319	27 178	1 205
快餐服务业	5	39	2 372	31 827		31 300	361	166

13－9　续表

指　标　名　称	年末餐饮营业面积（平方米）	年末住宿和餐饮企业拥有床位数（个）	年末住宿和餐饮企业拥有餐位数（位）
总　　计	**278 943**	**17 061**	**88 413**
一、住宿业	53 739	13 777	16 704
#国有及国有控股	26 178	7 246	9 212
按登记注册类型分组			
内资	42 591	9 991	12 853
国有	19 628	4 571	6 294
集体	950	1 634	622
股份合作	300	248	200
有限责任公司	12 977	2 165	3 650
其他有限责任公司	12 977	2 165	3 650
股份有限公司	3 120	349	1 000
私营企业	5 616	1 024	1 087
私营独资	310	242	25
私营有限责任公司	5 306	552	1 062
私营股份有限公司		230	
港澳台商投资企业	6 148	1 719	1 902
与港澳台商合资经营	556	667	502
与港澳台商合作经营	600	370	550
港澳台商独资	4 992	682	850
外商投资企业	5 000	2 067	1 949
中外合资经营	1 100	707	570
中外合作经营	1 043	420	340
外资企业	1 857	490	689
外商投资股份有限公司	1 000	450	350
按国民经济行业分组			
旅游饭店	52 689	12 414	16 204
一般旅馆	1 050	1 363	500
二、餐饮业	225 204	3 284	71 709
#国有及国有控股	13 269	1 758	5 172
按登记注册类型分组			
内资	178 403	2 995	59 548
国有	8 997	1 446	3 662
集体	1 200	40	530
股份合作	8 357		2 360
有限责任公司	24 095	372	7 970
其他有限责任公司	24 095	372	7 970
股份有限公司	3 438	238	972
私营企业	124 103	899	40 916
私营独资	78 243	216	27 206
私营合伙	15 795	250	4 923
私营有限责任公司	22 065	325	7 687
私营股份有限公司	8 000	108	1 100
其他	8 213		3 138
港澳台商投资企业	28 441		5 680
与港澳台商合资经营	25 932		5 230
港澳台商独资	2 509		450
外商投资企业	18 360	289	6 481
中外合资经营	2 400	289	1 238
外资企业	15 540		4 973
外商投资股份有限公司	420		270
按国民经济行业分组			
正餐服务业	208 054	3 284	65 208
快餐服务业	17 150		6 501

13－10 限额以上批发

(2007

指标名称	企业数(个)	#亏损企业数	年末 流动资产合计	#存货	固定资产原价
总计	**271**	**88**	**1 472 318**	**263 688**	**337 427**
一、批发业	128	34	1 014 628	168 052	133 027
#国有及国有控股	46	10	547 027	113 783	103 098
按登记注册类型分组					
内资	125	34	1 009 760	166 629	132 811
国有	26	3	305 170	33 037	47 847
集体	4	3	9 822	2 949	266
股份合作	2		8 218	621	701
有限责任公司	65	21	413 424	35 358	23 703
其他有限责任公司	65	21	413 424	35 358	23 703
股份有限公司	9	1	179 948	71 640	52 518
私营企业	19	6	93 178	23 023	7 775
私营有限责任公司	16	4	75 680	18 991	7 425
私营股份有限公司	3	2	17 498	4 033	350
港澳台商投资企业	1		920	311	
港澳台商独资	1		920	311	
外商投资企业	2		3 949	1 113	212
外资企业	2		3 949	1 113	212
按国民经济行业分组					
农畜产品批发业	3	1	7 820	3 883	1 902
食品、饮料及烟草制品批发业	7		94 658	9 952	24 293
#烟草制品批发业	1		81 051	7 975	16 033
纺织、服装及日用品批发业	16	4	57 748	5 293	2 931
#服装批发业	9	4	44 882	4 980	2 076
文化、体育用品及器材批发业	4		20 437	2 203	13 760
医药及医疗器材批发业	9	3	116 185	24 025	25 958
矿产品、建材及化工产品批发业	44	9	433 578	93 125	50 893
#煤炭及制品批发业	6	4	113 576	3 300	11 746
石油及制品批发业	10	2	117 270	63 679	33 652
金属及金属矿批发业	19	2	150 324	18 054	4 408
建材批发业	2		7 891	1 099	461
化肥批发业	1		14 786	3 841	126
机械设备、五金交电及电子产品批发业	41	17	259 092	28 796	12 301
#汽车、摩托车及零配件批发业	10	2	71 879	10 522	6 464
家用电器批发业	7	5	94 477	4 875	383
计算机、软件及辅助设备批发业	6	3	28 061	5 440	2 642
其他批发业	4		25 112	776	989

零售业企业财务状况

年)

资产负债（万元）							
累计折旧	#本年折旧	资产合计	负债合计	所有者权益合计	#实收资本	国家资本	集体资本
84 527	**17 434**	**2 074 136**	**1 496 430**	**577 706**	**350 563**	**38 898**	**7 852**
37 713	7 237	1 348 650	940 738	407 913	219 404	31 037	1 223
28 914	5 178	756 620	471 239	285 382	104 116	30 692	1 222
37 591	7 220	1 343 653	936 393	407 260	218 800	31 037	1 223
17 756	2 729	441 916	243 404	198 512	43 199	10 679	
171	14	10 058	9 574	484	341		241
251	67	9 890	7 786	2 104	1 932	982	
7 638	1 620	504 305	416 142	88 162	97 145	4 296	982
7 638	1 620	504 305	416 142	88 162	97 145	4 296	982
9 885	2 087	242 406	162 076	80 330	56 370	15 080	
1 890	703	135 079	97 411	37 668	19 813		
1 733	654	117 371	82 647	34 723	16 397		
157	49	17 708	14 764	2 945	3 416		
		924	615	309	304		
		924	615	309	304		
122	17	4 073	3 730	344	300		
122	17	4 073	3 730	344	300		
943	62	9 347	5 250	4 097	893	893	
7 848	1 270	184 572	43 747	140 825	11 155	944	
5 003	910	99 821	10 161	89 660	1 214		
769	212	69 352	56 705	12 646	28 860	2 402	
610	170	55 326	44 882	10 444	26 566	2 402	
5 468	918	49 616	25 797	23 819	6 294	5 390	
4 032	958	174 836	102 080	72 755	39 441		
14 462	2 824	542 473	430 157	112 317	90 548	18 783	305
4 457	522	146 363	119 181	27 183	21 664		
7 579	1 743	161 112	120 947	40 164	31 964	17 262	
1 882	407	181 545	142 097	39 448	32 281	1 520	
237	49	8 263	7 388	875	610		
87	49	14 842	14 222	620	550		305
3 876	947	292 517	252 487	40 030	41 575	2 268	917
1 965	473	87 596	76 932	10 664	15 355	194	177
194	54	96 071	93 585	2 486	2 596	500	
512	169	33 325	24 719	8 606	6 803		500
316	44	25 938	24 515	1 423	639	358	1

指 标 名 称	年末资产负债				营业收入
	法人资本	个人资本	港澳台资本	外商资本	合 计
总 计	**186 133**	**113 611**	**2 645**	**1 425**	**4 342 113**
一、批发业	126 052	60 498	394	200	2 936 978
#国有及国有控股	68 371	3 831			1 732 495
按登记注册类型分组					
内资	125 952	60 498	90		2 909 805
国有	31 309	1 212			972 541
集体	100				42 132
股份合作	98	852			32 605
有限责任公司	53 084	38 782			913 698
其他有限责任公司	53 084	38 782			913 698
股份有限公司	39 682	1 517	90		601 455
私营企业	1 679	18 135			347 373
私营有限责任公司	1 279	15 119			292 648
私营股份有限公司	400	3 016			54 725
港澳台商投资企业			304		2 086
港澳台商独资			304		2 086
外商投资企业	100			200	25 087
外资企业	100			200	25 087
按国民经济行业分组					
农畜产品批发业					12 371
食品、饮料及烟草制品批发业	10 012	100		100	299 499
#烟草制品批发业	1 214				241 097
纺织、服装及日用品批发业	708	25 649		100	236 210
#服装批发业		24 164			173 206
文化、体育用品及器材批发业	600		304		65 160
医药及医疗器材批发业	25 739	13 702			444 169
矿产品、建材及化工产品批发业	59 922	11 538			1 275 890
#煤炭及制品批发业	20 353	1 312			270 806
石油及制品批发业	13 702	1 000			502 584
金属及金属矿批发业	23 802	6 958			403 434
建材批发业		610			23 250
化肥批发业		245			19 372
机械设备、五金交电及电子产品批发业	29 072	9 228	90		552 362
#汽车、摩托车及零配件批发业	12 108	2 787	90		168 706
家用电器批发业	110	1 986			153 033
计算机、软件及辅助设备批发业	5 224	1 080			77 177
其他批发业		280			51 317

年）　　　　　　　　　　　　　　　　　　　　　　　　　　　　　　　单位：万元

损益及分配							
#主营业务收入	主营业务成本	主营业务税金及附加	主营业务利润	其他业务利润	营业费用	管理费用	#税金
4 325 845	**3 969 754**	**11 905**	**317 161**	**17 868**	**167 934**	**89 847**	**3 073**
2 932 372	2 711 812	6 428	199 141	4 974	103 434	40 239	1 613
1 730 975	1 563 001	5 682	153 342	2 937	71 160	28 692	1 164
2 905 199	2 687 404	6 428	196 376	4 974	101 620	39 889	1 613
971 532	883 028	2 250	79 151	2 542	17 205	18 123	800
41 869	40 916	98	855	233	224	922	19
32 605	31 608	21	976		472	345	5
911 599	870 489	2 763	31 346	936	22 626	11 071	465
911 599	870 489	2 763	31 346	936	22 626	11 071	465
601 455	532 375	1 016	68 042	-51	48 367	6 333	160
346 139	328 988	280	16 007	1 314	12 726	3 096	164
291 414	275 965	252	15 069	1 233	11 809	2 576	152
54 725	53 023	28	938	81	917	520	13
2 086	2 039		48		11	29	
2 086	2 039		48		11	29	
25 086	22 369		2 717		1 803	322	1
25 086	22 369		2 717		1 803	322	1
12 371	12 058	-32	345		400	418	1
299 483	231 492	919	60 901	5	10 824	8 088	372
241 097	183 632	794	50 527		6 145	5 759	323
235 708	222 384	45	7 509	61	6 842	2 536	95
173 168	166 980	14	4 188	52	4 736	1 735	80
65 160	58 844	90	6 223		1 953	3 911	125
442 969	388 059	742	53 043	1 199	45 429	4 708	185
1 275 163	1 224 231	4 111	46 346	2 441	23 570	11 593	374
270 305	265 459	88	4 478	753	2 615	2 825	113
502 584	476 533	454	25 505	22	13 661	3 177	80
403 311	387 717	3 522	12 012	1 560	5 533	3 698	148
23 250	21 535	26	1 689		620	995	5
19 372	19 150		223		118	104	1
550 201	524 724	539	23 588	1 267	14 143	8 415	442
168 535	158 286	82	10 167	8	5 751	2 976	207
152 934	148 623	177	4 134	64	3 882	1 078	44
77 177	72 404	130	4 436		1 718	886	37
51 317	50 020	15	1 186	1	273	570	21

指标名称	损益及				
	#差旅费	#工会经费	财务费用	#利息支出	营业利润
总计	**5 178**	**643**	**21 938**	**17 238**	**77 797**
一、批发业	3 687	350	7 399	8 111	67 631
#国有及国有控股	1 635	286	1 126	2 069	65 889
按登记注册类型分组					
内资	3 670	350	7 415	8 127	67 015
国有	801	190	1 008	906	52 962
集体	5	15	2	2	－59
股份合作	28		9	64	151
有限责任公司	1 179	55	3 064	3 808	63
其他有限责任公司	1 179	55	3 064	3 808	63
股份有限公司	739	82	852	847	13 417
私营企业	918	9	2 480	2 500	482
私营有限责任公司	902	9	1 800	1 829	845
私营股份有限公司	17		680	671	－364
港澳台商投资企业	4				8
港澳台商独资	4				8
外商投资企业	13		－16	－16	609
外资企业	13		－16	－16	609
按国民经济行业分组					
农畜产品批发业	14	8	91	89	－412
食品、饮料及烟草制品批发业	359	103	338	318	48 648
#烟草制品批发业	222	82	－707	－730	45 581
纺织、服装及日用品批发业	203	15	250	471	9
#服装批发业	131	13	204	373	－417
文化、体育用品及器材批发业	91	27	－83	－85	442
医药及医疗器材批发业	658	41	2 445	2 397	2 866
矿产品、建材及化工产品批发业	1 395	96	3 965	3 826	11 998
#煤炭及制品批发业	89	22	1 748	1 740	－1 958
石油及制品批发业	322	36	277	272	10 427
金属及金属矿批发业	234	29	1 153	990	3 378
建材批发业	685		16	8	58
化肥批发业	10	1	－59	－59	73
机械设备、五金交电及电子产品批发业	954	58	380	1 101	3 653
#汽车、摩托车及零配件批发业	342	10	301	1 337	1 359
家用电器批发业	224	6	－351	－361	－229
计算机、软件及辅助设备批发业	149	19	177	219	1 845
其他批发业	13	3	14	－5	427

年）

分配（万元）				工资、福利、增值税（万元）			全部从业人员年平均人数（人）
利润总额	应交所得税	劳动、失业保险费	住房公积金和住房补贴	本年应付工资总额	本年应付福利费总额	本年应交增值税	
80 333	**29 641**	**4 846**	**1 698**	**51 182**	**3 968**	**56 543**	**28 491**
71 302	23 371	2 386	1 221	27 743	1 625	34 141	10 331
67 140	22 268	1 749	1 111	20 354	1 085	24 782	6 480
70 707	23 290	2 268	1 200	27 073	1 621	33 645	10 075
54 969	17 110	1 221	672	11 679	533	13 938	2 720
-52		4	33	751	81	194	389
173	49	6	3	156	5	218	84
3 559	1 676	747	238	5 384	560	7 456	2 423
3 559	1 676	747	238	5 384	560	7 456	2 423
11 698	4 281	247	255	7 038	291	10 306	3 249
360	174	43		2 065	152	1 534	1 210
726	162	41		1 400	81	1 266	912
-366	12	2		666	71	269	298
8	2	1		11			13
8	2	1		11			13
587	79	117	20	660	4	496	243
587	79	117	20	660	4	496	243
-261		24	5	280	32		200
50 121	16 168	786	420	7 157	82	12 260	1 496
45 429	15 347	498	319	5 000		9 913	859
1 062	328	330	37	894	137	3 842	572
603	235	255	16	567	65	3 805	382
785	13	20	49	1 433	25	615	559
2 552	634	65	89	6 137	203	7 326	2 237
12 234	4 743	748	459	6 110	592	6 312	2 686
-932	92	338	166	1 692	147	178	401
8 604	3 690	134	207	2 119	201	4 725	1 620
4 429	858	190	61	1 790	206	1 099	490
58	4			70	3	88	37
73	24	49	3	36	2		16
4 428	1 476	400	148	5 565	549	3 641	2 499
1 831	875	107	89	1 723	214	244	583
-265	29	64		913	64	825	674
2 061	355	84		1 097	16	613	573
382	9	13	12	169	5	146	82

指标名称	企业数（个）	#亏损企业数	年末 流动资产合计	#存货	固定资产原价
总计	**271**	**88**	**1 472 318**	**263 688**	**337 427**
二、零售业	143	54	457 690	95 636	204 400
#国有及国有控股	24	4	39 316	12 889	16 732
按登记注册类型分组					
内资	138	52	436 719	93 232	196 648
国有	14	1	13 087	3 300	7 454
股份合作	5		9 357	2 431	1 753
有限责任公司	65	30	170 744	43 105	65 814
其他有限责任公司	65	30	170 744	43 105	65 814
股份有限公司	9	2	117 591	18 567	105 682
私营企业	41	18	124 228	25 220	15 243
私营独资	9	1	2 837	1 538	935
私营有限责任公司	27	14	117 977	22 518	9 311
私营股份有限公司	5	3	3 414	1 163	4 997
其他	4	1	1 712	610	703
港澳台商投资企业	2	1	7 054	974	707
与港澳台商合资经营	1	1	929	233	182
港澳台商独资	1		6 125	742	526
外商投资企业	3	1	13 917	1 430	7 045
中外合资经营	2	1	2 921	611	261
外资企业	1		10 997	819	6 784
按国民经济行业分组					
综合零售业	26	11	161 730	24 208	152 533
#百货零售业	14	5	150 603	20 187	146 248
超级市场零售业	11	6	10 873	3 840	6 070
食品、饮料及烟草制品专门零售业	2		2 360	523	76
纺织、服装及日用品专门零售业	8	1	8 913	5 634	5 157
#服装零售业	3	1	3 761	2 673	443
文化、体育用品及器材专门零售业	10		15 156	2 313	6 555
#图书零售业	6		5 854	958	4 475
医药及医疗器材专门零售业	10	4	17 953	6 391	7 316
#药品零售业	10	4	17 953	6 391	7 316
汽车、摩托车、燃料及零配件专门零售业	64	29	191 248	47 443	29 416
#汽车零售业	53	26	186 870	46 039	23 306
机动车燃料零售业	10	3	4 347	1 394	6 088
家用电器及电子产品专门零售业	19	5	57 690	7 831	2 414
#家用电器零售业	4	1	40 073	4 217	763
计算机、软件及辅助设备零售业	12	2	14 873	3 041	1 459
通讯设备零售业	3	2	2 745	574	192
五金、家具及室内装修材料专门零售业	4	4	2 641	1 293	934

年）

资产负债（万元）							
累计折旧	#本年折旧	资产合计	负债合计	所有者权益合计	#实收资本		
						国家资本	集体资本
84 527	**17 434**						
46 814	10 197	725 485	555 692	169 793	131 159	7 860	6 629
4 804	1 002	60 735	56 597	4 138	10 008	7 666	
42 762	9 561	699 795	538 439	161 356	126 284	7 666	6 629
2 942	441	23 369	10 516	12 853	6 078	5 256	
385	117	10 879	7 159	3 721	3 664		
12 739	4 108	260 054	203 281	56 773	65 475	1 210	
12 739	4 108	260 054	203 281	56 773	65 475	1 210	
23 515	3 537	259 600	197 702	61 899	22 425	1 200	5 129
3 088	1 346	143 388	117 482	25 907	28 562		1 500
152	40	3 768	2 584	1 184	1 373		
2 305	864	130 273	105 209	25 064	22 794		1 500
631	443	9 347	9 688	－341	4 396		
94	13	2 506	2 301	205	80		
453	42	8 147	4 361	3 786	2 446	195	
103	5	1 091	683	408	446	195	
350	37	7 055	3 678	3 377	2 000		
3 600	595	17 544	12 893	4 651	2 430		
76	25	3 174	2 076	1 098	1 580		
3 524	569	14 370	10 816	3 554	850		
33 720	6 636	365 712	273 870	91 843	55 220		5 129
30 791	5 379	344 855	248 925	95 930	47 848		
2 906	1 247	20 412	24 760	－4 348	7 111		5 129
41	15	2 399	2 026	373	150	50	
1 509	357	14 055	8 158	5 898	1 584		
92	27	4 814	5 192	－377	190		
2 362	402	24 582	11 529	13 053	5 891	3 229	
1 803	303	12 428	4 322	8 106	2 614	2 352	
1 227	331	25 314	32 279	－6 965	3 610	1 000	
1 227	331	25 314	32 279	－6 965	3 610	1 000	
6 791	2 171	227 515	176 529	50 986	53 167	2 787	1 500
5 939	1 794	214 711	167 260	47 451	48 367	2 077	1 500
843	375	12 731	9 233	3 498	4 780	710	
1 030	249	62 047	46 788	15 259	10 948	795	
271	124	42 053	36 321	5 732	2 480		
650	119	17 012	9 279	7 733	6 623	600	
110	6	2 982	1 188	1 794	1 846	195	
134	38	3 860	4 514	－654	590		

指标名称	年末资产负债				营业收入
	法人资本	个人资本	港澳台资本	外商资本	合计
总计					
二、零售业	60 081	53 113	2 251	1 225	1 405 136
#国有及国有控股	1 472	870			157 103
按登记注册类型分组					
内资	59 351	52 638			1 336 685
国有	322	500			60 638
股份合作	200	3 464			25 852
有限责任公司	47 522	16 743			546 750
其他有限责任公司	47 522	16 743			546 750
股份有限公司	353	15 743			396 399
私营企业	10 954	16 108			301 100
私营独资	80	1 293			8 457
私营有限责任公司	6 874	14 420			273 181
私营股份有限公司	4 000	396			19 461
其他		80			5 946
港澳台商投资企业			2 251		7 632
与港澳台商合资经营			251		831
港澳台商独资			2 000		6 802
外商投资企业	730	475		1 225	60 819
中外合资经营	730	475		375	10 252
外资企业				850	50 567
按国民经济行业分组					
综合零售业	32 500	16 740		850	552 025
#百货零售业	31 200	15 798		850	513 463
超级市场零售业	1 300	682			37 042
食品、饮料及烟草制品专门零售业	100				14 251
纺织、服装及日用品专门零售业	193	1 391			36 760
#服装零售业	90	100			11 498
文化、体育用品及器材专门零售业	2 562	100			36 739
#图书零售业	262				23 381
医药及医疗器材专门零售业	1 560	1 050			35 985
#药品零售业	1 560	1 050			35 985
汽车、摩托车、燃料及零配件专门零售业	18 536	30 344			602 153
#汽车零售业	15 071	29 719			536 589
机动车燃料零售业	3 445	625			64 905
家用电器及电子产品专门零售业	4 350	3 178	2 251	375	120 590
#家用电器零售业	1 950	530			74 685
计算机、软件及辅助设备零售业	1 500	2 148	2 000	375	40 333
通讯设备零售业	900	500	251		5 572
五金、家具及室内装修材料专门零售业	280	310			6 632

年）

单位：万元

损益及分配							
#主营业务收入	主营业务成本	主营业务税金及附加	主营业务利润	其他业务利润	营业费用	管理费用	#税金
1 393 473	1 257 942	5 477	118 021	12 894	64 500	49 608	1 460
156 297	136 798	307	17 158	973	8 468	8 337	187
1 326 224	1 201 287	5 334	107 570	11 691	61 504	44 150	1 436
60 294	51 097	147	7 132	420	3 195	3 529	84
25 843	24 222	45	1 577	8	559	731	17
544 069	495 393	1 611	40 119	3 234	29 466	14 288	604
544 069	495 393	1 611	40 119	3 234	29 466	14 288	604
395 738	350 136	3 166	42 326	3 367	16 503	18 771	503
294 335	275 474	337	15 466	4 662	11 029	6 668	220
8 457	6 862	92	1 329	3	337	626	54
266 416	250 646	185	12 765	3 732	7 397	5 314	141
19 461	17 966	59	1 371	927	3 296	728	25
5 946	4 965	29	952		752	164	9
7 614	6 168	49	1 397	18	545	808	
812	601	7	204	18	92	193	
6 802	5 567	42	1 193		454	614	
59 635	50 487	95	9 054	1 185	2 451	4 650	24
10 252	9 812		440	2	321	270	3
49 383	40 676	95	8 613	1 183	2 130	4 380	21
549 054	481 126	3 830	62 707	7 412	34 488	25 698	897
511 413	447 594	3 677	58 957	5 126	26 636	24 201	827
36 121	32 376	122	3 417	2 285	7 838	1 335	61
14 251	12 996	28	1 228	89	667	366	6
36 734	30 236	715	4 831	49	2 461	1 472	47
11 498	9 569	19	1 910	23	1 402	474	8
36 450	28 883	77	6 070	297	2 160	3 669	106
23 135	17 472	51	4 303	233	1 626	2 624	60
35 985	27 876	156	7 879	121	4 139	4 034	59
35 985	27 876	156	7 879	121	4 139	4 034	59
599 696	570 996	403	26 385	626	11 712	11 000	313
534 153	508 494	313	23 631	594	10 012	10 220	279
64 883	61 908	75	2 705	33	1 671	764	34
114 672	100 352	266	8 317	4 299	7 259	3 109	30
69 244	59 183	139	4 189	4 026	4 380	1 539	5
39 875	35 879	118	3 873	255	2 765	1 312	14
5 554	5 290	10	254	18	114	258	11
6 632	5 478	1	604	1	1 615	261	3

13－10 续表2－3 （2007

指 标 名 称	损 益 及				
	#差旅费	#工会经费	财务费用	#利息支出	营业利润
总 计					
二、零售业	1 491	292	14 539	9 127	10 166
#国有及国有控股	241	110	991	915	496
按登记注册类型分组					
内资	1 367	283	14 427	9 061	6 988
国有	61	55	15	3	868
股份合作	31		218	206	77
有限责任公司	619	66	7 872	4 982	－2 150
其他有限责任公司	619	66	7 872	4 982	－2 150
股份有限公司	246	100	5 138	3 285	5 459
私营企业	397	60	1 172	573	2 710
私营独资	58	11	97	82	442
私营有限责任公司	302	48	1 070	492	3 931
私营股份有限公司	36	2	5	－1	－1 663
其他	13	1	12	12	25
港澳台商投资企业	72	6	179	137	－28
与港澳台商合资经营	3	3	20	20	－83
港澳台商独资	69	3	160	117	55
外商投资企业	53	3	－68	－70	3 206
中外合资经营	18	1	13	11	－162
外资企业	35	2	－81	－81	3 368
按国民经济行业分组					
综合零售业	329	64	7 722	5 590	2 939
#百货零售业	240	45	7 648	5 542	6 218
超级市场零售业	74	19	43	18	－3 405
食品、饮料及烟草制品专门零售业	6	11	－10	－10	295
纺织、服装及日用品专门零售业	74	12	61	59	1 864
#服装零售业	53	2	－37	19	94
文化、体育用品及器材专门零售业	55	44	62	24	585
#图书零售业	42	35	－36	－41	325
医药及医疗器材专门零售业	168	59	838	782	－882
#药品零售业	168	59	838	782	－882
汽车、摩托车、燃料及零配件专门零售业	684	87	5 518	2 695	3 823
#汽车零售业	659	75	5 424	2 612	3 340
机动车燃料零售业	19	12	95	83	479
家用电器及电子产品专门零售业	160	12	348	－12	2 074
#家用电器零售业	34		103	－172	2 196
计算机、软件及辅助设备零售业	114	9	219	140	－50
通讯设备零售业	12	3	26	20	－72
五金、家具及室内装修材料专门零售业	14	4			－532

年）

分配（万元）				工资、福利、增值税（万元）			全部从业人员年平均人数（人）
利润总额	应交所得税	劳动、失业保险费	住房公积金和住房补贴	本年应付工资总额	本年应付福利费总额	本年应交增值税	
9 031	6 270	2 460	477	23 438	2 343	22 401	18 160
322	585	936	174	6 162	418	2 526	4 778
5 852	5 236	2 337	465	22 479	2 295	20 581	17 742
740	373	732	128	2 532	311	971	1 284
69	12	18		314	43	50	201
−2 546	1 677	611	85	9 316	1 139	13 929	6 749
−2 546	1 677	611	85	9 316	1 139	13 929	6 749
5 993	2 626	811	247	5 623	297	3 896	6 233
1 570	540	164	5	4 603	494	1 682	3 210
435	76	15		549	65	76	473
2 805	462	98	5	3 354	315	1 430	2 289
−1 670	3	51		701	115	176	448
26	8	1		91	11	54	65
−51	4	44		304	42	52	153
−78		6		144	20	7	60
26	4	38		161	22	45	93
3 231	1 030	80	12	655	7	1 769	265
−163	12	24		197	7	98	65
3 393	1 018	56	12	458		1 671	200
3 365	4 108	1 080	231	8 443	983	7 946	8 096
6 638	4 044	966	221	6 391	698	6 670	6 517
−3 398	37	114	9	1 952	271	1 254	1 497
295	184	61	20	204	10	226	106
1 783	559	34	39	675	114	7 113	318
84	2	16		110	13	131	114
462	194	683	109	2 276	239	775	1 071
219	114	627	92	1 790	183	594	842
−704	56	141	35	3 444	91	1 393	3 454
−704	56	141	35	3 444	91	1 393	3 454
2 716	948	345	38	5 889	598	3 396	3 013
2 241	802	233	8	5 151	513	2 743	2 534
471	145	111	30	730	85	626	475
1 965	222	106	6	2 174	284	1 522	1 896
2 185	102	15	4	1 104	159	1 158	1 217
−134	119	84	2	911	100	338	597
−86		8		160	25	25	82
−850		11		333	25	32	206

13－11 星级住宿业和限

（2007

指标名称	企业数（个）	#亏损企业数（个）	年末 流动资产合计	#存货	固定资产原价	累计折旧	#本年折旧	资产合计
总计	**179**	**76**	**108 135**	**7 724**	**306 783**	**87 117**	**14 404**	**372 913**
一、住宿业	45	36	45 014	2 984	216 370	68 110	9 005	224 105
#国有及国有控股	25	19	14 343	1 725	136 558	40 106	5 040	125 039
按登记注册类型分组								
内资	36	27	32 812	2 314	161 467	46 375	6 898	165 420
国有	18	12	12 408	1 390	108 567	31 749	4 146	96 820
集体	4	4	762	72	1 863	487	22	3 339
股份合作	1	1	61	32	300	141	29	244
有限责任公司	8	7	14 906	568	29 307	11 669	1 571	39 391
其他有限责任公司	8	7	14 906	568	29 307	11 669	1 571	39 391
股份有限公司	2	1	164	58	3 043	1 336	216	2 510
私营企业	3	2	4 511	195	18 388	993	915	23 117
私营有限责任公司	2	2	4 365	143	18 122	947	914	21 543
私营股份有限公司	1	0	146	51	265	46	1	1 574
港澳台商投资企业	4	4	3 333	217	11 178	2 013	82	14 642
与港澳台商合资经营	1	1	372	11	332	138	60	1 645
与港澳台商合作经营	1	1	335	112	7 491	1 613		6 902
港澳台商独资	2	2	2 627	94	3 355	262	22	6 095
外商投资企业	5	5	8 869	452	43 726	19 722	2 025	44 044
中外合资经营	2	2	1 132	136	999	390	106	3 387
中外合作经营	1	1	2 065	72	7 469	1 311	161	15 488
外资企业	1	1	2 806	219	26 195	14 657	1 506	16 193
外商投资股份有限公司	1	1	2 866	25	9 063	3 364	251	8 976
按国民经济行业分组								
旅游饭店	42	33	44 715	2 960	215 800	67 873	8 978	223 159
一般旅馆	3	3	300	24	570	236	27	946
二、餐饮业	134	40	63 120	4 740	90 413	19 008	5 399	148 808
#国有及国有控股	9	3	5 729	424	11 896	261	140	18 017
按登记注册类型分组								
内资	121	34	52 170	2 790	48 462	11 161	3 152	101 259
国有	6	2	4 978	222	10 912	110	38	16 223
集体	2		19	9	106	50	7	82
股份合作	5	3	4 029	115	1 606	899	68	5 316
有限责任公司	15	7	5 954	491	2 764	648	352	9 772
其他有限责任公司	15	7	5 954	491	2 764	648	352	9 772
股份有限公司	3	2	883	198	497	67	56	2 931
私营企业	83	18	35 693	1 590	31 431	9 268	2 543	65 172
私营独资	53	8	24 239	785	13 865	5 677	1 531	37 294
私营合伙	10	4	1 211	197	1 655	112	54	3 805
私营有限责任公司	18	5	9 129	435	5 873	2 194	593	13 682
私营股份有限公司	2	1	1 114	173	10 039	1 287	365	10 392
其他	7	2	614	165	1 146	120	89	1 762
港澳台商投资企业	8	4	6 137	403	6 271	1 847	464	11 640
与港澳台商合资经营	7	4	5 540	287	5 581	1 609	363	10 591
港澳台商独资	1		597	117	690	238	101	1 049
外商投资企业	5	2	4 814	1 546	35 681	6 000	1 783	35 909
中外合资经营	2	2	1 442	409	23 042	1 137	842	23 651
外资企业	2		3 331	1 134	12 487	4 844	940	12 058
外商投资股份有限公司	1		41	3	152	19	2	201
按国民经济行业分组								
正餐服务业	129	39	59 540	3 526	77 525	14 041	4 482	136 135
快餐服务业	5	1	3 580	1 214	12 888	4 967	917	12 673

额以上餐饮企业财务状况

年）

资产负债（万元）								
负债合计	所有者权益合计	#实收资本	国家资本	集体资本	法人资本	个人资本	港澳台资本	外商资本
198 860	**174 053**	**178 374**	**54 436**	**2 108**	**54 104**	**37 910**	**11 857**	**17 959**
128 038	96 067	98 671	43 807	1 981	19 847	10 730	6 928	15 378
66 652	58 387	47 140	32 573	1 890	11 992		684	
100 087	65 333	60 974	30 977	1 981	18 136	9 880		
51 708	45 112	40 119	30 127		9 992			
3 537	-199	1 981		1 981				
532	-288	120				120		
18 731	20 661	11 607	850		5 454	5 303		
18 731	20 661	11 607	850		5 454	5 303		
2 154	356	3 087			1 600	1 487		
23 426	-310	4 060			1 090	2 970		
21 907	-364	3 960			1 000	2 960		
1 519	55	100			90	10		
7 302	7 340	8 349	1 596			500	6 253	
1 502	143	500				500		
4 381	2 521	2 280	1 596				684	
1 418	4 676	5 569					5 569	
20 649	23 395	29 348	11 234		1 711	350	675	15 378
1 277	2 110	2 302			811	350		1 141
3 662	11 826	12 844	10 559					2 285
7 881	8 313	11 952						11 952
7 829	1 147	2 250	675		900		675	
127 526	95 633	97 630	43 757	990	19 847	10 730	6 928	15 378
512	434	1 040	50	990				
70 822	77 986	79 704	10 629	127	34 257	27 181	4 929	2 581
9 725	8 292	10 656	10 629	27				
59 618	41 641	45 351	10 629	127	8 291	26 298		
7 028	9 196	10 629	10 629					
59	23	27		27				
5 967	-650	842			130	712		
8 591	1 181	3 383		100	580	2 698	5	
8 591	1 181	3 383		100	580	2 698	5	
1 294	1 637	2 067			1 541	526		
35 803	29 369	27 205			5 840	21 365		
21 794	15 500	13 912			4 150	9 762		
2 917	888	3 119			550	2 569		
6 491	7 190	8 025			1 140	6 885		
4 601	5 791	2 150				2 150		
876	886	1 198			200	998		
5 271	6 369	7 666			1 820	788	4 924	135
4 250	6 341	7 566			1 820	788	4 824	135
1 021	28	100					100	
5 933	29 976	26 687			24 146	94		2 446
581	23 070	24 354			24 146			208
5 246	6 812	2 239						2 239
106	94	94				94		
65 276	70 859	77 093	10 629	127	34 257	26 684	4 924	473
5 546	7 127	2 611				497	5	2 109

指　标　名　称	损					益			
	营业收入合计	#主营业务收入	主营业务成本	主营业务税金及附加	主营业务利润	其他业务利润	营业费用	管理费用	#税　金
总　　计	**214 498**	**212 974**	**95 943**	**10 989**	**91 670**	**423**	**64 601**	**33 828**	**2 018**
一、住宿业	70 776	69 587	17 662	3 868	44 779	209	27 295	23 143	1 307
#国有及国有控股	35 070	33 927	9 652	1 975	19 701	173	13 088	10 181	753
按登记注册类型分组									
内资	50 486	49 303	13 884	2 864	29 279	208	17 988	15 066	965
国有	27 889	26 956	8 213	1 581	15 800	4	10 285	7 248	619
集体	1 613	1 613	351	95	936		816	318	13
股份合作	679	679	166	47	466		493	255	
有限责任公司	11 389	11 139	2 399	639	6 453	204	4 448	4 235	275
其他有限责任公司	11 389	11 139	2 399	639	6 453	204	4 448	4 235	275
股份有限公司	1 600	1 600	861	118	621		379	393	10
私营企业	7 315	7 315	1 894	383	5 003		1 567	2 617	48
私营有限责任公司	6 997	6 997	1 820	376	4 771		1 401	2 585	47
私营股份有限公司	318	318	74	8	232		166	32	1
港澳台商投资企业	5 315	5 315	823	270	4 222		4 449	1 211	90
与港澳台商合资经营	1 263	1 263	36	67	1 160		1 159	116	
与港澳台商合作经营	1 091	1 091	121	55	915		637	370	10
港澳台商独资	2 961	2 961	666	148	2 147		2 652	725	80
外商投资企业	14 975	14 969	2 955	734	11 278	2	4 859	6 866	252
中外合资经营	5 264	5 258	971	262	4 023	2	2 321	1 730	216
中外合作经营	2 082	2 082	803	92	1 186		919	365	18
外资企业	5 601	5 601	703	274	4 624		1 256	3 640	
外商投资股份有限公司	2 028	2 028	478	106	1 445		363	1 132	19
按国民经济行业分组									
旅游饭店	70 045	68 857	17 343	3 828	44 795	209	26 951	23 017	1 305
一般旅馆	730	730	319	40	－16		345	126	1
二、餐饮业	143 723	143 388	78 281	7 121	46 891	214	37 305	10 685	712
#国有及国有控股	9 152	9 146	5 296	359	3 177		2 179	1 458	33
按登记注册类型分组									
内资	99 113	98 778	58 424	4 883	32 661	116	22 536	7 438	338
国有	6 061	6 055	4 018	193	1 530		1 268	443	25
集体	979	979	759	50	169		140	12	
股份合作	3 569	3 562	2 063	153	1 345	7	1 558	237	5
有限责任公司	12 824	12 742	6 749	724	5 022	16	3 654	1 892	42
其他有限责任公司	12 824	12 742	6 749	724	5 022	16	3 654	1 892	42
股份有限公司	1 986	1 986	932	103	950	21	858	366	3
私营企业	69 490	69 250	41 046	3 396	22 910	20	14 347	4 135	227
私营独资	44 672	44 672	27 208	1 971	14 857		8 521	2 429	150
私营合伙	5 520	5 520	2 837	369	1 289		889	427	7
私营有限责任公司	15 595	15 595	9 088	873	5 401	9	3 820	1 103	58
私营股份有限公司	3 702	3 462	1 913	183	1 363	12	1 117	176	12
其他	4 204	4 204	2 857	264	736	53	710	354	37
港澳台商投资企业	14 553	14 553	9 172	705	4 676		3 518	1 023	9
与港澳台商合资经营	10 297	10 297	5 870	494	3 932		2 838	999	9
港澳台商独资	4 256	4 256	3 302	211	744		680	24	
外商投资企业	30 057	30 057	10 686	1 533	9 554	98	11 252	2 224	365
中外合资经营	3 651	3 651	883	183	2 585		2 711	388	1
外资企业	25 974	25 974	9 456	1 302	6 931	98	8 529	1 815	360
外商投资股份有限公司	433	433	347	49	38		13	21	4
按国民经济行业分组									
正餐服务业	115 630	115 295	67 436	5 742	39 606	116	28 602	8 788	344
快餐服务业	28 093	28 093	10 845	1 379	7 284	98	8 704	1 898	368

年）

及　分　配（万元）									工资、福利费（万元）		全部从业人员年平均人数（人）
#差旅费	#工会经费	财务费用	#利息支出	营业利润	利润总额	应交所得税	劳动、失业保险费	住房公积金和住房补贴	本年应付工资总额	本年应付福利费总额	
901	**212**	**5 519**	**4 460**	**3 226**	**1 953**	**2 829**	**2 998**	**587**	**29 723**	**2 625**	**21 790**
291	119	3 655	3 418	-4 336	-4 074	179	1 703	239	12 378	1 328	7 786
91	79	987	851	-585	-1 251	174	1 187	232	6 293	789	4 164
136	87	3 240	3 038	-2 169	-2 600	179	1 405	232	8 423	1 009	5 669
78	66	764	670	50	-678	174	1 150	226	4 789	554	3 023
4	2	135	119	-101	-102		19	2	289	42	235
5	2			-103	-103		23		365	51	238
34	10	563	473	-941	-584	4	176	4	1 971	269	1 445
34	10	563	473	-941	-584	4	176	4	1 971	269	1 445
1	1			-150	-150	2	2		262	29	302
15	6	1 778	1 776	-923	-981		35		747	64	426
12	6	1 740	1 741	-924	-983		21		703	64	365
3		38	35	1	1		14		44		61
18	5	79	57	-1 501	-730		85		1 323	134	715
	2			-116	-116		13		168	24	100
	3	2		-78	-78		—		238	31	230
17		77	57	-1 307	-536		72		917	79	385
137	27	336	323	-667	-744		213	7	2 632	186	1 402
23	1	120	115	-32	-31		118		1 353	11	465
96	11	7	7	-105	-103				331	44	328
3	9	-60	-56	-212	-290		67	7	723	132	391
15	6	269	257	-319	-319		29		225		218
286	117	3 644	3 409	-4 226	-3 963	179	1 703	239	12 194	1 309	7 636
5	2	10	9	-110	-111				183	19	150
610	93	1 864	1 042	7 563	6 028	2 650	1 295	348	17 345	1 297	14 004
32	29	96	85	-295	-304	37	116	47	2 271	85	1 613
309	61	1 719	937	3 095	1 677	1 244	724	47	12 827	1 100	10 776
30	29	84	84	-4	2	17	106	47	1 520	84	1 168
1		1	1	17	2	20	10		114	1	95
7	2	85	76	-529	-549	57	49		568	42	490
44	4	286	241	-248	-270	127	53		1 521	78	1 329
44	4	286	241	-248	-270	127	53		1 521	78	1 329
6		49	41	-299	-265	22	11		301	30	353
211	25	1 195	477	4 119	2 717	1 002	475	1	8 242	844	6 880
132	17	778	317	3 883	2 815	671	313	1	5 712	613	4 305
16		43	39	-13	-15	48	29		650	46	768
62	8	125	81	416	79	269	126		1 628	156	1 532
2	1	250	39	-167	-161	14	6		253	29	275
10		20	18	40	40		21		561	22	461
33	6	70	46	172	108	9	90		1 557	63	1 135
28	6	40	16	162	99	6	77		1 340	54	1 003
6		30	30	10	9	3	13		217	9	132
268	27	75	59	4 296	4 242	1 397	482	301	2 960	133	2 093
110	1	17	-2	-530	-530		26		737	104	230
150	25	57	60	4 823	4 769	1 396	456	301	2 201	29	1 828
8		1	1	4	4	1			22	1	35
440	59	1 789	964	2 652	1 170	1 217	811	47	14 807	1 252	11 841
171	34	75	78	4 911	4 858	1 434	484	301	2 538	45	2 163

13－12　限额以上餐饮业企业能源消费情况

（2007 年）

品　　种	计 量 单 位	本 期 消 费 量
煤　炭	千克	57 605
煤　气	立方米	8 991 904
天然气	立方米	810 601
液化石油气	千克	1 350 815
电　力	千瓦时（度）	59 643 427

13－13 成品油批发企业能源购进、销售与库存

（2007年）

单位：吨

能源品种	年初库存量	本年购进量	#购自省（区、市）外	本年销售量	#销往省（区、市）外	#售予批发和零售企业	年末库存量
汽油	18 846	326 257	134 236	326 580	37 806	143 870	18 523
#93"	11 066	129 835	26 812	132 831	7 682	33 221	8 071
柴油	28 929	719 136	293 624	719 517	21 659	318 301	28 547
#0"	26 896	712 345	293 624	711 791	21 659	318 246	27 449
煤油	3 780	74 112		70 285			7 607
燃料油	1 402	6 347		6 801			948
润滑油	1 179	11 547		11 223			1 503

13－14 成品油零售企业能源商品销售与库存

（2007年）

单位：吨

能源品种	年初库存量	本年销售量	年末库存量
汽油	4 343	236 255	3 902
#93"	1 891	119 457	1 713
柴油	3 960	303 456	4 068
#0"	3 887	303 077	3 994
润滑油	5	1 215	668

13－15 亿元以上商品交易市场主要指标

（2007年）

	市场成交总额（亿元）	营业面积（平方米）	已出租摊位数（个）
合　　计	**321.92**	**1 162 793**	**21 204**
南昌市洪城大市场	150.67	105 993	6 746
南昌深圳农产品中心批发市场	54.32	51 350	504
江西省装潢建材大市场	31.23	42 724	607
江西钢材市场	22.25	6 900	152
江西省五华批发大市场	12.87	21 060	758
南昌县小蓝禽蛋批发市场	11.14	18 000	179
江西省联信大市场	10.06	9 648	606
南昌市郊区佛塔生猪交易批发市场	8.61	13 400	30
江西洪城汽配城	7.32	38 500	289
江西红谷滩汽车广场	6.01	22 000	20
南昌市建材大市场	5.20	64 900	1 013
南昌市废旧钢材交易市场	4.87	11 400	166
南昌市香江家俱光彩大市场	4.80	50 000	323
江西国际汽车城	4.36	110 000	605
南昌市万寿宫商城	3.41	49 000	1 751
江西东方电脑城	3.33	9 600	252
南昌长运商贸城	3.29	30 620	529
南昌市洛阳路建材市场	3.21	30 000	230
南昌县莲塘综合市场	2.98	7 600	725
江西省旧机动车交易市场	2.67	11 000	158
南昌市京东家俱城	2.63	40 002	266
新建县集贸中心市场	2.62	19 000	1 291
江西家电市场	1.90	23 374	593
江西鸿顺德国际商贸城	1.87	22 500	353
南昌县农机大市场	1.79	8 000	51
南昌市摩托车交易市场	1.62	7 800	53
南昌香江商贸城	1.58	278 442	1 536
南昌市肉联厂食品交易市场	1.52	4 600	120
南昌市墩子塘集贸市场	1.42	3 145	201
南昌市青山湖农副产品批发市场	1.40	20 000	190
江西省华东商贸城	1.36	17 235	508
江西旧货大市场	1.36	15 000	399

13－16 前 20 位 零 售 企 业 排 位

（按商品销售额）

2006		2007	
位次	企　业　名　称	位次	企　业　名　称
1	南昌百货大楼股份有限公司	1	南昌百货大楼股份有限公司
2	南昌洪城大厦股份有限公司	2	南昌洪城大厦股份有限公司
3	江西洪客隆实业有限公司	3	江西洪客隆实业有限公司
4	江西凯美百货投资管理有限公司	4	江西运通汽车技术服务有限公司
5	江西鹏润国美电器有限公司	5	江西鹏润国美电器有限公司
6	江西运通汽车技术服务有限公司	6	江西百盛中山城百货有限公司
7	沃尔玛深国投百货有限公司南昌八一广场分店	7	沃尔玛深国投百货有限公司南昌店
8	江西国力汽车服务有限公司	8	中国石油天然气股份有限公司江西南昌销售分公司
9	江西黄庆仁栈华氏大药房有限公司	9	江西国力汽车贸易有限公司
10	江西大众汽车销售维修服务有限公司	10	江西黄庆仁栈华氏大药房有限公司
11	南昌同驰丰田汽车销售服务有限公司	11	江西国力汽车服务有限公司
12	锦江麦德龙现购自运有限公司南昌青山湖商场	12	江西大众汽车销售维修服务有限公司
13	江西苏宁电器有限公司	13	南昌同驰丰田汽车销售服务有限公司
14	南昌亨得利有限责任公司	14	南昌亨得利有限责任公司
15	江西盛田汽车有限公司	15	锦江麦德龙现购自运有限公司南昌青山湖商场
16	江西东维汽车销售有限公司	16	南昌之星汽车贸易有限公司
17	江西财富广场有限公司	17	江西财富广场有限公司
18	江西步步高商业连锁有限公司	18	江西致胜汽车服务有限公司
19	江西五菱汽车销售有限公司	19	江西苏宁电器有限公司
20	南昌之星汽车贸易有限公司	20	江西盛田汽车有限公司

13－17　亿元以上商品交易市场排位

（按市场成交额）

2006		2007	
位次	市场名称	位次	市场名称
1	南昌市洪城大市场	1	南昌市洪城大市场
2	南昌深圳农产品中心批发市场	2	南昌深圳农产品中心批发市场
3	江西省装潢建材大市场	3	江西省装潢建材大市场
4	江西省五华批发大市场	4	江西钢材市场
5	江西钢材市场	5	江西省五华批发大市场
6	南昌市郊区佛塔生猪交易批发市场	6	南昌县小蓝禽蛋批发市场
7	江西国际汽车城	7	江西省联信大市场
8	南昌县小蓝禽蛋批发市场	8	南昌市郊区佛塔生猪交易批发市场
9	江西洪城汽配城	9	江西洪城汽配城
10	江西省联信大市场	10	江西红谷滩汽车广场
11	南昌市废旧钢材交易市场	11	南昌市建材大市场
12	江西红谷滩汽车广场	12	南昌市废旧钢材交易市场
13	南昌市建材大市场	13	南昌市香江家俱光彩大市场
14	南昌市香江家俱光彩大市场	14	江西国际汽车城
15	南昌市万寿宫商城	15	南昌市万寿宫商城
16	南昌市洛阳路建材市场	16	江西东方电脑城
17	南昌长运商贸城	17	南昌长运商贸城
18	南昌市京东家俱城	18	南昌市洛阳路建材市场
19	新建县集贸中心市场	19	南昌县莲塘综合市场
20	江西新大地市场	20	江西省旧机动车交易市场
21	南昌县莲塘综合市场	21	南昌市京东家俱城
22	江西省旧机动车交易市场	22	新建县集贸中心市场
23	南昌市摩托车交易市场	23	江西家电市场
24	江西省华东商贸城	24	江西鸿顺德国际商贸城
25	南昌市青山湖农副产品批发市场	25	南昌县农机大市场
26	江西鸿顺德国际商贸城	26	南昌市摩托车交易市场
27	江西家电市场	27	南昌香江商贸城
28	南昌香江商贸城	28	南昌市肉联厂食品交易市场
29	南昌市肉联厂食品交易市场	29	南昌市墩子塘集贸市场
30	南昌市墩子塘集贸市场	30	南昌市青山湖农副产品批发市场

13－18 个体工商业基本情况

(2007年)

项目	户数(户)	#城镇	从业人员(人)	#城镇	注册资金(万元)	#城镇	总产值(万元)	#城镇	销售总额或营业收入(万元)	#城镇
合计	**110 588**	**95 438**	**260 075**	**223 979**	**198 950**	**151 489**	**2 910 962**	**2 817 897**	**3 693 748**	**3 491 520**
一、农、林、牧、渔业	246	58	936	202	1 806	503	7 493	2 820	5 584	2 328
二、采矿业	10	6	40	18	70	41	2 326	1 848		
三、制造业	6 110	4 938	18 319	14 729	17 012	11 136	2 900 850	2 812 991		
四、电力、燃气及水的生产和供应业	1		1		1					
五、建筑业	8	6	36	22	109	89	293	239		
六、交通运输、仓储和邮政业	14 302	14 023	17 892	17 378	19 743	19 117			32 280	27 821
七、信息传输、计算机服务和软件业	1 465	1 234	4 182	3 535	7 047	5 529			56 908	54 345
八、批发和零售业	62 218	52 359	142 146	119 723	110 518	89 134			3 014 954	2 867 363
#批发业	23 880	20 777	59 404	50 539	49 250	39 070			2 132 058	2 116 165
九、住宿和餐饮业	10 945	9 680	32 086	28 733	19 571	12 059			369 550	349 924
#餐饮业	6 928	5 968	20 982	18 386	10 574	7 007			257 924	252 208
十、房地产业	114	109	318	305	175	150			927	860
十一、租赁和商务服务业	1 019	686	3 055	2 045	2 619	1 134			7 899	5 672
十二、居民服务和其他服务业	11 386	9 827	33 646	30 234	15 984	10 426			127 872	116 001
十三、文化、体育和娱乐业	436	398	1 834	1 715	1 667	1 516			66 699	61 165
十四、其它行业	2 328	2 114	5 584	5 340	2 628	655			11 075	6 041

资料来源：南昌市工商局。

13－19 私营工商业基本情况

（2007年）

项目	户数（户）	#城镇	投资者人数（人）	#城镇	雇工人数（人）	#城镇	注册资金（万元）	#城镇
合计	**31 727**	**30 696**	**73 788**	**71 517**	**279 868**	**265 534**	**4 394 452**	**4 278 976**
一、农、林、牧、渔业	568	532	1 393	1 300	2 596	1 496	96 478	93 928
二、采矿业	18	18	40	40	76	76	5 041	5 041
三、制造业	4 289	3 792	10 590	9 425	30 606	24 152	658 314	594 739
四、电力、燃气及水的生产和供应业	28	25	78	63	203	89	7 469	7 246
五、建筑业	2 145	2 123	4 926	4 877	3 671	3 063	312 534	310 690
六、交通运输、仓储和邮政业	509	496	1 215	1 191	1 343	1 245	43 501	42 965
七、信息传输、计算机服务和软件业	1 686	1 628	3 893	3 835	5 265	4 837	153 568	151 974
八、批发和零售业	14 117	13 775	32 348	31 625	220 720	215 873	1 555 531	1 514 833
#批发业	11 745	11 660	27 072	26 836	14 168	13 238	1 325 148	1 317 215
九、住宿和餐饮业	400	389	866	843	1 465	1 357	63 131	62 940
#餐饮业	248	235	543	501	865	700	44 588	43 717
十、房地产业	1 471	1 468	3 416	3 410	3 150	3 108	822 633	821 733
十一、租赁和商务服务业	4 552	4 535	10 301	10 266	5 845	5 575	444 752	443 249
十二、居民服务和其他服务业	882	862	1 995	1 936	2 937	2 768	60 966	60 584
十三、卫生、社会保障和社会福利业	8	8	18	18	47	47	2 146	2 146
十四、文化、体育和娱乐业	120	120	278	278	278	278	481	481
十五、其它行业	934	925	2 431	2 410	1 463	1 367	157 259	155 779

资料来源：南昌市工商局。

13－19　续表1　　　　　　　　　　　　(2007年)

项　　　　目	总 产 值（万元）	#城　　镇	销售总额或营业收入（万元）	#城　　镇
合　　计	**2 718 443**	**1 936 247**	**5 344 482**	**4 625 161**
一、农、林、牧、渔业	404 606	173 318	92 166	62 992
二、采　矿　业	535 482	532 257		
三、制　造　业	1 386 563	1 004 480		
四、电力、燃气及水的生产和供应业	66 528	66 251		
五、建　筑　业	325 264	159 942		
六、交通运输、仓储和邮政业			1 893 823	1 727 923
七、信息传输、计算机服务和软件业			320 686	287 762
八、批发和零售业			1 290 149	1 113 393
#批发业			384 690	341 653
九、住宿和餐饮业			182 671	175 601
#餐饮业			126 383	117 803
十、房地产业			854 957	602 679
十一、租赁和商务服务业			148 943	143 744
十二、居民服务和其他服务业			74 188	60 835
十三、卫生、社会保障和社会福利业			35 447	35 092
十四、文化、体育和娱乐业			415 221	379 891
十五、其它行业			36 230	35 250

资料来源：南昌市工商局。

13－19　续表2　　　　　　　　　　　　　　　（2007年）

项　　目	独资企业				合伙企业			
	户　数（户）	投资者人　数（人）	雇　工人　数（人）	注　册资　金（万元）	户　数（户）	投资者人　数（人）	雇　工人　数（人）	注　册资　金（万元）
合　计	**462**	**462**	**3 546**	**10 688**	**570**	**1 560**	**5 349**	**3 943**
一、农、林、牧、渔业	20	20	134	1 287	13	30	90	788
二、采　矿　业								
三、制　造　业	114	114	722	2 486	216	635	1 945	4 795
四、电力、燃气及水的生产和供应业								
五、建　筑　业	1	1	3	5	3	7	16	1 662
六、交通运输、仓储和邮政业	7	7	50	40	12	31	76	119
七、信息传输、计算机服务和软件业	136	136	1 016	3 750	5	16	40	213
八、批发和零售业	82	82	593	1 414	206	519	2 233	1 601
#批发业	37	37	200	1 012	34	100	317	1 449
九、住宿和餐饮业	42	42	552	671	42	107	264	1 047
#餐饮业	9	9	304	237	15	39	120	236
十、房地产业	2	2	11	23	5	14	47	139
十一、租赁和商务服务业	12	12	76	108	19	56	119	166
十二、居民服务和其他服务业	29	29	180	553	33	97	408	3 087
十三、卫生、社会保障和社会福利业	1	1	5	10	1	3	10	6
十四、文化、体育和娱乐业	11	11	190	313	12	27	77	289
十五、其它行业	5	5	14	28	3	18	24	31

资料来源：南昌市工商局。

13－19　续表3　　（2007年）

项目	有限责任公司				股份有限公司			
	户数（户）	投资者人数（人）	雇工人数（人）	注册资金（万元）	户数（户）	投资者人数（人）	雇工人数（人）	注册资金（万元）
合计	**30 675**	**71 696**	**268 949**	**4 332 348**	**20**	**70**	**24**	**27 473**
一、农、林、牧、渔业	534	1 337	2 372	90 903	1	6		3 500
二、采矿业	18	40	76	5 041				
三、制造业	3 958	9 839	27 931	649 033	1	2	8	2 000
四、电力、燃气及水的生产和供应业	28	78	203	7 469				
五、建筑业	2 140	4 917	3 652	310 867	1	1		
六、交通运输、仓储和邮政业	490	1 177	1 217	43 342				
七、信息传输、计算机服务和软件业	1 543	3 725	4 201	144 005	2	16	8	5 600
八、批发和零售业	13 825	31 742	215 886	1 536 916	4	5	8	5 600
#批发业	11 673	26 934	13 651	1 322 686	1	1		
九、住宿和餐饮业	316	717	649	61 413				
#餐饮业	224	495	441	44 115				
十、房地产业	1 463	3 397	3 092	821 871	1	3		600
十一、租赁和商务服务业	4 515	10 220	5 650	439 178	6	13		5 300
十二、居民服务和其他服务业	817	1 859	2 349	53 453	3	10		3 873
十三、卫生、社会保障和社会福利业	6	14	32	2 130				
十四、文化、体育和娱乐业	97	240	214	10 527				
十五、其它行业	925	2 394	1 425	156 200	1	14		1 000

资料来源：南昌市工商局。

13－20　个体批发和零售、住宿和餐饮业户数和从业人员数

项　　目	户　　数（户）		从业人员（人）	
	2006	2007	2006	2007
个体批发和零售业、住宿和餐饮业	**71 041**	**73 163**	**171 424**	**174 232**
一、个体批发和零售业	60 205	62 218	139 232	142 146
#零售业	36 070	38 338	76 844	82 742
二、个体住宿和餐饮业	10 836	10 945	32 192	32 086
#餐饮业	7 447	6 928	22 658	20 982

资料来源：南昌市工商局。

13－21　私营批发和零售、住宿和餐饮业户数和雇工人数

项　　目	户　　数（户）		雇工人数（人）	
	2006	2007	2006	2007
私营批发和零售业、住宿和餐饮业	**11 037**	**14 517**	**198 825**	**222 185**
一、私营批发和零售业	10 837	14 117	198 415	220 720
#零售业	1 996	2 372	186 845	206 552
二、私营住宿和餐饮业	200	400	410	1 465
#餐饮业	141	248	320	865

资料来源：南昌市工商局。

13－22 各类商品交易市场个数

（2007年）　　单位：个

	合计	城市	农村
合　　计	**251**	**120**	**131**
一、消费品市场	232	110	122
（一）消费品综合市场	119	40	79
（二）农副产品市场	88	62	26
农副产品综合市场	82	59	23
农副产品专业市场	6	3	3
（三）工业消费品市场	10	8	2
工业消费品综合市场	10	8	2
（四）其他消费品市场	15		15
二、生产资料市场	16	9	7
（一）生产资料综合市场	4	1	3
（二）工业生产资料市场	11	7	4
机动车交易市场	2	2	
钢材交易市场	1	1	
木材交易市场	8	4	4
（三）农业生产资料市场	1	1	
农业生产资料综合市场	1	1	
三、生产要素市场	3	1	2
（一）房地产市场	1		1
（二）劳动力市场	1		1
（三）其他生产资料市场	1	1	

资料来源：南昌市工商局。

13－23 个体经济基本情况

(2007年)

项目	户数		从业人员		注册资金	
	(户)	比重(%)	(人)	比重(%)	(万元)	比重(%)
合计	**110 588**	**100**	**260 075**	**100**	**198 950**	**100**
一、农、林、牧、渔业	246	0.22	936	0.36	1 806	0.91
二、采矿业	10	0.01	40	0.02	70	0.04
三、制造业	6 110	5.53	18 319	7.04	17 012	8.55
四、电力、燃气及水的生产和供应业	1		1		1	
五、建筑业	8	0.01	36	0.01	109	0.05
六、交通运输、仓储和邮政业	14 302	12.93	17 892	6.88	19 743	9.92
七、信息传输、计算机服务和软件业	1 465	1.32	4 182	1.61	7 047	3.54
八、批发和零售业	62 218	56.26	142 146	54.66	110 518	55.55
#批发业	23 880	38.38	59 404	41.79	49 250	44.56
九、住宿和餐饮业	10 945	9.90	32 086	12.34	19 571	9.84
#餐饮业	6 928	63.30	20 982	65.39	10 574	54.03
十、房地产业	114	0.10	318	0.12	175	0.09
十一、租赁和商务服务业	1 019	0.92	3 055	1.17	2 619	1.32
十二、居民服务和其他服务业	11 386	10.30	33 646	12.94	15 984	8.03
十三、文化、体育和娱乐业	436	0.39	1 834	0.71	1 667	0.84
十四、其它行业	2 328	2.11	5 584	2.15	2 628	1.32

资料来源：南昌市工商局。

13－24 私营经济基本情况

（2007 年）

项　　　目	户　　数		投资者人数		雇工人数		注册资本（金）	
	（户）	比　重（%）	（人）	比　重（%）	（人）	比　重（%）	（万元）	比　重（%）
合　　计	**31 727**	**100**	**73 788**	**100**	**279 868**	**100**	**4 394 452**	**100**
一、农、林、牧、渔业	568	1.79	1 393	1.89	2 596	0.93	96 478	2.20
二、采　矿　业	18	0.06	40	0.05	76	0.03	5 041	0.11
三、制　造　业	4 289	13.52	10 590	14.35	30 606	10.94	658 314	14.98
四、电力、燃气及水的生产和供应业	28	0.09	78	0.11	203	0.07	7 469	0.17
五、建　筑　业	2 145	6.76	4 926	6.68	3 671	1.31	312 534	7.11
六、交通运输、仓储和邮政业	509	1.60	1 215	1.65	1 343	0.48	43 501	0.99
七、信息传输、计算机服务和软件业	1 686	5.31	3 893	5.28	5 265	1.88	153 568	3.49
八、批发和零售业	14 117	44.50	32 348	43.84	220 720	78.87	1 555 531	35.40
#批发业	11 745	83.20	27 072	83.69	14 168	6.42	1 325 148	85.19
九、住宿和餐饮业	400	1.26	866	1.17	1 465	0.52	63 131	1.44
#餐饮业	248	62.00	543	62.70	865	59.04	44 588	70.63
十、房地产业	1 471	4.64	3 416	4.63	3 150	1.13	822 633	18.72
十一、租赁和商务服务业	4 552	14.35	10 301	13.96	5 845	2.09	444 752	10.12
十二、居民服务和其他服务业	882	2.78	1 995	2.70	2 937	1.05	60 966	1.39
十三、卫生、社会保障和社会福利业	8	0.03	18	0.02	47	0.02	2 146	0.05
十四、文化、体育和娱乐业	120	0.38	278	0.38	278	0.10	481	0.01
十五、其它行业	934	2.94	2 431	3.29	1 463	0.52	157 259	3.58

资料来源：南昌市工商局。

主 要 统 计 指 标 解 释

社会消费品零售总额 指各种经济类型的批发零售贸易业、餐饮业和其他行业对城乡居民和社会集团的消费品零售额总和。这个指标反映通过各种商品流通渠道向居民和社会集团供应的生活消费品来满足他们生活需要，是研究人民生活、社会消费品购买力、货币流通等问题的重要指标。对居民的消费品零售额：指售给城乡居民用于生活消费的商品。对社会集团的消费品零售额：指售给机关、团体、部队、学校企业、事业单位和城市街道居民委员会、农村村民委员会用公款购买的用作非生产、非经营使用的消费品。社会消费品零售额包括：（1）售给城乡居民作为生活用的商品及修建房屋建筑材料；（2）售给机关、团体、学校、部队、企业、事业单位的职工食堂和旅店（招待所）附设专门供本店旅客食用，不对外营业的食堂的各种食品、燃料；企业、单位和国营农场直接售给本单位职工和职工食堂的自己生产的产品；（3）售给部队干部、战士生活粮食、副食品、衣着品、日用品、燃料；（4）售给来华的外国人、华侨、港澳台同胞的消费品（包括友谊商店、在海关前后设立的免税商店、外轮供应公司等）；（5）居民自费购买的中、西药品，中药材及医疗用品；（6）报社、出版社直接售给居民和社会集团的报纸、图书、杂志，集邮公司（包括邮局集邮专柜）出售的新、旧（盖销的）纪念邮票、特种邮票、首日封、集邮册、集邮工具等；（7）旧货寄售商店自购、自销部分的商品；（8）煤气公司、液化石油气站售给居民和社会集团的煤气灶具和罐装液化石油气；（9）售给社会集团的办公用品、纸张、帐册、文印用品、计算工具、书报杂志和奖品；公共用品和纺织品、针织品；学校用的教学用具；文体用品；有明确专用的劳动保护用品。

（一）按行业分的社会商品零售额

1、批发和零售业零售额 指专门从事商品转卖业务的各种经济类型独立核算的批发零售贸易企业、产业活动单位单位直接售给居民和社会集团的消费品零售额。

2、住宿和餐饮业零售额 指从事食品的烹饪、调制并直接零售给居民饮食的各种宾馆、旅社、饭馆、酒馆、茶馆等餐饮业的零售额。包括各种企业单位附设对外营业的饭馆、火车餐厅、轮船餐厅、车站食堂、机场餐厅的零售额。不包括旅店（招待所）专供本店旅客食用，不对外营业的食堂，机关、团体学校、企业、事业单位的职工食堂出售饭菜的收入。

3、其他行业零售额 指批发零售贸易业、餐饮业、工业制造业以外的其他行业的直接零售额。包括各种经济类型的交通运输业、邮电业、建筑业、居民服务业、公用事业、出版社等行业的零售额（跨行业的经济联合组织的零售额，按其主营活动确定其所属行业，列入该行业的零售额内）。

（二）按销售地区分组

1、市的零售额 指设立在中央直辖市、省、地辖市的市区和郊区以及县级市的市区的各行业消费品零售额，不包括市属县的消费品零售额。

2、县的零售额 指设立在县城关区的各行业消费品零售额。

3、县以下的零售额 指设立在县城关区以及县级市的市区以外的集镇和农村的各行业消费品零售额。但不包括分布在农村的独立工矿、林区的商品零售额，这部分零售额，凡属市直辖的列入" 市的零售额" 中，凡属县直辖的列入" 县的零售额" 中。

商品购进总额 指从本企业以外的单位和个人购进（包括从国外直接进口）作为转卖或加工后转卖的商品金额。本指标由从生产者购进额、从批发零售贸易业购进额、进口额和其他项目组成。这个指标反映批发零售贸易业从国内、国外市场上购进商品的总量。

从生产者购进额 指直接从工农业生产者购进的各种工矿产品、农副产品。

进口 指直接从国外进口的商品和委托外贸部门代理进口的商品。

商品销售总额 指对本企业以外的单位和个人出售的商品（包括售给本单位消费用的商品）金额。本指标由对生产经营单位批发额、对批发零售贸易批发额、出口额和对居民和社会集团商品零售额项目组成。这个指标反映批发零售贸易业在国内市场上销售商品以及出口商品的总量（含增值税）。

批发 指除零售以外的一切商品销售活动，包括对生产经营单位批发、对批发零售贸易业批发和出口（含增值税）。

对生产经营单位批发　指售给国民经济和社会各部门作为生产或经营使用的商品。

出口　指直接向国（境）外出口商品和委托外贸部门代理出口的商品。

零售　指售给城乡居民直接用于生活消费的商品和社会集团直接用于公用消费的商品（含增值税）。

期末库存　指批发零售贸易业已取得所有权的全部商品。这个指标反映批发零售业的商品库存情况，以及对市场商品供应的保证程度。

年末从业人数　指在该企业工作并取得劳动报酬的年末实有人员数。包括在岗职工、再就业的离退休人员、在该企业工作的外方人员、港、澳、台方人员、兼职人员、借用的外单位人员和第二职业者。不包括离开本单位但仍保留劳动关系的职工。

年末营业面积　零售业按建筑面积计算的直接对顾客销售商品的固定场地，不包括办公室、仓库、加工场地等面积。住宿和餐饮业对外提供就餐服务的门店建筑面积和从事食品加工、烹饪、调制的厨房面积，不包括办公用房和仓库等面积。该指标按年末实有面积统计。

住宿和餐饮业营业额　指住宿和餐饮业法人企业、产业活动单位在经营活动中因提供服务或销售商品等取得的收入。包括客房收入、餐费收入、商品销售额（含增值税）和其他收入。

客房收入　指住宿和餐饮业法人企业、产业活动单位在经营活动中因提供住宿服务取得的收入。

餐费收入　指住宿和餐饮业法人企业、产业活动单位因为顾客提供就餐服务取得的收入。包括经烹饪、调制后出售的各种食品，如主食、炒菜、凉拌菜等的收入。

商品销售额　指住宿和餐饮业法人企业、产业活动单位出售商品的销售总额（含增值税）。

其他收入　指营业额中除客房收入、餐费收入、商品销售额（含增值税）以外的其他收入。包括：娱乐、健身和商务服务等。

床位数　指宾馆、饭店、酒店、旅馆等供应旅客使用的床位数，不包括临时加的床位和宾馆、饭店、酒店、旅馆等内部工作人员使用的床位。该指标按年内正常情况下的实有数统计。

餐位数　指住宿和餐饮业法人企业、产业活动单位为顾客提供就餐服务时，正常可同时容纳就餐人员的餐位数量，不包括临时加的餐位。该指标按年内正常情况下的实有数统计。

批发和零售业、住宿和餐饮业的限额以上统计划型标准为：

1、批发业：全年销售额2000万元及以上

2、零售业：全年销售额500万元及以上

3、餐饮业：全年主营业务收入200万元及以上

4、住宿业：星级宾馆、饭店

连锁企业（或称连锁店、连锁公司）　指在核心企业或总店的领导下，由分散的、经营同类商品或服务的企业或活动单位，采取共同方针，实行集中采购和分散销售的有机结合，通过规范化经营，实现规模效益的经济联合组织形式。一般连锁店应由若干个分店组成。其经营特征：（1）经营同类商品；（2）使用统一商号；（3）统一采购配送，采购与销售相分离（部分商品可根据物流合理和保质保鲜原则由供应商直接送货到门店，其余均由总部统一配送）。连锁店总店（总部）指连锁店的核心企业或管理中心。连锁店分店指连锁店所属各分散经营的企业或活动单位，也可称分店或成员店。

连锁店包括下列两种形式：

（1）直营连锁：也叫正规连锁。连锁门店均由总部全资或控股开设，在总部的直接领导下统一经营。连锁总店或核心店作为一个直营店统计。

（2）加盟连锁：包括特许连锁和自由连锁。特许连锁：各连锁门店（被特许人）通过合同形式，取得使用总部（特许人）商标、经营技术和销售总部开发的商品的特许权，各加盟连锁门店为独立法人，但无自主经营权，在总部指导下统一经营。自由连锁：也称自愿连锁，连锁公司的门店均为独立法人，各自的资产所有权关系不变，在公司总部的指导下共同经营。各成员店使用共同的店名，与总部订阅相关购、销、宣传等方面的合同，并按合同开展经营活动。在合同规定的范围之外，各成员店可以自由活动。根据自愿原则，各成员店可自由加入连锁体系，也可自由退出。

能源消费量　指能源使用单位在报告期内实际消费的一次能源或二次能源的数量。

商品交易市场 指有固定场所、设施，有若干经营者入场实行集中、公开交易各类实物商品的市场。

市场成交总额 指该市场所有摊位商品交易总额之和。

亿元以上商品交易市场 指全年成交额在一亿元及以上的商品交易市场。

十四、科技·教育·文化

SCIENCE, EDUCATION AND CULTURE

本篇内容包括：

1. 专业技术人员及其行业分布
2. 独立科技机构及大中型工业企业科技活动情况
3. 教育事业情况
4. 文化事业情况

资料整理	微机处理
余学军	余学军
姜同文	姜同文
彭艳红	彭艳红
	熊子文

大中型工业企业技术开发情况

2006年
机构46个
技术开发人员14292人，科技活动经费支出总额19.00亿元，其中用于开发新产品的支出11.13亿元

2007年
机构46个
技术开发人员14830人，科技活动经费支出总额21.52亿元，其中用于开发新产品的支出14.17亿元

高等学校在校学生数

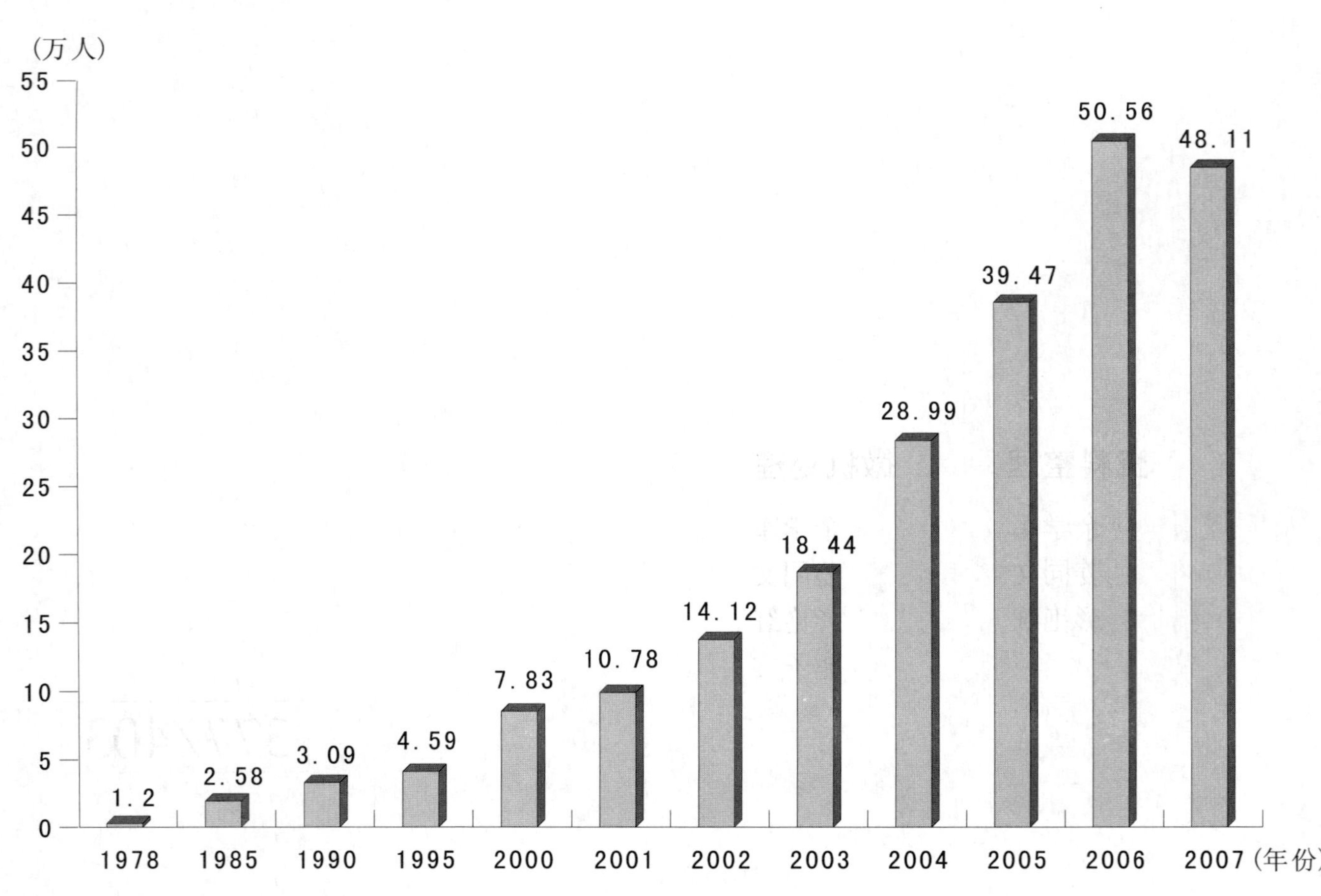

14－1 各类专业技术人员

（市属国有、集体单位，2007 年）

项目	合计		女性	
	人数（人）	比重（%）	人数（人）	比重（%）
总计	**67 610**	**100.0**	**30 099**	**100.0**
按职称分				
高级职称	6 607	9.8	2 221	7.4
中级职称	24 205	35.8	10 552	35.0
初级职称	32 893	48.6	15 682	52.1
未聘	3 905	5.8	1 644	5.5
按类别分				
工程技术人员	8 852	13.1	1 939	6.4
农业技术人员	1 316	1.9	240	0.8
科学研究人员	131	0.2	36	0.1
卫生技术人员	9 365	13.9	5 881	19.5
教学人员	36 299	53.7	17 255	57.3

14－2　专业技术人员学历状况

（市属国有、集体单位，2007 年）　　单位：人

项　　目	合　计	研究生	大学本科	大学专科	中　专	高中及以下
总　　计	**67 610**	**787**	**20 224**	**27 098**	**14 639**	**4 862**
按职称分						
高级职称	6 607	220	4 130	2 126	102	29
中级职称	24 205	316	7 601	9 793	5 675	820
初级职称	32 893	220	7 531	13 722	8 290	3 130
未　聘	3 905	31	962	1 457	572	883
按类别分						
工程技术人员	8 852	164	3 166	3 351	1 222	949
农业技术人员	1 316	10	212	562	332	200
科学研究人员	131	3	103	15	4	6
卫生技术人员	9 365	89	2 271	3 230	3 070	705
教学人员	36 299	445	11 753	14 853	8 673	575

14－3 专业技术人员年龄状况

（市属国有、集体单位，2007 年）　　　　单位：人

项　　目	合　计	31 岁至 35 岁	36 岁至 40 岁	41 岁至 45 岁	46 岁至 50 岁	51 岁至 54 岁	55 岁及以上
总　计	**67 610**	**24 751**	**11 636**	**10 760**	**8 625**	**7 405**	**4 433**
按职称分							
高级职称	6 607	142	880	2 158	1 347	1 129	951
中级职称	24 205	4 646	5 645	4 502	3 698	3 707	2 007
初级职称	32 893	17 636	4 484	3 749	3 298	2 354	1 372
未　聘	3 905	2 327	627	351	282	215	103
按类别分							
工程技术人员	8 852	3 828	1 663	1 475	886	605	395
农业技术人员	1 316	564	208	222	149	112	61
科学研究人员	131	56	28	22	15	3	7
卫生技术人员	9 365	3 820	1 590	1 717	969	936	333
教学人员	36 299	13 125	5 874	5 169	4 807	4 408	2 916

14－4　专业技术人员行业状况

（市属国有、集体单位，2007 年）　　单位：人

项　　目	合　计	农林牧渔　业	制造业	电力燃气及水的生产和供应业	建筑业	交通运输仓储和邮政业	信息传输计算机服务和软件业	批发和零售业	住宿和餐饮业
总　　计	**67 610**	**3 241**	**5 474**	**588**	**2 788**	**1 871**	**107**	**1 090**	**77**
按职称分									
高级职务	6 607	157	318	23	173	43	10	11	2
中级职务	24 205	922	1 633	201	885	522	39	314	31
初级职务	32 893	1 965	2 556	348	1 672	1 284	55	687	44
未　聘	3 905	197	967	16	58	22	3	78	
按类别分									
工程技术人员	8 852	643	2 580	290	2 228	510	70	143	1
农业技术人员	1 316	1 204	1			2		17	
科学研究人员	131	30							
卫生技术人员	9 365	205	125	6	21	42		3	
教学人员	36 299	128	81	2	12	34		6	

14－4 续表 (2007 年) 单位：人

项　　目	金融业	房地产业	租赁和商务服务业	科学研究技术服务和地质勘查业	水利环境和公共设施管理业	居民服务和其他服务业	教育	卫生社会保障和社会福利业	文化体育和娱乐业	其他行业
总　　计	**84**	**831**	**275**	**511**	**1 687**	**281**	**36 182**	**9 873**	**1 325**	**1 325**
按职称分										
高级职务		37	8	99	81	2	4 486	985	148	24
中级职务		387	77	181	578	76	14 161	3 388	496	314
初级职务		377	109	221	821	142	16 724	4 811	538	539
未　聘	84	30	81	10	207	61	811	689	143	448
按类别分										
工程技术人员	14	314	73	378	1 119	70	94	73	64	188
农业技术人员		2	1	19	30	1		5	3	31
科学研究人员				57			38	3	3	
卫生技术人员		2		5	16	10	42	8 854	6	28
教学人员	3			2	14	2	35 768	158	74	15

14－5　高新技术产业主要经济指标

单位：万元

项　　　　目	2 0 0 7
工业总产值	3 776 231
工业增加值	1 340 736
工业中间投入	2 503 071
主营业务收入	3 766 526
利润总额	141 415
应交增值税	67 576
出口交货值	290 888

14－6 大中型工业企业科技活动人员情况

（2007 年）

分类	企业数（个）	有科技活动	科技活动人员数（人）	#科学家和工程师	#研究与试验发展人员	#机构人员
总计	**86**	**46**	**14 830**	**9 236**	**10 452**	**5 897**
一、按企业规模分						
大型	14	12	11 739	7 309	8 540	4 178
中型	72	34	3 091	1 927	1 912	1 719
二、按登记注册类型分						
内资企业	65	35	11 605	7 121	8 652	4 657
港澳台商投资	6	4	302	244	148	125
外商投资	15	7	2 923	1 871	1 652	1 115

14－7 大中型工业企业科技活动经费筹集情况

（2007 年）

单位：万元

分类	科技活动经费筹集总额	企业资金	金融机构贷款	政府资金	其他资金
总计	**271 690**	**199 221**	**57 013**	**15 354**	**102**
一、按企业规模分					
大型	233 607	163 055	55 661	14 892	
中型	38 083	36 166	1 352	462	102
二、按登记注册类型分					
内资企业	135 908	107 325	13 144	15 339	100
港澳台商投资	3 914	3 853	59		2
外商投资	131 868	88 043	43 810	15	

14－8　大中型工业企业科技活动内部支出情况

（2007 年）

单位：万元

分　　类	合　　计	经常费支出	科研基建费用	#研究与试验发展经费	#新产品开发经费支出
总　　计	**233 194**	**215 153**	**18 042**	**168 848**	**141 746**
一、按企业规模分					
大　　型	196 981	182 418	14 563	146 053	117 807
中　　型	36 213	32 734	3 479	22 795	23 939
二、按登记注册类型分					
内资企业	123 846	117 626	6 220	80 578	71 645
港澳台商投资	3 806	3 787	19	3 665	3 772
外商投资	105 542	93 740	11 803	84 605	66 329

14－9　大中型工业企业技术改造和技术获取情况

（2007 年）

单位：万元

分　　类	技术改造经费支出	引进国外技术经费支出	引进技术的消化经费支出	购买国内技术经费支出
总　　计	**200 861**	**19 486**	**22 982**	**24 011**
一、按企业规模分				
大　　型	170 589	17 600	22 453	21 579
中　　型	30 272	1 886	529	2 432
二、按登记注册类型分				
内资企业	141 242	11 182	800	17 491
港澳台商投资	640	80		
外商投资	58 979	8 224	22 182	6 520

14－10　大中型工业企业技术开发新产品情况

（2007 年）

分　　类	新产品开发项目（个）	新产品产值（万元）	新产品销售收入（万元）	#出　口
总　　计	**427**	**2 038 419**	**1 995 969**	**168 477**
一、按企业规模分				
大　型	269	1 778 940	1 746 602	133 399
中　型	158	259 479	249 367	35 078
二、按登记注册类型分				
内资企业	281	1 007 190	959 780	90 543
港澳台商投资	6	25 133	24 975	102
外商投资	140	1 006 096	1 011 214	77 832

14－11　各类全日制学校基本情况

（2007 年）

项　　目	学校数（个）	招生数（人）	毕业生（人）	在校学生（人）	教职员工（人）	#专任教师
合　　计	**1 518**	**385 241**	**335 123**	**1 382 454**	**93 385**	**70 303**
高等学校	46	142 021	142 869	481 107	43 993	27 637
中等学校	28	36 699	36 832	99 819	3 082	1 838
技工学校	36	30 545	14 480	65 116	3 352	2 423
普通中学	264	89 850	67 010	267 726	19 427	16 293
职业高中	25	6 075	5 829	21 233	1 158	888
小　　学	1 111	79 843	67 948	446 535	22 178	21 040
特教学校	8	208	155	918	195	184

14－12 普通高等学校基本情况

（2007年）

单位：人

校　　名	学校数	毕业生数	招生数	在校学生数	毕业班学生数	教职工数 合计	#专任教师
合　计	**44**	**142 869**	**142 021**	**481 107**	**171 660**	**43 993**	**27 637**
南昌大学	1	10 181	13 622	49 998	12 296	6 246	2 578
华东交通大学	1	5 315	5 197	18 714	4 689	1 670	1 105
南昌航空工业学院	1	4 214	5 090	18 634	4 768	1 933	1 175
江西农业大学	1	3 301	4 504	15 898	3 652	2 828	847
江西护理职业技术学院	1	10	2 145	3 037	256	532	484
江西中医学院	1	2 258	3 002	10 948	2 858	1 034	759
江西师范大学	1	6 763	7 843	30 269	8 229	2 537	1 776
江西财经大学	1	6 502	6 314	21 285	6 103	2 163	1 350
江西工业职业技术学院	1	1 718	3 151	8 826	2 676	569	376
江西科技师范学院	1	5 122	6 090	19 017	5 867	1 283	972
江西公安专科学校	1	1 611	1 782	4 484	1 551	406	264
江西旅游商贸职业学院	1	3 199	4 059	11 312	2 765	730	591
江西电力职业技术学院	1	3 430	2 875	8 490	3 475	615	400
江西艺术职业学院	1	208	305	570	265	156	108
江西信息应用职业学院	1	1 020	1 529	4 084	1 598	269	179
江西交通职业技术学院	1	2 077	2 201	6 317	1 928	476	329
江西工程职业学院	1		1 922	3 908	666	290	218
江西现代职业技术学院	1	4 254	3 191	8 759	3 229	1 050	856
江西机电职业技术学院	1	1 655	1 770	5 972	2 020	424	339
江西生物科技职业学院	1	596	1 768	4 204	1 051	338	242
江西建设职业技术学院	1	704	1 473	4 181	1 369	294	185
江西外语外贸职业学院	1	2 234	3 410	9 818	3 936	609	496
江西行政管理干部学院	1	618	776	2 692	904		
南昌理工学院	1	19 717	6 639	26 359	17 608	2 069	1 601
江西蓝天职业技术学院	1	10 706	6 139	21 592	12 955	2 461	1 885

14－12续表　　(2007年)　　单位：人

校　　名	学校数	毕业生数	招生数	在校学生数	毕业班学生数	教职工数	
						合计	#专任教师
江西城市职业学院	1	6 109	1 680	11 558	9 499	1 445	610
江西工业贸易职业技术学院	1	1 162	2 400	5 587	1 745	578	401
江西服装职业技术学院	1	5 360	1 006	8 479	7 141	1 155	865
江西科技职业技术学院	1	1 961	2 340	6 687	2 795	521	248
江西大宇职业技术学院	1	6 221	2 265	13 657	10 578	1 264	789
江西赣江职业技术学院	1	1 654	1 466	11 168	6 326	963	432
江西教育学院	1	1 165	1 107	3 714	1 433		
南昌师范高等专科学校	1	1 578	1 708	3 784	1 314	433	367
江西经济管理干部学院			1 158	4 225	1 279		
南昌教育学院	1	709	562	2 126	826		
江西广播电视大学	1	1 080		570	570		
南昌钢铁责任公司职工大学	1	9	197	392	4		
江西司法警官职业学院	1	2 066	1 567	4 476	1 920	396	270
江西先锋软件职业技术学院	1	2 246	2 501	4 444	1 940	410	232
江西制造职业技术学院	1	991	1 897	4 530	1 044	311	228
江西航空职业技术学院	1	507	843	2 653	919	192	140
东华理工学院长江学院		800	1 924	5 880	891	500	311
江西中医学院科技学院		505	1 250	4 715	623	400	300
江西科技师范学院理工学院		332	650	2 137	424	184	136
江西财经大学现代经济管理学院		886	1 467	5 218	1 123	323	292
南昌工程学院	1	4 295	5 228	16 126	5 224	1 152	781
江西师范大学科技学院	1	973	1 556	5 912	1 300	276	216
华东交通大学理工学院		435	2 435	7 498	547	590	440
江西青年职业学院	1	30	569	1 489	540	201	141
江西农业大学南昌商学院		879	1 608	5 866	1 203	365	307
南昌大学科学技术学院		1 549	3 053	10 348	1 781	653	502
南昌航空工业大学科技学院		954	1 573	5 854	1 218	383	304
江西经济管理职业学院	1	1 000	1 176	2 537	739	316	210
南昌市职工科技大学			38	109			

14－13 高等学校研究生

（2007 年）

单位：人

院　　校	毕业生	招生数	在校研究生
合　　计	**2 861**	**3 991**	**11 878**
南昌大学	1 242	1 566	5 011
南昌航空工业学院	161	250	683
江西农业大学	198	276	759
江西中医学院	183	202	609
江西师范大学	517	737	2 221
江西财经大学	432	694	1 941
华东交通大学	128	224	612
江西科技师范学院		42	42

14－14 普通中等专业学校基本情况

(2007 年)

学　　校	学校数（个）	招生数（人）	毕业生（人）	在校学生（人）	教职员工（人）	#专任教师
合　　计	**27**	**36 699**	**36 832**	**99 819**	**3 082**	**1 838**
江西工程学校	1	655		1 527	95	54
南昌女子中专学校	1	261	307	963	120	68
江西教育学院（中专部）		423		1 261		
江西电力职业技术学院（中专部）		1 151	1 146	2 453		
江西中山舞蹈学校	1	53	116	179	43	26
江西工业职业技术学院（中专部）		126	1 116	662		
南昌保险学校	1	256		426		
江西省医药学校	1	2 108	1 586	5 985	223	150
江西省水利水电学校	1	2 329	1 579	5 706	182	97
江西交通职业技术学院（中专部）		549	600	1 517		
江西赣江职业技术学院（中专部）			193	456		
江西外语外贸职业学院（中专部）		493	1 689	2 587		
江西青年职业学院（中专部）		874	138	1 344		
江西化学工业学校	1	807	1 264	2 797	184	95
江西省建设工程学校	1	331		331	79	57
南昌工业学校	1	805	735	2 819	117	76
江西南昌城市建设学校	1		385	538	50	24
江西城市职业学院（中专部）		15	133	77		
南昌理工学院（中专部）			458	452		
江西泛美艺术中专学校	1	45	68	193	90	26
南昌市卫生学校	1	1 217	954	4 940	121	69
江西省商务学校	1	1 250	1 499	4 110	160	91
江西大宇职业技术学院（中专部）		68		296		
江西广播电视学校	1	129	176	445	38	30
南昌汽车机电学校	1	227	500	945	104	79
南昌市广播电视中等专业学校		278	3	462	22	12
江西省建筑工业学校	1	896	544	1 814	115	65
先锋软件职业技术学院（中专部）		172		245		
南昌市第一中等专业学校	1	632		973	46	39

14－14　续表　　　　　　　　　　　　　（2007 年）

学　　校	学校数（个）	招生数（人）	毕业生（人）	在校学生（人）	教职员工（人）	#专任教师
江西现代职业技术学院（中专部）		2 307	2 202	4 915		
江西制造职业技术学院（中专部）		238	904	413		
江西工商行政管理学校	1	210	7	1 092	51	25
江西省信息科技学校	1	530	976	2 001	99	57
江西工业贸易职业技术学院（中专部）		255	1 551	943		
江西女子中等专业学校	1	508	259	1 424	75	24
江西机电职业技术学院（中专部）		569	174	935		
江西生物科技职业学院（中专部）		160	1 404	788		
江西省电子信息工程学校	1	4 150	1 415	11 370	485	304
江西信息应用职业技术学院（中专部）		304	197	437		
江西省体育运动学校	1	160	171	496	148	89
南昌市体育运动学校	1	58	40	167	42	11
江西艺术职业学院（中专部）		120	260	774		
江西省民政学校	1	631	521	2 083	49	21
南昌师范高等专科学校（中专部）		366	1 170	2 721		
江西护理职业技术学院（中专部）		2 196	2 210	7 433		
江西旅游商贸职业学院（中专部）		4 755	3 238	5 369		
江西省新闻出版学校	1	781	508	1 894	68	46
江西科技职业学院（中专部）		18		33		
江西经济管理职业学院（中专部）			1 304	51		
江西蓝天学院（中专部）			1 110	1 236		
江西服装职业技术学院（中专部）		162	236	944		
江西公安专科学校（中专部）		69	225	417		
江西司法警官职业学院（中专部）		595	611	1 096		
江西英赛科技中等专业学校	1	68		368	31	18
江西航空职业技术学院（中专部）			39	86		
江西机电学校	1	1 034	681	2 760	245	185
江西省建设职业技术学院（中专部）		110	155	489		
江西工程职业学院（中专部）		195	75	581		

14－15　技工学校基本情况

(2007年)　　　　单位：人

学　　校	招生数	毕业生	在校学生数	教职员工	#女　性	#专任教师
合　　计	**30 509**	**14 417**	**65 118**	**3 352**	**1 315**	**2 423**
江西省印刷技工学校	806	512	2 004	68	27	65
江西核工业技术学校		68	181	97	45	90
江西省电力高级技工学校	1 554	1 109	2 318	176	71	59
江西省机械高级技工学校	2 162	969	3 121	114	60	73
江西省无线电高级技工学校	5 388	2 524	12 786	159	37	106
江西现代技师学院	3 448	407	7 474	384	165	384
江西省工贸技工学校	1 264	558	3 206	224	107	146
江西省交通技工学校一部	45	64	92	73	27	40
江西省交通技工学校二部	52	50	170	38	13	27
江西省交通技工学校三部	87	91	197	81	47	53
江西省建筑工程高级技工学校	1 035	636	2 179	77	21	65
江西省医药技工学校	1 036	50	2 461	120	70	120
江西省化学工业技工学校	526	471	1 163	68	30	56
江西省兵器高级技工学校	1 084	468	1 866	84	17	55
南昌科技技工学校	425	580	625	38	6	38
江西航空高级技工学院	467	533	1 408	73	21	35
核工业南昌技工学校	804	832	2 847	119	48	88
江西工程技工学校	659	623	2 482	148	63	71
江西省电子商务技工学校	123	114	550	98	25	67
江西工业技工学校	527	178	864	86	30	28
南昌市轻工技工学校	146	68	361	21	9	21
江西清华泰豪技工学校	611	0	1 030	72	25	43
南昌市工业技工学校	66	66	187	51	24	39
江西赣江技工学校	99	0	99	66	9	56
江西制造技工学校	145	0	245	22	5	14
江西省城市建设高级技工学校	571	497	1 757	51	17	44
江西省中医药技工学院	79	148	279	41	12	28
江西德能制造技工学校	819	0	1 259	58	28	39
江西省劳动技工学校	2 568	1 607	4 265	189	66	133
南昌市建筑工程技工学校	78	80	210	33	14	22
南昌县技工学校	25	20	45	12	6	12
江西省石油技工学校	281	260	550	41	20	28
江西省实验技工学校	2 377	770	5 404	88	32	50
江西省科学院技工学校	210	38	390	24	8	24
江西新东方烹饪技工学校	243	0	274	79	29	59
江西新华电脑技工学校	699	26	769	179	81	145

14－16 普通中学基本情况

（2007年）

类别	学校数（个）	招生数（人）	毕业生（人）	在校学生数（人）	教职员工数（人）	#专任教师
合计	**264**	**89 850**	**67 010**	**267 726**	**19 427**	**16 293**
#女性		37 877	28 737	113 044	7 889	6 794
按城乡分						
城市	88	33 386	24 996	103 853	7 981	6 478
县镇	70	30 545	26 315	96 680	6 278	5 283
农村	106	25 919	15 699	67 193	5 168	4 532
按层次分						
初中	178	69 323	36 118	184 634		
城市	46	23 764	10 858	66 697		
县镇	40	20 633	11 261	55 072		
农村	92	24 926	13 999	62 865		
高中	86	20 527	30 892	83 092		
城市	42	9 622	14 138	37 156		
县镇	30	9 912	15 054	41 608		
农村	14	993	1 700	4 328		
按地区分						
市区	112	39 391	28 037	122 468	9 543	7 744
南昌县	39	16 867	13 706	48 923	3 282	2 844
新建县	51	16 378	9 868	44 492	2 497	2 187
安义县	14	4 615	3 214	13 752	896	830
进贤县	48	12 599	12 185	38 091	3 209	2 688
按部门分						
教育部门办	195	78 873	56 432	232 108	15 861	13 970
社会力量办	52	7 192	8 367	23 590	2 753	1 643
其他部门办	17	3 785	2 211	12 028	813	680

14－17 职业高中基本情况

（2007 年）

类　　别	学校数（个）	招生数（人）	毕业生（人）	在校学生数（人）	教职员工数（人）	#专任教师
合　计	**25**	**6 075**	**5 829**	**21 233**	**1 158**	**888**
#女　性		2 383	2 654	8 709	514	434
按城乡分						
城　市	21	4 237	4 666	16 665	993	746
县　镇	4	1 838	1 163	4 568	165	142
农　村						
按部门分						
教育部门办	12	3 709	3 807	13 109	786	676
社会力量办	13	2 366	2 022	8 124	372	212
其他部门办						

14－18　小学、特殊教育、工读学校基本情况

（2007 年）

类　　　别	学校数（个）	招生数（个）	毕业生（人）	在　校学生数（人）	教　职员工数（人）	#专任教师
一、小　　学	1 111	79 843	67 948	446 535	22 178	21 040
#女　　性		34 517	30 075	193 600	12 113	11 681
按城乡分						
城　　市	85	20 755	19 798	124 633	6 074	5 627
县　　镇	197	19 621	18 308	116 866	5 550	5 314
农　　村	829	39 467	29 842	205 036	10 554	10 099
按县、区分						
市　　区	207	29 680	27 895	177 142	8 727	8 132
南 昌 县	261	15 216	13 356	83 494	4 844	4 720
新 建 县	285	15 957	14 110	87 380	3 313	3 173
安 义 县	88	3 643	3 630	23 698	1 279	1 185
进 贤 县	270	15 347	8 957	74 821	4 015	3 830
按部门分						
教育部门	1 094	75 006	63 278	417 684	20 324	19 574
社会力量办	13	2 245	2 072	13 286	1 091	760
其他部门办	4	2 592	2 598	15 565	763	706
二、特殊教育	8	208	155	918	195	184
#女　　性		66	35	312	135	128
特教学校	8	208	155	918	195	184
普校附设及随班就读		0	0	0		
三、工读学校	1				4	

14－19 幼儿园基本情况

（2007 年）

类　　别	幼 儿 园（个）	在园幼儿（人）	教职员工数（人）	#教　师
总　计	**453**	**80 407**	**6 221**	**3 603**
#女　性		34 017	5 763	3 532
按城乡分				
城　市	141	27 021	2 947	1 563
县　镇	229	32 945	2 635	1 678
农　村	83	20 441	639	362
按部门分				
教育部门和集体办	72	33 667	1 825	1 115
社会力量办	353	40 244	3 727	2 130
其他部门办	28	6 496	669	358

14－20 成人高校基本情况

(2007 年)

校名	学校数（个）	毕业生数（人）	招生数（人）	在校学生数（人）	教职工数（人）	#专任教师
总计	**8**	**22 399**	**20 975**	**62 776**	**2 192**	**1 289**
江西财经大学		992	489	1 172		
江西教育学院	1	1 788	944	3 488	527	298
南昌钢铁公司职工大学	1	61		13	130	75
江西行政管理干部学院	1	168	66	127	484	122
南昌市业余大学	1	210	41	306	78	59
江西广播电视大学	1	1 476	511	1 139	290	218
南昌教育学院	1	1 200	382	2 219	161	140
江西经济管理干部学院	1	433	623	1 549	408	305
南昌职工科技大学	1	528	658	1 329	114	72
南昌工程学院		1 226	2 182	4 941		
江西制造职业技术学院		50		2		
江西中医学院		647	1 944	5 751		
江西工业职业技术学院		151	43	307		
华东交通大学		756	413	2 833		
南昌大学		2 848	2 277	12 126		
江西航空职业技术学院		255		163		
江西师范大学		4 791	3 664	10 195		
南昌航空工业学院		1 426	2 458	4 610		
江西农业大学		749	1 210	3 579		
江西蓝天学院		542				
江西电力职业技术学院		384	349	851		
江西现代职业技术学院		55	194	276		
江西科技师范学院		1 439	2 367	4 944		
江西公安专科学校		100	138	312		
江西司法警官职业学院		116		18		
江西旅游商贸职业学院		8	4	224		
江西信息应用职业技术学院				110		
江西交通职业技术学院			18	192		

14－21 广　播　电　视　情　况

项　　　　目	2007
一、广　　播	
1. 广播电台（座）	2
2. 中短波发射台和转播台（座）	2
3. 调频广播台和传输台（座）	89
4. 广播覆盖率（%）	97.43
二、电　　视	
1. 电视台（座）	2
2. 电视转播发射台和差转台（座）	30
#一千瓦以上的发射台	
3. 卫星电视地面站（个）	1 949
4. 全年自制电视节目（小时）	29 059
5. 电视覆盖率（%）	98.82
6. 有线电视用户（万户）	59.83

注：1. “电视”含有线电视台，不含教育台。
2. 调频广播台和传输台包括了乡村的小调频台。

14－22 艺　术　剧　团　和　剧　院

（2007年）

项　　　　目	合　　计	省　　级	市　　级	县　　级
一、艺术表演团体				
剧团个数（个）	13	6	4	3
职工人数（人）	1 325	661	280	384
演出场次（场）	1 411	826	174	411
年末固定资产原值（万元）	5 039.4	1 736.5	3 144.2	158.7
当年创作首演剧目（个）	7	5	1	1
全年收入（万元）	5 648.4	4 131.7	1 195.4	321.3
#演出收入	682.3	580.7	78.0	23.6
全年支出（万元）	5 542.2	3 934.2	1 270.9	337.1
二、艺术表演场数				
表演场所（个）	9	3	4	2
座席数（个）	4 495	1 980	1 096	1 419
演映场次（场）	2 793	2 023	560	210
观众人数（万人次）	320	189	71	60

14－23 群众艺术馆和文化馆

（2007 年）

项目	合计	省级	市级	县级
群艺馆、文化馆数（个）	11	1	1	9
举办展览（次）	59	4	5	50
组织文艺活动次数（次）	445	8	26	411
举办训练班结业人数（人次）	11 630	1 000	1 200	9 430
公用房屋建筑面积（平方米）	20 449		1 934	18 515
职工人数（人）	186	33	33	120

14－24 博物馆

（2007 年）

项目	合计	省级	市级	县级
博物馆（个）	9	2	4	3
公用房屋面积（平方米）	55 671	46 888	7 883	900
藏品（件）	62 209	52 565	2 439	7 205
展览个数（个）	33	16	15	2
参观人次（万人次）	99.8	78	16.5	5.3
职工（人）	329	258	62	9

14－25　图书、报纸、杂志出版

（2007年）

项目	种数（种）	总印数（万册、份）	总印张数（千印张）
一、图书合计	2 989	14 254	870 946
书籍	2 267	7 219	395 225
课本	722	7 035	475 721
二、报纸合计	36	51 347	1 861 427
省级	18	41 152	1 489 767
市级	18	10 195	371 660
三、杂志合计	135	5 503	215 772

14－26　公共图书馆

（2007年）

项目	合计	省级	市级	县级
图书馆（个）	11	1	1	9
藏书（万册）	390.47	250.44	87.3	52.73
公用房屋建筑面积（平方米）	54 592	22 500	21 000	11 092
发放借书证（个）	62 175	40 740	12 562	8 873
总流通人次（万人次）	111.71	55.42	23.6	32.69
书刊外借册数（万册次）	81.94	30.67	20.2	31.07
经费支出合计（万元）	2 525.6	1 638.8	488.5	398.3
#购书支出	443.1	304.1	92.5	46.5
职工（人）	279	132	62	85

主要统计指标解释

专业技术人员 指已取得科学技术职称，或大学、中专的理、工、农医科系毕业，以及国民经济各部门从工作实践中提拔，从事理、工、农、医等自然科学技术的研究、数学、生产的专业人员和在机关、企业、事业单位中从事科学技术业务管理工作的专业人员。

高新技术产业 指工业企业中经省科技厅认定的高新技术企业和生产高新技术产品的企业。

总产值、增加值、利润总额、产品销售收入 均值企业高新产品的总产值、增加值、利润总额、产品销售收入。

技工贸总收入 指企业全年生产高新产品的销售收入、技术性收入和本企业高新产品相关的商品销售收入、其他业务收入、营业外收入等各种收入的总和。

科技活动 指在所有科学技术领域内，即在自然科学、农业科学、医药科学、工程与技术科学、人文与社会科学中，与科技知识的产生、发展、传播和应用密切相关的全部有系统的活动。

研究与发展活动 指增加知识总量（包括人类、文化和社会方面的知识），以及运用这些知识去创造新的应用而进行的系统的创造性的工作。

企业办科技机构 指企业自办、或与外单位合办、管理上同生产系统相对独立的，或单独核算的专门技术开发机构（如企业办研究所、开发中心、开发部等专门技术开发机构）。

企业科研项目 指当年立项并开展研究工作的项目、以前年份立项当年仍继续进行的项目（课题）、当年完成及通过鉴定的项目（课题），包括年内研究开发工作已告失败的项目。

获奖成果 指企业在本年度内从地（市）及以上政府科技管理部门获得的各种科技成果奖。获奖成果分为：国家级奖、省部级奖和地市级奖。

新产品 指采用新技术原理，新设计构思研制、生产的全新产品或在结构、材质、工艺等某一方面比老产品有明显改进，从而显著提高了产品性能或扩大了使用功能的产品。

从事科技活动人员 指企业在报告期内，从事科技活动的时间（不包括加班时间）占全年工作时间 10% 及以上的工程技术人员、管理人员、工人及其他人员。

从事研究与发展活动人员 指报告期参与研究与发展项目（课题）研究、管理和辅助工作的人员，具体包括直接参加研究与发展项目（课题）组人员，直接参与上述项目（课题）的行政管理人员和直接为上述项目（课题）活动提供服务的辅助人员。

工程技术人员 指负担工程技术和工程技术管理工作，并具有工程技术能力的人员。

高中级职称人员 指企业从业人员中具有高级职称和中级职称的人员数。高级职称指高级工程师、讲师、正、副教授，正、副研究员，高级统计师，高级会计师，高级经济师，以及相当于这一级的其他技术职务的人员。中级职称指工程师、讲师、助理研究员、技师、统计师、会计师、经济师，以及相当于这一级的其他技术职务的人员。

无高中级职称的大学本科及以上学历人员 指企业从业人员中具有大学本科及以上学历，但没有高中级职称的人员数。具体包括没有高中级职称的大学本科毕业生、硕士研究生、博士研究生、博士后研究生等。

普通高等学校 指按照国家规定的审批程序批准举办，通过全国统一招生考试，招收高中毕业生为主要培养对象，实施高等教育的全日制大学、独立设置的学院和高等、专科学校、短期职业大学。

成人高等学校 指按照国家有关规定审批，招收通过全国成人高教统一招生考试的具有高中毕业或同等学历的在职从业人员全脱产、半脱产、业余或函授等多种形式对其实施高等学历教育，培养高等教育专科或本科毕业水平的专门人才，修业年限、课程设置等均按高等学历教育要求付诸实施的学校。包括广播电视大学、职工高等学校、农民高等学校、管理干部学院、教育学院、独立设置的函授等。

小学学龄儿童入学率 指调查范围内已入小学学习的学龄儿童占校内外学龄儿童总数（包括弱智儿童在内，但不包括盲聋哑儿童）的比重。计算公式：

$$小学学龄儿童入学率=\frac{已入学的小学学龄儿童数}{校内外小学学龄儿童总数}X100\%$$

艺术表演团体 指从事戏曲、音乐、舞蹈、杂技等专业艺术表演，有独立帐户、实行单独核算的团体。不包括半工半艺，半农半艺的业余剧团。

艺术表演观众人数（人次） 指售票、包场演出或民族地区免费演出的艺术表演观众人次数。不包括彩排审查和内部观摩演出的观看人次数。

十五、卫生·体育·其他

PUBLIC HEALTH, SPORTS AND OTHERS

本篇内容包括：

1. 医疗卫生事业情况
2. 体育事业
4. 婚姻情况
5. 民政事业
6. 社会保险情况
7. 司法情况
8. 交通事故、火灾事故、职工伤亡事故

资料整理

姜同文

微机处理

姜同文
彭艳红
熊子文

医 生 人 数

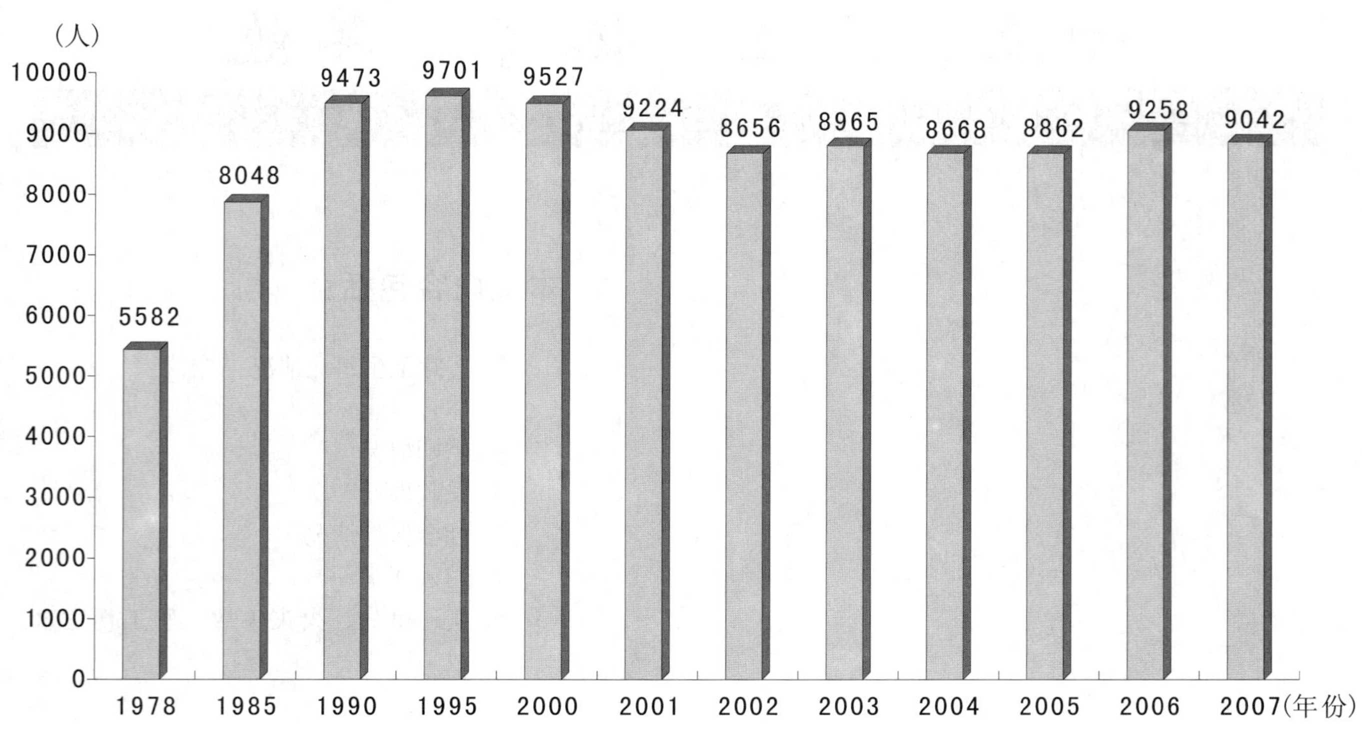

医疗卫生机构病床数

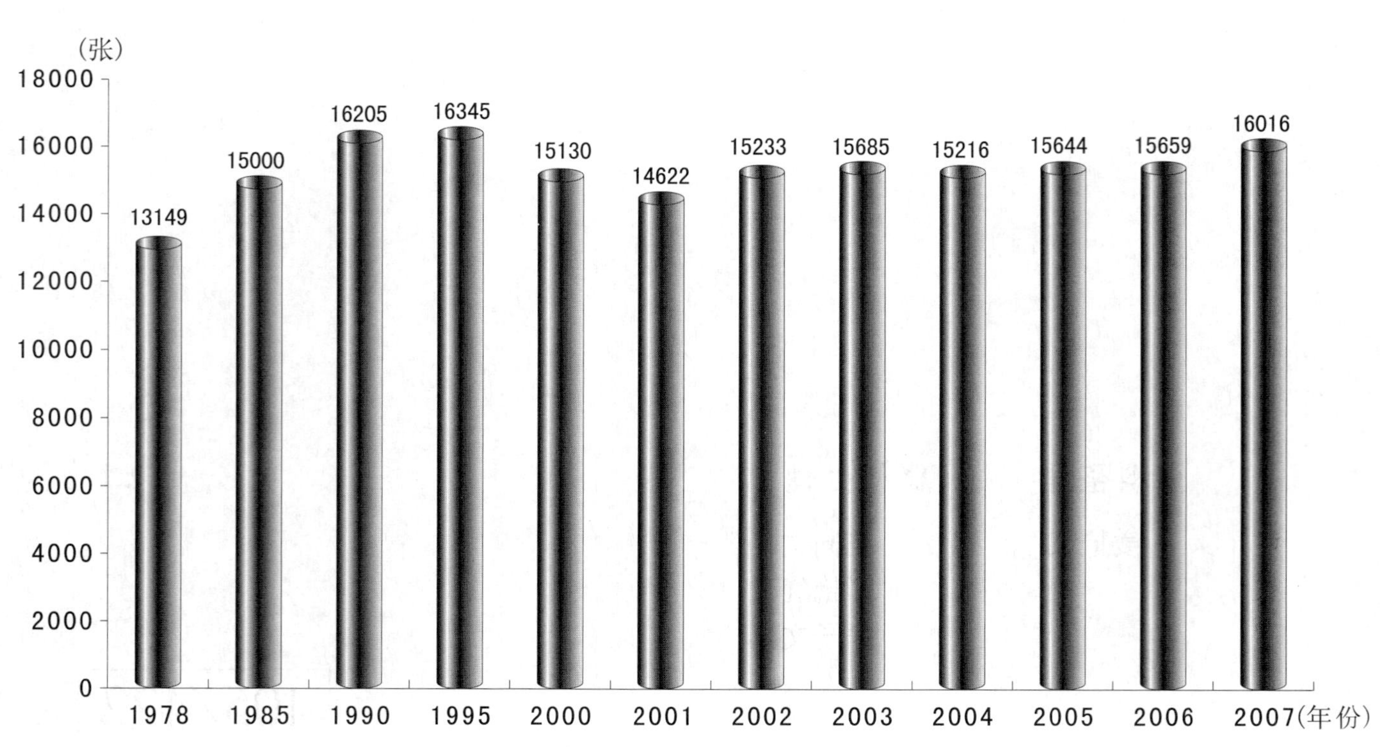

15－1 卫生机构、床位、人员数

（2007 年）

类　　　　别	机构数（个）	床位数（张）	人员数（人）	#卫生技术人员	#医生
总　　计	**860**	**16 016**	**29 728**	**23 511**	**9 042**
省、市	617	12 153	22 713	17 967	7 007
县、区	243	3 863	7 015	5 544	2 305
按机构类别分					
（一）各类医院及医学教育科研机构	270	15 609	26 926	20 929	7 754
1. 医院	85	12 989	19 396	15 315	5 584
#综合医院	61	9 232	12 961	10 320	3 890
中医医院	10	1 274	1 969	1 519	552
其他医院	14	2 483	4 466	3 476	1 142
2. 卫生院	81	1 433	2 842	2 224	779
3. 疗养院	1	60	39	17	10
4. 门诊部	32	37	412	325	187
5. 专科防治所、站	8	232	371	261	108
6. 卫生防疫机构	12		906	668	328
7. 妇幼保健机构	11	571	1 189	939	425
8. 卫生监督检验机构	11		401	331	
9. 医学科学研究机构	4		401	220	97
10. 医学在职培训机构					
11. 健康教育所	2		43	11	6
12. 社区卫生服务中心	16	287	673	475	202
13. 急救中心	1		65	22	11
14. 采供血机构	2		135	91	13
15. 其他卫生机构	4		53	30	4
（二）诊所、卫生保健所、医务室	390		1 267	1 241	666
（三）县、区社区卫生服务站	200	407	1 535	1 341	622

注：2007 年底，全市卫生机构 860 个，床位 16 016 张；卫生技术人员 2.35 万人。其中，执业医师、执业助理医师 0.6042 万人，注册护士 0.9081 万人。卫生防疫、防治机构 20 个，卫生工作恩怨 0.1277 万人；妇幼保健机构 11 个，卫生工作人员 0.1189 万人；农村卫生院 81 个，卫生工作人员 0.2842 万人。

15－2 体　育　事　业

项　目	2007
一、举办综合（单项）运动会次数（次）	174
参加运动会人数（百人次）	8 866
二、等级裁判员发展人数（人）	84
三、等级运动员发展人数（人）	95
四、参加省级及其以上和同等城市比赛次数（次）	22
参加比赛人数（人次）	836
获得奖牌数（枚）	193
金　牌	101
银　牌	92

15－3　1985－2007年市属共青团组织情况

年　份	基层团支部（个）	共青团（人）	#女团员	专职干部（人）
1985	6 366	152 918	59 995	687
1986	6 162	156 769	57 567	679
1987	6 144	168 941	66 118	566
1988	6 288	154 217	55 081	690
1989	5 809	132 841	47 227	635
1990	5 809	133 041	47 227	644
1991	5 809	145 713	51 034	646
1992	5 232	144 709	53 956	713
1993	5 243	121 532	48 012	609
1994	5 478	126 645	46 222	1 100
1995	5 315	139 734	50 626	1 198
1996	5 362	141 483	48 581	1 198
1997	5 667	122 177	45 095	1 198
1998	5 867	113 818	47 481	1 392
1999	5 667	113 718	47 481	1 392
2000	5 636	113 758	47 461	1 402
2001	5 626	112 467	46 321	1 398
2002	5 271	112 467	46 321	1 392
2003	5 636	112 960	46 642	1 404
2004	5 659	113 082	46 813	1 400
2005	5 731	102 431	46 813	1 400
2006	5 731	100 166	46 813	1 420
2007	5 738	112 488	40 795	1 438

15－4　1997—2007 年妇联系统组织情况

单位：个

项　　目	1997	1998	1999	2000	2001	2002	2003	2004	2005	2006	2007
城镇街道基层妇代会	762	792	792	792	340	375	375	388	560	359	531
农村基层妇代会	874	1 088	1 088	1 197	1 197	1 078	1 078	1 560	1 133	1 153	1 133
乡镇（街办）妇联	143	143	143	137	165	108	108	109	85	139	114
机关、事业单位妇委会	72	72	72	72	72	199	199	353	202	223	232

15－5　1997—2007 年工会组织情况

项　　目	1997	1998	1999	2000	2001	2002	2003	2004	2005	2006	2007
工会基层组织数（个）	1 620	1 721	1 593	1 713	2 441	2 636	1 973	6 872	7 132	5 664	6 059
已建工会组织的基层单位职工人数（万人）	37.08	37.15	36.9	37.01	38.38	38.52	40.25	72.68	74.68	53.98	56.6
已建工会组织的基层单位工会人数（万人）	33.68	33.52	32.14	33.01	37.32	37.91	36.24	63.57	71.73	49.2	51.9

15－6　历届南昌市人民代表大会的代表人数

单位：人

项　　目	一届 (1954)	二届 (1956)	三届 (1958)	四届 (1960)	五届 (1963)	六届 (1965)	七届 (1968)	八届 (1982)	九届 (1987)	十届 (1992)	十一届 (1997)	十二届 (2001)	十三届 (2006)
代表总数	**233**	**239**	**253**	**307**	**375**	**385**	**724**	**555**	**495**	**489**	**434**	**421**	**438**
代表中													
女代表	52	49	68	77	99			150	102	98	89	90	90
占代表总数%	22.3	20.5	27.0	25.1	26.4			27.0	20.6	20.0	20.5	21.4	20.5
代表中													
少数民族代表										8	7	8	9
占代表总数%										1.6	1.6	1.9	2.1

注：国家政治生活处于不正常的文化大革命时期．1968年2月18日成立了南昌市革命委员会。根据江西省人民代表大会常务委员会的规定，将革命委员会作为南昌市第七届人民代表大会。七届代表构成为革命委员会成员、人民解放军代表、群众组织推举的代表。

15－7　历届南昌市政治协商会议的委员人数

单位：人

项　　目	一届 (1955)	二届 (1958)	三届 (1959)	四届 (1962)	五届 (1963)	六届 (1965)	七届 (1982)	八届 (1987)	九届 (1992)	十届 (1997)	十一届 (2001)	十二届 (2006)
委员总数	**129**	**189**	**299**	**288**	**300**	**302**	**458**	**405**	**413**	**403**	**405**	**419**
委员中												
中国共产党代表	22	47	63	81	82	87	175	171	169	157	149	165
占代表总数%	17.05	24.87	21.07	28.13	27.33	28.81	38.21	42.22	40.92	38.9	36.8	39.4
委员中												
少数民族代表	3	3	3	3	4	4	6	8	10	11	6	6
占代表总数%	2.33	1.58	1.00	1.04	1.33	1.32	1.31	1.98	2.42	2.70	1.50	1.43
委员中												
女性代表	20	29	54	54	58	64	108	100	89	103	119	115
占代表总数%	15.50	15.34	18.06	18.75	19.33	21.19	21.19	24.69	20.09	25.60	29.40	27.4

15－8 社会福利事业单位基本情况

（2007 年）

项目	院数（个）	工作人员（人）	床位（张）	年末在院人数（人）	#女性	#儿童
全市总计	**95**	**1 004**	**14 552**	**13 554**	**3 041**	**914**
一、收养类社会福利单位	91	928	14 024	13 459	3 025	904
按单位类别分						
复员军人疗养院	1	26	120	72	12	
光荣院	1	1	4	4		
社会福利院	6	209	1 501	1 385	888	761
儿童福利机构	1	10	133	133	70	91
社会福利医院	1	127	220	206		
城镇老年收养性福利机构	34	342	750	632	92	52
农村老年收养性福利机构	47	213	11 296	11 027	1 963	
二、优抚类收养性单位	2	26	130	65	16	10
三、救助类收养性单位	2	50	398	30		

15－9 社会福利企业基本情况

项目	2006	2007
单位数（个）	65	44
职工人数（人）	3 425	2 274
#残疾职工	1 741	1 325

15－10 城镇社区服务和农村服务网络

（2007 年）

地区	城镇社区服务设施（个）	从业人员（人）	安置下岗人员数（人）	城镇便民利民服务网点（个）	社区服务志愿者组织（个）	社区服务志愿者（人）
总计	**600**	**215**	**183**	**900**	**240**	**2 775**
东湖区	80			150		
西湖区	485			680	100	2 520
新建县	25	65	43	65	130	210
安义县	5			5	10	45
进贤县	5	150	140			

15－11 享受国家补助、救济人员情况

项目	2006	2007
优抚对象		
抚恤、补助优抚对象总金人数（人）	2 913	14 429
享受定期抚恤金人数（人）	423	423
享受定期补助人数（人）	4 642	11 093
优待优抚对象户（户）	10 806	
城市居民最低生活保障家庭数（户）	49 953	49 875
城市居民最低生活保障人数（人）	111 721	110 626
#登记失业	39 829	39 296
#老年人		21 554
传统救济情况		
农村居民最低生活保障人数（人）	90 263	113 898
#老年人	9 119	39 268
未成年人	6 168	18 064
残疾人	431	34 784
农村居民最低生活保障家庭数（户）	54 048	64 956
农村民政部门医疗救助总人次数（人次）	42 908	66 034
城市医疗救助人次数（人次）		136 768

15－12 婚姻登记情况

（2007年）

地区	结婚登记（人）	初婚	再婚	#女性	#复婚	离婚登记（对）
南昌市	**104 402**	**94 472**	**9 930**	**2 447**	**2 153**	**6 429**
东湖区	12 208	11 000	1 208	450		1 484
西湖区	11 294	10 130	1 164	582	118	1 384
青云谱区	6 434	6 000	434	217		614
湾里区	1 632	1 632				89
青山湖区	12 668	11 866	802	291	17	1 025
南昌县	16 872	11 713	5 159	292	1 992	651
新建县	16 692	16 328	364	174		498
安义县	8 700	8 203	497	248	20	229
进贤县	12 268	12 000	268	176	6	447
红谷滩新区	5 634	5 600	34	17		8

15－13 1987—2007年婚姻登记情况

单位：对

年份	结婚	#复婚	离婚
1987	26 904	100	660
1988	27 834	159	624
1989	32 164	262	773
1990	29 136	91	1 145
1991	26 574	136	935
1992	27 203	160	1 035
1993	23 812	142	1 080
1994	21 543	248	1 546
1995	22 583	116	1 481
1996	23 559	168	1 713
1997	24 190	220	2 096
1998	26 367	160	2 389
1999	25 269	189	2 199
2000	25 486	253	2 610
2001	25 732	196	5 649
2002	25 080	192	5 398
2003	20 950	261	6 610
2004	30 547	279	8 330
2005	29 898	847	7 447
2006	43 424	286	8 607
2007	5 201	2 153	9 329

15－14 社会保险情况

单位：人

项目	2006	2007
失业保险参保人数	**501 120**	**515 558**
企业	379 955	381 785
国有企业	275 386	266 568
集体企业	52 551	48 872
外商投资企业	9 904	15 465
其他企业	42 114	50 880
事业单位	121 165	131 572
其他单位		2 201
领取失业保险金人数	18 148	12 354
基本养老保险参保人数	592 269	662 871
企业	479 360	513 756
国有企业	292 373	294 627
集体企业	65 191	69 143
其他企业	108 027	133 611
港、澳、台及外资企业	13 769	16 375
机关事业单位	4 360	5 155
其他	108 549	143 960

15－15 律师、公证和人民调解基本情况

（市属）

项　　目	2006	2007
一、律师工作		
律师事务所（个）	43	43
律师（人）	434	474
#专职	414	450
兼职	20	24
聘请担任常年法律顾问的单位（处）	869	956
刑事诉讼辩护及代理（件）	1 786	1 900
民事诉讼代理（件）	2 597	2 433
办理非诉讼法律事务（件）	11 560	1 759
解答法律咨询（件）	2 714	9 913
代理法律文书（件）		2 511
二、公证工作		
公证处（个）	11	11
公证人员（人）	86	85
#公证员	46	45
助理公证员	17	17
办理公证文书（件）	31 126	40 771
#经济合同文书	1 427	5 329
三、人民调解工作		
专职司法助理员（人）	441	378
人民调解委员会（人）	2 016	1 720
调解工作人员（人）	8 276	7 925
调解民间纠纷（件）	3 946	6 635

15－16　1994—2007年南昌市消协受理投诉情况

项　　　目	1994	1995	1996	1997	1998	1999	2000	2001	2002	2003	2004	2005	2006	2007
一、投诉案件数（件）	1 863	2 104	4 079	3 957	4 043	3 199	2 088	2 086	1 710	2 343	1 548	1 409	1 447	1 151
按行业分														
家用电器类	300	206	371	348	642	386	140	209	504	498	295	342	338	273
家用机械类	203	219	269	233	278	350	110	123	80	121	60	108	106	63
日用百货类	467	608	818	694	532	589	345	378	756	865	754	510	489	349
房屋及装修建材									89	110	69	129	127	109
服务类	8	30	111	11	118	52	40	44	25	36	32	0	27	12
农用生产资料类	76	158	310	243	698	652	163	188	223	322	203	151	248	211
其它类	364	330	809	750	692	405	276	627	33	391	124	169	112	134
按内容分														
质量	848	878	1 289	915	1 746	1 833	964	1 025	778	1 106	826	940	905	688
价格									75	110	83		77	57
虚假广告	152	275	579	603	677	352	266	73	133	136	98	65	76	79
假冒商品	128	121	339	664	330	168	466	165	103	167	95	101	23	14
计量	126	122	206	278	79	88	34	47	53	73	36	2	15	20
安全	246	236	657	512	261	164	164	70	141	132	51	48	32	9
其它	363	432	937	840	804	510	146	654	427	619	359	253	319	284
二、当年解决件数（件）	1 774	2 005	3 958	3 805	3 973	3 199	2 047	2 024	1 682	2 311	1 508	1 372	1 354	1 100
解决率（%）	95.22	95.29	97.03	96.16	98.27	100.0	98.04	97.03	98.36	98.63	97.42	97.4	93.6	94
三、消费者免受损失（万元）	54.6	42.0	139.7	90.7	98.0	147.8	98.57	116.9	103.6	110.5	101.2	102.4	144	256

15－17 南昌市消协受理投诉案件

（2007 年）　　单位：件

项　　目	合 计	质 量	安 全	价 格	计 量	虚假广告	假冒商品	其 它
总　　计	**1 151**	**688**	**57**	**79**	**14**	**20**	**9**	**284**
一、家用电子电器类	273	201	1	19	1	3	1	47
电视机	21	19						2
电冰箱（柜）	25	12	1					12
洗衣机	16	10						6
通信类产品	21	19						2
空调器	96	68		15	1	3		9
其　他	94	73		4			1	16
二、家用机械类	63	46	1	3		1		12
汽车	20	15		2				3
摩托车	32	25	1	1				5
热水器	5	2				1		2
其　他	6	4						2
三、百货类	349	271	11	10	8	4	3	42
家　俱	13	10					1	2
服装、鞋帽	13	9						4
食　品	149	123		3		2		21
化妆品	90	60	9	5	7	1	2	6
其　他	84	69	2	2	1	1		9
四、房屋及装修建材	109	44	1	13	2	7	1	41
房屋	49	5	1	5	1	6		31
装饰材料	54	36		8		1	1	8
其　他	6	3			1			2
五、服务类	91	21	29	12		1	1	27
医　疗	12	10					1	1
美　容	18	6	10					2
邮　电	12		1	6		1		4
食宿、娱乐	4		1					3
旅　游	40	4	17	6				13
物业、装修业	3	1						2
其　他	2							2
六、农用生产资料类	132	57	7	15	2	1		50
七、其它类	134	48	7	7	1	3	3	65

15－18　南昌“12315”受理举报申诉情况

项　　　目	2006	2007
一、受理申诉（件）	3 845	4 223
商　　品	2 692	2 872
服　　务	1 153	1 351
二、申诉内容（件）		
质　　量	1 978	1 900
价　　格	16	845
广　　告		422
计　　量	18	
售后服务	1 207	845
其　　他	626	211
三、挽回损失（万元）	419	401

15－19 社会治安案件

(2007年)　　单位：件

项目	全市	#市区
受理数	16 395	13 888
查处数	13 187	10 726

15－20 交通事故

(2007年)

项目	合计	市区	四县
一、交通事故次数（次）	713	377	336
二、死亡人数（人）	259	124	135
三、受伤人数（人）	781	344	437
四、经济损失（万元）	157.7	101.8	55.9

15－21 火灾事故

项目	2007
一、火灾次数（次）	1 430
二、死亡人数（人）	7
三、受伤人数（人）	1
四、经济损失（万元）	401.9

15－22　2000—2007年人民法院一审案件结案情况

单位：件

项　　目	2000	2001	2002	2003	2004	2005	2006	2007
合　　计	**11 723**	**11 557**	**11 959**	**9 847**	**13 741**	**13 480**	**18 524**	**14 358**
刑事案件	1 580	2 069	1 721	2 081	2 155	2 584	2 397	2 806
民事案件	7 758	4 024	5 250	7 663	11 475	10 676	10 049	11 404
经济纠纷案件	2 278	5 324	4 830					
行政案件	107	140	158	103	111	220	90	148

15－23 职工伤亡事故

单位：人

项目	2006	2007
总计	**30**	**28**
高处坠落	3	13
机械伤害	2	3
物体打伤	4	4
触电	3	4
坍塌	4	1
车辆伤害	3	1
起重伤害	1	
爆燃		
灼烫		1
中毒和窒息	6	
淹溺	1	
其他	3	1

主 要 统 计 指 标 解 释

医院 指名称为医院，设有固定床位能收容病人住院并能为病人提供医疗、护理服务的医疗机构。包括县及县以上医院、农村乡卫生院、其他医院三部份。按所属性质分为卫生部门、工业及其他部门、集体所有制三类。其中县及县以上医院按业务性质分为综合医院和专科医院。

卫生技术人员 指卫生事业机构支付工资的全部固定职工和合同制职工中现任职务为卫生技术工作人员。包括中医师、西医师、中西医结合高级医师、护师、中药师、西药师、检验师、其他技师、中医士、西医士、护士、助产士、中药剂士、西药剂士、检验士、其他技士、其他中医、护理员、中药剂员、西药剂员、检验员、其他初级卫生技术人员。

医生 指经卫生部门审查合格，从事医疗工作的专业人员。分为中医医生和西医医生、包括卫生技术人员中的中医师、西医师、中西医结合高级医师、中医士、西医士和其他中医。

等级运动员人数 指经考核正式批准授予等级运动员称号的人数。运动员等级分为国际级运动健将、运动健将、一级运动员、二级运动员、三级运动员、少年级运动员。

等级裁判员人数 指经考核正式批准授予等级裁判员称号的人数。裁判员等级分为国际裁判、国家级裁判、一级裁判、二级裁判、三级裁判。

体育场 指有400米跑道（中心含足球场）和固定道牙，跑道6条以上，并有固定看台的田径场地。以看台容纳观众人数分：甲级25000人以上，乙级15000－25000人，丙级5000－15000人，丁级5000以下，共四级。

律师 指受聘参加法律顾问处工作，提任法律顾问、刑（民）事代理人，刑事辩护人，办理非诉讼事件、解答法律询问，代写法律事务文书等主要从事律师业务的专职法律工作者和兼职律师。

公证人员 指在国家公证机关依法办理公证事务的司法人员。包括公证员、助理公证员和公证处工作的其他人员。

办理公证文书 指公证处一定时期内办结的公证文书件数。公证文书系按司法部规定或批准的格式制作。包括国内公证和涉外公证两部分。其中国内公证分为经济合同公证和民事法律体系公证两大类。

调解人员 在人民调解委员会担负调解民间一般民事纠纷和轻微违法行为所引起的纠纷的工作人员。包括调解委员会的委员和调解小组的调解员。

调解民间纠纷 指调解委员会依照法律规定，根据自愿原则，用说服教育的方法调解民间发生的有关民事权利和义务的争执，促成当事双方达到协议和谅解，解决纠纷。包括婚姻家庭纠纷，财产权益纠纷等。包括法院管理调解的民事案件数。

收养性福利性单位 指提供食宿的，不以盈利为目的的革命伤残军人休养院、复员军人慢性病疗养院、复退军人精神病院、光荣院、社会福利院、精神病人福利院、老年收养机构（敬老院、养老院、老年公寓）等收养性的社会福利事业单位的总称。

十六、企业调查

ENTERPRISE INVESTIGATION

本篇内容包括：

1. 企业家信心指数
2. 企业景气指数
3. 企业集团情况

资料整理	微机处理
胡素强	胡素强
刘跃青	邓萍萍

423/432

企业景气指数

(2007年)

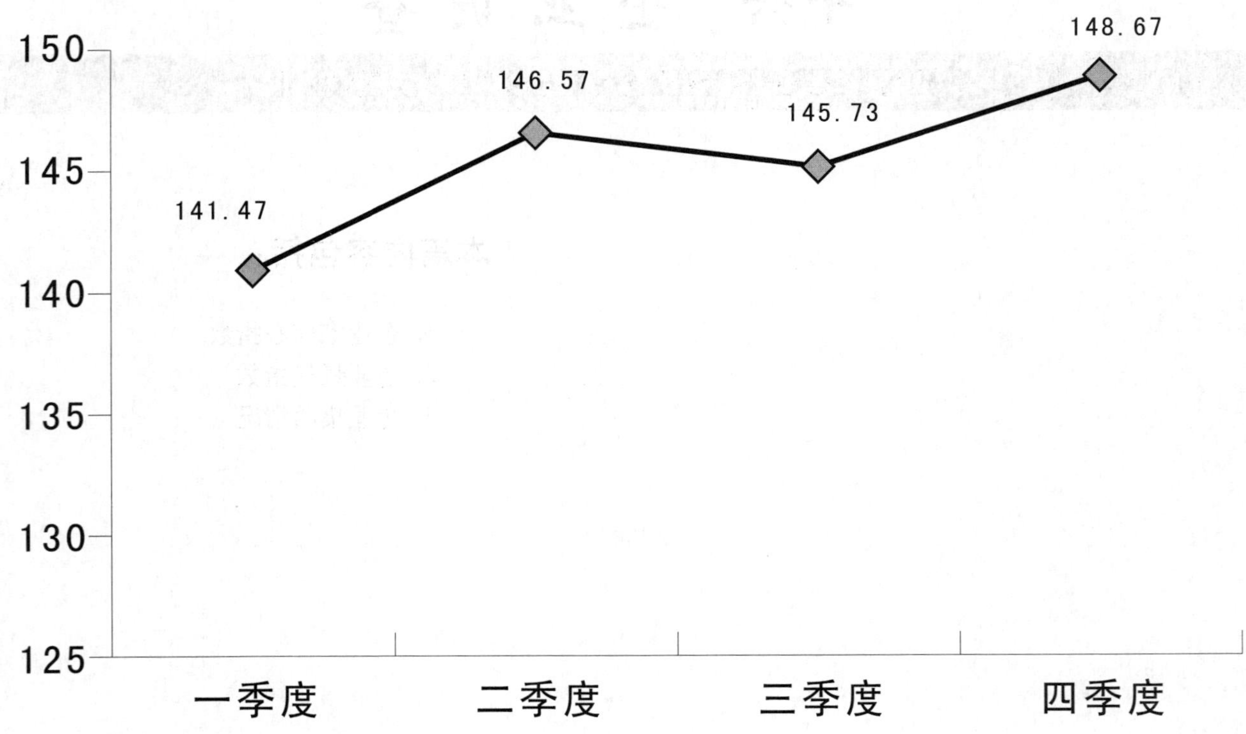

企业家信心指数

(2007年)

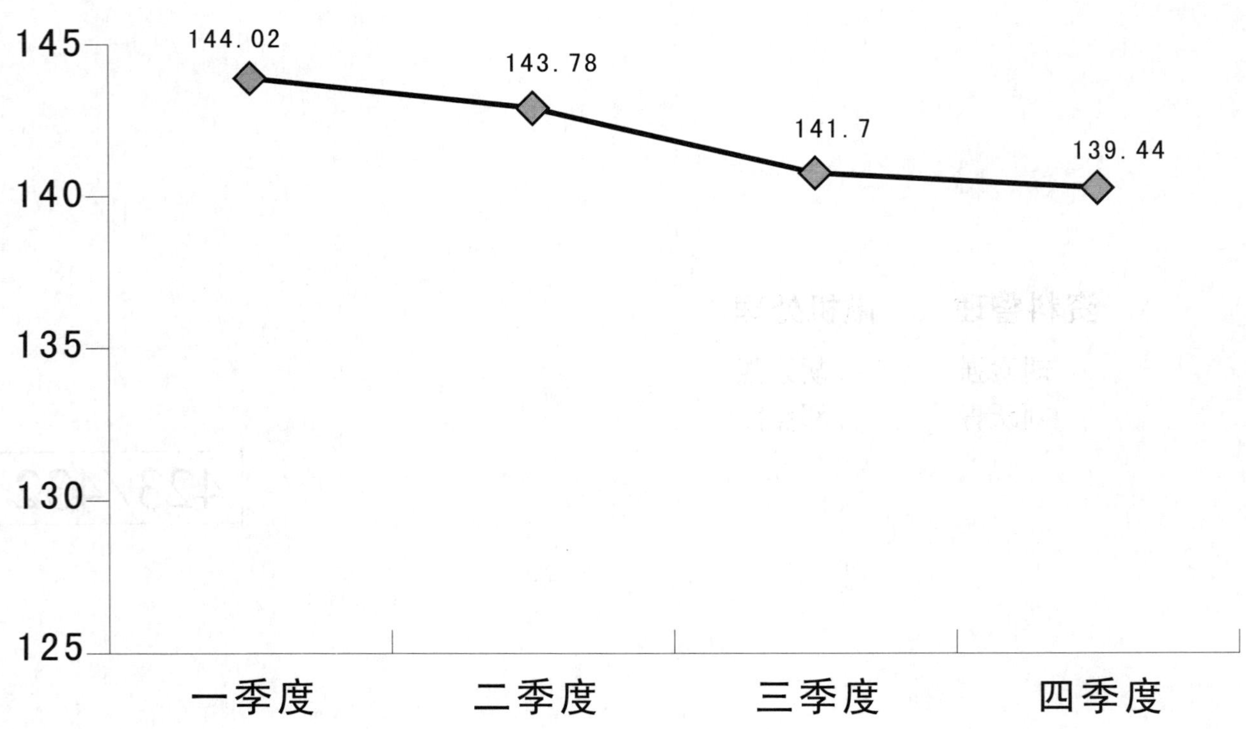

16－1 企 业 家 信 心 指 数

（2007 年）

	一 季 度	二 季 度	三 季 度	四 季 度
企业家信心指数	**144.02**	**143.78**	**141.7**	**139.44**
一、按行业门类分				
工　业	140.87	142.95	141.37	147.24
建筑业	140.41	130.33	133.46	123.24
交通运输、仓储及邮政业	174.85	184.85	174.85	174.85
批发和零售业	144.12	146.39	141.17	142.64
房地产业	137.97	123.27	148.13	142.94
社会服务业	150	149.12	132.46	115.79
信息传输、计算机服务和软件业	135.24	175.39	172.14	172.14
住宿和餐饮业	138.42	132.07	138.64	123.3
二、按企业登记注册类型分				
国有企业	118.95	138.35	143.04	136.88
集体企业	165.91	166.82	151.24	165.91
股份合作企业	197.32	197.32	200	200
联营企业	100	100	100	100
有限责任公司	154.64	137.19	126.17	150.33
股份有限公司	181.24	157.58	156.08	153.86
私营企业	177.78	162.51	169.02	142.64
其它内资企业	200	200	200	200
外商及港、澳、台投资企业	133.98	149.84	168.47	166.37
三、按企业规模分				
大　型	158.7	136.54	136.06	136.32
中　型	131.51	131.94	138.03	130
小　型	150	150	100	100

16－2 企　业　景　气　指　数

（2007年）

	一　季　度	二　季　度	三　季　度	四　季　度
企业景气指数	**141.47**	**146.57**	**145.73**	**148.67**
一、按行业门类分				
工　业	144.98	146.38	150.03	152.85
建筑业	123.49	132.29	123.28	119.74
交通运输、仓储及邮政业	171.29	182.77	184.85	184.73
批发和零售业	138.35	153.35	149.26	148.99
房地产业	118.87	135.66	127.56	125.51
社会服务业	150	149.12	149.12	165.79
信息传输、计算机服务和软件业	160.41	166.45	176.45	182.14
住宿和餐饮业	139.75	134.01	117.35	117.79
二、按企业登记注册类型分				
国有企业	131.12	143.7	142.25	142.78
集体企业	152.15	158.82	134.62	151.24
股份合作企业	197.32	197.32	200	197.32
联营企业		100		100
有限责任公司	120.58	115.38	125.28	130.33
股份有限公司	174.01	175.68	181.7	180.81
私营企业	173.18	169.02	160.57	162.06
其它内资企业	200	200	200	100
外商及港、澳、台投资企业	148.78	120.42	139.69	141.18
三、按企业规模分				
大　型	158.31	161.27	162.97	168.31
中　型	120.55	137.5	130.99	134.29
小　型	150	100	150	150

16－3　企业集团主要经济指标

(2007年)

项　　目	单位数 (个)	年末资产总计 (万元)	累计对外投资 (万元)	流动资产年平均余额 (万元)	营业收入 (万元)	出口销售总额 (万元)	营业成本 (万元)
总　计	**43**	**9 115 007**	**209 317**	**4 813 663**	**10 074 691**	**715 895**	**8 301 328**
按集团审批部门分							
国务院	1	262 758	7 385	96 178	210 194	64 871	297 946
省级人民政府	10	4 631 118	73 886	2 316 589	5 462 242	480 676	4 792 851
省级人民政府主管部门	4	453 921	31 772	207 464	513 050		432 683
其他	28	3 767 210	96 274	2 193 432	3 889 205	170 348	2 777 848
按控股情况分							
国有控股	20	7 956 045	178 000	4 190 926	8 064 682	705 575	6 897 579
集体控股	6	136 340		58 774	462 358		403 313
私人控股	16	1 015 053	31 317	559 270	1 531 428	10 320	985 920
外商控股	1	7 569		4 693	16 223		14 516
按主营行业分							
第二产业合计	36	8 528 245	165 628	4 530 655	9 535 482	715 895	7 986 091
工业小计	25	7 801 574	163 967	4 078 605	8 527 304	715 895	7 083 306
采矿业	1	312 114	1 921	208 631	435 038	100 973	327 929
制造业	23	7 312 823	153 257	3 813 674	8 048 611	614 922	6 724 107
电力、燃气及水的生产和供应业	1	176 637	8 789	56 300	43 655		31 270
建筑业	11	726 671	1 661	452 050	1 008 178		902 785
第三产业合计	7	586 762	43 689	283 008	539 209		315 237
交通运输、仓储和邮政业	1	151 529	31 066	50 222	71 982		52 905
批发和零售业	4	389 777	12 623	223 841	458 009		260 413
住宿和餐饮业	2	45 456		8 945	9 218		1 919
按登记注册类型分							
国有企业	9	4 435 475	45 597	2 150 664	5 157 971	444 574	4 709 597
公司制企业小计	29	4 554 966	163 720	2 605 139	4 455 570	271 321	3 188 723
国有独资企业	8	3 132 059	130 482	1 799 386	2 282 079	160 028	1 679 015
其他有限责任公司	18	1 155 096	27 256	651 620	1 905 566	111 293	1 272 243
股份有限公司	1	61 389		29 981	150 735		144 356
中外合资企业	1	7 569		4 693	16 223		14 516
外商投资股份有限公司	1	198 853	5 982	119 459	100 967		78 593
其他	5	124 566		57 860	461 150		403 008

16－3 续表 1　　　　　　　　　　(2007 年)　　　　　　　　　　单位：万元

项　　目	主营业务税金及附加	年末负债合计	流动负债	权益合计	股本(实收资本)	固定资产投资完成额
总　　计	**130 699**	**5 908 481**	**5 022 547**	**3 206 526**	**1 133 554**	**677 265**
按集团审批部门分						
国务院	95	294 276	213 348	－31 518	47 458	9 380
省级人民政府	48 206	3 073 567	2 830 051	1 557 551	582 777	457 502
省级人民政府主管部门	3 916	251 537	200 399	202 384	89 449	30 909
其他	78 482	2 289 101	1 778 749	1 478 109	413 870	179 474
按控股情况分						
国有控股	97 687	5 365 942	4 704 278	2 590 103	964 673	668 810
集体控股	11 051	60 995	57 658	75 345	48 839	
私人控股	21 961	477 250	256 317	537 803	116 787	8 455
外商控股		4 294	4 294	3 275	3 255	
按主营行业分						
第二产业合计	116 282	5 576 019	4 879 659	2 952 226	1 070 334	670 878
工业小计	83 681	5 063 036	4 405 658	2 738 538	890 887	663 810
采矿业	8 473	164 391	116 563	147 723	60 000	16 527
制造业	74 643	4 820 211	4 216 397	2 492 612	777 977	621 048
电力、燃气及水的生产和供应业	565	78 434	72 698	98 203	52 910	26 235
建筑业	32 601	512 983	474 001	213 688	179 447	7 068
第三产业合计	14 417	332 462	142 888	254 300	63 220	6 387
交通运输、仓储和邮政业	2 330	93 968	80 279	57 561	12 442	3 535
批发和零售业	11 464	204 603	53 356	185 174	39 638	2 852
住宿和餐饮业	623	33 891	9 253	11 565	11 140	
按登记注册类型分						
国有企业	37 773	3 119 303	2 847 028	1 316 172	559 684	443 016
公司制企业小计	81 941	2 730 719	2 118 397	1 824 247	533 031	234 249
国有独资企业	45 161	2 044 658	1 706 932	1 087 401	309 670	209 267
其他有限责任公司	28 518	491 446	367 300	663 650	172 250	22 130
股份有限公司	4 977	27 168	27 168	34 221	32 004	
中外合资企业		4 294	4 294	3 275	3 255	
外商投资股份有限公司	3 285	163 153	12 703	35 700	15 852	2 852
其他	10 985	58 459	57 122	66 107	40 839	

16－3 续表 2 （2007 年） 单位：万元

项目	研究开发(R&D)费用	营业费用	管理费用	财务费用	投资收益	利润总额	应交增值税
总计	**247 861**	**507 010**	**520 000**	**81 170**	**19 659**	**479 533**	**333 367**
按集团审批部门分							
国务院	199	1 199	10 525	3 751	114	－3 522	951
省级人民政府	115 792	79 556	276 445	45 875	12 966	225 475	212 412
省级人民政府主管部门	12 136	32 102	25 437	5 670	717	13 160	10 872
其他	119 734	394 153	207 593	25 874	5 862	244 420	109 132
按控股情况分							
国有控股	234 271	234 697	457 812	62 378	19 196	353 122	280 607
集体控股	10	2 070	3 528	152	46	14 512	82
私人控股	13 579	269 785	57 786	18 558	406	111 469	52 678
外商控股	1	458	874	82	11	430	
按主营行业分							
第二产业合计	247 699	389 102	490 008	68 421	15 307	430 119	313 281
工业小计	247 389	388 260	469 142	65 369	15 092	409 749	313 178
采矿业	1 453	5 358	34 239	1 413	312	58 282	26 111
制造业	245 936	380 615	428 266	62 527	14 125	348 635	285 209
电力、燃气及水的生产和供应业		2 287	6 637	1 429	655	2 832	1 858
建筑业	310	842	20 866	3 052	215	20 370	103
第三产业合计	162	117 908	29 992	12 749	4 352	49 414	20 086
交通运输、仓储和邮政业			9 781	2 976	3 959	6 223	44
批发和零售业	162	115 260	18 066	7 830	379	43 304	20 042
住宿和餐饮业		2 648	2 145	1 943	14	－113	
按登记注册类型分							
国有企业	113 852	69 156	241 403	46 783	8 809	155 096	185 190
公司制企业小计	133 999	436 286	275 740	34 279	10 818	309 585	148 095
国有独资企业	118 966	160 183	181 225	14 141	10 058	138 404	69 306
其他有限责任公司	14 870	272 487	88 123	15 068	655	163 863	78 486
股份有限公司			620	20	17	745	
中外合资企业	1	458	874	82	11	430	
外商投资股份有限公司	162	3 158	4 898	4 968	77	6 143	303
其他	10	1 568	2 857	108	32	14 852	82

16－4　企业集团从业人员和劳动报酬

（2007 年）

项　　目	从业人员年末人数（人）	在岗职工	其他人员	研究开发人员（人）	从业人员劳动报酬（万元）	在岗职工	其他人员	研究开发人员劳动报酬（万元）
总　　计	**251 764**	**237 069**	**14 363**	**7 676**	**525 981**	**507 286**	**18 332**	**19 362**
按集团审批部门分								
国务院	5 290	4 874	84	58	7 125	6 682	80	80
省级人民政府	121 687	115 381	6 306	3 344	266 829	260 830	5 999	2 272
省级人民政府主管部门	10 409	10 169	240	252	15 958	15 803	155	864
其他	114 378	106 645	7 733	4 022	236 069	223 971	12 098	16 146
按控股情况分								
国有控股	183 720	169 719	13 669	6 719	416 688	400 053	16 272	16 810
集体控股	28 804	28 461	343	6	55 704	54 205	1 499	14
私人控股	39 110	38 759	351	946	53 480	52 919	561	2 523
外商控股	130	130		5	109	109		15
按主营行业分								
第二产业合计	235 085	220 566	14 187	7 563	501 699	483 108	18 228	19 159
工业小计	150 423	141 317	8 774	7 443	334 576	325 532	8 681	18 981
采矿业	12 055	11 526	529	480	27 737	26 608	1 129	567
制造业	136 441	128 099	8 010	6 963	302 874	295 111	7 400	18 414
电力、燃气及水的生产和供应业	1 927	1 692	235		3 965	3 813	152	
建筑业	84 662	79 249	5 413	120	167 123	157 576	9 547	178
第三产业合计	16 679	16 503	176	113	24 282	24 178	104	203
交通运输、仓储和邮政业	2 081	2 081			4 837	4 837		
批发和零售业	13 652	13 476	176	113	18 216	18 112	104	203
住宿和餐饮业	946	946			1 229	1 229		
按登记注册类型分								
国有企业	107 353	104 933	2 088	2 768	236 538	234 846	1 329	1 525
公司制企业小计	115 918	103 986	11 932	4 902	234 019	218 515	15 504	17 823
国有独资企业	46 210	36 303	9 907	3 471	107 928	98 321	9 607	14 718
其他有限责任公司	54 227	53 322	905	1 374	86 977	85 242	1 735	2 988
股份有限公司	11 024	9 904	1 120		32 947	28 785	4 162	
中外合资企业	130	130		5	109	109		15
外商投资股份有限公司	4 327	4 327		52	6 058	6 058		102
其他	28 493	28 150	343	6	55 424	53 925	1 499	14

企业景气调查简介

企业景气调查是为适应我国社会主义市场经济需要，借鉴西方国家的成功经验而建立起来的一种新的统计调查制度。它通过对企业家进行定期的问卷调查，并根据他们对企业经营情况及宏观经济状况的判断和预期来编制企业景气指数，由此反映企业的经营状况和经济运行情况，预测未来经济发展的变化趋势，为党政领导进行宏观管理，企业家制定经营决策提供参考依据。景气指数又称景气度，它是对企业景气调查中定性指标的量化描述，其最大的特点是具有信息超前性和预测功能，可靠性较强。景气指数的数值介于0和200%之间，一般地讲，当景气指数为100，即临界值时，则说明经济处于景气与不景气的边缘；大于100时，则表示经济处于景气状态。越接近200%状态越好；小于100时，则表示经济处于不景气状态，越接近0，状态越差。

南昌调查队根据国家统计局的统一部署，开展了南昌企业景气调查工作。企业景气调查为季度性资料，调查企业涉及工业、建筑业、交通运输仓储及邮政业、批发和零售业、房地产业、社会服务业、信息传输、计算机服务和软件业、住宿和餐饮业八大国民经济行业。

景气指数的计算方法

在计算景气指数过程中，对不同规模的企业 采用不同的加权方法计算。首先对大型企业依据上年销售收入进行加权（中小企业不加权），然后通过大型企业与中小型企业的样本比例再进行加权，总加权后得到景气指数。计算景气指数的基本方法是：用选择“上升”的企业比例减去选择“下降”的企业比例，所得的值即为景气指数。

企业景气指数的计算方法如下：

第一、分别计算工业、建筑业、交通运输仓储及邮政业、批发和零售业、房地产业、社会服务业、信息传输、计算机服务和软件业、住宿和餐饮业的景气指数；

第二、计算各行业上年增加值占这些行业增加值之和的比重；

第三、利用各行业的景气指数，以各行业上年增加值占这些行业增加值之和的比重为权数计算企业景气总指数。

企业集团简要说明

一、根据国家统计局《关于印发<企业集团统计报表制度>的通知》（国统字［1998］233号）文件精神，南昌调查队对全市企业集团定期统计调查。

二、统计范围：

企业集团：一是由国务院及国务院主管部门批准的国家试点企业集团；二是由省政府及省直主管部门批准的企业集团；三是已在各地工商部门登记注册的企业集团。企业内部的统计范围包括企业集团的母公司、全资子公司、绝对控股子公司和相对控股子公司。不包括参股企业、协作企业和子公司下属的二级公司。

三、企业集团：以一个实力雄厚的大型企业为核心，以产权联结为主要纽带，并以产品、技术、经济、契约等多种纽带把多个企业、事业单位联结在一起，具有多层次结构的以母子公司为主体的多法人经济联合体。

主要统计指标解释

主营业务收入：指企业（集团）在日常活动中形成的、会导致所有者权益增加的、与所有者投入资本无关的经济利益的总流入。其中“日常活动”是指企业为完成其经营目标所从事的经常性活动以及与之相关的活动。

比如，工业企业制造并销售产品、商品流通企业销售商品、保险公司签发保单、咨询公司提供咨询服务、软件企业为客户开发软件、安装公司提供安装服务、商业银行对外贷款、租赁公司出租资产等，均属于企业为完成其经营目标所从事的经常性活动，由此产生的经济利益的总流入构成收入。

尚未执行新会计准则的企业（集团）由主营业务收入与其他业务收入相加之后填列。

注册资本合计：指企业集团各成员企业在工商行政管理部门登记注册资金的合计。包括国家资本、集体资本、法人资本、个人资本以及外商资本等。

主营行业：指本企业集团生产经营活动的主要行业性质。企业集团往往从事多种生产经营活动，一般应根据集团内获得营业收入份额最大的三项产品或活动确定其主要行业性质。主营业务如果是工业或农业应填报其主要产品的产量（实物量），非工业和农业应填报主营业务的营业收入（价值量）。

登记注册类型：是指在工商行政管理机关登记注册的具有法人资格的各类企业。其中：①国有企业：是指企业全部资产归国家所有，并按《中华人民共和国企业法人登记管理条例》规定登记注册的非公司制的经济组织。不包括有限责任公司中的国有独资公司；②国有独资公司：是指国家授权的投资机构或者国家授权的部门单独投资设立的有限责任公司；③其他有限责任公司：是指根据《中华人民共和国公司登记管理条例》规定登记注册，由两个以上，五十个以下的股东共同出资，每个股东以其所认缴的出资额对公司承担有限责任，公司以其全部资产对其债务承担责任的经济组织。其他有限责任公司不包括国有独资公司；④股份有限公司：是指根据《中华人民共和国公司登记管理条例》规定登记注册，其全部注册资本由等额股份构成并通过发行股票筹集资本 股东以其认购的股份对公司承担有限责任，公司以其全部资产对其债务承担责任的经济组织。

控股情况：指按所有制性质和控股状况划分的企业情况，包括①国有绝对控股：指在企业的全部资本中，国家资本（股本）所占比例大于50%的企业；②国有相对控股：指在企业的全部资本中，国家资本（股本）所占的比例虽未大于50%，但相对大于企业中的其他经济成分所占比例的企业；或者虽不大于其他经济成分，但根据协议规定，由国家拥有实际控制权的企业（协议控制）；③集体绝对控股：指在企业的全部资本中，集体资本（股本）所占比例大于50%的企业；④集体相对控股：指在企业的全部资本中，集体资本（股本）所占的比例虽未大于50%，但相对大于企业中的其他经济成分所占比例的企业；或者虽不大于其他经济成份，但根据协议规定，由集体拥有实际控制权的企业（协议控制）；⑤其他：指国有绝对控股、国有相对控投、集体绝对控股和集体相对控股以外的控股情况。

从业人员：指在企业（企业集团包括母公司和子公司，下同）工作并领取工资或其他形式的劳动报酬的全部人员数，包括在岗职工、再就业的离退休人员以及在企业集团中工作的外方人员和港澳台方人员、兼职人员、借用的外单位人员和第二职业者。不包括离开本企业（集团）仍保留劳动关系的职工。

离职人员：指离开本企业（集团）仍保留劳动关系的职工。

确定企业改制工作的主管部门：指确定建立现代企业制度试点企业的主管部门，分为国家经贸委、国家体改委、省（自治区、直辖市）经贸委、省（自治区、直辖市）体改委、企业主管部门以及其他部门。

企业规模：指企业按某一数量指标进行的分类，如工业企业按产品生产能力或生产经营用固定资产进行的分类。工业企业规模的确定，应按全国统一制订的《大中小型企业划分标准》中的具体划分规定执行，非工业企业规模的确定，应暂按统计上使用的《大中小型非工业企业划分标准》中的具体划分规定执行。没有划分标准的非工业企业填报‘其他’项。

附　　录

APPENDIX

本篇内容包括：

1. 中华人民共和国 2007 年国民经济和社会发展统计公报
2. 全国各省市主要经济指标
3. 省会城市主要经济指标
4. 江西省 2007 年国民经济和社会发展统计公报
5. 江西省各设区市主要经济指标

资料整理	微机处理
吴　蕊	袁　媛
钟晓强	潘奇灵
袁　媛	

中华人民共和国
2007年国民经济和社会发展统计公报

中华人民共和国国家统计局

2008年2月28日

2007年，全国各族人民在党中央、国务院的领导下，以邓小平理论和“三个代表”重要思想为指导，深入贯彻落实科学发展观，团结一致，开拓进取，国民经济和社会发展取得新的成就。

一、综　　合

初步核算，全年国内生产总值246 619亿元，比上年增长11.4%。分产业看，第一产业增加值28 910亿元，增长3.7%；第二产业增加值121 381亿元，增长13.4%；第三产业增加值96 328亿元，增长11.4%。第一产业增加值占国内生产总值的比重为11.7%，与上年持平；第二产业增加值比重为49.2%，上升0.3个百分点；第三产业增加值比重为39.1%，下降0.3个百分点。分季度看，一季度增长11.1%，二季度增长11.9%，三季度增长11.5%，四季度增长11.2%。

图1　2003-2007年国内生产总值及其增长速度

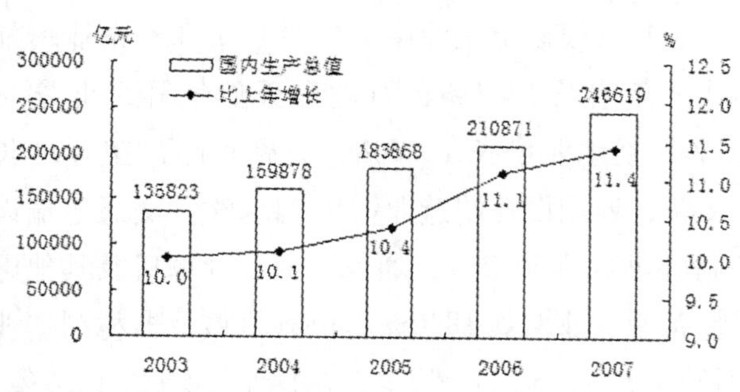

居民消费价格比上年上涨4.8%，其中食品价格上涨12.3%。商品零售价格上涨3.8%。固定资产投资价格上涨3.9%。工业品出厂价格上涨3.1%，其中生产资料价格上涨3.2%，生活资料价格上涨2.8%。原材料、燃料、动力购进价格上涨4.4%。农产品生产价格上涨18.5%。70个大中城市房屋销售价格上涨7.6%，其中新建商品住宅价格上涨8.2%，二手住宅价格上涨7.4%；房屋租赁价格上涨2.6%。

图2　2003-2007年居民消费价格涨跌幅度

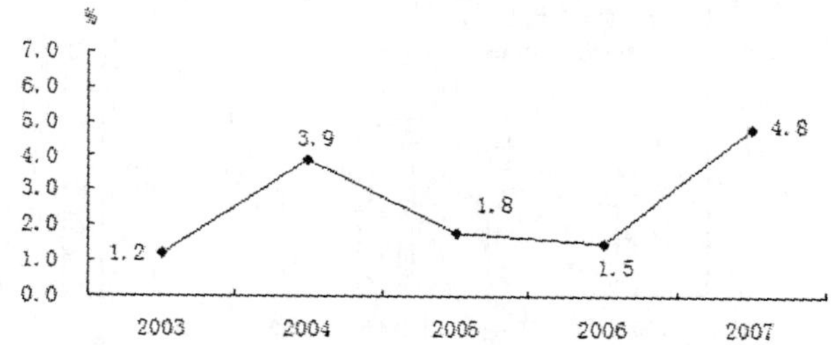

表1　2007年居民消费价格比上年涨跌幅度

单位:%

指　　标	全　国	城　市	农　村
居民消费价格	4.8	4.5	5.4
食　品	12.3	11.7	13.6
其中：粮食	6.3	6.4	6.2
肉禽及其制品	31.7	31.6	31.8
油　脂	26.7	25.5	28.3
鲜　蛋	22.9	23.0	22.8
鲜　菜	7.3	6.6	9.4
鲜　果	0.1	-0.2	1.0
烟酒及用品	1.7	1.8	1.6
衣　着	-0.6	-0.9	0.2
家庭设备用品及服务	1.9	1.9	2.1
医疗保健及个人用品	2.1	1.7	2.8
交通和通信	-0.9	-1.6	0.6
娱乐教育文化用品及服务	-1.0	-0.7	-1.6
居　住	4.5	4.5	4.4

年末全国就业人员76 990万人，比上年末增加590万人。其中城镇就业人员29 350万人，净增加1 040万人，新增加1204万人。年末城镇登记失业率为4.0%，比上年末下降0.1个百分点。

年末国家外汇储备15282亿美元，比上年末增加4 619亿美元。年末人民币汇率为1美元兑7.3046元人民币，比上年末升值6.9%。

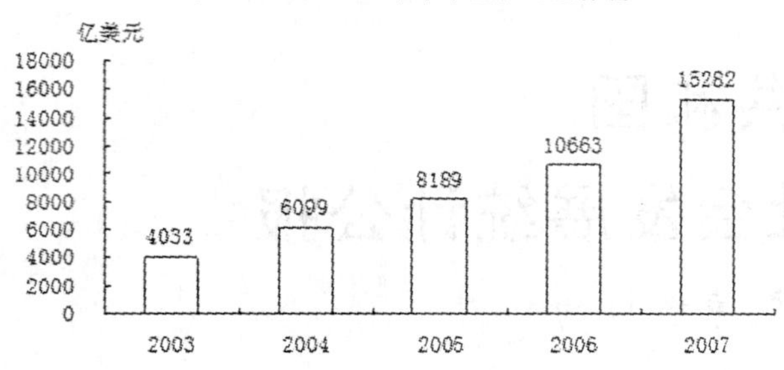

图3 2003-2007年年末国家外汇储备

全年税收收入 49 449 亿元（不包括关税、耕地占用税和契税），比上年增加 11 813 亿元，增长 31.4%。

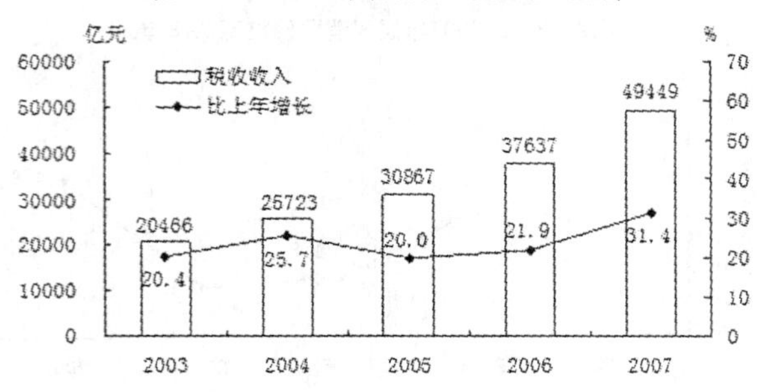

图4 2003-2007年税收收入及其增长速度

二、农　　业

全年粮食种植面积 10 553 万公顷，比上年增加 70 万公顷；棉花种植面积 559 万公顷，增加 7 万公顷；油料种植面积 1 094 万公顷，减少 60 万公顷；糖料种植面积 167 万公顷，增加 10 万公顷。

全年粮食产量 50 150 万吨，比上年增加 350 万吨，增产 0.7%，其中，夏粮产量 11 534 万吨，增产 1.3%；早稻产量 3 196 万吨，增产 0.3%；秋粮产量 35 420 万吨，增产 0.6%。

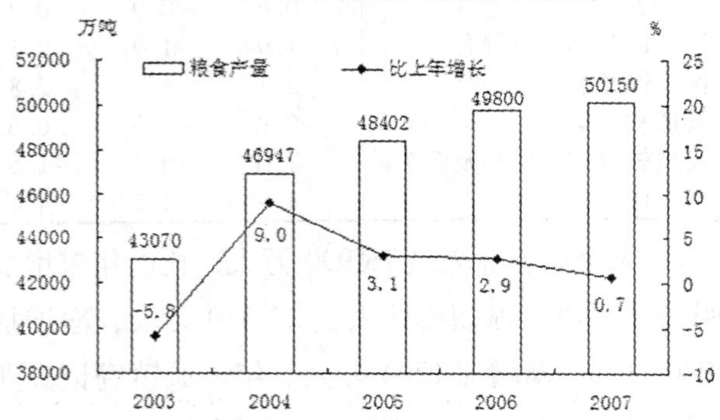

图5 2003-2007年粮食产量及其增长速度

全年棉花产量 760 万吨，比上年增产 1.3%。油料产量 2 461 万吨，减产 4.2%。糖料产量 11 110 万吨，增产 11.4%。烤烟产量 239 万吨，减产 3.9%。茶叶产量 114 万吨，增产 10.9%。

全年肉类总产量 6 800 万吨，比上年减少 3.5%。其中，猪肉减少 9.2%；牛、羊肉分别增长 6.1% 和 5.8%。全年水产品产量 4 737 万吨，增长 3.3%。全年木材产量 6 974 万立方米，增长 5.5%。

全年新增有效灌溉面积 107 万公顷，新增节水灌溉面积 136 万公顷。

三、工业和建筑业

全年全部工业增加值 107 367 亿元，比上年增长 13.5%。规模以上工业增加值增长 18.5%，其中国有及国有控股企业增长 13.8%；集体企业增长 11.5%，股份制企业增长 20.6%，外商及港澳台投资企业增长 17.5%；私营企业增长 26.7%。分轻重工业看，轻工业增长 16.3%，重工业增长 19.6%。

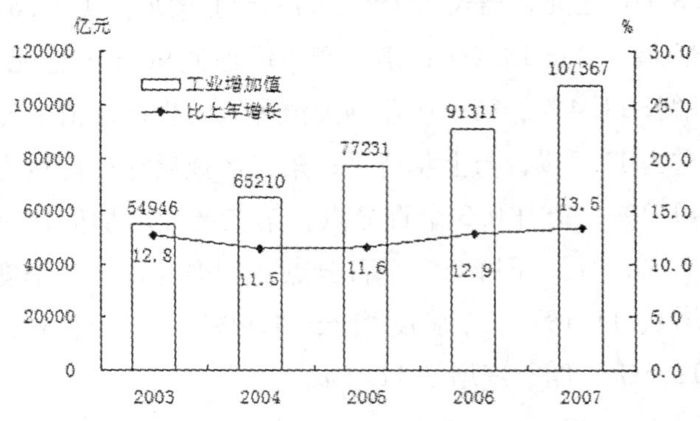

图6 2003-2007年工业增加值及其增长速度

全年规模以上工业中，煤炭开采和洗选业增加值比上年增长 18.1%，石油和天然气开采业增长 3.9%，纺织业增长 16.2%，农副食品加工业增长 16.9%，通用设备制造业增长 24.2%，交通运输设备制造业增长 26.2%，通信设备、计算机及其他电子设备制造业增长 18.0%，电气机械及器材制造业增长 21.5%。6 大高耗能行业比上年增长 18.9%，其中，非金属矿物制品业增长 24.7%，黑色金属冶炼及压延加工业增长 21.4%，化学原料及化学制品制造业增长 21.0%，有色金属冶炼及压延加工业增长 17.8%，电力热力的生产和供应业增长 13.8%，石油加工炼焦及核燃料加工业增长 13.4%。高技术产业增加值比上年增长 17.8%。

表2　2007年主要工业产品产量及其增长速度

产品名称	单　　位	产　　量	比上年增长%
纱	万吨	2 000.0	14.7
布	亿米	660.0	10.3
化学纤维	万吨	2 390.0	15.3
成品糖	万吨	1 271.4	34.0
卷　烟	亿支	21 413.8	5.9
彩色电视机	万台	8 433.0	0.7
家用电冰箱	万台	4 397.1	24.5
房间空气调节器	万台	8 014.3	17.0
一次能源生产总量	亿吨标准煤	23.7	7.0
原　煤	亿吨	25.36	6.9
原　油	亿吨	1.87	1.1
天然气	亿立方米	693.1	18.4
发电量	亿千瓦小时	32 777.2	14.4
其中：火　电	亿千瓦小时	27 218.3	14.9
水　电	亿千瓦小时	4 828.8	10.8
粗　钢	万吨	48 966.0	16.8
钢　材	万吨	56 894.4	21.3
十种有色金属	万吨	2 350.8	22.7
其中：精炼铜（铜）	万吨	344.1	14.6
电解铝	万吨	1 228.4	32.6
氧化铝	万吨	1 945.3	46.7
水　泥	亿吨	13.6	9.9
硫　酸	万吨	5 500.0	9.3
纯　碱	万吨	1 771.8	13.6
烧　碱	万吨	1 759.3	16.4
乙　烯	万吨	1 047.7	11.4
化肥（折100%）	万吨	5 786.9	8.3
发电设备	万千瓦	12 991.0	11.1
汽　车	万辆	888.7	22.1
其中：轿　车	万辆	479.8	24.0
大中型拖拉机	万台	20.3	1.9
集成电路	亿块	411.6	22.6
程控交换机	万线	5 387.1	-27.2
移动通信手持机	万台	54 857.9	14.3
微型电子计算机	万台	12 073.4	29.3

1－11月全国规模以上工业企业累计实现利润22 951亿元，比上年同期增长36.7%。

表3　2007年1－11月规模以上工业企业实现利润及其增长速度

单位：亿元

指　　标	利润总额	比上年同期增长%
规模以上工业	22 951	36.7
其中：国有及国有控股企业	9 662	29.6
其中：集体企业	566	25.2
股份制企业	12 209	35.1
外商及港澳台投资企业	6 126	34.3
其中：私营企业	4 000	50.9

全年全社会建筑业实现增加值14 014亿元，比上年增长12.6%。全国具有资质等级的总承包和专业承包建筑业企业实现利润1 470亿元，增长23.2%；上缴税金1 661亿元，增长18.5%。

四、固定资产投资

全年全社会固定资产投资137 239亿元，比上年增长24.8%。分城乡看，城镇投资117 414亿元，增长25.8%；农村投资19 825亿元，增长19.2%。分地区看，东部地区投资72 314亿元，比上年增长19.9%；中部地区34 283亿元，增长33.3%；西部地区28 194亿元，增长28.2%。

图7　2003－2007年固定资产投资及其增长速度

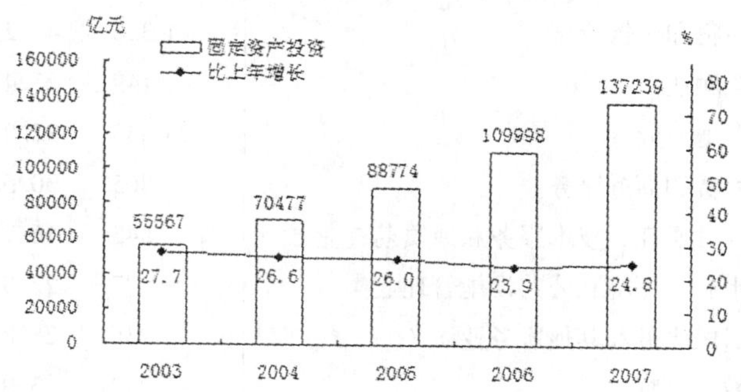

在城镇投资中，第一产业投资1 466亿元，比上年增长31.1%；第二产业投资51 020亿元，增长29.0%；第三产业投资64 928亿元，增长23.2%。

表4　2007年分行业城镇固定资产投资及其增长速度

单位：亿元

行　　业	投资额	比上年增长%
总　计	**117 414**	**25.8**
农、林、牧、渔业	1 466	31.1
采矿业	5 271	26.9
其中：煤炭开采及洗选业	1 805	23.7
石油和天然气开采业	2 230	22.4
制造业	35 497	34.8
其中：农副食品加工业	1 646	37.6
食品制造业	967	26.1
石油加工、炼焦及核燃料加工业	1 412	50.3
化学原料及化学制品制造业	3 507	38.1
非金属矿物制品业	2 799	50.8
黑色金属冶炼及压延加工业	2 563	12.2
有色金属冶炼及压延加工业	1 299	34.9
金属制品业	1 609	46.2

行　　　　　业	投资额	比上年增长%
通用设备制造业	2 341	49.4
专用设备制造业	1 696	55.7
交通运输设备制造业	2 724	38.5
电气机械及器材制造业	1 610	44.9
通信设备、计算机及其他电子设备制造业	2 096	24.3
电力、燃气及水的生产和供应业	9 070	9.8
其中：电力、热力的生产与供应业	7 908	8.7
建 筑 业	1 182	48.5
交通运输、仓储和邮政业	12 844	14.4
信息传输、计算机服务和软件业	1 796	1.3
批发和零售业	2 444	28.9
住宿和餐饮业	1 326	41.2
金融业	149	25.4
房地产业	28 543	32.2
租赁和商务服务业	865	30.5
科学研究、技术服务和地质勘查业	543	16.7
水利、环境和公共设施管理业	9 177	22.3
居民服务和其他服务业	236	28.8
教　　育	2 212	3.9
卫生、社会保障和社会福利业	803	13.4
文化、体育和娱乐业	1 124	31.0
公共管理和社会组织	2 866	7.9

全年房地产开发投资25 280亿元，比上年增长30.2%，其中商品住宅投资18 010亿元，增长32.1%。商品房竣工面积58 236万平方米，增长4.3%。商品房销售面积76 193万平方米，增长23.2%，其中商品住宅69 104万平方米，增长24.7%。

表5　2007年固定资产投资新增主要生产能力

指　　　　标	单　位	绝对数
新增发电机组容量	万千瓦	10 009
22万伏及以上变电设备	万千伏安	18 848
新建铁路投产里程	公里	678
增建铁路复线投产里程	公里	480
电气化铁路投产里程	公里	938
新建公路	公里	143 595
其中：高速公路	公里	8 059
港口万吨级码头泊位新增吞吐能力	万吨	43 916
新增局用交换机容量	万门	836
新增光缆线路长度	万公里	146
新增数字蜂窝移动电话交换机容量	万户	24 284

五、国内贸易

全年社会消费品零售总额89 210亿元，比上年增长16.8%。分地域看，城市消费品零售额60 411亿元，增长17.2%；县及县以下消费品零售额28 799亿元，增长15.8%。分行业看，批发和零售业零售额75 040亿元，增长16.7%；住宿和餐饮业零售额12 352亿元，增长19.4%；其他行业零售额1 818亿元，增长4.5%。

在限额以上批发和零售业零售额中，粮油类零售额比上年增长38.3%，肉禽蛋类增长40.9%，服装类增长28.7%，汽车类增长36.9%，石油及制品类增长20.5%，日用品类增长26.5%，文化办公用品类增长22.6%，通讯器材类增长8.8%，家用电器和音像器材类增长23.4%，建筑及装潢材料类增长43.6%，家具类增长43.2%，化妆品类增长26.3%，金银珠宝类增长41.7%，中西药品类增长25.1%。

图8　2003-2007年社会消费品零售总额及其增长速度

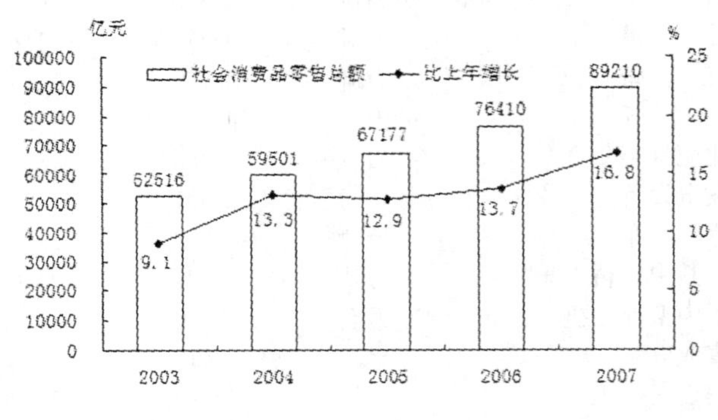

六、对外经济

全年货物进出口总额21 738亿美元，比上年增长23.5%。其中，货物出口12 180亿美元，增长25.7%；货物进口9 558亿美元，增长20.8%。出口大于进口2 622亿美元，比上年增加847亿美元。

表6　2007年货物进出口总额及其增长速度

单位：亿美元

指　　　　标	绝对数	比上年增长%
货物进出口总额	**21 738**	**23.5**
货物出口额	12 180	25.7
其中：一般贸易	5 386	29.4
加工贸易	6 177	21.0
其中：机电产品	7 012	27.6
高新技术产品	3 478	23.6

指　　　　标	绝对数	比上年增长%
其中：国有企业	2 248	17.5
外商投资企业	6 955	23.4
其他企业	2 977	39.2
货物进口额	9 558	20.8
其中：一般贸易	4 286	28.7
加工贸易	3 684	14.6
其中：机电产品	4 990	16.7
高新技术产品	2 870	16.0
其中：国有企业	2 697	19.8
外商投资企业	5 594	18.4
其他企业	1 267	35.1
出口大于进口	2 622	47.7
其中：一般贸易	1 099	32.2
加工贸易	2 493	32.0
其他贸易	-970	2.6

表7　2007年对主要国家和地区货物进出口总额及其增长速度

单位：亿美元

国家和地区	货物出口额	比上年增长%	货物进口额	比上年增长%
欧　　盟	2452	29.2	1110	22.4
美　　国	2327	14.4	694	17.2
中国香港	1844	18.8	128	18.9
日　　本	1021	11.4	1340	15.8
东　　盟	942	32.1	1084	21.0
韩　　国	561	26.1	1038	15.6
俄 罗 斯	285	79.9	197	12.1
印　　度	240	64.7	146	42.4
中国台湾	235	13.1	1010	16.0

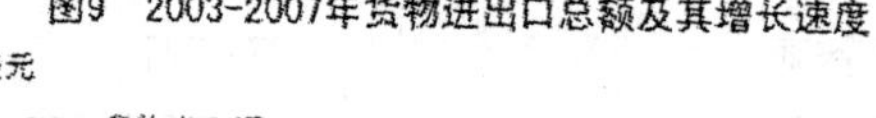
图9　2003-2007年货物进出口总额及其增长速度

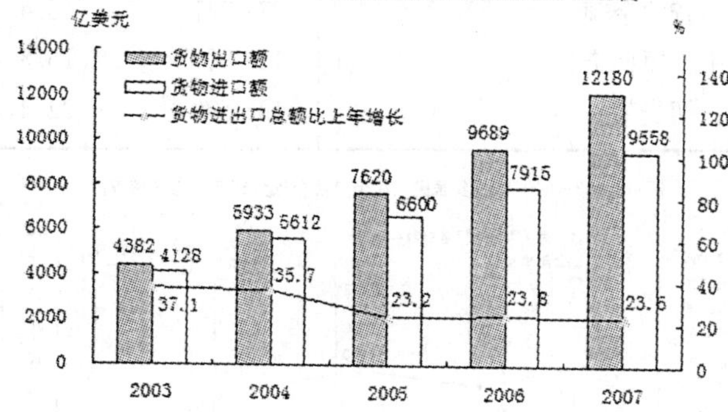

全年非金融领域新批外商直接投资企业37 871家，比上年减少8.7%。实际使用外商直接投资金额748亿美元，增长13.6%。其中，制造业占54.7%；房地产业占22.9%；租赁和商务服务业占5.4%；批发和零售业占3.6%；交通运输、仓储和邮政业占2.7%。

表8　2007年分行业外商直接投资及其增长速度

行业名称	企业数（家）	比上年增长%	实际使用金额（亿美元）	比上年增长%
总　　计	**37 871**	**-8.7**	**747.7**	**13.6**
农、林、牧、渔业	1 048	10.2	9.2	54.2
采矿业	234	12.5	4.9	5.4
制造业	19 193	-22.6	408.6	-4.6
电力、燃气及水的生产和供应业	352	-6.1	10.7	-16.6
建筑业	308	-12.5	4.3	-36.9
交通运输、仓储和邮政业	658	-1.1	20.1	1.1
信息传输、计算机服务和软件业	1 392	1.0	14.9	38.7
批发和零售业	6 338	35.9	26.8	49.6
住宿和餐饮业	938	-11.5	10.4	25.8
金融业	51	-1.9	2.6	-12.4
房地产业	1 444	-39.8	170.9	107.3
租赁和商务服务业	3 539	22.7	40.2	-5.2
科学研究、技术服务和地质勘查业	1 716	65.8	9.2	81.8
水利、环境和公共设施管理业	154	16.7	2.7	39.8
居民服务和其他服务业	270	14.4	7.2	43.0
教　　育	15	-44.4	0.3	10.4
卫生、社会保障和社会福利业	13	-35.0	0.1	-23.7
文化、体育和娱乐业	207	-14.1	4.5	86.9
公共管理和社会组织	0	—	0.0	—

全年对外直接投资额（非金融部分）187亿美元，比上年增长6.2%。

全年对外承包工程完成营业额406亿美元，比上年增长35.3%；对外劳务合作完成营业额68亿美元，增长26.0%。

七、交通、邮电和旅游

全年交通运输、仓储和邮政业增加值13 649亿元，比上年增长9.7%。

表9　2007年各种运输方式完成货物运输量及其增长速度

指　　标	单　位	绝对数	比上年增长%
货物运输总量	亿吨	225.3	10.7
铁　路	亿吨	31.4	9.0
公　路	亿吨	162.8	11.0
水　运	亿吨	27.3	9.7
民　航	万吨	401.8	15.0
管　道	亿吨	3.8	17.9
货物运输周转量	亿吨公里	99 180.5	11.8
铁　路	亿吨公里	23 797.0	8.4
公　路	亿吨公里	11 257.6	15.4
水　运	亿吨公里	62 182.2	12.1
民　航	亿吨公里	116.4	23.5
管　道	亿吨公里	1 827.3	27.4

表 10　2007 年各种运输方式完成旅客运输量及其增长速度

指　　标	单　　位	绝对数	比上年增长%
旅客运输总量	亿人	223.7	10.5
铁　　路	亿人	13.6	8.0
公　　路	亿人	205.8	10.6
水　　运	亿人	2.4	9.6
民　　航	万人	18 576.2	16.3
旅客运输周转量	亿人公里	21 530.3	12.2
铁　　路	亿人公里	7216.3	9.0
公　　路	亿人公里	11445.0	13.0
水　　运	亿人公里	77.3	5.0
民　　航	亿人公里	2791.7	17.8

全年规模以上港口完成货物吞吐量 52.1 亿吨，比上年增长 13.4%，其中外贸货物吞吐量 17.8 亿吨，增长 12.6%。港口集装箱吞吐量 11 179 万标准箱，增长 21.5%。

年末全国民用汽车保有量达到 5 697 万辆（包括三轮汽车和低速货车 1 468 万辆），比上年末增长 14.3%，其中私人汽车保有量 3 534 万辆，增长 20.8%。民用轿车保有量 1 958 万辆，增长 26.7%，其中私人轿车 1 522 万辆，增长 32.5%。

全年完成邮电业务总量 19 361 亿元，比上年增长 26.4%。其中，邮政业务总量 815 亿元，增长 11.8%；电信业务总量 18 545 亿元，增长 27.1%。全年新增局用交换机 836 万门，总容量达到 5.1 亿门。固定电话用户年末达到 36 545 万户。其中，城市电话用户 24 859 万户，农村电话用户 11 686 万户。新增移动电话用户 8 623 万户，年末达到 54 729万户。年末全国固定及移动电话用户总数达到91 273万户，比上年末增加8 389万户。电话普及率达到 69 部/百人。互联网上网人数 2.1 亿人，宽带上网人数 1.63 亿人。

图10　2003—2007年年末电话用户数

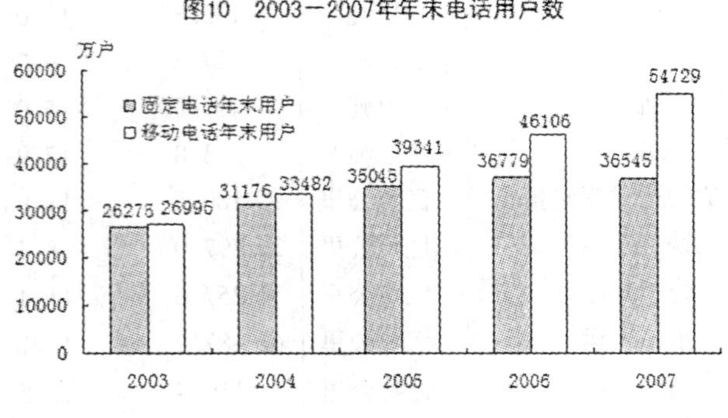

全年入境旅游人数 13 187 万人次，比上年增长 5.5%。其中，外国人 2 611 万人次，增长 17.6%；香港、澳门和台湾同胞 10 576 万人次，增长 2.9%。在入境旅游者中，过夜旅游人数 5 472 万人次，增长 9.6%。国际旅游外汇收入 419 亿美元，增长 23.5%。国内居民出境人数达 4 095 万人次，增长 18.6%。其中因私出境 3 492 万人次，增长 21.3%，占出境人数的 85.3%。国内出游人数达 16.1 亿人次，增长 15.5%；国内旅游总收入 7 771 亿元，增长 24.7%。

八、金融、证券和保险

年末广义货币供应量（M2）余额为 40.3 万亿元，比上年末增长 16.7%；狭义货币供应量（M1）余额为 15.3 万亿元，增长 21.1%；流通中现金（M0）余额为 3.0 万亿元，增长 12.2%。年末全部金融机构本外币各项存款余额 40.1 万亿元，增长 15.2%；全部金融机构本外币各项贷款余额 27.8 万亿元，增长 16.4%。

表 11　2007 年全部金融机构本外币存贷款及其增长速度

单位：亿元

指　　标	年末数	比上年末增长%
各项存款余额	401 051	15.2
其中：企业存款	144 814	21.8
城乡居民储蓄存款	176 213	5.8
其中：人民币	172 534	6.8
各项贷款余额	277 747	16.4
其中：短期贷款	118 900	16.8
中长期贷款	138 579	22.4

图11　2003—2007年城乡居民人民币储蓄存款余额及其增长速度

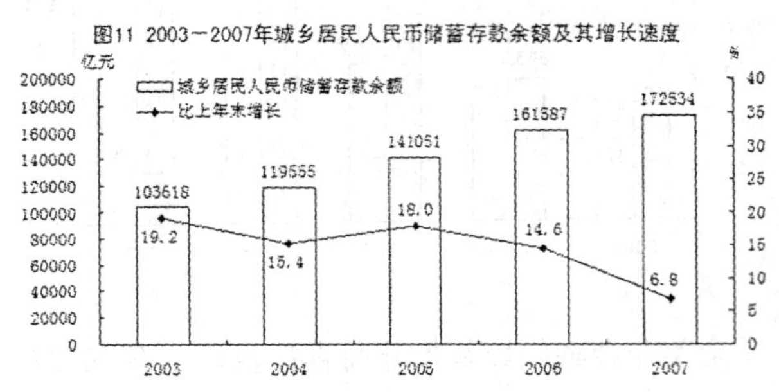

全年农村金融合作机构（农村信用社、农村合作银行、农村商业银行）人民币贷款余额 3.1 万亿元，比年初增加 5 085 亿元。全部金融机构人民币消费贷款余额 3.3 万亿元，增加 8 699 亿元。其中个人住房贷款余额2.7万亿元，增加7 147亿元。

全年企业通过证券市场发行、配售股票共筹集资金8 432亿元，比上年增加2 838亿元。其中，发行A股（包括增发及可转债）283只，配股7只，筹集资金7 728亿元，增加5 264亿元；发行H股共14只，筹集资金704亿元，减少2 427亿元。年末境内上市公司（A、B股）数量由上年末的1 434家增加到1 550家，市价总值327 141亿元，比上年末增长265.9%。

全年企业共发行债券17 084亿元，比上年增加3 520亿元。其中，金融债券11 913亿元，增加2 308亿元；企业（公司）债券1 821亿元，增加806亿元；短期融资券3 349亿元，增加406亿元。

全年保险公司原保险保费收入7 036亿元，比上年增长25.0%，其中寿险业务原保险保费收入4 464亿元；健康险和意外伤害险业务原保险保费收入574亿元；财产险业务原保险保费收入1 998亿元。支付各类赔款及给付2 265亿元，其中寿险业务给付1 064亿元；健康险和意外伤害险赔款及给付180亿元；财产险业务赔款1 021亿元。

九、教育和科学技术

全年研究生教育招生42万人，在学研究生120万人，毕业生31万人。普通高等教育招生566万人，在校生1 885万人，毕业生448万人。各类中等职业教育招生800万人，在校生2 000万人，毕业生530万人。全国普通高中招生840万人，在校生2 522万人，毕业生788万人。全国初中招生1 869万人，在校生5 736万人，毕业生1 964万人。普通小学招生1 736万人，在校生10 564万人，毕业生1 870万人。特殊教育招生6万人，在校生41万人。幼儿园在园幼儿2 349万人。

图12 2003—2007年各类教育招生人数

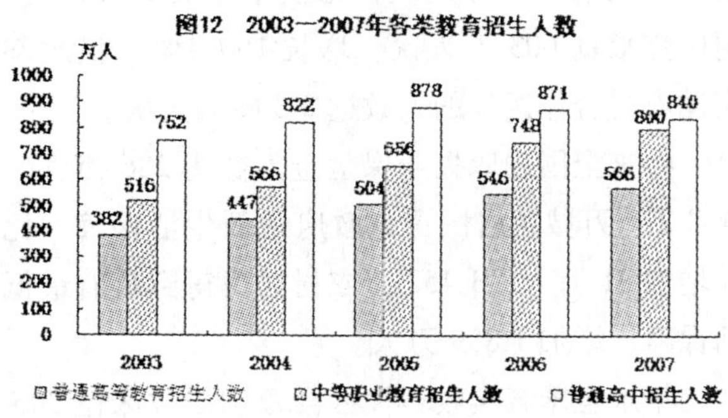

全年研究与试验发展（R&D）经费支出3 664亿元，比上年增长22.0%，占国内生产总值的1.49%，其中基础研究经费180亿元。全年国家安排了1 540项科技支撑计划课题，2541项“863”计划课题。新建国家工程研究中心9个，国家工程实验室6个。国家认定企业技术中心达到499家。省级企业技术中心达到4 023家。全年受理国内外专利申请69.4万件，其中国内申请58.7万件，占84.5%。受理国内外发明专利申请24.5万件，其中国内申请15.3万件，占62.4%。全年授予专利权35.2万件，其中国内授权30.2万件，占85.7%。授予发明专利权6.8万件，其中国内授权3.2万件，占47.0%。全年共签订技术合同21万项，技术合同成交金额2 200亿元，比上年增长21.0%。全年成功发射卫星10次，嫦娥一号绕月探测卫星成功发射。

年末全国共有产品检测实验室24 700个，其中国家检测中心356个。全国现有产品质量、体系认证机构184个，已累计完成对近7万个企业的产品认证。全国共有法定计量技术机构3 720个，全年强制检定计量器具4 218万台（件）。全年制定、修订国家标准1 411项，其中新制定747项。全年共发布气象预警信号3 350次，警报690次。全国共有地震台站1 314个，地震遥测台网31个。全国共有66个海洋观测站、9 200个海洋监测站位。测绘部门公开出版地图1 946种，测绘图书417种。

十、文化、卫生和体育

年末全国共有艺术表演团体2 856个，文化馆2 921个，公共图书馆2 791个，博物馆1 634个。广播电台263座，电视台287座，广播电视台1 993座，教育台44个。有线电视用户15 118万户，有线数字电视用户2 616万户。年末广播综合人口覆盖率为95.4%；电视综合人口覆盖率为96.6%。全年生产故事影片402部，科教、纪录、动画和特种影片58部。出版各类报纸439亿份，各类期刊29亿册，图书66亿册（张）。年末全国共有档案馆3 952个，已开放各类档案6 787万卷（件）。

年末全国共有卫生机构31.5万个，其中医院、卫生院6.0万个，妇幼保健院（所、站）3 007个，专科疾病防治院（所、站）1 400个，疾病预防控制中心（防疫站）3 540 个，卫生监督所（中心）2 590 个。卫生技术人员 468 万人，其中执业医师和执业助理医师 204 万人，注册护士 147 万人。医院和卫生院床位 327.9 万张。社区卫生服务中心（站）2.4 万个。乡镇卫生院 3.9 万个，床位 67.5 万张，卫生技术人员 86.3 万人。全年报告甲、乙类传染病发病人数 358.1 万例，报告死亡 12 954 人；报告传染病发病率 272.4/10 万，死亡率 0.99/10万。

全年运动健儿在 22 个项目中共获得了 123 个世界冠军，8 人 2 队 10 次创 10 项世界纪录。群众体育运动蓬勃开展。

十一、人口、人民生活和社会保障

年末全国总人口为 132 129 万人，比上年末增加 681 万人。全年出生人口 1 594 万人，出生率为 12.10‰；死亡人口 913 万人，死亡率为 6.93‰；自然增长率为 5.17‰。出生人口性别比为 120.22。

表 12　2007 年人口数及其构成

单位：万人

指　　　　标	年 末 数	比　重（%）
全国总人口	132 129	100.0
其中：城　镇	59 379	44.9
乡　村	72 750	55.1
其中：男　性	68 048	51.5
女　性	64 081	48.5
其中：0－14 岁	25 660	19.4
15－59 岁	91 129	69.0
60 岁及以上	15 340	11.6
其中：65 岁及以上	10 636	8.1

全年农村居民人均纯收入 4 140 元，扣除价格上涨因素，比上年实际增长 9.5%；城镇居民人均可支配收入 13 786 元，实际增长 12.2%。农村居民家庭恩格尔系数（即居民家庭食品消费支出占家庭消费总支出的比重）为43.1%，城镇居民家庭恩格尔系数为 36.3%。按农村绝对贫困人口标准低于 785 元测算，年末农村贫困人口为 1 479 万人，比上年末减少 669 万人；按低收入人口标准 786－1 067元测算，年末农村低收入人口为 2 841 万人，减少 709 万人。

图13　2003－2007年农村居民人均纯收入及其增长速度

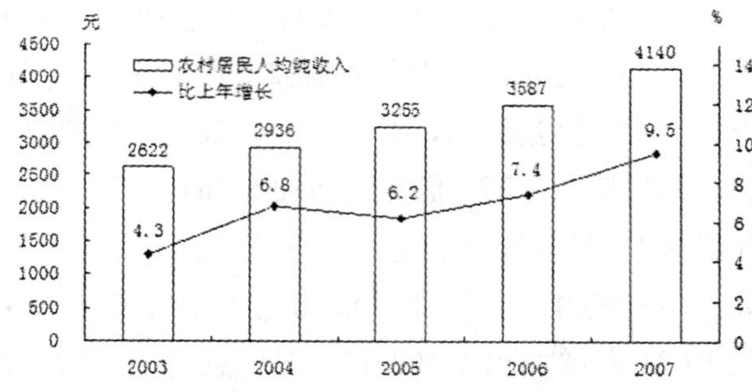

图14　2003－2007年城镇居民人均可支配收入及其增长速度

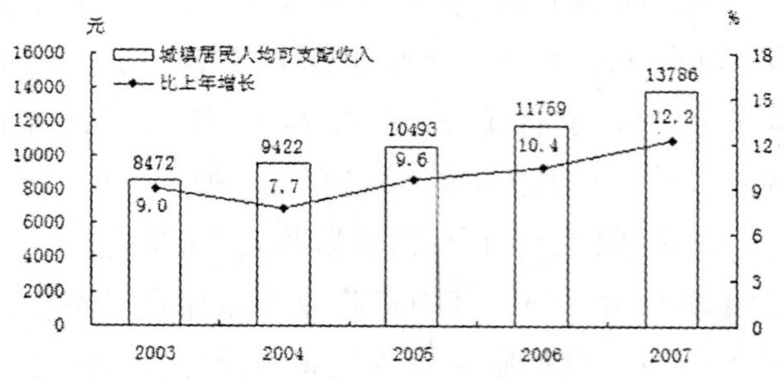

年末全国参加城镇基本养老保险人数为 20 107 万人，比上年末增加 1 341 万人。其中参保职工 15 156万人，参保离退休人员 4 951 万人。参加城镇基本医疗保险的人数 22 051 万人，增加 6 319 万人。其中，参加城镇职工基本医疗保险人数 17 983 万人，参加城镇居民基本医疗保险人数 4 068 万人。参加城镇医疗保险的农民工 3 131 万人，增加 764 万人。参加失业保险的人数 11 645 万人，增加 458 万人。参加工伤保险的人数 12 155 万人，增加 1 887万人。其中参保农民工 3 966 万人，增加 1 429万人。参加生育保险的人数 7 755 万人，增加 1 296万人。2 448 个县（市、区）开展了新型农村合作医疗工作，7.3 亿农民参加了新型农村合作医疗，参合率 85.7%。新型农村合作医疗基金累计支出总额为 220 亿元，累积受益 2.6 亿人次。全年城市医疗救助 407 万人次，比上年增长 117.2%。农村医疗救助 603 万人次，增长 150.1%。民政部门资助农村合作医疗的人数达 2 306 万人次。

年末全国领取失业保险金人数为 286 万人。全年 2 271 万城镇居民得到政府最低生活保障，比上年增加 31 万人；3 452 万农村居民得到政府最低生活保障，增加 1 859 万人。

年末全国各类收养性社会福利单位床位 205 万张，收养各类人员 163 万人。城镇建立各种社区服务设施 12.8 万个，综合性社区服务中心 10 299 个。

全年销售社会福利彩票632亿元，筹集社会福利资金217亿元，直接接收社会捐赠款42亿元。

十二、资源、环境和安全生产

全年建设占用耕地18.83万公顷。灾毁耕地1.79万公顷。生态退耕2.54万公顷。因农业结构调整减少耕地0.49万公顷。土地整理复垦开发补充耕地19.58万公顷。当年净减少耕地4.07万公顷。

全年水资源总量24 690亿立方米，比上年减少2.5%；人均水资源1 873立方米，减少3.0%。全年平均降水量608毫米，增加1.9%。年末全国大型水库蓄水总量1 869亿立方米，比上年末多蓄水52亿立方米。全年总用水量5 760亿立方米，比上年减少0.6%。其中，生活用水增长1.6%，工业用水增长2.7%，农业用水减少2.2%。万元国内生产总值用水量253立方米，比上年下降10.8%。万元工业增加值用水量139立方米，下降9.5%。人均用水量437立方米，下降1.1%。

国土资源调查及地质勘查新发现大中型矿产地208处，其中，能源矿产地50处，金属矿产地73处，非金属矿产地82处，水气矿产地3处。有77种矿产新增查明资源储量，其中，石油12.1亿吨，天然气6 974亿立方米，原煤406.2亿吨。

全年完成造林作业面积520万公顷，完成造林成活面积371万公顷，其中人工造林完成256万公顷。林业重点工程造林成活面积268万公顷，占完成造林成活面积的72.2%。全民义务植树22.7亿株。截至2007年底，自然保护区达到2 531个，其中国家级自然保护区303个，自然保护区面积15 188万公顷，占国土面积的15.0%。新增综合治理水土流失面积3.9万平方公里，新增实施水土流失地区封育保护面积3.3万平方公里。

初步测算，全年能源消费总量26.5亿吨标准煤，比上年增长7.8%。煤炭消费量25.8亿吨，增长7.9%；原油消费量3.4亿吨，增长6.3%；天然气消费量673亿立方米，增长19.9%；电力消费量32 632亿千瓦小时，增长14.1%。主要原材料消费中，钢材5.2亿吨，增长17.4%；精炼铜399万吨，增长13.0%；电解铝1 112万吨，增长27.6%；乙烯1 048万吨，增长11.4%；水泥13.3亿吨，增长10.5%。

图15 2003-2007年能源消费总量及其增长速度

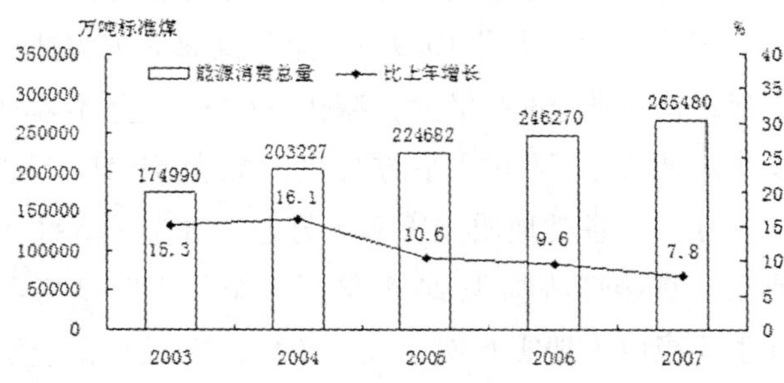

七大水系的408个水质监测断面中，有50.0%的断面满足国家地表水Ⅲ类标准；26.5%的断面为Ⅳ～Ⅴ类水质；超过Ⅴ类水质的断面比例占23.5%。与上年相比，七大水系水质状况无明显变化。

近岸海域296个海水水质监测点中，达到国家一、二类海水水质标准的监测点占62.8%，比上年下降4.9个百分点；三类海水占11.8%，上升3.8个百分点；四类、劣四类海水占25.4%，上升1.1个百分点。未达到清洁海域水质标准的海域面积14.5万平方公里，比上年减少0.4万平方公里，其中，严重污染海域面积为2.9万平方公里。渤海严重污染海域面积0.6万平方公里。

在监测的557个城市中，有389个城市空气质量达到二级以上（含二级）标准，占监测城市数的69.8%；有152个城市为三级，占27.3%；有16个城市为劣三级，占2.9%。在监测的342个城市中，城市区域声环境质量好的城市占6.1%，较好的占64.6%，轻度污染的占28.1%，中度污染的占1.2%。

全年平均气温为10.1℃，比上年高0.2℃。全年共有8个台风在我国登陆，增加2个。

年末城市污水处理厂日处理能力达7 000万立方米，比上年末增长10.0%；城市污水处理率达到59.0%，提高3.3个百分点；集中供热面积28.5亿平方米，增长7.1%；建成区绿化覆盖率达到36.0%，提高1个百分点。

全年各类自然灾害造成直接经济损失2 363亿元，比上年下降6.5%。全年农作物受灾面积4 899万公顷，上升19.2%。其中，绝收575万公顷，上升6.2%。全年共发生森林火灾9 260起，上升13.3%。无特大森林火灾发生。全年因洪涝灾害造成直接经济损失826亿元，上升46.9%；死亡1 168人，上升54.9%。全年因旱灾造成直接经济损失785亿元，上升10.9%。全年因海洋灾害造成直接经济损失88.4亿元，减少59.5%。全年累计发生赤潮面积11 610平方公里，减少41.5%。全年实际发生各类地质灾害2.5万起，共造成598人死亡，直接经济损失24.8亿元。全年大陆地区共发生5级以上地震6次，成灾3次，造成直接经济损失20.2亿元。

全年生产安全事故死亡101 480人，比上年下降10.1%。亿元国内生产总值生产安全事故死亡人数为0.413人，下降26.3%；工矿商贸企业就业人员10万人生产安全事故死亡人数为3.05人，下降8.4%；煤矿百万吨死亡人数为1.485人，下降27.2%。全年共发生道路交通事故32.7万起，造成8.2万人死亡，38.0万人受伤，直接财产损失12亿元；道路交通万车死亡人数为5.1人，减少1.1人。

注：

1. 本公报中数据均为初步统计数。

2. 各项统计数据均未包括香港特别行政区、澳门特别行政区和台湾省。

3. 部分数据因四舍五入的原因，存在着与分项合计不等的情况。

4. 国内生产总值、各产业增加值绝对数按现价计算，增长速度按可比价计算。

5. 主要农产品产量增长速度的计算基数根据第二次全国农业普查结果做了相应调整。水果、蔬菜产量数据正在核定中，另行发布。

6. 6大高耗能行业分别为：化学原料及化学制品制造业、非金属矿物制品业、黑色金属冶炼及压延加工业、有色金属冶炼及压延加工业、石油加工炼焦及核燃料加工业、电力热力的生产和供应业。

7. 钢材产量及消费量数据中均含部分使用钢材加工成其他钢材的重复计算因素。

8. 固定资产投资按东部、中部、西部地区计算的合计数据小于全国数据，是因为有部分跨地区的投资未计算在地区数据中。

9. 房地产业投资除房地产开发投资外，还包括建设单位自建房屋以及物业管理、中介服务和其他房地产投资。

10. 原保险保费收入是指保险企业确认的原保险合同保费收入，与以前年份公报中“保费收入”内涵一致。

11. 城镇职工基本医疗保险人数包括参保职工和参保退休人员。城镇居民基本医疗保险的参保对象是不属于城镇职工基本医疗保险覆盖范围的城镇非从业人员。

12. 万元国内生产总值用水量按2005年不变价格计算，邮电业务总量按2000年不变价格计算。

13. 万元国内生产总值能源消耗、化学需氧量排放总量、二氧化硫排放总量将由有关部门进一步核实后于近期公布。

各省（市、区）行政区划

（2007年底）

单位：个

区划名称	地级区划数	#地级市	县级区划数	#县级	#辖区	#县	#自治县
全国	**333**	**283**	**2 859**	**368**	**856**	**1 463**	**117**
北京			18		16	2	
天津			18		15	3	
河北	11	11	172	22	36	108	6
山西	11	11	119	11	23	85	
内蒙	12	9	101	11	21	17	
辽宁	14	14	100	17	56	19	8
吉林	9	8	60	20	20	17	3
黑龙江	13	12	128	18	64	45	1
上海			19		18	1	
江苏	13	13	106	27	54	25	
浙江	11	11	90	22	32	35	1
安徽	17	17	105	5	44	56	
福建	9	9	85	14	26	45	
江西	11	11	99	10	19	70	
山东	17	17	140	31	49	60	
河南	17	17	159	21	50	88	
湖北	13	12	102	24	38	37	2
湖南	14	13	122	16	34	65	7
广东	21	21	121	23	54	41	3
广西	14	14	109	7	34	56	12
海南	2	2	20	6	4	4	6
重庆			40		19	17	4
四川	21	18	181	14	43	120	4
贵州	9	4	88	9	10	56	11
云南	16	8	129	9	12	79	29
西藏	7	1	73	1	1	71	
陕西	10	10	107	3	24	80	
甘肃	14	12	86	4	17	58	7
青海	8	1	43	2	4	30	7
宁夏	5	5	21	2	8	11	
新疆	14	2	98	19	11	62	6

注：本表资料由民政部提供。

续表　　(2007年底)　　单位：个

区划名称	乡镇级区划数	街道办事处	镇数	乡数	村民、居民委员会	村民委员会	居民委员会
全　国	**40 813**	**6 434**	**19 249**	**15 120**	**694 745**	**612 712**	**82 033**
北　京	317	134	142	41	6 508	3 954	2 554
天　津	244	107	117	20	5 295	3 840	1 455
河　北	2 220	258	962	999	52 355	49 162	3 193
山　西	1 396	200	563	633	29 985	28 167	1 818
内　蒙	854	213	458	183	13 787	11 433	2 354
辽　宁	1 498	556	573	369	15 678	11 760	3 918
吉　林	890	269	423	198	10 733	8 838	1 895
黑龙江	1 270	371	466	433	11 844	9 054	2 790
上　海	211	101	107	3	5 355	1 830	3 525
江　苏	1 355	300	946	109	22 397	17 080	5 317
浙　江	1 516	313	750	453	34 777	30 978	3 799
安　徽	1 519	246	912	361	21 109	18 106	3 003
福　建	1 101	172	591	338	16 931	14 803	2 128
江　西	1 528	132	768	628	19 429	16 866	2 563
山　东	1 869	481	1 118	270	86 688	80 866	5 822
河　南	2 356	464	848	1 044	50 961	47 533	3 428
湖　北	1 223	279	734	210	29 375	25 722	3 653
湖　南	2 403	237	1 095	1 071	48 736	44 203	4 533
广　东	1 580	432	1 137	11	25 561	19 493	6 068
广　西	1 230	104	702	424	16 009	14 361	1 648
海　南	222	18	183	21	2 991	2 543	448
重　庆	1 026	129	589	308	11 131	9 065	2 066
四　川	4 657	248	1 821	2 588	54 320	48 919	5 401
贵　州	1 543	94	691	758	19 731	18 091	1 640
云　南	1 370	65	580	725	12 092	11 036	1 056
西　藏	691	9	140	542	5 904	5 746	158
陕　西	1 745	164	907	674	29 170	27 526	1 644
甘　肃	1 343	121	462	760	17 441	16 239	1 202
青　海	396	30	137	229	4 543	4 164	379
宁　夏	231	40	98	93	2 800	2 370	430
新　疆	1 009	147	229	624	11 109	8 964	2 145

各省（市、区）人口

（2007年）

地　　区	年末总人口（万人）	出生率（‰）	死亡率（‰）	自然增长率（‰）
全　　国	**132 129**	**12.10**	**6.93**	**5.17**
北　　京	1 633	8.32	4.92	3.40
天　　津	1 115	7.91	5.86	2.05
河　　北	6 943	13.33	6.78	6.55
山　　西	3 393	11.30	5.97	5.33
内 蒙 古	2 405	10.21	5.73	4.48
辽　　宁	4 298	6.89	5.36	1.53
吉　　林	2 730	7.55	5.05	2.50
黑 龙 江	3 824	7.88	5.39	2.49
上　　海	1 858	9.07	6.03	3.04
江　　苏	7 625	9.37	7.07	2.30
浙　　江	5 060	10.38	5.57	4.81
安　　徽	6 118	12.75	6.40	6.35
福　　建	3 581	11.90	5.90	6.00
江　　西	4 368	13.86	5.99	7.87
山　　东	9 367	11.11	6.11	5.00
河　　南	9 360	11.26	6.32	4.94
湖　　北	5 699	9.19	5.96	3.23
湖　　南	6 355	11.96	6.71	5.25
广　　东	9 449	11.96	4.66	7.30
广　　西	4 768	14.19	5.99	8.20
海　　南	845	14.62	5.71	8.91
重　　庆	2 816	10.10	6.30	3.80
四　　川	8 127	9.21	6.29	2.92
贵　　州	3 762	13.28	6.60	6.68
云　　南	4 514	13.08	6.22	6.86
西　　藏	284	16.40	5.10	11.30
陕　　西	3 748	10.21	6.16	4.05
甘　　肃	2 617	13.14	6.65	6.49
青　　海	552	14.93	6.13	8.80
宁　　夏	610	14.80	5.04	9.76
新　　疆	2 095	16.79	5.01	11.78

注：1. 全国数据根据抽样误差和调查误差进行了修正。

2. 全国数据为31个省、自治区、直辖市和中国人民解放军现役军人数据，不包括香港、澳门特别行政区和台湾省的数据。分省数据中未包括中国人民解放军现役军人数。

各省(市、区)地区生产总值及增长速度

(2007年)

地区	地区生产总值(亿元)	第一产业	第二产业		
				工业	建筑业
北京	9 006.2	101.3	2 479.3	2 053.4	426.0
天津	5 018.3	102.9	2 891.3	2 669.0	222.4
河北	13 863.5	1 971.2	7 252.5	6 566.8	685.7
山西	5 696.2	313.0	3 394.7	3 098.2	296.5
内蒙古	6 018.8	784.1	3 079.8	2 668.6	411.2
辽宁	11 021.7	1 178.4	5 829.5	5 179.4	650.1
吉林	5 226.1	813.5	2 389.9	2 085.8	304.1
黑龙江	7 077.2	892.5	3 779.5	3 412.0	367.5
上海	12 001.2	101.8	5 675.5	5 295.9	379.6
江苏	25 560.1	1 726.1	14 285.8	13 000.1	1 285.8
浙江	18 638.4	1 025.3	10 092.0	9 040.0	1 052.0
安徽	7 345.7	1 214.7	3 282.6	2 752.1	530.5
福建	9 160.1	1 038.4	4 508.0	3 980.7	527.3
江西	5 469.3	910.0	2 827.3	2 264.1	563.2
山东	25 887.7	2 509.1	14 773.4	13 411.2	1 362.2
河南	15 058.1	2 365.9	8 280.3	7 508.3	772.0
湖北	9 150.0	1 422.8	4 094.2	3 588.9	505.3
湖南	9 145.0	1 611.5	3 901.2	3 360.6	540.6
广东	30 673.7	1 746.2	15 938.2	14 910.0	1 028.2
广西	5 885.9	1 264.6	2 335.4	2 001.2	334.2
海南	1 229.6	382.8	363.8	278.4	85.5
重庆	4 111.8	531.7	1 832.2	1 514.7	317.5
四川	10 505.3	2 092.1	4 595.5	3 868.6	726.9
贵州	2 710.3	455.7	1 145.6	1 006.0	139.6
云南	4 721.8	868.1	2 040.4	1 701.8	338.7
西藏	342.2	55.3	96.6	25.7	70.9
陕西	5 369.9	594.7	2 917.0	2 498.2	418.8
甘肃	2 699.2	386.4	1 282.2	1 066.7	215.5
青海	761.0	85.9	396.7	324.1	72.6
宁夏	834.2	97.9	420.3	348.7	71.6
新疆	3 494.4	628.2	1 620.6	1 378.5	242.1

注：本表绝对数按当年价格计算，增长速度按可比价格计算。

续表 (2007年)

地区	第三产业	#交通运输、仓储和邮政业	#批发和零售业	地区生产总值比上年增长(%)	人均地区生产总值(元)
北京	6 425.6	499.4	848.7	12.3	56 044
天津	2 024.1	295.1	505.8	15.1	45 829
河北	4 639.8	1 138.0	753.8	12.9	20 033
山西	1 988.5	429.7	342.3	14.2	16 835
内蒙古	2 154.9	513.9	458.0	19.0	25 092
辽宁	4 013.8	692.3	1 076.7	14.5	25 725
吉林	2 022.7	278.1	472.0	16.1	19 168
黑龙江	2 405.2	378.3	529.8	12.1	18 510
上海	6 223.8	724.6	1 049.3	13.3	65 347
江苏	9 548.2	1 031.8	2 359.4	14.8	33 689
浙江	7 521.1	706.7	1 653.5	14.5	37 128
安徽	2 848.4	478.2	515.0	13.9	12 015
福建	3 613.7	646.7	775.0	15.1	25 662
江西	1 732.0	337.6	362.7	13.0	12 562
山东	8 605.2	1 405.8	1 961.3	14.3	27 723
河南	4 411.9	863.1	762.7	14.4	16 060
湖北	3 633.0	468.1	749.8	14.5	16 064
湖南	3 632.4	477.3	639.0	14.4	14 405
广东	12 989.3	1 264.4	2 900.5	14.5	32 713
广西	2 285.9	301.9	509.3	14.9	12 408
海南	483.0	85.7	119.7	14.5	14 631
重庆	1 748.0	265.7	366.2	15.6	14 622
四川	3 817.7	511.5	624.7	14.2	12 893
贵州	1 109.0	158.1	168.6	13.7	6 835
云南	1 813.2	203.1	347.5	12.3	10 496
西藏	190.3	14.3	29.2	14.0	12 109
陕西	1 858.2	309.8	392.8	14.4	14 350
甘肃	1 030.6	184.2	166.9	12.1	10 335
青海	278.5	40.5	44.4	12.5	13 836
宁夏	316.0	53.1	44.4	12.4	13 743
新疆	1 245.7	185.3	188.3	12.2	16 860

各省（市、区）财政收支

（2007年）

单位：亿元

地区	收入合计	支出合计
地方总计	**24 371**	**33.2**
北京	1 493	33.6
天津	712	34.7
河北	789	27.2
山西	598	31.4
内蒙古	835	80.8
辽宁	1 082	32.5
吉林	321	30.8
黑龙江	579	20.7
上海	2 103	31.4
江苏	2 237	35.2
浙江	1 649	27.2
安徽	543	27.1
福建	700	29.6
江西	390	27.5
山东	1 674	23.6
河南	861	27.0
湖北	590	25.5
湖南	603	26.2
广东	2 785	28.0
广西	419	22.4
海南	152	48.9
重庆	442	39.4
四川	850	35.0
贵州	285	25.8
云南	487	28.2
西藏	20	38.3
陕西	474	31.0
甘肃	191	35.3
青海	57	34.8
宁夏	80	30.4
新疆	369	38.9

各省(市、区)规模以上工业主要经济指标

(2007年)

地　　区	主营业务收入(亿元)	税金总额(亿元)	利润总额(亿元)	全部从业人员平均人数(万人)
全　　国	**354 517.6**	**15 256.3**	**22 950.7**	**7 664.3**
北　　京	9 245.6	335.9	560.3	116.8
天　　津	9 044.8	282.9	684.7	118.8
河　　北	15 232.5	638.0	1 088.0	304.2
山　　西	6 926.1	522.4	463.6	219.7
内 蒙 古	5 211.8	307.7	445.6	92.3
辽　　宁	16 030.0	631.8	664.0	317.4
吉　　林	5 069.9	279.1	378.8	108.7
黑 龙 江	5 534.3	438.8	1 130.4	136.9
上　　海	20 483.0	701.3	1 218.3	278.7
江　　苏	47 547.0	1 437.6	2 395.5	854.8
浙　　江	30 159.0	1 020.8	1 473.3	764.5
安　　徽	6 980.5	368.8	283.6	179.5
福　　建	10 922.8	360.5	557.9	336.2
江　　西	5 339.4	267.0	251.7	129.3
山　　东	45 164.3	1 853.7	3 094.1	837.3
河　　南	16 809.0	941.9	1 647.0	382.4
湖　　北	8 408.4	512.7	577.6	204.5
湖　　南	7 194.6	497.1	407.1	179.3
广　　东	47 692.2	1 346.6	2 451.5	1 209.3
广　　西	3 747.0	222.9	240.8	98.0
海　　南	818.4	50.0	68.5	10.3
重　　庆	3 721.3	188.5	195.4	107.6
四　　川	9 185.6	453.0	567.8	249.4
贵　　州	2 044.6	199.3	152.7	66.5
云　　南	3 812.4	542.4	366.2	74.8
西　　藏	32.8	3.9	5.6	1.9
陕　　西	4 675.4	322.2	577.2	123.3
甘　　肃	2 837.4	187.5	197.8	66.9
青　　海	715.5	56.4	132.2	15.1
宁　　夏	911.5	45.6	38.2	26.3
新　　疆	3 020.7	240.3	635.5	53.8

各省(市、区)固定资产投资

(2007年)

单位：亿元

地区	全社会固定资产投资	城镇固定资产投资
全国总计	**137 239.0**	**117 414**
北京	3 907.2	3 597
天津	2 353.1	2 192
河北	6 880.9	5 683
山西	2 861.4	2 600
内蒙古	4 375.3	4 258
辽宁	7 435.2	6 576
吉林	3 658.1	3 347
黑龙江	2 864.2	2 622
上海	4 420.4	4 045
江苏	12 270.6	9 163
浙江	8 432.8	5 999
安徽	5 105.9	4 462
福建	4 287.8	3 829
江西	3 300.1	2 950
山东	12 537.0	10 153
河南	8 010.1	6 609
湖北	4 328.3	3 927
湖南	4 154.5	3 610
广东	9 290.4	7 360
广西	2 942.9	2 600
海南	499.0	472
重庆	3 130.4	2 938
四川	5 639.7	5 046
贵州	1 485.6	1 286
云南	2 705.2	2 443
西藏	269.7	229
陕西	3 414.8	3 169
甘肃	1 302.9	1 177
青海	482.8	444
宁夏	599.8	528
新疆	1 845.1	1 652
不分地区	2 447.9	

各省（市、区）社会消费品零售总额

（按销售单位所在地分，2007 年）　　单位：亿元

地　　区	社会消费品零售总额	市	县	县以下	社会消费品零售总额比上年增长（%）
全国总计	**89 210.0**	**60 410.7**	**9 943.8**	**18 855.5**	**16.8**
北　京	3 800.2	3 300.3	31.7	468.2	16.0
天　津	1 603.7	1 505.2	53.6	44.9	18.2
河　北	3 986.2	1 909.3	802.4	1 274.4	17.3
山　西	1 914.1	1 256.1	348.1	309.9	18.6
内蒙古	1 904.1	1 302.5	379.6	222.0	19.4
辽　宁	4 030.1	3 372.0	194.5	463.6	17.3
吉　林	1 999.2	1 568.5	148.8	281.9	19.3
黑龙江	2 331.1	1 799.9	273.0	258.2	16.7
上　海	3 847.8	3 379.8	26.6	441.3	14.5
江　苏	7 838.1	5 751.1	494.3	1 592.7	18.3
浙　江	6 214.0	4 117.2	604.7	1 492.1	16.7
安　徽	2 403.7	1 325.0	478.6	600.1	18.4
福　建	3 187.9	2 102.5	354.9	730.5	17.9
江　西	1 683.1	890.8	365.9	426.4	17.9
山　东	8 438.8	5 416.7	946.8	2 075.3	18.5
河　南	4 597.5	2 539.2	896.9	1 161.4	18.5
湖　北	4 028.5	2 827.8	385.0	815.7	18.1
湖　南	3 356.5	1 942.5	577.0	836.9	18.4
广　东	10 598.1	7 511.6	452.4	2 634.2	16.2
广　西	1 897.9	1 125.9	330.4	441.5	18.6
海　南	362.0	260.7	26.3	74.9	17.4
重　庆	1 661.2	999.7	219.0	442.6	18.4
四　川	4 015.6	1 977.1	716.6	1 321.9	17.4
贵　州	821.8	475.5	163.9	182.3	19.1
云　南	1 394.5	771.3	318.3	304.9	17.3
西　藏	112.0	56.4	44.0	11.7	24.9
陕　西	1 800.9	1 197.1	305.6	298.2	18.3
甘　肃	833.3	539.1	132.5	161.8	16.1
青　海	208.3	146.2	40.8	21.3	15.7
宁　夏	233.3	175.0	30.4	28.0	17.3
新　疆	847.7	599.8	122.2	125.7	16.5

各省(市、区)居民消费价格指数

(2007 年)　　　　(上年=100)

地　区	居民消费价格指数	食　品	烟酒及用品	衣　着	家庭设备用品及服务	医疗保健和个人用品	交通和通信	娱乐教育文化	居　住
全　国	**104.8**	**112.3**	**101.7**	**99.4**	**101.9**	**102.1**	**99.1**	**99.0**	**104.5**
北　京	102.4	109.2	101.8	100.0	100.4	100.3	95.7	99.2	103.5
天　津	104.2	111.6	102.7	98.9	102.1	100.0	97.5	98.6	103.5
河　北	104.7	112.8	101.6	98.8	100.8	100.8	99.8	100.1	105.2
山　西	104.6	113.1	103.8	97.7	102.5	100.8	99.8	99.8	104.5
内蒙古	104.6	113.3	100.9	99.9	100.7	100.8	99.3	100.7	104.4
辽　宁	105.1	112.8	100.7	98.5	101.3	101.9	99.3	99.9	104.8
吉　林	104.8	112.1	100.1	98.4	99.3	107.1	97.5	97.8	104.9
黑龙江	105.4	113.7	101.1	100.3	102.2	102.0	100.9	97.9	104.6
上　海	103.2	109.4	100.7	101.3	103.3	100.2	96.9	97.3	104.5
江　苏	104.3	111.4	101.4	101.3	102.2	101.4	98.5	97.1	104.3
浙　江	104.2	111.0	101.8	99.8	102.1	102.1	98.8	98.1	105.3
安　徽	105.3	112.5	101.4	100.5	101.9	100.8	99.1	100.8	103.4
福　建	105.2	112.2	101.0	100.6	101.6	102.7	100.0	99.1	104.2
江　西	104.8	111.9	100.8	97.9	102.2	101.6	99.1	99.7	104.6
山　东	104.4	113.6	102.7	97.3	102.3	101.6	98.6	99.6	103.8
河　南	105.4	114.8	101.7	99.5	102.5	101.1	98.9	100.7	104.4
湖　北	104.8	112.6	101.5	99.8	100.5	102.2	98.9	98.0	106.2
湖　南	105.6	113.7	103.8	100.1	101.7	102.2	99.6	100.7	104.9
广　东	103.7	109.1	100.7	98.6	102.0	104.0	100.0	96.9	103.3
广　西	106.1	114.1	101.1	102.7	101.4	103.0	99.9	100.1	105.6
海　南	105.0	110.9	101.1	97.2	103.0	99.7	99.9	98.9	105.4
重　庆	104.7	114.1	102.4	94.2	101.8	99.1	99.0	99.4	105.5
四　川	105.9	114.5	101.6	100.4	102.3	101.4	100.0	100.3	104.2
贵　州	106.4	116.7	102.2	97.8	101.8	100.6	100.3	101.3	104.9
云　南	105.9	114.1	102.9	97.8	101.7	105.9	98.6	100.0	104.2
西　藏	103.4	106.5	102.5	102.0	100.0	100.1	100.5	100.2	107.1
陕　西	105.1	112.9	101.6	101.9	102.5	103.0	98.4	98.2	104.5
甘　肃	105.5	112.1	101.8	98.5	102.9	107.0	98.7	99.7	107.0
青　海	106.6	114.8	102.6	103.7	102.2	104.5	99.7	99.8	106.9
宁　夏	105.4	113.9	100.9	102.9	102.3	100.3	98.0	99.0	105.1
新　疆	105.5	112.6	102.4	100.8	100.8	101.3	100.9	100.1	106.2

各省(市、区)城镇居民人均收支

(2007 年)

单位：元

地区	总收入	#可支配收入	总支出	消费性支出	非消费性支出	恩格尔系数(%)
全国	**14 908.6**	**13 785.8**	**13 513.9**	**9 997.5**	**3 516.4**	**36.3**
北京	24 576.5	21 988.7	21 517.8	15 330.4	6 187.3	32.2
天津	17 828.2	16 357.4	17 028.7	12 028.9	4 999.8	35.3
河北	12 336.0	11 690.5	10 797.3	8 235.0	2 562.4	33.9
山西	12 468.4	11 565.0	11 666.2	8 101.8	3 564.4	32.1
内蒙古	12 977.1	12 377.8	12 146.7	9 281.5	2 865.2	30.4
辽宁	13 438.4	12 300.4	12 497.6	9 429.7	3 067.8	37.8
吉林	11 798.6	11 285.5	11 085.5	8 560.3	2 525.2	33.2
黑龙江	10 882.2	10 245.3	10 056.4	7 519.3	2 537.1	35.0
上海	26 101.5	23 622.7	23 715.1	17 255.4	6 459.7	35.5
江苏	17 686.5	16 378.0	15 285.6	10 715.2	4 570.5	36.7
浙江	22 583.8	20 573.8	20 097.0	14 091.2	6 005.9	34.7
安徽	12 499.6	11 473.6	12 631.8	8 531.9	4 099.9	39.7
福建	16 983.3	15 505.4	14 595.3	11 055.1	3 540.1	38.9
江西	11 984.0	11 451.7	10 047.0	7 810.7	2 236.3	40.9
山东	15 366.3	14 264.7	13 188.5	9 666.6	3 521.9	32.9
河南	12 083.0	11 477.1	10 039.2	7 826.7	2 212.5	34.6
湖北	12 382.9	11 485.8	11 437.8	8 701.2	2 736.7	39.7
湖南	12 997.9	12 293.5	12 368.8	8 990.7	3 378.1	36.1
广东	19 618.9	17 699.3	18 891.9	14 336.9	4 555.0	35.3
广西	13 182.6	12 200.4	10 940.5	8 151.3	2 789.3	41.7
海南	11 792.1	10 996.9	10 438.0	8 292.9	2 145.1	42.8
重庆	13 441.2	12 590.8	13 192.3	9 890.3	3 302.0	37.2
四川	12 009.8	11 098.3	11 643.2	8 692.0	2 951.3	41.2
贵州	11 066.4	10 678.4	9 735.2	7 758.7	1 976.5	40.2
云南	12 296.4	11 496.1	10 378.9	7 921.8	2 457.0	45.0
西藏	11 951.7	11 130.9	9 137.5	7 532.1	1 605.4	50.9
陕西	11 482.1	10 763.3	10 622.3	8 427.1	2 195.3	36.4
甘肃	10 859.7	10 012.3	10 558.1	7 875.8	2 682.3	35.9
青海	11 428.3	10 276.1	9 778.5	7 512.4	2 266.1	37.3
宁夏	11 793.1	10 859.3	11 474.0	7 817.3	3 656.7	35.3
新疆	11 303.0	10 313.4	10 439.0	7 874.3	2 564.8	35.1

各省(市、区)农村居民人均收支

(2007年)

单位：元

地区	总收入	#纯收入	#现金收入	总支出	#生活消费	#现金支出	恩格尔系数(%)
全国	**5 791.1**	**4 140.4**	**4 958.4**	**5 137.7**	**3 223.9**	**4 533.1**	**43.1**
北京	11 106.3	9 439.6	10 859.2	8 399.5	6 399.3	8 282.7	33.3
天津	9 394.7	7 010.1	8 960.8	6 151.1	3 538.3	6 036.6	38.7
河北	6 164.0	4 293.4	5 371.3	4 812.3	2 786.8	4 456.9	36.8
山西	4 680.9	3 665.7	4 040.3	3 860.7	2 682.6	3 571.2	38.5
内蒙古	6 787.3	3 953.1	5 483.2	6 485.1	3 256.2	5 466.3	39.3
辽宁	7 680.4	4 773.4	6 854.0	6 922.2	3 368.2	6 353.2	39.6
吉林	6 609.2	4 191.3	5 530.3	6 295.4	3 065.4	5 785.5	40.5
黑龙江	7 732.4	4 132.3	6 675.2	7 631.6	3 117.4	7 149.8	34.6
上海	10 951.2	10 144.6	10 772.1	10 428.8	8 844.9	10 237.3	36.9
江苏	8 111.3	6 561.0	7 392.1	6 836.8	4 786.2	6 289.4	41.1
浙江	10 825.6	8 265.2	10 496.6	9 835.7	6 801.6	9 583.9	35.7
安徽	4 831.8	3 556.3	4 092.1	4 192.2	2 754.0	3 732.7	43.3
福建	6 775.4	5 467.1	6 136.4	5 604.4	4 053.5	5 115.0	46.1
江西	5 346.8	4 044.7	4 451.8	4 506.0	2 994.5	3 833.5	49.8
山东	7 150.3	4 985.3	6 433.9	5 863.2	3 621.6	5 491.1	37.8
河南	5 196.8	3 851.6	4 109.4	4 212.6	2 676.4	3 782.6	38.0
湖北	5 365.8	3 997.5	4 499.0	4 565.4	3 090.0	3 740.6	47.9
湖南	5 360.1	3 904.2	4 455.2	5 009.9	3 377.4	4 245.1	49.6
广东	6 876.9	5 624.0	6 255.7	5 585.4	4 202.3	5 059.4	49.7
广西	4 586.6	3 224.1	3 769.9	4 240.0	2 747.5	3 522.5	50.2
海南	5 136.9	3 791.4	4 451.8	3 924.3	2 556.6	3 255.3	55.9
重庆	4 532.4	3 509.3	3 406.0	3 756.1	2 526.7	2 774.5	54.5
四川	5 097.0	3 546.7	3 939.8	4 498.9	2 747.3	3 462.6	52.3
贵州	3 218.0	2 374.0	2 347.3	2 960.4	1 913.7	2 112.3	52.2
云南	4 215.1	2 634.1	3 190.6	4 399.7	2 637.2	3 338.2	46.5
西藏	3 700.7	2 788.2	2 576.3	3 054.1	2 217.6	2 175.9	48.7
陕西	3 816.2	2 644.7	3 300.0	4 067.7	2 559.6	3 670.1	36.8
甘肃	3 340.9	2 328.9	2 567.5	3 162.9	2 017.2	2 521.1	46.8
青海	3 663.5	2 683.8	2 905.0	3 638.6	2 446.5	2 920.7	43.7
宁夏	5 245.2	3 180.8	4 316.8	5 050.7	2 528.8	4 306.9	40.3
新疆	6 068.8	3 183.0	5 248.8	5 774.1	2 350.6	5 290.0	39.9

各省会城市土地、人口资料

（2007年）

城市	土地面积		总人口（年末数）	
	平方公里	位次	万人	位次
南昌	7 402	23	491.31	17
合肥	7 029	24	478.90	18
长沙	11 820	14	637.36	12
郑州	7 446	21	735.60	8
武汉	8 494	17	828.80	5
太原	6 988	25	355.31	20
济南	8 177	18	604.85	16
南京	6 582	26	617.17	15
杭州	16 596	7	672.35	11
福州	11 968	13	630.30	13
广州	7 434	22	773.48	6
海口	2 305	27	179.45	25
南宁	22 112	3	683.51	10
成都	12 390	11	1 112.30	1
贵阳	8 034	19	359.82	19
昆明	21 111	4	619.33	14
哈尔滨	53 068	1	987.40	2
长春	20 571	5	749.50	7
沈阳	12 980	10	709.77	9
石家庄	15 848	8	955.05	3
呼和浩特	17 224	6	220.85	23
西安	9 983	15	830.54	4
兰州	13 806	9	319.28	21
西宁	7 665	20	190.03	24
银川	9 170	16	148.79	26
乌鲁木齐	12 000	12	231.00	22
拉萨	29 052	2	46.37	27

各省会城市地区生产总值

（2007年）

单位：亿元

城市	地区生产总值			
	全年	位次	比上年增长（%）	位次
南昌	1 389.89	16	15.4	14
合肥	1 334.20	17	18.1	2
长沙	2 190.25	11	16.0	7
郑州	2 421.20	9	15.6	10
武汉	3 141.50	5	15.6	10
太原	1 254.95	18	16.4	6
济南	2 554.30	7	15.7	9
南京	3 275.00	4	15.6	10
杭州	4 103.89	2	14.6	19
福州	1 974.59	13	15.1	18
广州	7 050.78	1	14.5	21
海口	396.35	25	12.6	25
南宁	1 062.99	20	17.1	5
成都	3 324.40	3	15.3	15
贵阳	696.40	23	15.5	13
昆明	1 393.69	15	12.5	26
哈尔滨	2 436.80	8	13.5	23
长春	2 089.00	12	17.7	3
沈阳	3 073.93	6	17.7	3
石家庄	2 393.40	10	13.2	24
呼和浩特	1 118.90	19	20.1	1
西安	1 737.10	14	14.6	19
兰州	732.80	22	12.5	26
西宁	343.09	26	15.3	15
银川	400.30	24	13.8	22
乌鲁木齐	782.00	21	15.2	17
拉萨	121.91	27	15.8	8

续表 1　　(2007 年)　　单位：亿元

城市	第一产业			
	全年	位次	比上年增长（%）	位次
南昌	86.73	15	5.9	12
合肥	80.02	18	7.3	7
长沙	138.80	11	6.5	9
郑州	88.40	14	4.6	19
武汉	129.15	12	3.1	22
太原	19.64	24	0.5	26
济南	150.30	10	持平	27
南京	86.00	15	2.6	23
杭州	167.57	6	2.6	23
福州	215.25	4	4.8	18
广州	161.09	8	5.0	15
海口	29.48	21	8.0	5
南宁	158.63	9	7.5	6
成都	235.50	3	5.5	14
贵阳	45.07	20	8.2	2
昆明	93.95	13	5.6	13
哈尔滨	347.70	1	6.0	11
长春	200.00	5	8.6	1
沈阳	166.56	7	8.1	3
石家庄	326.80	2	2.3	25
呼和浩特	62.00	19	3.5	21
西安	83.17	17	6.7	8
兰州	26.10	22	3.7	20
西宁	15.57	25	5.0	15
银川	24.96	23	4.9	17
乌鲁木齐	10.00	26	8.1	3
拉萨	7.42	27	6.4	10

续表 2　　(2007 年)　　单位：亿元

城市	第二产业			
	全年	位次	比上年增长（%）	位次
南昌	754.27	15	16.7	15
合肥	651.20	16	23.5	3
长沙	984.83	11	17.0	13
郑州	1 308.70	7	18.9	9
武汉	1 440.00	6	18.3	12
太原	639.39	18	20.6	8
济南	1 163.00	8	16.1	17
南京	1 605.00	3	16.0	19
杭州	2 059.15	2	14.4	26
福州	921.45	12	18.8	11
广州	2 816.89	1	15.6	22
海口	111.12	26	11.7	27
南宁	367.33	20	21.1	6
成都	1 504.00	4	18.9	9
贵阳	325.15	22	16.3	16
昆明	641.20	17	14.9	25
哈尔滨	902.60	13	15.5	23
长春	1 049.30	10	22.1	5
沈阳	1 451.90	5	22.8	4
石家庄	1 146.10	9	16.1	17
呼和浩特	433.00	19	24.6	1
西安	762.51	14	16.0	19
兰州	336.10	21	15.8	21
西宁	177.29	25	21.1	6
银川	194.43	24	17.0	13
乌鲁木齐	295.00	23	15.3	24
拉萨	31.21	27	24.4	2

续表 3　　(2007 年)　　单位：亿元

城市	第三产业			
	全年	位次	比上年增长（%）	位次
南昌	548.89	19	15.1	9
合肥	602.98	17	13.8	16
长沙	1 066.63	9	16.5	4
郑州	1 024.10	10	12.3	23
武汉	1 572.35	5	14.2	12
太原	595.92	18	13.1	20
济南	1 241.00	7	17.5	2
南京	1 584.00	4	16.0	7
杭州	1 877.17	2	16.1	6
福州	837.90	14	13.6	17
广州	4 072.80	1	14.1	14
海口	255.75	24	13.6	17
南宁	537.04	20	17.3	3
成都	1 584.90	3	13.6	17
贵阳	326.18	23	16.2	5
昆明	658.54	15	11.1	25
哈尔滨	1 186.60	8	14.4	11
长春	839.70	13	14.5	10
沈阳	1 455.48	6	14.0	15
石家庄	920.50	11	13.0	21
呼和浩特	623.00	16	18.7	1
西安	891.42	12	14.2	12
兰州	370.60	22	10.2	26
西宁	150.23	26	10.2	27
银川	180.91	25	11.8	24
乌鲁木齐	477.00	21	15.2	8
拉萨	8.28	27	13.0	21

各省会城市全部工业增加值

(2007年)

单位：亿元

城市名称	全部工业增加值			
	全年	位次	比上年增长（%）	位次
南昌	532.75	16	17.9	14
合肥	521.20	18	24.4	4
长沙	771.56	12	21.1	9
郑州	1 166.90	7	20.8	10
武汉	1 197.49	5	19.5	12
太原	536.96	15	25.6	2
济南	999.40	9	17.0	18
南京	1 405.00	3	17.6	15
杭州	1 854.46	2	14.9	24
福州	794.65	11	19.9	11
广州	2 600.22	1	17.0	18
海口	86.41	26	12.7	26
南宁	279.15	20	24.1	5
成都	1 173.40	6	22.3	8
贵阳	266.03	22	14.8	25
昆明	524.06	17	16.4	22
哈尔滨	689.90	13	16.9	21
长春	846.80	10	23.8	6
沈阳	1 299.61	4	24.5	3
石家庄	1 030.13	8	17.3	16
呼和浩特	346.20	19	22.8	7
西安	586.60	14	16.3	23
兰州	267.90	21	17.1	17
西宁	147.89	25	26.4	1
银川	162.50	24	19.1	13
乌鲁木齐	248.00	23	17.0	18
拉萨				

各省会城市全社会固定资产投资

（2007 年）　　　　单位：亿元

城市名称	全社会固定资产投资完成额			
	全年	位次	比上年增长（%）	位次
南昌	819.46	16	27.7	9
合肥	1 310.43	12	58.9	1
长沙	1 447.74	7	32.8	5
郑州	1 367.31	10	32.5	6
武汉	1 732.79	5	30.7	8
太原	576.74	18	15.1	23
济南	1 151.70	13	23.2	17
南京	1 867.96	3	15.8	20
杭州	1 684.13	6	15.3	22
福州	1 001.45	15	36.7	4
广州	1 863.34	4	9.8	26
海口	182.77	25	15.5	21
南宁	560.22	20	25.3	15
成都	2 394.70	1	26.1	13
贵阳	500.38	21	21.1	18
昆明	818.00	17	25.0	16
哈尔滨	1 030.60	14	27.3	10
长春	1 350.10	11	42.1	2
沈阳	2 361.87	2	31.9	7
石家庄	1 391.00	9	26.9	11
呼和浩特	582.20	18	4.5	27
西安	1 435.33	8	37.1	3
兰州	358.61	22	20.1	19
西宁	178.91	26	26.9	12
银川	292.69	23	25.7	14
乌鲁木齐	286.00	24	15.0	24
拉萨	87.62	27	12.2	25

各省会城市社会消费品零售总额

（2007 年）

单位：亿元

城　　市	社会消费品零售总额			
	全　　年	位　　次	比上年增长（%）	位　　次
南　　昌	426.69	20	19.1	6
合　　肥	469.00	18	22.0	2
长　　沙	1 037.03	8	19.8	4
郑　　州	978.72	10	19.0	7
武　　汉	1 518.30	2	17.4	20
太　　原	515.91	16	18.2	13
济　　南	1 103.10	7	17.4	20
南　　京	1 380.46	3	18.3	12
杭　　州	1 296.31	5	16.5	25
福　　州	940.99	11	21.3	3
广　　州	2 595.00	1	18.9	8
海　　口	189.38	24	17.4	20
南　　宁	515.62	17	18.4	11
成　　都	1 357.20	4	17.5	17
贵　　阳	279.39	23	18.9	8
昆　　明	569.42	15	17.6	16
哈 尔 滨	1 036.00	9	15.8	27
长　　春	778.30	14	16.8	23
沈　　阳	1 231.85	6	17.5	17
石 家 庄	821.10	13	17.5	17
呼和浩特	430.80	19	19.3	5
西　　安	921.58	12	18.7	10
兰　　州	337.57	21	16.5	24
西　　宁	138.99	25	16.3	26
银　　川	128.10	26	17.8	15
乌鲁木齐	322.39	22	18.2	13
拉　　萨	55.80	27	28.6	1

各省会城市实际利用外资

(2007年)

单位：亿美元

城市名称	实际利用外资			
	全年	位次	比上年增长（%）	位次
南昌	12.31	7	17.1	16
合肥	8.75	11	132.8	1
长沙	15.04	6	25.1	10
郑州	10.01	10	63.1	4
武汉	22.50	4	12.4	19
太原	2.38	20	72.6	2
济南	5.61	14	39.0	7
南京	20.61	5	21.1	14
杭州	28.02	3	24.2	12
福州	7.00	12	6.0	22
广州	32.86	2	12.4	19
海口	5.04	16	12.8	18
南宁	1.85	21	23.8	13
成都	11.40	8	50.0	5
贵阳	0.81	23	15.5	17
昆明	3.00	19	43.5	6
哈尔滨	4.44	17	19.6	15
长春	5.30	15	6.3	21
沈阳	50.45	1	66.2	3
石家庄	3.27	18	-6.6	23
呼和浩特	6.03	13	24.8	11
西安	11.16	9	35.3	8
兰州	1.28	22		
西宁				
银川	0.45	25	-40.4	24
乌鲁木齐	0.67	24	28.9	9
拉萨				

各省会城市出口总值

（2007年）　　单位：亿美元

城市名称	出口总值（海关数）			
	全年	位次	比上年增长（%）	位次
南昌	23.36	16	35.5	12
合肥	43.01	8	26.3	15
长沙	26.06	15	35.0	13
郑州	21.68	17	20.5	22
武汉	47.53	6	25.8	16
太原	43.93	7	81.1	2
济南	34.35	12	40.8	7
南京	206.46	3	18.9	23
杭州	299.70	2	14.3	25
福州	123.18	4	13.8	26
广州	379.02	1	17.0	24
海口	6.77	23	25.3	17
南宁	10.13	21	41.4	6
成都	57.10	5	37.9	11
贵阳	12.32	20	53.8	4
昆明	32.39	14	39.0	9
哈尔滨	18.66	18	40.0	8
长春	15.10	19	38.8	10
沈阳	33.19	13	24.9	18
石家庄	41.49	9	22.0	20
呼和浩特	6.36	24	49.4	5
西安	34.71	10	27.2	14
兰州	5.66	25	21.2	21
西宁	3.56	26	-27.9	27
银川	7.05	22	23.3	19
乌鲁木齐	34.51	11	70.4	3
拉萨	0.28	27	87.5	1

各省会城市地方财政一般预算收入

（2007 年）

单位：亿元

城　　市	地方财政一般预算收入（不含上划中央收入 + 基金收入）			
	全　　年	位　　次	比上年增长（%）	位　　次
南　　昌	87.22	18	28.1	12
合　　肥	101.98	14	28.4	10
长　　沙	174.58	8	31.4	5
郑　　州	219.52	7	24.7	16
武　　汉	221.68	6	24.1	17
太　　原	88.42	17	12.2	27
济　　南	157.02	9	22.3	22
南　　京	330.19	3	34.0	3
杭　　州	391.62	2	29.9	9
福　　州	146.56	10	26.8	14
广　　州	523.79	1	22.6	21
海　　口	24.35	25	15.2	26
南　　宁	70.15	20	23.9	19
成　　都	286.60	4	38.4	2
贵　　阳	75.92	19	23.3	20
昆　　明	133.10	11	28.3	11
哈 尔 滨	132.00	12	19.1	24
长　　春	93.30	16	30.3	7
沈　　阳	230.60	5	31.2	6
石 家 庄	95.87	15	23.9	18
呼和浩特	57.96	22	27.3	13
西　　安	112.92	13	31.5	4
兰　　州	46.55	23	40.5	1
西　　宁	18.41	26	30.0	8
银　　川	27.64	24	17.1	25
乌鲁木齐	67.35	21	24.7	15
拉　　萨	5.38	27	19.3	23

各省会城市城乡居民储蓄存款

（2007年）　　　　单位：亿元

城市	城乡居民储蓄存款余额			
	全年	位次	比年初增长（%）	位次
南昌	759.36	17	1.0	23
合肥	686.57	21	10.0	3
长沙	1 177.17	16	7.7	7
郑州	1 687.40	9	1.6	20
武汉	1 948.34	7	3.4	16
太原	1 336.90	12	9.6	4
济南	1 266.70	13	7.1	9
南京	2 010.31	5	5.3	12
杭州	2 634.83	2	3.1	18
福州	1 468.85	10	1.4	21
广州	5 855.79	1	-1.3	26
海口	430.95	24	6.1	11
南宁	714.79	18	4.9	14
成都	2 466.00	3	7.2	8
贵阳	620.33	22	5.1	13
昆明	1 235.87	14	3.9	15
哈尔滨	1 434.60	11	-2.2	27
长春	1 232.40	15	1.3	22
沈阳	2 031.30	4	0.8	24
石家庄	1 710.33	8	8.7	6
呼和浩特	511.38	23	12.9	2
西安	1 997.56	6	2.7	19
兰州	710.52	19	3.3	17
西宁	297.09	26	8.9	5
银川	326.41	25	6.5	10
乌鲁木齐	688.77	20	-0.4	25
拉萨	94.47	27	14.6	1

各省会城市城镇居民人均可支配收入

（2007 年）

单位：元

城市	城镇居民人均可支配收入			
	全年	位次	比上年增长（%）	位次
南昌	13 076	15	16.3	9
合肥	13 427	13	21.9	2
长沙	16 153	7	16.0	13
郑州	14 084	11	15.6	15
武汉	14 358	10	16.2	10
太原	13 745	12	17.1	7
济南	18 005	4	17.4	6
南京	20 317	3	15.8	14
杭州	21 689	2	14.0	19
福州	16 642	6	17.1	7
广州	22 469	1	13.2	23
海口	12 289	22	14.7	18
南宁	12 597	20	15.2	16
成都	14 849	8	16.1	11
贵阳	12 781	17	13.9	21
昆明	12 021	24	11.3	25
哈尔滨	12 772	18	13.7	22
长春	12 811	16	12.8	24
沈阳	14 607	9	25.4	1
石家庄	13 205	14	14.9	17
呼和浩特	16 920	5	20.4	4
西安	12 662	19	16.1	11
兰州	10 271	27	9.1	26
西宁	10 636	26	13.9	20
银川	12 185	23	21.0	3
乌鲁木齐	11 373	25	9.0	27
拉萨	12 376	21	19.6	5

各省会城市农民人均纯收入

（2007年） 单位：元

城市	农民人均纯收入			
	全年	位次	比上年增长（%）	位次
南昌	5 034	16	14.6	12
合肥	4 486	19	21.6	2
长沙	6 613	6	17.0	5
郑州	6 594	7	18.6	4
武汉	5 371	13	13.1	17
太原	5 561	11	13.1	17
济南	6 300	8	15.0	10
南京	8 020	3	13.8	14
杭州	9 549	1	12.1	21
福州	6 286	9	12.4	20
广州	9 546	2	10.4	24
海口	5 506	12	11.9	22
南宁	3 453	24	13.8	13
成都	6 996	5	13.5	15
贵阳	4 088	22	18.8	3
昆明	4 003	23	7.1	25
哈尔滨	5 069	15	15.1	9
长春	4 780	18	6.7	27
沈阳	7 080	4	23.9	1
石家庄	4 954	17	11.2	23
呼和浩特	6 121	10	15.3	7
西安	4 399	20	15.5	6
兰州	3 013	27	7.1	25
西宁	3 398	25	15.1	8
银川	4 302	21	13.2	16
乌鲁木齐	5 251	14	12.9	19
拉萨	3 250	26	15.0	10

副省级（非省会）城市主要经济指标

（2007 年）

指 标	深 圳	大 连	宁 波	厦 门	青 岛
地区生产总值（亿元）	6 765.41	3 131.00	3 433.08	1 375.26	3 786.52
比上年增长（%）	14.7	17.5	14.8	16.1	16.0
全社会固定资产投资（亿元）	1 345.00	1 930.80	1 597.91	927.70	1 635.4
比上年增长（%）	5.6	31.4	6.3	40.1	23.3
社会消费品零售总额	1 915.03	983.30	1 035.46	362.05	1 199.18
比上年增长（%）	14.6	17.2	17.3	15.0	19.1
外贸出口（海关数，亿美元）	1 684.93	214.53	382.55	255.55	283.10
比上年增长（%）	23.8	24.3	33.0	24.6	20.6
实际利用外资（亿美元）	36.62	31.60	25.05	12.72	38.07
比上年增长（%）	12.0	40.9	3.1	33.2	4.1
地方财政收入（亿元）	658.06	267.80	329.12	186.53	292.58
比上年增长（%）	31.4	36.5	27.9	37.0	29.5
工业总产值（亿元）	13 832.54		7 785.01	2 736.09	6 690.62
比上年增长（%）	17.7		25.5	17.8	29.3
工业销售产值（亿元）	13 357.25	4 295.50	7 610.53	2 705.33	6 466.27
比上年增长（%）	19.1	29.3	25.4	16.2	27.3
城镇居民可支配收入（元）	24 870	15 109	22 307	21 503	17 856
比上年增长（%）	10.2	13.2	13.4	16.2	16.5
居民消费价格指数（%）	104.1	104.0	103.9	104.6	104.5

江西省2007年
国民经济和社会发展统计公报

江西省统计局　国家统计局江西调查总队

2007年，全省人民在省委、省政府的正确领导下，以邓小平理论和“三个代表”重要思想为指导，深入贯彻落实科学发展观，认真贯彻省第十二次党代会精神，解放思想，求真务实，开拓进取，扎实工作，全省经济社会发展取得新的成就，实现了江西崛起新跨越的良好局面。

一、综　　合

国民经济持续较快发展。初步核算，全年全省生产总值5 469.3亿元，比上年增长13.0%，连续五年实现12%以上增长。其中，第一产业增加值910.0亿元，增长5.0%；第二产业增加值2 827.3亿元，增长17.3%；第三产业增加值1 732.0亿元，增长10.7%。人均生产总值12 562元，比上年增加1 764元。三次产业结构调整为16.6∶51.7∶31.7，二三一结构得到进一步强化和巩固。多种经济成分共同发展的格局基本形成，非公有制经济增加值2 855.0亿元，增长16.3%，占GDP的比重达52.2%。

财政收入增长加快。全年财政总收入突破600亿元，达664.6亿元，比上年增长28.2%，同比加快6.4个百分点，已是第五年保持20%以上的增幅。其中，地方财政收入389.6亿元，增长27.5%，同比加快6.7个百分点。财政结构优化，税收收入占财政总收入的比重提高。全年税收收入556.6亿元，增长32.0%，比财政总收入增幅快3.8个百分点。其中，企业所得税94.0亿元，增长52.4%。税收收入占财政总收入的比重达83.7%，比上年提高2.4个百分点。县级财力显著增强。所有县（市、区）财政收入均超亿元，其中，贵溪市财政总收入首次突破20亿元，南昌县、青山湖区、丰城市、西湖区、广丰县超10亿元，另有13个县（市、区）超5亿元。财政收入快速增长为进一步加强和改善宏观调控、大力实施“民生工程”等提供了强大的财力支持。全年地方财政支出902.6亿元，增长29.6%，同比加快6.1个百分点。其中，医疗卫生、教育、科学技术等领域快速增长，分别达87.9%、54.9%、51.3%。

市场物价上涨幅度较高。全年居民消费价格比上年上涨4.8%，其中城市上涨4.4%，农村上涨5.8%。价格变动结构性特征明显。食品类上涨11.9%，成为价格上涨的主要因素。商品零售价格上涨4.0%。工业品出厂价格上涨6.2%。原材料、燃料、动力购进价格上涨7.9%。固定资产投资价格上涨5.4%。农业生产资料价格上涨6.6%。

表1　2007年居民消费价格指数

以上年为100

项　　目	指　数
居民消费价格	104.8
食品	111.9
其中：粮食	108.2
油脂	125.9
肉禽及其制品	130.6
蛋	119.5
烟酒及用品	100.8
衣着	97.9
家庭设备用品及维修服务	102.2
医疗保健和个人用品	101.6
交通和通信	99.1
娱乐教育文化用品及服务	99.7
居住	104.6

就业工作扎实推进。年末从业人员2 369.6万人，比上年增加48.5万人，其中：第一产业900.8万人，减少6.6万人；第二产业663.3万人，增加23.8万人；第三产业805.5万人，增加31.3万人。全年城镇新增就业人员45.2万人，城镇净增就业人员32.5万人。跨省劳务输出达到558.4万人。年末城镇登记失业率为3.37%。

二、农　　业

农业生产发展势头良好。全年粮食种植面积3 551.9千公顷，比上年下降0.7%，其中稻谷播种面积3 225.8千公顷。油料种植面积603.5千公顷，增长0.4%。棉花种植面积81.7千公顷，增长3.6%。蔬菜种植面积500.5千公顷，下降1.0%。粮食总产量1 904.2万吨，增产7.7万吨，总产量连续四年创历史新高。全年完成造林133.2千公顷，增长53.0%，森林覆盖率达到60.05%，位居全国第二位。

畜牧业生产回升，渔业生产稳定。由于中央和省出台了包括良种补贴、母猪饲养补贴、疫病控制、生猪保险及税费减免等一系列扶持政策，下半年全省生猪呈恢复性增长，并且增长速度加快。全年肉类总产量247.4万吨，增长3.0%，其中，猪肉增长3.3%。生猪出栏2 381.5万头，增长4.8%；生猪存栏1 420.1万头，增长5.7%。水产品产量196.1万吨，增长9.0%。

表2　2007年主要农产品产量

单位：万吨

产品名称	产　量	比上年增长%
粮食	1904.2	0.4
其中：稻谷	1804.5	-0.2
油料	84.2	2.3
其中：油菜籽	43.0	1.3
棉花	11.8	3.2
烟叶	3.4	8.3
茶叶	2.1	19.1
水果	218.2	35.6
蔬菜	1067.2	0.1

农业基础设施得到加强。全年农田有效灌溉面积达1 839.9千公顷，新增有效灌溉面积3.5千公顷；新增节水灌溉面积13.4万公顷。年末农业机械总动力2 506.3万千瓦，比上年末增长17.3%，其中：农用排灌动力机械596.5万千瓦，增长14.3%；联合收割机达2.2万台，增长29.7%；农用运输车30.7万辆，增长1.2倍。实际机耕面积达2 350.8千公顷；机械收获面积1 650.3千公顷，占农作物总播种面积的比重达31.3%，提高7.1个百分点。农用化肥施用量（折纯）132.7万吨，增长0.1%。农村用电量63.1亿千瓦小时，增长30.7%。

新农村建设成效明显。按照“生产发展、生活宽裕、乡风文明、村容整洁、管理民主”的要求，新增1万个自然村开展新农村建设试点。全年阳光转移培训25.2万人，转移就业人数22.8万人，转移就业率达90.6%。全省各级农业产业化经营组织2 300个。

三、工业和建筑业

工业生产快速增长。全年工业增加值2 264.1亿元，增长21.6%，占生产总值的比重首次突破40%，达41.4%，比上年提高2.7个百分点，对经济增长的贡献率达63.4%，工业的主导地位进一步增强。其中，规模以上工业增加值1 761.7亿元，增长24.6%，连续五年保持20%以上增长。支柱产业支撑作用加强。六大支柱产业完成工业增加值1 042.0亿元，增长31.0%，对规模以上工业增长的贡献率为59.2%，拉动规模以上工业增长14.6个百分点。

表3　2007年规模以上工业增加值

单位：亿元

指　　标	增加值	比上年增长%
规模以上工业	1 761.7	24.6
其中：轻工业	574.6	25.7
重工业	1187.1	24.1
其中：国有及国有控股企业	624.9	10.9
其中：集体企业	31.5	30.2
股份制企业	585.0	23.2
外商及港澳台投资企业	261.4	25.6
私营企业	589.0	33.4

主要工业产品产量较快增长。全年规模以上工

业企业一次能源生产总量1 800万吨标准煤，比上年增长8.4%；发电量465.0亿千瓦小时，增长14.9%；原煤2 380万吨，增长13.3%；钢材1 349.5万吨，增长9.3%；水泥4 957.0万吨，增长19.5%；服装7.3亿件，增长39.3%；机制纸及纸板106.2万吨，增长17.2%；十种有色金属67.7万吨，增长23.9%。

表4　2007年规模以上工业主要产品产量

产品名称	单　位	产　量	比上年增长%
纱	万吨	39.0	46.5
布	亿米	4.6	25.8
机制纸及纸板	万吨	106.2	17.2
化学纤维	万吨	27.6	33.4
卷烟	亿支	479.0	6.7
彩色电视机	万台	39.1	-39.2
家用电冰箱	万台	24.8	-18.9
房间空气调节器	万台	136.3	31.0
一次能源生产总量	万吨标准煤	1 800	8.4
原煤	万吨	2 380	13.3
原油加工量	万吨	394.3	-5.1
发电量	亿千瓦小时	465.0	14.9
火电	亿千瓦小时	417.0	20.7
水电	亿千瓦小时	48.0	-19.0
粗钢	万吨	1 306.2	10.2
钢材	万吨	1 349.5	9.3
生铁	万吨	1 045.3	10.1
十种有色金属	万吨	67.7	23.9
水泥	万吨	4 957.0	19.5
硫酸	万吨	140.0	4.0
烧碱	万吨	33.4	11.1
化肥（折100%）	万吨	53.8	3.1
化学农药	吨	16126.1	-4.7
发电设备	万千瓦	22.1	-8.0
汽车	万辆	22.2	-5.2
其中：轿车	万辆	6.6	1.3
大中型拖拉机	台	2 556	48.5
工业锅炉	蒸发量吨	1 452.6	-2.2
金属切削机床	台	3 774	-18.6

工业经济效益再创新高。1-11月，全省规模以上工业产品销售率98.1%；实现主营业务收入首次突破5 000亿元，达到5 339.4亿元，比上年同期增长48.5%；实现利润251.7亿元，增长50.6%；实现利税518.6亿元，增长42.6%。与此同时，亏损企业数和亏损企业亏损额实现了双下降，分别下降13.1%和17.3%。在全省37个行业中，有36个行业实现了盈利，其中利润增幅在30%以上的有31个。工业经济效益综合指数突破200%，达203%，同比劲升27.7个百分点，列入考核的七项指标有6项好于上年同期。

工业园区快速发展壮大。年末全省入园投产工业企业达7 319家，比上年末增加340家；安置从业人数126.4万人，净增就业人数2.5万人，增长2.0%，园区完成工业增加值1 239.8亿元，增长32.8%。园区主营业务收入、利润、税金分别完成3 823.5亿元、216.5亿元和203.9亿元，分别增长48.6%、54.1%和41.1%。年主营业务收入超100亿元的园区达10家，比上年增加7家，其中南昌高新技术产业开发区首次突破400亿元。

建筑业稳定发展。全年全社会建筑业实现增加值563.2亿元，按现价计算，比上年增长9.4%。具有建筑业资质等级总承包和专业承包建筑业企业完成建筑业总产值778.2亿元，增长11.6%；全员劳动生产率126 148元，增长16.6%。施工项目招标投标推行面继续扩大，全年招标投标推行面达到88.6%。

四、固定资产投资

固定资产投资平稳较快增长。全年全社会固定资产投资3 300.1亿元，比上年增长23.0%。其中，城镇固定资产投资2 950.4亿元，增长24.2%。在城镇投资中，第一产业投资24.9亿元，增长4.2%；第二产业投资1 414.3亿元，增长42.8%，其中工业投资达1 402.7亿元，增长42.6%；第三产业投资1 511.3亿元，增长11.1%；非国有投资1 908.6亿元，增长39.2%，占城镇投资的比重由上年的57.7%提高到64.7%；高新技术产业投资快速增长，完成投资155.9亿元，增长26.4%。

表5　2007年城镇固定资产投资

单位：亿元

行　　业	投资额	比上年增长%
总　　计	**2 950.4**	**24.2**
农、林、牧、渔业	24.9	4.2
工业	1 402.7	42.6
采矿业	55.2	28.6
制造业	1 209.4	53.0
其中：化学原料及化学制品制造业	91.3	51.1
非金属矿物制品业	130.1	56.5
黑色金属冶炼及压延加工业	63.9	371.0
有色金属冶炼及压延加工业	101.2	45.9
电气机械及器材制造业	82.7	101.9
通信设备、计算机及其他电子设备制造业	68.9	65.0
电力、燃气及水的生产和供应业	138.0	-8.2
建筑业	11.6	69.8
交通运输、仓储和邮政业	260.4	-5.4
信息传输、计算机服务和软件业	63.4	16.1
批发和零售业	56.3	49.7
住宿和餐饮业	62.0	26.6
金融业	5.1	16.4
房地产业	495.4	26.1
租赁和商务服务业	32.5	108.4
科学研究、技术服务和地质勘查业	9.3	56.3
水利、环境和公共设施管理业	286.6	0.1
居民服务和其他服务业	5.5	-14.6
教育	81.8	-5.9
卫生、社会保障和社会福利业	22.4	-23.8
文化、体育和娱乐业	26.7	3.6
公共管理和社会组织	103.9	13.4

重大项目建设成效显著。全年共实施重点工程项目93项，其中总投资5亿元以上的项目45项，10亿元以上的项目29项。省重点工程建设完成投资361.0亿元，增长20.0%。其中，江铜30万吨铜冶炼、江西蓝恒达年产10万吨离子膜烧碱、国电黄金埠电厂2台65万千瓦机组扩建工程、井冈山一号工程等13个重大项目建成投产，江西赛维LDK扩建年产200MW多晶硅片项目、九江红鹰直升机项目、赣州出口加工区、九江至南昌城际轨道交通等20个重大项目开工建设。全省高速公路通车里程突破2 000公里，达2 206公里；全年完成国省道改造897公里，硬化农村公路超过1万公里，达12 715公里；全年新增电力装机299万千瓦，电力装机总容量突破1000万千瓦，达1 284万千瓦。

房地产开发投资保持较快增长。全年房地产开发投资431.7亿元，比上年增长24.8%。商品房竣工面积1 461.9万平方米，下降9.8%；商品房销售建筑面积2 075.7万平方米，增长16.8%；商品房销售额437.5亿元，增长44.1%。

五、国 内 贸 易

消费品市场繁荣活跃。全年社会消费品零售总额达到1 683.1亿元，比上年增长17.9%，扣除价格因素，实际增长13.4%。分城乡看，城市市场实现零售额890.8亿元，增长18.9%；县及县以下市场实现零售额792.3亿元，增长16.7%。假日消费和婚庆消费拉动住宿和餐饮业快速增长，实现零售额179.6亿元，增长20.4%；批发零售贸易业保持平稳增长，实现零售额1 485.9亿元，增长17.7%。

居民消费结构不断升级。在限额以上批发零售业零售额中，汽车类实现零售额55.9亿元，比上年增长42.0%；家用电器及音像器材类28.9亿元，增长27.1%；金银珠宝类4.5亿元，增长44.0%；化妆品类3.0亿元，增长33.0%；电子出版物及音像制品类1.4亿元，增长97.3%。

各类商品市场较快发展。年成交额在亿元以上的商品交易市场87家，实现成交额826.4亿元，比上年增加159.7亿元。其中年成交额在10亿元以上的有19家，成交额593.0亿元。

六、对 外 经 济

对外贸易快速发展。全年海关进出口总额94.8亿美元，比上年增长53.0%。其中，出口54.6亿美元，增长45.5%；进口40.2亿美元，增长64.7%；实现贸易顺差14.4亿美元，增长9.7%。在出口中，外商投资企业完成出口18.4亿美元，增长50.4%；私营企业17.3亿美元，增长55.3%；国有企业18.2亿美元，增长33.1%。

出口结构不断优化。全年机电产品完成出口12.0亿美元，增长89.7%；高新技术产品出口5.3亿美元，增长2.5倍。

出口市场多元化日趋明显。全年对香港、台湾地区分别出口6.2亿美元、2.6亿美元，分别增长22.1%、66.8%；对印度、韩国、日本、新加坡分别出口1.1亿美元、2.1亿美元、4.5亿美元、1.1亿美元，分别增长52.7%、24.3%、23.5%、21.2%；对美国、欧盟分别出口7.1亿美元、10.7亿美元，分别增长29.5%、60.2%。

表6　2007年进出口情况

单位：亿美元

指　　标	绝对数	比上年增长%
进出口总额	94.8	53.0
出口额	54.6	45.5
其中：一般贸易	39.9	35.8
加工贸易	14.1	73.1
其中：机电产品	12.0	89.7
其中：高新技术产品	5.3	246.3
进口额	40.2	64.7
其中：一般贸易	28.3	84.0
加工贸易	7.4	33.0
其中：机电产品	8.9	20.4

利用外资保持较快增长。全年新批外商投资企业867个，其中新批合同外资金额1 000万美元以上大项目96个，比上年增长18.5%；合同金额54.5亿美元，增长35.1%；实际使用外商直接投资31.0亿美元，增长10.6%。外商投资项目平均投资规模达628万美元，提高53.0%。富昌科技、赛维LDK、晶能光电等一批外资企业增资活跃。联邦快递、可口可乐、IBM、花旗公司、日本日立等世界500强企业相继投资江西，全年新增有世界500强投资背景的企业6家，总数达30家。引进省外单项投资5 000万元以上工业项目资金828.6亿元，增长42.1%。

对外经济合作继续保持良好发展势头。全年对外承包工程、劳务合作和设计咨询合同项目227个，比上年增加85个；合同金额5.1亿美元，增长25.3%；完成营业额4.5亿美元，增长45.3%。

七、交通、邮电和旅游

交通运输能力稳步提高。年末铁路运营里程2 458公里。全年各种运输方式完成货物周转量1 011.5亿吨公里，增长4.8%；完成旅客周转量717.2亿人公里，增长8.7%。机场旅客吞吐量337万人，增长13.9%，其中昌北机场旅客吞吐量307万人，增长11.0%。

表7　2007年各种运输方式完成运输量

运输方式	货物周转量		货物运输量		旅客周转量		旅客运输量	
	绝对数（亿吨公里）	比上年增长（%）	绝对数（万吨）	比上年增长（%）	绝对数（亿人公里）	比上年增长（%）	绝对数（万人）	比上年增长（%）
总计	**1 011.5**	**4.8**	**39 865**	**8.4**	**717.2**	**8.7**	**43 836**	**1.4**
其中：铁路	680.5	6.3	5 605	5.2	480.1	11.8	4 606	10.4
公路	240.5	7.3	30 042	9.3	220.0	2.5	38 714	0.7
水路	90.3	5.0	4 216	6.7	0.6	-5.7	350	-5.3

邮电通信能力不断提高。全年完成邮电业务总量409.8亿元，比上年增长28.7%。其中，邮政业务量24.3亿元，增长10.5%；电信业务量385.5亿元，增长30.1%。年末局用电话交换机总容量达到1 205万门，比上年末增加27.6万门；固定电话用户达到884.1万户，新增3.7万户。其中城市电话用户494万户，增加6.1万户，乡村电话用户390万户。新增移动电话用户221万户，年末达到1 155万户。宽带网用户达152.6万户。

旅游业快速发展。全年共接待海内外游客7 010.3万人次，比上年增长15.9%；旅游总收入463.7亿元，增长18.6%。其中，接待境外游客66.5万人次，增长33.7%，完成旅游外汇收入1.96亿美元，增长40.1%；接待国内游客6 943.8万人次，增长15.7%，完成国内旅游收入448.8亿元，增长18.1%。

八、金融、证券和保险业

金融运行平稳。年末全省金融机构人民币存款余额5 900.1亿元，比年初增加687.4亿元。其中：企业存款余额1 542.3亿元，比年初增加285.8亿元；城乡居民储蓄存款余额3 360.8亿元，比年初增加209.5亿元。金融机构贷款余额4 026.7亿元，比年初增加566.9亿元，比上年多增116.3亿元，其中短期贷款余额为1 879.8亿元，比年初增加224.0亿元；中长期贷款为1 975.1亿元，比年初增加350.7

亿元,同比多增81.5亿元。全年金融机构现金收入16 571.6亿元,比上年增长26.0%;金融机构现金支出16 175.4亿元,增长26.2%;收支相抵,净回笼货币396.3亿元,增长18.5%。

证券市场发展步伐加快。年末全省境内上市公司27家,比上年增加2家;境外上市公司4家。全年从资本市场直接融资178亿元。年末全省证券公司营业网点122家,证券交易额1.3万亿元,比上年增加1.1万亿元;期货公司营业网点8家,成交金额2 513.4亿元,比上年增加1 713.0亿元。

保险事业稳定发展。全年保费收入114.1亿元,比上年增长16.1%。其中,产险保费收入28.3亿元,寿险保费收入76.7亿元,健康险保费收入5.2亿元,意外伤害险收入3.9亿元。全年赔款和给付支出合计40.1亿元,增长90.2%。其中,产险赔款14.2亿元,寿险给付22.3亿元,健康险赔款和给付2.3亿元,意外险赔款1.3亿元。

九、教育和科学技术

各级各类教育平稳发展。全年研究生教育在校研究生13 688人,比上年增长12.7%。普通高校在校生78.2万人,增长1.45%。普通高中、初中、小学在校生分别达85.4万人、169.8万人和417.6万人。特殊教育在校生2.0万人。拥有幼儿园6 245所,在园幼儿88.2万人。高等教育毛入学率达到23.1%,比上年提高1.3个百分点;初中毕业生升高中段的比例为79.2%,提高1.8个百分点;初中适龄人口入学率为97.0%,提高1.5个百分点;小学适龄儿童入学率为99.8%,提高0.2个百分点。各类民办学校611所,在校学生74.7万人,其中民办普通高校20所。

表8　2007年各类学校招生和在校生情况

单位:万人

指　　标	招生数	在校生数	毕业生数
研究生	0.5	1.4	0.3
普通高校	24.1	78.2	21.9
成人高校	4.2	12.0	4.0
中等职业学校	24.2	60.7	17.5
普通高中	27.3	85.4	26.6
普通初中	54.7	169.8	62.0
普通小学	73.6	417.6	54.3

科技事业取得新成绩。全年研究与试验发展(R&D)经费支出47.3亿元,增长25.1%,占生产总值的0.86%,比上年提高0.1个百分点。国家级、省级重点实验室37家;国家工程(技术)研究中心1家,省工程(技术)研究中心54家。有3项科技成果获国家级科学技术进步奖。全年受理专利申请3 548件,增长11.9%;授权专利2 069件,增长34.7%。全年技术市场合同成交金额10.0亿元,其中:技术开发合同成交额4.4亿元,技术转让合同成交额3.1亿元。全省高新技术产业增加值358.4亿元,占GDP的6.6%。工业新产品产值265.1亿元,增长30.5%

综合技术服务能力进一步增强。年末共有910家产品质量检验机构,其中国家检测中心5个,有31个实验室通过国家实验室认可;共获2 933张管理体系认证证书,其中获质量管理体系认证证书2 524张;共有376家企业获得1 224张3C证书;共获198张自愿性产品认证证书。法定计量技术机构98个,全年强制检定计量器具36万台件。开展定期产品质量监督抽查4 989批次;截止2007年底,共发放工业产品生产许可证1 263张,增长13.6%。年末拥有气象雷达观测站点7个,卫星云图接收站点10个。全年测绘部门为经济社会发展提供各种基本比例尺地形图15 463张,大地成果23 861点,航摄成果22 631片。

十、文化、卫生和体育

文化事业加快发展。年末全省共有艺术表演团体79个,文化馆101个,公共图书馆104个,博物馆90个。全省共有广播电台12座,中短波广播发射台16座,广播综合人口覆盖率94.9%;电视台12座,有线电视用户366.7万户,电视综合人口覆盖率96.4%。全年共出版各种图书、杂志、报纸3 550种;共出版各类杂志5 910万册、图书17 555万册、报纸66 783万份,其中杂志和报纸数量分别增加287万册和4 520万份。

卫生事业进一步加强。年末共有各类医疗卫生机构9 475个(未含诊所、卫生所、医务室、卫生保健院),其中医院、卫生院2 028个,妇幼保健院(所、站)113个,专科疾病防治院(所、站)109个,疾病预防控制中心(防疫站)127个,卫生监督检验所103

个。卫生技术人员12.7万人，其中执业医师和执业助理医师5.2万人，注册护士4.3万人。医院和卫生院床位8.5万张。乡镇卫生院1 531个，床位2.2万张，卫生技术人员2.8万人。

体育事业蓬勃发展。年末共有全民健身中心4个，青少年俱乐部81个，晨晚炼健身活动点4 000多个。全民健身活动广泛开展，健身意识不断加强，全民健身周在全省各市、县、区全面展开，全年健身活动人数超过2 000万人次。省里布局的新农村体育设施建设215个，农民体育健身工程737个，老区和贫困地区“雪炭工程”设施建设项目9个。全年在国际和国内的重大比赛中共获得71枚金牌、25枚银牌和39枚铜牌。

十一、人口、人民生活和社会保障

人口自然增长率稳中略升。根据人口变动情况抽样调查统计，年末全省总人口为4 368.41万人，比上年末增加29.28万人。65岁及以上老年人口为364.76万人，占全省总人口的比重为8.4%，比上年提高0.5个百分点。全年出生人口60.34万人，出生率为13.86‰；死亡人口26.08万人，死亡率为5.99‰；自然增长率为7.87‰，比上年上升0.08个千分点。发放农村部分计划生育家庭奖励扶助金2 079.1万元，共有34 651名奖励扶助对象受益。

表9 2007年人口数及其构成

单位:万人

指　　　　标	年末数	比重%
总人口	4 368.41	
其中:城镇	1 738.63	39.8
乡村	2 629.78	60.2
其中:男性	2 238.81	51.2
女性	2129.60	48.8
其中:0－14岁	990.76	22.7
15－64岁	3012.89	69.0
65岁及以上	364.7	68.3

人民生活水平稳步提高。全年农民人均纯收入4 098元，比上年增长14.3%；城镇居民人均可支配收入11 222元，增长17.5%。城镇在岗职工平均工资18 400元，增长18.0%。年末城镇居民人均住房建筑面积34.72平方米，农村居民人均住房面积36.78平方米，比上年末分别增加0.34平方米和0.87平方米。

“民生工程”顺利实施。全年下岗失业人员实现再就业23.3万人，其中“4050”人员5.4万人，零就业家庭就业安置率达100%。共发放小额担保贷款21.9亿元，增长88.5%，直接扶持下岗失业人员自主创业3.8万人，带动就业人数11.0万人。年末全省参加城镇基本养老保险人数为475.0万人，比上年末增加60.1万人。其中参保职工356.5万人，参保离退休人员118.5万人。行政事业单位离退休费和企业单位养老金月平均水平为1 006元。向城市低保户发放低保金10.7亿元，月人均补差提高18元；向农村低保户发放低保金3.9亿元，月人均补差提高7.3元。参加城镇职工基本医疗保险的人数为403.4万人，比上年末增加90.1万人；参加城镇居民基本医疗保险的人数为381.1万人。新型农村合作医疗制度扩大到80个县(市、区)，参合农民2 493.3万人，参合率87.5%，统筹基金使用率92.7%。向城市居民发放社区公共卫生服务券6 800万元。在全国率先为570万城乡义务教育阶段公办学校学生全面免除学杂费，并从秋季起免费提供教科书；为33.4万贫困家庭寄宿生补助生活费；建立“普通高中贫困家庭学生政府助学金”制度，资助学生7.3万名；向38.3万中职在校学生提供生活困难补助；建立“贫困家庭学生高考入学政府补助金”制度，资助学生1.56万名。全省开工建设经济适用住房214.7万平方米，可解决2.9万户中低收入家庭居住困难；3.3万户困难群众享受到廉租住房保障。完成5万名库区、深山区群众移民搬迁扶贫。

社会福利事业稳步发展。年末共有各类收养性社会福利单位1 922个，提供床位21.6万张，收养人数21.5万人。全年通过销售社会福利彩票筹集社会福利资金2.3亿元，接收社会捐赠款3 005万元。

十二、资源、环境与安全生产

资源管理进一步加强。年末全省25座大型水库蓄水总量75.0亿立方米，比上年末增长3.4亿立方米。全年总用水量217.3亿立方米，增长5.7%，其中生活用水增长2.2%，工业用水增长2.0%，农业用水增长7.3%。人均用水量为497立方米，增长4.9%。

环保事业发展加快。年末全省环境保护系统共有职工 4 417 人,共有县级以上环境监测站 103 个,比上年增加 7 个。对环境空气质量进行监测的 11 个设区市的城区环境空气质量全部达到二级(达标)。南昌市城区环境空气质量优良天数比例为 95.3%。全省城镇地表水集中式饮用水源水质达标率 100%。

自然生态保护工作扎实推进。全省已建有自然保护区 137 个,其中,国家级自然保护区 6 个;自然保护区总面积达 9 852.3 平方公里,占全省国土面积的 5.9%,比上年提高 0.4 个百分点。已批准国家级生态示范区 7 个,已批准全国环境优美乡镇 2 个。

安全生产形势总体较好。全年共发生各类伤亡事故 14 388 起,死亡 2 517 人,比上年减少 422 人,下降 14.5%。其中,道路交通事故 7 528 起,死亡 1 939人,下降 11.5%;工矿商贸事故 291 起,死亡 390 人,上升 8.0%;铁路交通事故 129 起,死亡 90 人,下降 70.3%;水上交通事故 12 起,死亡 21 人,上升 110.0%;火灾事故 5 323 起,死亡 40 人,上升 5.3%。亿元 GDP 生产安全事故死亡人数为 0.46 人,下降 25.8%。

注:

(1)本公报所列各项数据均为初步统计数。

(2)公报中所列生产总值和各产业增加值指标绝对数按现价计算,增长速度按可比价格计算。

(3)主要农产品产量(水产品除外)增长速度的计算基数根据第二次全国农业普查结果做了相应调整。

全省各市常住人口

地区	单位	2007年
江西省	**万人**	**4 368.41**
南昌市	万人	458.06
景德镇市	万人	155.44
萍乡市	万人	183.97
九江市	万人	472.17
新余市	万人	112.58
鹰潭市	万人	110.27
赣州市	万人	830.13
吉安市	万人	475.96
宜春市	万人	540.61
抚州市	万人	385.09
上饶市	万人	644.12

全省各市地区生产总值

（2007年）

单位:亿元

地区	地区生产总值	第一产业	第二产业	第三产业
江西省	**5 469.25**	**910.02**	**2 827.26**	**1 731.97**
南昌市	1 389.89	86.73	754.22	532.75
景德镇市	270.14	24.27	155.42	90.45
萍乡市	316.28	28.73	193.28	94.27
九江市	592.56	81.12	315.52	195.92
新余市	278.12	24.45	177.45	76.22
鹰潭市	204.78	19.15	131.13	54.49
赣州市	701.68	153.51	287.04	261.12
吉安市	406.01	97.44	172.97	135.59
宜春市	508.86	113.15	255.69	140.02
抚州市	367.92	80.09	171.94	115.89
上饶市	528.06	98.39	242.09	187.58

全省各市农业总产值

单位:亿元

地区	2007年	比上年增长%
江西省	**1 426.93**	**4.2**
南昌市	142.84	6.7
景德镇市	38.55	6.1
萍乡市	45.31	6.0
九江市	114.21	2.2
新余市	41.91	5.6
鹰潭市	36.96	4.4
赣州市	244.74	4.0
吉安市	164.03	5.4
宜春市	205.08	6.8
抚州市	150.52	4.5
上饶市	166.37	3.3

全省各市规模以上工业增加值

单位:亿元

地区	2007年	比上年增长%
江西省	**1 761.67**	**24.6**
南昌市	403.15	23.6
景德镇市	94.90	25.2
萍乡市	120.42	30.8
九江市	185.97	28.7
新余市	140.51	30.5
鹰潭市	123.20	20.8
赣州市	173.09	28.7
吉安市	115.68	33.9
宜春市	155.11	28.2
抚州市	84.71	30.5
上饶市	126.91	38.1

全省各市社会消费品零售总额

单位:亿元

地　　区	2007年	比上年增长%
江西省	**1 683.09**	**17.9**
南昌市	426.69	19.1
景德镇市	80.03	17.6
萍乡市	90.15	17.5
九江市	163.78	17.4
新余市	63.73	17.9
鹰潭市	49.50	17.4
赣州市	216.24	17.1
吉安市	116.25	17.1
宜春市	154.33	17.4
抚州市	135.46	17.1
上饶市	186.92	18.3

全省各市城镇以上固定资产投资

单位:亿元

地　　区	2007年	比上年增长%
江西省	**2 950.36**	**24.2**
南昌市	773.69	22.3
景德镇市	108.04	15.9
萍乡市	188.28	44.1
九江市	331.57	46.3
新余市	136.87	69.4
鹰潭市	77.21	29.5
赣州市	243.02	28.3
吉安市	183.13	41.1
宜春市	224.31	28.4
抚州市	208.97	42.4
上饶市	311.18	25.6

全省各市财政收支

（2007 年）

单位：亿元

地　　区	财政总收入	地方财政一般预算收入	财政支出
江西省	**664.62**	**389.59**	**902.65**
南昌市	190.61	87.22	117.17
景德镇市	20.03	11.90	27.58
萍乡市	33.08	18.03	34.97
九江市	57.52	32.07	77.17
新余市	41.56	19.26	32.12
鹰潭市	28.1	12.54	24.25
赣州市	74.51	38.93	111.08
吉安市	40.83	25.32	74.02
宜春市	50.32	28.36	77.58
抚州市	29.69	20.15	59.25
上饶市	55.37	32.06	93.25

全省各市在岗职工人数及工资

（2007 年）

地　　区	职工人数（万人）	平均工资（元）	#国　有
江西省	**274.95**	**18 400**	**19 624**
南昌市	59.04	23 960	26 078
景德镇市	15.54	16 339	17 533
萍乡市	13.02	18 256	18 614
九江市	31.76	15 870	16 886
新余市	8.79	22 756	20 709
鹰潭市	8.69	19 311	20 160
赣州市	38.26	16 228	17 998
吉安市	19.52	15 413	16 224
宜春市	26.24	16 379	17 756
抚州市	20.31	13 695	14 634
上饶市	30.94	15 837	17 241

全省各市海关进出口总额

（2007 年）

单位:亿美元

地　　区	进出口总额	#出　　口
江　西　省	**94.79**	**54.60**
南　昌　市	31.95	28.30
景德镇市	2.52	1.64
萍　乡　市	2.46	1.92
九　江　市	3.62	2.48
新　余　市	13.10	6.86
鹰　潭　市	22.06	2.54
赣　州　市	9.16	6.71
吉　安　市	2.58	1.60
宜　春　市	2.99	2.11
抚　州　市	1.80	2.56
上　饶　市	2.57	2.81

全省各市城镇居民人均可支配收入

单位:元

地　　区	2007 年	比上年增长%
江　西　省	**11 222**	**17.5**
南　昌　市	13 076	16.3
景德镇市	11 640	16.8
萍　乡　市	11 753	16.4
九　江　市	11 272	17.5
新　余　市	11 776	16.0
鹰　潭　市	11 290	17.0
赣　州　市	10 540	15.2
吉　安　市	1 114	17.0
宜　春　市	10 800	18.0
抚　州　市	11 101	17.7
上　饶　市	11 341	15.3

全省各市农民人均纯收入

单位:元

地　　区	2007年	比上年增长%
江西省	**4 098**	**14.3**
南昌市	5 034	14.6
景德镇市	4 472	13.1
萍乡市	5 053	14.9
九江市	3 937	10.9
新余市	5 010	16.0
鹰潭市	4 406	13.4
赣州市	3 271	9.0
吉安市	4 029	12.8
宜春市	4 113	12.6
抚州市	4 096	14.9
上饶市	3 902	10.7

全省各市居民消费价格指数

(上年=100)

地　　区	2007年
江西省	**106.4**
南昌市	104.3
景德镇市	104.3
萍乡市	105.8
九江市	106.0
新余市	106.9
鹰潭市	105.1
赣州市	105.8
吉安市	105.5
宜春市	105.8
抚州市	105.5
上饶市	104.5

中国统计出版社最新资料书简目

（仅供参考，以最后出书为准）

中国统计年鉴－2008
中国统计摘要－2008
国际统计年鉴－2008
2008 中国发展报告
中国区域经济统计年鉴－2008
长江和珠江三角洲及港澳特别行政区统计年鉴－2008
中国社会统计年鉴－2008
中国第三产业统计年鉴－2008
中国城市统计年鉴－2007
中国劳动统计年鉴－2008
中国人口和就业统计年鉴－2008
中国工业经济统计年鉴－2008
中国建筑业统计年鉴－2008
中国房地产统计年鉴－2008
中国城市(镇)生活与价格年鉴－2008
中国商品交易市场统计年鉴－2008
中国零售和餐饮业连锁经营统计年鉴－2008
中国能源统计年鉴－2008
全国农产品成本收益资料汇编－2008
中国贸易外经统计年鉴－2008
中国基本单位统计年鉴－2008
中国民政统计年鉴－2008
中国农村统计年鉴－2008
中国农村住户调查年鉴－2008(中文)
中国农村住户调查年鉴－2008(英文)
中国县(市)社会经济调查年鉴－2008
中国农产品价格调查年鉴－2008
中国经济普查年鉴－2004
中国百强县(市)发展年鉴－2008
中国教育经费统计年鉴－2007
中国农村全面建设小康监测报告－2008
中国农村贫困监测报告－2008
中国国内生产总值核算历史资料(1952－2004)
中国季度国内生产总值核算历史资料(1992－2005)
中国高技术产业统计年鉴－2008
中国科学技术协会统计年鉴－2008
工业企业科技活动资料－2008
中国棉花年鉴－2006/2007
2004 年经济普查年鉴系列
2005 年中国 1% 人口抽样调查系列资料
第二次全国残疾人抽样调查资料系列
北京统计年鉴－2008
天津统计年鉴－2008
河北经济年鉴－2008
山西统计年鉴－2008
内蒙古统计年鉴－2008
辽宁统计年鉴－2008
吉林统计年鉴－2008

黑龙江统计年鉴－2008
上海统计年鉴－2008
江苏统计年鉴－2008
浙江统计年鉴－2008
安徽统计年鉴－2008
福建统计年鉴－2008
江西统计年鉴－2008
山东统计年鉴－2008
河南统计年鉴－2008
湖北统计年鉴－2008
湖南统计年鉴－2008
广东统计年鉴－2008
广西统计年鉴－2008
海南统计年鉴－2008
重庆统计年鉴－2008
四川统计年鉴－2008
贵州统计年鉴－2008
云南统计年鉴－2008
西藏统计年鉴－2008
陕西统计年鉴－2008
甘肃年鉴－2008
青海统计年鉴－2008
宁夏统计年鉴－2008
新疆统计年鉴－2008
新疆生产建设兵团统计年鉴－2008
石家庄统计年鉴－2008
唐山统计年鉴－2008
邯郸统计年鉴－2008
呼和浩特经济统计年鉴－2008
包头统计年鉴－2008
沈阳年鉴－2008
大连统计年鉴－2008
长春统计年鉴－2008
吉林市社会经济统计年鉴－2008
四平统计年鉴－2008
延吉统计年鉴－2008
哈尔滨统计年鉴－2008
齐齐哈尔经济统计年鉴－2008
黑龙江垦区统计年鉴－2008
上海浦东新区统计年鉴－2008
苏州统计年鉴－2008
无锡统计年鉴－2008
常州统计年鉴－2008
徐州统计年鉴－2008
南通统计年鉴－2008
盐城统计年鉴－2008
镇江统计年鉴－2008
江阴统计年鉴－2008
丹阳统计年鉴－2008

杭州统计年鉴－2008
宁波统计年鉴－2008
绍兴统计年鉴－2008
台州统计年鉴－2008
舟山统计年鉴－2008
温州统计年鉴－2008
金华统计年鉴－2008
嘉兴统计年鉴－2008
湖州统计年鉴－2008
衢州统计年鉴－2008
安庆统计年鉴－2008
福州统计年鉴－2008
福州经济技术开发区年鉴－2008
厦门经济特区年鉴－2008
南昌统计年鉴－2008
上饶经济社会统计年鉴－2008
九江统计年鉴－2008
济南统计年鉴－2008
青岛统计年鉴－2008
潍坊统计年鉴－2008
东营统计年鉴－2008
郑州统计年鉴－2008
洛阳统计年鉴－2008
三门峡统计年鉴－2008
南阳统计年鉴－2008
武汉统计年鉴－2008
宜昌统计年鉴－2008
十堰统计年鉴－2008
荆州统计年鉴－2008
黄冈统计年鉴－2008
长沙统计年鉴－2008
广州统计年鉴－2008
东莞统计年鉴－2008
惠州统计年鉴－2008
深圳统计年鉴－2008
桂林经济社会统计年鉴－2008
南宁统计年鉴－2008
柳州经济统计年鉴－2008
来宾市统计年鉴－2008
河池统计年鉴－2008
海口统计年鉴－2008
成都统计年鉴－2008
贵阳统计年鉴－2008
昆明统计年鉴－2008
西安统计年鉴－2008
庆阳年鉴－2008
银川统计年鉴－2008
乌鲁木齐统计年鉴－2008
吐鲁番统计年鉴－2008

欲购以上图书请与中国统计出版社发行部联系

电话：(010)63376907，63376908　　同椙行书店电话：68783171，68783172

通讯地址：北京市西城区三里河月坛南街 57 号　　邮政编码：100826